SVEN SOHR

berührt bleiben

DAS GEHEIMNIS DER (HOCH-) SENSIBILITÄT

Warum wir sensible Menschen
mit spirituellen Wurzeln brauchen

Sven Sohr

berührt bleiben

Das Geheimnis der (Hoch-) Sensibilität

Warum wir sensible Menschen mit spirituellen Wurzeln brauchen

Gedruckte Fassung:
ISBN 978-3-03965-025-5

E-Book:
ISBN 978-3-03965-027-9

Umschlag- & Satzgestaltung: OHA Werbeagentur GmbH, www.oha-werbeagentur.ch
Bild Umschlag: Adobe Stock
Druck & Bindung: Finidr, s.r.o., gedruckt in Tschechien

Dieses Buch und weitere interessante Medien
(Auslieferung auch in DE/AT)
können Sie beziehen bei:

MOSAICSTONES, Tel. +41 33 336 00 36
info@mosaicstones.ch, www.mosaicstones.ch

Gewidmet:

Ulrich Schaffer,

Autor des Buches
«Berührbar bleiben»

(ein Gedicht-Band)

Inhalt

DETAILS

Vorwort

Liebe Leserinnen und liebe Leser,

in der Prüfungskommission-Sitzung einer deutschen Hochschule klagte eine Psychologie-Professorin: «Eine Studentin fragte mich neulich wiederholt, ob sie ihre Bachelor-Arbeit über Hochsensibilität schreiben könne, und ich sagte ihr gefühlt zum hundertsten Mal, dass das kein wissenschaftliches Thema in der Psychologie sei». Ich runzelte die Stirn: «Kein Thema? Die Psychologie ist die Wissenschaft vom Erleben und Verhalten des Menschen. Warum sollte sie ein solches Erleben vieler Menschen denn nicht erforschen?» Die Kollegin war leider nicht zu überzeugen. Doch wie es scheinbar der Zufall so wollte, bekam ich wenige Wochen später eine Anfrage von dieser Studentin, welche wenige Monate später eine erstklassige Arbeit über Hochsensibilität einreichte. Deren Lektüre war für mich die Geburtsstunde, mich selbst dem Thema zu widmen. Letztlich ist dieses Buch studentischer Entschlossenheit zu verdanken:

- Das erste Drittel («Rückblick») beginnt mit einem Überblick über ein Vierteljahrhundert zur Forschung über Hochsensibilität. Was wissen wir über die Sonnen- und Schatten-Seiten des Phänomens? Was sind die wichtigsten Erkenntnisse und offenen Fragen? Und brauchen wir heute sensible Menschen, die es zu allen Zeiten gab, mehr denn je?

- Das zweite Drittel («Einblick») präsentiert eine Studie mit 12 hoch-sensiblen Menschen, die in Tagebüchern, Interviews und Fragebogen ein Jahr ihre Sensibilität im Alltag reflektierten. Ihnen verdanken wir ein neuartig vertieftes Verständnis von Hochsensibilität.

- Das dritte Drittel («Ausblick») zeigt schließlich spezielle Dimensionen der Hochsensibilität in kurzen Beiträgen der jüngsten Forschung zum Thema, die von den Autorinnen und Autoren unseres Teams aus der Psychologie und dem Life Coaching vorgestellt werden.

Die Take-Home-Message des Buches spiegelt sich bereits im Titel wider: Das Geheimnis der Hochsensibilität liegt in unserer Fähigkeit, berührt zu bleiben. Dazu braucht es Menschen, die ihre spirituellen Wurzeln nicht verloren haben, um Himmel und Erde zu verbinden. Diese Botschaft geht über das Individuum weit hinaus.

Sie hat nachhaltigste Auswirkungen für unsere ganze Gesellschaft.

Dank an den Verleger Jonas Baumann-Fuchs, der das Buch ermöglichte - unser Forschungsteam wünscht eine inspirierende Lektüre!

Berlin, im Sommer 2024
Prof. Dr. Sven Sohr

1. Rück-Blick

Was wissen wir über Hochsensibilität – und wie wird sie wahrgenommen?

Ist unsere Gesellschaft schein-sensibel?

«Sind wir nicht alle ein bisschen hochsensibel?», fragen sich die Journalisten Maxeiner und Miersch, bevor sie die Menschen, die offenbar etwas mehr als sie selbst fühlen, verspotten. In ihrem Beitrag über Hochsensibilität sprechen sie über Psycho-Macken und Psycho-Defekte. «Es scheint sich bei Hochsensibilität um eine Seuche zu handeln».[1] Die Art und Weise, wie sie sensiblere Naturen ächten, hatten die Herren bereits Ende des 20. Jahrhunderts gegenüber wissenschaftlich geachteten älteren Klimawandel-Mahnern und -Warnern offenbart, die in ihren Augen «Öko-Stalinisten» seien und sich nur «Sorgen um ungelegte Eier» machen.[2]

Solche Polemiken sind ein Spiegelbild unterschiedlicher Akteure unserer Gesellschaft, wobei die problematisierende und pathologisierende Rhetorik der Gegenwart «typisch deutsch» zu sein scheint. Dabei ist sie meist männlich und insbesondere in akademischen Kreisen beliebt. So ist Hochsensibilität für den Münchner Arzt Meißner ein «überflüssiges Störungskonzept» - es erinnere ihn stark an den Begriff des «Burnout, der es ebenso ermöglicht, Schonraum zu erhalten, ohne als krank gelten zu müssen».[3] Ebenso degradiert der Marburger Psychologie-Professor Asendorpf Hochsensibilität zu einer Unterklasse von Neurotizismus: «Niemand möchte neurotisch sein. Hochsensibel dagegen klingt positiver».[4]

Doch es gibt auch Frauen, die Probleme mit der Sensibilität haben. Die Berliner Philosophin Svenja Flaßpöhler stellt in ihrem Buch «Sensibel»[5] zwei Begriffe gegenüber - Resilienz versus Sensibilität. Als Pate der von ihr präferierten Resilienz zelebriert sie ausgerechnet Nietzsche als geistigen Vater des Nationalsozialismus mit seinem bekannten Plädoyer der «Vernichtung von Millionen Missratener» sowie seinen Kampf gegen die Mitleidsmoral des Christentums. Die Philosophin proklamiert: «Die Menschheit wird nicht notwendigerweise humaner, wenn sie

---

[1] In der «Welt» am 21. August 2014.
[2] Im Buch «Öko-Optimismus» (1996).
[3] In «NeuroTransmitter» (2015, S.17).
[4] «Spektrum der Wissenschaft», 2016.
[5] Flaßpöhler, Svenja (2021): Sensibel.

empathischer wird». Folgerichtig kann sie mit dem Phänomen der Hochsensibilität nichts anfangen. Allen Ernstes lautet ihr Fazit: «Gemeinsames politisches Handeln und Debattieren werden schwer, wenn Menschen zu stark ausgeprägte Sensibilitäten entwickeln».

Nach allem, was wir empirisch wissen, ist das Gegenteil der Fall: Die wichtigste Voraussetzung für politisches Engagement besteht darin, dass sich Menschen emotional berühren lassen, wie zum Beispiel die Umweltbewegung «Fridays for Future» gezeigt hat, bei der viele Millionen Jugendliche auf der ganzen Welt ihrem «ökologischen Gewissen» gefolgt sind, also einem starken Gefühl, das als «Sensibilität für die Achtung der Natur» verstanden werden kann.[6] Kriege gegen Mensch und Natur entstehen, wenn das Gefühl für das Leben verlorengeht.

Hochsensibilität ist keine temporäre Mode-Erscheinung, vielmehr die Basis von Zivilcourage. Die Einsicht gilt nicht nur für die Gegenwart, sondern auch für die Vergangenheit. Denn ohne Hochsensibilität hätte der Inder Mahatma Gandhi nicht seinen gewaltlosen Widerstand entfalten können, der Amerikaner Martin Luther-King nicht seinen Kampf gegen Rassismus und der Afrikaner Nelson Mandela nicht seinen Kampf gegen Apartheit. Hochsensibilität ist auch das Geheimnis des Herzens von «Mutter Teresa» für die Ärmsten der Armen.

Angesichts dieser stark sensiblen historischen Persönlichkeiten wirkt es sehr befremdend, wenn Hochsensibilität in den Medien wahlweise als «das neue Vegan», als «Hype» einer «Generation Snowflake», «First world problem» oder «Pseudo-Diagnose» belächelt wird. Gibt es weibliche und männliche Beispiele für Hochsensibilität in der Gesellschaft?

Als weibliches Vorbild kann Greta Thunberg dienen. Bevor sie sich im Alter von damals erst 15 Jahren mutterseelenallein vor das schwedische Parlament mit ihrem selbstkreierten Pappschild «Schulstreik für das Klima» setzte, hatte sie sich autodidaktisch viele Jahre intensiv mit den existentiellen Gefahren der globalen Erwärmung für unser Klima auseinandergesetzt, das sie höchst sensibel tangierte. Ohne ihre Hochsensibilität wären sicher auch ihre späteren mutigen Aktionen und emotionalen Reden («Ich will, dass ihr in Panik geratet») mit Tränen in den Augen nicht zu verstehen.

[6] Sohr (2000): Ökologisches Gewissen.

Männliche Beispiele sind im politischen Raum noch schwerer zu finden. Einer der seltenen Politiker mit einem «Talent für Sensibilität» (Barth 2023) ist der Grüne Robert Habeck. Als promovierter Philosoph und Romancier hat er einen ungewöhnlichen Zugang zur Politik. Er schenkt Einblicke in seine Liebe zur Natur, sogar zu Pferden, und ist fähig, auch sein eigenes Handeln kritisch zu reflektieren. Nach intensiven Auseinandersetzungen mit dem Shitstorm auf seinen sozialen Netzwerken beschloss er wider den Zeitgeist, aus ihnen wieder auszusteigen.

Gemeinsam ist den beiden politisch hochsensiblen Akteuren, dass ihnen die Öffentlichkeit mit großem Hass begegnet. Während Greta Thunberg schon viele Mord-Drohungen über sich ergehen lassen musste, mutierte Robert Habeck inzwischen zum Feindbild des Boulevards. Dennoch gibt es Unterschiede, wie ihre Reaktionen auf das Massaker der Hamas am 7. Oktober 2023 offenbaren. Während Greta es ignorierte, hielt Habeck eine Rede zur Solidarität mit Israel.

Mindestens ebenso heftige Aggressionen erlebten die sog. Klimakleber – die meist jungen Menschen, die sich aus Ohnmacht über die wissenschaftliche Diagnose, dass ohne Kehrtwende unsere Tage auf der Erde gezählt sind, auf die Straße klebten und so den Verkehr bremsten. Weder die meisten Autofahrer, von denen einige sogar gewalttätig wurden, noch fast 90% der Bevölkerung teilten die Sensibilität der Aktivisten, denn sie hatten weder Verständnis dafür, noch hinterfragten sie ihr eigenes klimazerstörendes Mobilitätsverhalten.

Wichtig an dieser Stelle ist das Bewusstsein, dass Hochsensibilität zwar häufig mit Werten einhergeht, jedoch zunächst wertfrei in dem Sinn ist, nicht per se einen guten Charakter vorauszusetzen. Tatsächlich gibt es auch etwa 5% sog. Soziopathen in unserer Gesellschaft, die ein gewissenloses Lügen als Lebensstil kultivieren und Sensibilität missbrauchen.

Wer exemplarisch nach weiteren bekannten hochsensiblen Persönlichkeiten im Netz sucht, stößt u.a. auf den Komiker Charlie Chaplin, den Physiker Albert Einstein, den Schriftsteller Hermann Hesse, den Musiker Michael Jackson oder den Schauspieler Robin Williams. Alle waren sie herausragende Protagonisten ihrer Domäne - auch dank ihrer Hochsensibilität.

Als wahrscheinlich (hoch-) sensibelster Mensch auf Erden kann Jesus gesehen werden. Die Bibel offenbart: Jesus ist sanftmütig, einfühlsam und liebevoll im Umgang mit Bedürftigen. Er zieht sich häufig in die Stille zurück und hat das Bedürfnis, längere Zeit mit sich und Gott allein zu sein. Er kann kranken Menschen in die Seele schauen und Gedanken lesen. Tief mitfühlend kommen ihm Tränen der Trauer, und er weint um einen Freund. Aus ethischen Gründen kann er auch sehr kämpferisch auftreten, wie in der Tempelreinigung. Seinen sechsten bzw. siebenten Sinn offenbart er prototypisch in einer Szene, wo er in der Menge die Berührung einer Frau hinter ihm fühlt, die dadurch geheilt wird: «Es hat mich jemand berührt, denn ich habe gespürt, dass eine Kraft von mir ausgegangen ist» (Lukas 8.46). Ist Jesus ein «Sensibelchen», eine «neurotische Mimose» mit «Psycho-Defekt»?

Die rhetorische Frage möge zum Nachdenken einladen, ob der Defizit-Diagnose nicht vielmehr die Kultur des neuzeitlichen Denkens und Handelns innewohnt. Schließlich ist unsere Geschichte der modernen Naturwissenschaften dadurch charakterisiert, dass wir die Natur nicht mehr als ein sinnliches Lebewesen, sondern nur als «Ding» betrachten, das wir gnadenlos ausbeuten können. Diese Naturentfremdung hat philosophische Wurzeln bei Bacon im 17. Jahrhundert, nach dem man die Natur auf die Folterbank legen müsse, um größtmögliche Gewinnmaximierungen zu erhalten. Die Abspaltung unserer Gefühle bestimmt auch die Auffassung vom Menschen in der Geschichte der Psychologie, welche ebenso philosophisch geprägt wurde, z.B. durch Descartes im 18. Jahrhundert, der zwischen einem denkenden und einem fühlenden Teil in uns unterschied, wobei Letzterer als minderwertig angesehen wird, was darin mündet, dass wir heute eine «Psychologie ohne Seele» betreiben – mit fatalen Konsequenzen für die Missachtung der Sensibilität als Signum des Humanen, was uns ganzheitlich zu einem homo ‚sapiens' macht, der mehr Sein als Schein wäre.

Mit der Industrialisierung, die seit dem 19. Jahrhundert - trotz weniger zarter Gegenbewegungen wie der Romantik - bis in unsere Gegenwart wirkt, wuchs die Abspaltung der Gefühle unserer Natur zu einer kollektiven Bewegung. Sie dynamisierte sich im 20. Jahrhundert und offenbart sich heute wie entfesselt in den Megatrends der Globalisierung und Digitalisierung, bei der die Ausbildung von Empathie gegenüber uns selbst, unseren Nächsten und der Natur auf der Strecke bleiben. Traurigster Tiefpunkt auf dem Weg in die Gegenwart war die Ideologie des Nationalsozialismus, bei der sämtliche Sensibilität als Schwäche erschien, die es auszumerzen galt, um schließlich abgehärtet und gewissenlos morden zu können – eine Haltung, die auch Despoten im 21. Jahrhundert leben.

Auch wenn wir es gerne verdrängen: Historisch leben wir spätestens seit 1945, seit dem ersten Abwurf der Atombombe und der seitdem virulent gewordenen Möglichkeit der vielfachen Auslöschung der gesamten Menschheit quasi in der diesseitigen «Endzeit»[7], die der Philosoph Günther Anders auch als eine Zeit des «gerade noch»-Seins bezeichnete, die durch das faktisch drohende «nicht mehr» determiniert ist. Aufgrund des heutigen Atomwaffen-Arsenals von immer mehr Staaten ist die Gefahr eines Atomkrieges größer denn je. Wenn offenbar geistig kranke und kriminelle Massenmörder z.B. in Moskau den Atomknopf drücken, wäre eine Stadt wie Berlin in 106 Sekunden Geschichte. Dass dasselbe Schicksal dann auch den Tätern (letztlich der ganzen Welt) winkt, ist kein Trost.

Doch auch wenn dieser Kelch noch länger an uns vorübergehen sollte, kommen wir an einer anderen sich täglich beschleunigenden Entwicklung nicht vorbei - wir rasen heute mit Vollgas in die Klimakatastrophe! Zukunftsforscher wie der renommierte Professor Kreibich[8] sagten schon zur Jahrtausendwende voraus, dass wir das 21. Jahrhundert mit einer Wahrscheinlichkeit von über 90 Prozent nicht überleben werden, wenn wir so weitermachen. Wie abgestumpft sind wir, dass wir nicht umkehren? Was muss passieren, damit uns das Leben und der Tod unserer Kinder und Kindeskinder nachhaltig berührt?

Angesichts der heutigen Bewusstwerdung, wie dringend die Bewahrung bzw. Renaissance eines Zugangs zu den sensiblen Seiten unseres Menschseins im Sinne einer Ehrfurcht vor dem Leben ist, erscheint die Suche nach einer neuen Sensibilität heute als hochaktuelles Thema – als existenzielle Notwendigkeit im Sinne eines langfristigen Überlebens, sowohl zur Rettung des ökologischen als auch unseres sozialen Gleichgwichts.

Sie führt uns im nächsten Abschnitt zum «spiritus rector» der Beschäftigung mit Hochsensibilität - zur Erfinderin des modernen Begriffs, den die amerikanische Psychologie-Professorin Elaine Aron in den 90er-Jahren des 20. Jahrhunderts entwickelte. Fragen, wie sie dazu kam, was sie unter Hochsensibilität verstand, welche Wirkungen und Weiterentwicklungen der schillernde wie umstrittene Terminus bis heute generiert, und welche Konsequenzen für die Zukunft seine Beachtung haben könnte, beleuchten die nächsten Kapitel.

---

[7] Anders, G. (1972): Endzeit und Zeitenende.
[8] Kreibich, R. (1999): FAZ vom 30.12.99, S.44

Zeitreise über 25 Jahre HS-Forschung

Wenn Hochsensibilität etwas ist, was Menschen von Natur aus charakterisiert, liegt der Gedanke nahe, dass sie so alt wie die Menschheit sei. So gab es sicher zu allen Zeiten menschliche Lebewesen, die durch ihre besondere Sensibilität auffielen, wie z.B. die Temperamentslehre des griechischen Arztes Hippokrates (460-375 vor Christus) erahnen lässt. Dagegen entdeckte die wissenschaftliche Forschung das Phänomen recht spät gegen Ende des 20. Jahrhunderts. Auch wenn die Geburtsstunde einer neuen Entdeckung meistens erst dann datiert wird, wenn dem «Kind» ein Name gegeben wird, gab es jedoch im Lauf des 20. Jahrhunderts schon Forscherinnen und Forscher, die Ähnliches beobachteten.

So beginnt unsere Zeitreise zur Erforschung der Hochsensibilität mit einigen Vorläuferinnen und Vorläufern. Anschließend werfen wir einen Blick auf die systematische Erforschung der Hochsensibilität von ihrer Begründerin Elaine ARON, bevor wir das Vierteljahrhundert seit ihren ersten Publikationen unter die Lupe nehmen, um auch die zahlreichen Nachfolgerinnen und Nachfolger zu würdigen, die zum heutigen Erkenntnisstand über Hochsensibilität beitragen.

Vorläufer

Wer Literatur über Hochsensibilität studiert, begegnet immer wieder einigen Menschen, die schon vor der Taufe des Begriffs Hochsensibilität durch Aron grundlegende Erkenntnisse ans Licht brachten, die zu einer Sensibilisierung für das Phänomen beitrugen. Sie stammen aus unterschiedlichen psychologischen Schulen, einerseits aus der experimentellen Schule, die auf den Behaviorismus zurückgeht, andererseits auch aus der psychoanalytischen Schule, mit ihren klassischen und modernen Vertretern. Auffällig ist, dass weder die dritte Schule der humanistischen Psychologie noch die auf ihr geistig aufbauende Positive Psychologie sich bisher mit Hochsensibilität beschäftigten.

Der Behaviorismus konzentriert sich insbesondere, wie der Name schon suggeriert, auf unser Verhalten, das von dieser Schule klassischerweise aus der Tierpsychologie abgeleitet wird. Einer ihrer bekanntesten Verhaltensforscher war der russische Physiologe Iwan PAWLOW (1849-1936), der für seine Arbeiten sogar den Nobelpreis für Medizin erhielt. Im Kontext unseres Themas ist die Entdeckung der sog. transmarginalen Hemmung zentral, quasi eine «Überstimulation». In einem Experiment setzte Pawlow seine Probanden einer intensiven Beschallung aus, um deren Lärmbelastbarkeit zu testen. Während 85% der Personen eine hohe Lärmbelastung zeigten, reagierten 15% der Personen mit Schutzstellungen ab einer bestimmten Dezibel-Höhe, z.B. indem sie ihre Hände auf die Ohren hielten. Laut Pawlow unterscheidet sich das Nervensystem der Empfindsamen grundlegend von den ‚normalen' Menschen.

Bei ihnen «schaffen es auch Reize ins Bewusstsein, die bei anderen Menschen gar nicht erst im Gehirn ankommen» (Parlow 2003, 56).

Zu ähnlichen Befunden kam der amerikanische Entwicklungspsychologe Jerome KAGAN (1929-2021) von der Harvard-University in seinen experimentellen Untersuchungen. Er setzte Säuglinge starken Reizen aus und testete ihre Reaktionen. Etwa 20% der Kinder reagierten intensiv auf die Stimulation, z.B. begannen sie zu zappeln und weinen. Kagan verfolgte diese auffällige Gruppe der aus seiner Sicht «gehemmten Kinder» danach noch einige Jahre in ihrer Entwicklung und beobachtete Gemeinsamkeiten, wie z.B. das Entwickeln von Alpträumen und Ängsten. Das Wesen des gehemmten Kindes beschrieb Kagan als «zurückhaltend, aufmerksam und sanft» im Vergleich zur großen Mehrheit der ungehemmten Kinder, die sich «unbefangen, energisch und impulsiv» zeigten. Selbst im Erwachsenenalter beobachtete Kagan noch Unterschiede in dem Sinne, dass gehemmte Kinder später «traditionell männliche Sexualaktivitäten» mieden und «weniger maskuline Berufe» wählten (Kagan 1987).

Gemeinsam ist den bisherigen Beiträgen, dass sie sich auf das Verhalten konzentrieren und ethische Dimensionen in ihren Experimenten traditionell nicht hinterfragen. Demgegenüber interessiert sich die aus Europa stammende Psychoanalyse vor allem für das innere Erleben des Menschen - mit zwei fundamentalen Arbeiten aus der Schweiz, die zur Entdeckung der Hochsensibilität beitrugen.

Carl Gustav JUNG (1875-1961) gilt neben Sigmund Freud als berühmtester Psychoanalytiker, von dem er sich u.a. dadurch unterschied, dass er den Menschen weniger sexuell triebhaft determiniert sah, sowie auch seine spirituelle Seite der Persönlichkeit als wertvoll erkannte. Da er selbst aus einer Familie von selbstbewussten Hochsensiblen kam, war er auch offen für die Wahrnehmung von sensitiv introvertierten Menschen, wie er sie nannte, die stärker als die Extrovertierten am inneren Subjekt und weniger am äußeren Objekt interessiert seien. Jung sah in den Introvertierten auch potenzielle «Erzieher und Förderer von Kultur, deren Leben die andere Möglichkeit lehrt, die des inneren Lebens, das in unserer Zivilisation so schmerzlich fehlt» (Jung 1921).

Alice MILLER (1923-2010) war eine moderne Analytikerin, die sich später ebenfalls von der klassischen Psychoanalyse distanzierte. Millers Lebensthema waren Kindesmisshandlungen sowie deren individuelle und gesellschaftliche Folgen. In ihrem Buch «Das Drama des begabten Kindes» (1979) beschreibt sie eindringlich, wie (hoch-) begabte und feinfühlig-sensible Kinder dazu neigen, ihre eigenen Wünsche zugunsten ihrer Eltern zurückzustellen. So kümmern sich diese Kinder oft mehr um ihre Eltern als umgekehrt. Als Erwachsene wählen diese Kinder oft helfende Berufe, z.B. als Therapeuten. Ein wichtiges Verdienst von Miller ist es, dass sie für die überragende Bedeutung der Entwicklung von Hochsensibilität in der Kindheit jenseits aller genetischen Annahmen sensibilisierte.

Es gibt noch einige andere Autoren, die mit ihren Werken als Inspiratoren zur Erforschung der Hochsensibilität genannt werden, die jedoch in eine ähnliche Richtung gingen, wie z.B. der Schweizer Theologe Eduard Schweingruber («Der sensible Mensch» 1935), der britische Psychologe Hans Jürgen Eysenck mit seinen Forschungen über Intro- und Extraversion oder der deutsche Psychiater Wolfgang Klages («Der sensible Mensch», 1978). Sie alle beflügelten letztlich die Publikationen von Elane Aron zum Ende des 20. Jahrhunderts.

Pionierin

Wer mit offenen Augen durch die Welt geht, macht manchmal überraschende Erfahrungen mit anderen Menschen und sich selbst - so auch Elaine Nancy ARON, die 1944 in Kalifornien geboren wurde, an der Universität in Berkeley Psychologie studierte, während ihrer Zeit am C.G. Jung-Institute in San Francisco promovierte und als Professorin an vielen Universitäten wirkte, u.a. in Santa Cruz und New York, um nach ihrer Emeritierung als Psychotherapeutin eine Praxis in Mill Valley in Kalifornien zu betreiben und weiter nachhaltig wirken zu können.

Nach einer Operation im Jahre 1987, die sie emotional aufwühlte, wurde ihr von den Ärzten eine psychologische Behandlung verordnet. Da die Ärzte aber keine krankhaften Symptome diagnostizieren konnten, gab man ihr den Stempel «äußerst sensibel». Dieses Erlebnis war ein Schlüsselmoment ihres Lebens und der Startschuss, ab dem sie sich für das Phänomen interessierte.

Zusammen mit ihrem Ehemann Dr. Arthur Aron, ebenfalls Psychologe, begann sie in den 90er-Jahren des 20. Jahrhunderts darüber zu forschen und publizierte im Jahre 1996 das Werk «The Highly Sensitive Person» (deutsch erst 2005 - Titel: «Sind Sie hochsensibel?»). Dieses Buch wurde zum Pionier- und Standardwerk der Hochsensibilität, weltweit in 70 Sprachen übersetzt und in einem Umfang von über einer Million Exemplaren verkauft. Das Interesse an einem Ratgeber entstand aufgrund der Resonanz auf Arons erste öffentliche Vorträge, zu denen so viele Zuhörer kamen, dass manche wieder weggeschickt werden mussten.

Inzwischen hat die Autorin weitere wichtige Werke zum Thema geschrieben, die auch ins Deutsche übersetzt wurden, wie z.B. 2006 «Hochsensibilität in der Liebe» (Original 2000), 2008 «Das hochsensible Kind» (Original 2002) und 2014 «Hochsensible Menschen in der Psychotherapie» (Original 2010).

Parallel zur öffentlichen Verbreitung des Themas leistete Aron auch wertvolle Beiträge zur wissenschaftlichen Erforschung und Weiterentwicklung der Hochsensibilität. Einen ausführlichen Überblick gibt die Autorin im Anhang ihres letzten Buches, aus dem nachfolgend ein paar Meilensteine vorgestellt werden.

Die erste wissenschaftliche Publikation veröffentlichte Elaine Aron 1997 zusammen mit ihrem Mann im renommierten «Journal of Personality and Social Psychology». In einem ersten Schritt interviewten Aron & Aron etwa 40 Personen zwischen 18 und 66 Jahren, wobei sie überraschenderweise auch etwa 30% extrovertierte Hochsensible erkannten. Ebenfalls bemerkenswert war der Befund, dass mindestens die Hälfte der Befragten eine gute Kindheit angaben, im Gegensatz zu der Vermutung aufgrund früherer Forschungen, dass eine schwierige Kindheit die dominierende Ursache von Hochsensibilität sei.

Aufbauend auf den Merkmalen von Hochsensiblen, die sich aus den Interviews ergaben, entwickelte sie einen Fragebogen mit zunächst 60 Items, der anaschließend zahlreichen Psychologie-Studenten sowie weiteren 300 Personen in einer Gemeinde vorgelegt wurde. Auf diese Art und Weise entstand schließlich die ‚HSP-Skala' mit 27 Fragen, die auch heute noch als Standard-Instrument gilt (kritische Reflexion ihres Fragebogen vgl. Kap. 1.7). Insgesamt baute Aron ihre Erkenntnisse auf sieben kleinen Studien auf:

- Studie 1 diente zur Vorstellung der 40 Interviews und Vorbereitung des Fragebogens, welcher mit drei weiteren Studien erprobt wurde.
- Studie 2 mit etwa 300 Studenten ihrer eigenen Hochschule diente der Erfassung von Zusammenhängen von Hochsensibilität mit anderen Variablen.
- Studie 3 mit wieder etwa 300 anderen Studenten an amerikanischen Universitäten erfasste weitere Zusammenhänge.

- Studie 4 erweiterte den Kreis der Probanden um 300 weitere Teilnehmer an der Forschung im Rahmen einer Telefonumfrage.
- Studie 5 integrierte weitere über 100 Studenten und verglich die Ergebnisse mit anderen Skalen.
- Studie 6 befragte noch weitere fast 200 Studenten in New York und bestätigte die Messgenauigkeit des Instruments.
- Studie 7 mit noch einmal fast 200 Studenten vollendete die Analysen der sog. HSP-Skala.

Alles in allem wurde der Fragebogen von 1494 Personen ausgefüllt, wobei Aron folgendes Fazit zog: «Die HSP-Skala ist ein nützliches Instrument für die Forschung» (Aron 2014, 306). Vertiefte Analysen zum inhaltlichen Verständnis von Hochsensibilität sind Gegenstand der nächsten Kapitel.

Trotz aller Wissenschaftlichkeit verkörpert Aron als wichtiges Erfolgsmerkmal ihrer Forschung auch die Fähigkeit zur Selbstreflexion und die Brücke zur Praxis, aufbauend auf dem Credo: «Ich bin selbst hochsensibel, und obwohl man meinen könnte, dass das meine Objektivität gefährdet, bedeutet es vielmehr, dass ich den Wesenszug von innen her kenne, was mir sehr geholfen hat, weil zur Sensibilität viel nicht beobachtbares Verhalten gehört» (Aron 2014, 14).

Die Praxiserfahrungen im Umgang mit sensiblen und nicht-sensiblen Menschen hat sich Aron neben ihrer Rolle als Frau eines nicht-sensiblen Mannes und Mutter eines Sohnes vor allem in vielen tausend Stunden als Psychotherapeutin durch die klinische Begleitung von sensiblen Menschen erworben, ebenso durch Unterricht, Interviews und Beratung dieser Zielgruppe.

Rückblickend bilanziert sie in einem Interview mit der Zeitschrift «Psychologie heute» 2019: «Mein Werk ist fast vollbracht. Viele Menschen haben Hochsensibilität verstehen gelernt, andere beginnen gerade damit. Grundlagenforscher finden Neues heraus, was meine Arbeit stützt. Das alles zu sehen, empfinde ich als sehr beglückend.»

Tatsächlich ist es ein guter Indikator für die Innovation einer Entdeckung, wenn sie viele Menschen inspiriert, sich damit zu beschäftigen. So löste Aron mit ihren Forschungen allein hierzulande eine Welle von Publikationen aus, die aber aufgrund der langen Zeiträume, bis es zur Übersetzung der Originalwerke kam, in Deutschland etwas zeitversetzt auftraten. Dafür gab es in der ersten Dekade des

21. Jahrhunderts im deutschsprachigen Raum einige internationale Autorinnen und Autoren, die Arons Inspirationen aufnahmen, wie der nächste Abschnitt zeigt.

Nachfolger

Neben ihren eigenen Büchern gab es in den «Nuller»-Jahren drei internationale Autorinnen und Autoren, die deutschsprachige Werke zum Thema schrieben:

Im Jahr 2002 publizierte der Schweizer Psychiater Samuel Pfeifer «Der sensible Mensch» mit Fallbeispielen aus seelsorgerischer Sicht. 20 Jahre später folgte das Buch «Sensibilität – wenn sie zur Krankheit wird» (vgl. Mosaicstones 2022).

Im Jahr 2003 verfasste der Österreicher Georg Parlow, der sich auf seiner Homepage als «nirgends Spezialist, jedoch Experte in Hochsensibilität» beschreibt, mit «zart besaitet» ein Buch, das mit 200.000 Exemplaren große Resonanz fand und zur Verbreitung des Themas wichtige Beiträge leistete.

Ebenfalls anno 2003 publizierte die holländische Shiatsu-Therapeutin Susan Marletta-Hart das Buch «Leben mit Hochsensibilität» - mit dem Untertitel «Herausforderung und Gabe», das in Deutschland erst 2009 auf den Markt kam. Es folgten die Bücher «Achtsam leben mit Hochsensibilität» (2011), «Leben mit hochsensiblen Kindern» (2013) sowie «Hochsensibilität und Stress» (2018).

Auffällig ist, dass es in der ersten Dekade des 21. Jahrhunderts lediglich eine überschaubare Zahl an Büchern gab. Das änderte sich aber in den Folgejahren sehr dynamisch. Inzwischen gibt es schon über 100 Bücher zur Hochsensibilität im deutschsprachigen Raum – eine kleine Chronik zur Auswahl:

- 2010
  Die an der Universität Wien promovierte Mediensoziologin Marianne Skarics publizierte ihre Studie «Sensibilität und Partnerschaft». Als weitere Werke folgten «Sensibel kompetent: Zart besaitet und erfolgreich im Beruf» (2015) und «Enneagramm und Hochsensibilität: Die neun Persönlichkeitstypen und ihr Entwicklungspotenzial» (2019).

- 2011
  Die Schweizer Sozialwissenschaftlerin Brigitte Schorr schrieb das Buch «Hochsensibilität – Empfindsamkeit leben und verstehen». Es folgten weitere Werke: «Hochsensible Mütter» (2015), «Hochsensible im Beruf» (2018), «Hochsensible

in der Partnerschaft» (2021) sowie unter neuem Namen Brigitte Küster «Hochsensibilität – den eigenen Weg finden» (2022).

Der Architekt und Heilpraktiker Rolf Sellin schrieb «Wenn die Haut zu dünn ist» mit dem Untertitel: «Hochsensibilität – vom Manko zum Plus», gefolgt vom Buch «Mein Kind ist hochsensibel – was tun?» (2015).

- 2012
  Die Astrologin Barbara Egert legte ihr Buch «Hochsensibilität im Horoskop – wie wir sie erkennen und verstehen» vor.

- 2013
  Die Therapeutin Anne Heintze schrieb das Buch «Außergewöhnlich normal – hochbegabt, hochsensitiv, hochsensibel». Als weitere Werke folgten «Ich spüre was, was du nicht spürst: Wie Hochsensible ihre Kraftquellen entdecken» (2015), «Erotische Intelligenz – hochsensibel lieben und sinnlich leben» (2017) sowie «Hochsensibel im Beruf – wie du dank deiner Empfindsamkeit erfolgreich wirst» (2019).

  Coach und Lektorin Ulrike Hensel legte «Mit viel Feingefühl – Hochsensibilität verstehen und wertschätzen» vor. Danach folgten «Hochsensible Menschen im Coaching» (2015) und «Hochsensibel sein – 22 Impulse für einen guten Umgang mit der eigenen Hochsensibilität» (2023).

- 2014
  Die Psychologin Sylvia Harke schrieb das Buch «Hochsensibel ist mehr als zart besaitet – die 100 häufigsten Fragen und Antworten». Weitere Werke folgten: «Wenn Frauen zu viel spüren - Schutz und Stärkung für Hochsensible» (2017), «Gelassen leben mit Hochsensibilität – das Tagebuch für Hochsensible» (2019) sowie «Hochsensibel - was tun? Set mit 52 Mandala-Karten» (2023).

  Das Seelsorger-Paar Dirk und Christa Lülling schrieb «Mit feinen Sensoren – Hochsensitive Kinder verstehen und ins Leben begleiten».

  Der Vater Matthias Wiese (Pseudonym) schrieb «schon immer anders – hochsensible Leben» mit 20 Interviews. Unter seinem richtigen Namen Stefan Kunkat folgte «Mein HSP-Coach» mit 26 Beiträgen von Experten für Hochsensibilität (2015).

- 2015
  Der Coach und Berater Luca Rohleder veröffentlichte «Die Berufung für Hochsensible» sowie die Reihe «Netzwerk Hochsensibilität».

  Der Psychotherapeut Reinhold Ruthe publizierte «Hochsensibel und trotzdem stark – Hilfen für Feinfühlige», ferner «Hochsensibilität und Depression» (2016).

  Der promovierte Psychologe Ted Zeff aus Kalifornien veröffentlichte das Buch «Glücklich leben in einer reizüberfluteten Welt», ein «Ratgeber für Hochsensible» mit praktischen Übungen im Jahresverlauf.

- 2016
  Die österreichische Psychologin Christina Blach publizierte ihre Dissertation - mit dem Titel: «Ein empirischer Zugang zum komplexen Phänomen der Hochsensibilität».

  Coach und Unternehmensberaterin Eliane Reichhardt publizierte das Buch «Hochsensibel – wie Sie Ihre Stärken erkennen und Ihr wirkliches Potential entfalten».

  Die dänische Pfarrerin und Psychotherapeutin Ilse Sand schrieb mit ihrem Buch «Die Kraft des Fühlens» einen «skandinavischen Bestseller» – Untertitel: Hochsensibilität erkennen und positiv gestalten».

- 2017
  Der Psychotherapeut Tom Falkenstein publizierte «Hochsensible Männer – mit Feingefühl zur eigenen Stärke», mit einem Vorwort von Aron.

  Der Wirtschaftspsychologe Daniel Panetta schrieb seine Doktorarbeit über «Hochsensibilität und Leadership» – Untertitel: «Subjektive Führungstheorien hochsensibler Führungskräfte».

  Die Pädagogin Cordula Roemer schrieb ihr Buch «Hurra, ich bin hochsensibel! Und nun?» – weitere Werke sind «Perlen im Getriebe – hochsensibel im Beruf: Stärken gezielt einsetzen» (2018), «Abenteuerlustig und hochsensibel – wie Sie als extravertierter Hochsensibler gut leben können» (2021) und «Bin ich wirklich hochsensibel? 20 Unterschiede zwischen Trauma und Hochsensibilität».

- 2018
  Die Unternehmerin Jutta Böttcher gab das «Fachbuch Hochsensibilität» heraus, Untertitel: «Worauf es in der Begleitung Hochsensibler ankommt».

  Die Betriebswirtin Claudia Schmidt-Stermole schrieb ihr Buch «Hochsensibilität mit Astrologie erkennen» und legte erstmals eine Studie zu den Unterschieden der Sternzeichen vor.

- 2019
  Die Marketing-Managerin Jasmin Raif schrieb ein Buch mit dem Titel «Ich bin sensibel, Du Arsch!», deklariert als «sarkastischer Ratgeber für alle, die ihre Hochsensibilität mal nicht so ernst nehmen wollen».

  Die Journalistin Maria Anna Schwarzberg schrieb das Buch «Proud to be Sensibelchen» – «wie ich lernte, meine Hochsensibilität zu lieben».

  Die Psychologin Petra Tomschi schrieb das optisch besonders ansprechend gestaltete «Vielfühler-Buch Hochsensibilität».

- 2020
  Die promovierte Kunsthistorikerin Anne-Barbara Kern veröffentlichte ein Buch über «Gesunde Ernährung für hochsensible Menschen», darüber hinaus noch «Nahrungsergänzung für hochsensible Menschen» (2023).

  Coach und Beraterin Kathrin Sohst schrieb das Buch «Wer stärker fühlt, hat mehr vom Leben», mit dem Untertitel: «Warum Sensibilität eine verborgene Kraft ist und wie sie uns die Welt öffnet».

  Die Familienmanagerin und Fitnesstrainerin Marie Sommer schrieb ein Buch über «Hochsensible Kinder», ein «Erziehungsratgeber für gefühlsstarke Kinder».

  Der Schweizer Ökonom und Ökologe Patrice Wyrsch publizierte sein Buch «Neurosensitivität – die Kraft der Hochsenitiven». Später gab er auch die halbjährlich erscheinde Zeitschrift «Neurosensitiv» heraus – «Das Magazin für Wahrnehmende».

- 2021
  Die Schweizer Philosophin und Professorin Dagmar Fenner legte ein Buch über «Hochsensibilität» mit phänomenologischen und ethischen Überlegungen vor.

  Der amerikanische Psychologe Chuck Spezzano schrieb über «Die spirituelle Dimension der Hochsensibilität».

  Die Autorin Paula Weinbach schrieb einen Ratgeber über «Hochsensible Kindererziehung», ferner das Buch «Bin ich hochsensibel? Hochsensibilität bei Frauen» (2021).

- 2022
  Die Pädagogin Natalie Banek publizierte ihr Buch «Die Selbsterkenntnis der Hochsensibilität», «eine qualitative Studie am Beispiel hochsensibler Menschen im Übergang Schule-Beruf».

  Die Heilpraktikerin Monika Rudolph veröffentlichte «Schicksal hochsensibel?», Untertitel: «Eine Betroffene erzählt, wie sie ihre Depressionen überwunden und Mobbing erfolgreich bewältigt hat und diese besondere Empfindsamkeit heute ihr Leben bereichert».

- 2023
  Die promovierte Theologin Debora Sommer aus der Schweiz schrieb «Mit allen Sinnen auf Empfang – Hochsensibilität als Gottesgeschenk und Auftrag».

  Die Unternehmerin Sandra Tissot veröffentlichte ihr Buch «Hochsensibilität und die berufliche Selbständigkeit».

  Fazit: Neben den vielen hier eher selten erwähnten Selbstberichten weisen die genannten 66 Bücher ein breites Spektrum auf - die Schwerpunkte liegen auf der praktischen Ratgeber-Literatur, während mehr wissenschaftliche Studien zur weiteren Vertiefung sehr wünschenswert wären.

Schatten-Seiten der Hochsensibilität

Wie wir bereits in der Einleitung bemerken konnten, geht Hochsensibilität zunächst meistens mit negativen Assoziationen einher. Tatsächlich erleben hochsensible Menschen zahlreiche Herausforderungen in ihrem Leben, die von ihrer Umwelt und oft auch von ihnen selbst als problematisch erlebt werden.
Hier ein kleiner Überblick von zehn typischen Schattenseiten, die sich teilweise ergänzen und manchmal bereits positive Dinge in sich tragen:

- (1) Ängstlichkeit: Eine der häufigsten Kennzeichen, die hochsensiblen Menschen attestiert wird, ist ihre Ängstlichkeit, die in der Psychologie Neurotizismus genannt wird - wobei hier eine Pathologie mitschwingt, die meist nicht vorhanden ist.

- (2) Belastbarkeit: Da hochsensible Menschen oft mehr und tiefer wahrnehmen als andere Menschen, liegt es in der Natur der Sache, dass sie schneller erschöpft sind. Ob sie deswegen grundsätzlich weniger belastbar sind, ist eine offene Frage.

- (3) Empfindlichkeit: Wenn alle Sinne auf Empfang sind, empfinden wir natürlich auch viel mehr, was manchmal sehr belastend sein kann, oft jedoch auch sehr wertvoll.

- (4) Melancholie: Aufgrund ihrer ausgeprägten Empathie empfinden viele hochsensible Menschen oft auch eine tiefe Traurigkeit über ihre Umwelt, die antriebshemmend wirken kann.

- (5) Perfektionismus: Zudem haben viele Hochsensible den Anspruch an sich selbst, den vielen Herausforderungen des Lebens möglichst immer optimal gerecht werden zu können, was fast zwangsläufig in Erfahrungen von Überforderung münden muss.

- (6) Reizbarkeit: Die erhöhten Aufnahmefähigkeiten können sämtliche Sinnesorgane reizen, so dass sich manche Hochsensible am liebsten die Augen und Ohren zuhalten wollen.

- (7) Schreckhaftigkeit: Eine weitere Eigenschaft von Hochsensiblen ist das plötzliche Erschrecken über Reize oder Begegnungen, die sie nicht erwartet haben.

- (8) Schüchternheit: Da ungefähr zwei Drittel aller Hochsensiblen als introvertiert gelten, verhalten sie sich eher ruhig und zurückhaltend - wenig dominant, was in unserer Gesellschaft meistens als Nachteil gesehen wird, wenn wir erfolgreich sein wollen.

- (9) Verletzbarkeit: Die grundsätzliche Offenheit und Anteilnahme an ihrer Umwelt machen Hochsensible leichter vulnerabel, was als Schutz zum Rückzug führen kann.

- (10) Weltschmerz: Hochsensible Menschen nehmen nicht nur ihren Mikrokosmos aufmerksam wahr, sondern auch globale Dynamiken, was in der heutigen Welt sehr schmerzhaft sein kann. Doch auch in dieser Eigenschaft liegen Chancen zur Veränderung zugrunde.

Viele Bücher beschäftigen sich mit der Frage, wie Hochsensible mit ihren Schattenseiten umgehen lernen können. So entstand in dem Feld eine inzwischen fast unüberschaubare Ratgeber-Literatur, die den Eindruck verstärkt, dass Hochsensibilität ein großes «Problem» darstellt, quasi ein Fall für die Klinische Psychologie. Die gute Nachricht: Wenn hochsensible Menschen unter ihrem Anderssein leiden, brauchen sie in der Regel keine Psychotherapeuten, sondern haben gute Aussichten, sich selbst oder in einer empathischen Begleitung coachen zu können. Nachfolgend aus Hunderten von Tipps der Literatur zehn ausgewählte Strategien für einen hilfreichen Umgang mit Hochsensibilität:

10 Gebote für den Umgang

1. A wie ACHTSAMKEIT

Nach Falkenstein (2017, 116) kann Achtsamkeit gerade für hochsensible Menschen wie ein «Anker» sein: «Sie können lernen, diesen auszuwerfen, wenn der innere Seegang besonders stürmisch ist (...), um sich zu beruhigen und sich Mut zu machen». So kann auch Entspannung entstehen. Auch Strauch (2016, 136) postuliert ein «Achtsamkeitstraining» für Hochsensible, um Stress zu reduzieren. Hensel (2023, 158) gibt den Impuls, Gegensätze auszubalancieren, z.B. Nähe und Distanz, Aktivität und Ruhe sowie Veränderung und Beständigkeit. Achtsamkeit gilt als Voraussetzung für das Bewusstsein einer guten Balance.

2. A wie AKZEPTANZ

Zu den meist genannten Konzepten, die als Empfehlung für den Umgang mit Hochsensibilität genannt werden, zählt die Akzeptanz als das Annehmen des Phänomens, das stark genetisch bedingt und nicht veränderbar zu sein scheint. Bei Wiese heißt es z.B. (2014, 177): «Nehmen Sie die eigene Hochsensibilität für sich an! Integrieren Sie sie in Ihre Persönlichkeit und in Ihren Alltag – sie ist ein Teil von Ihnen!». Küster (2023, 233) empfiehlt sogar, einen Brief an Ihre Hochsensibilität zu schreiben. Schindler (2017, 33) sieht Selbstakzeptanz als «ersten Schritt auf einer langen Reise». Etwas entspannter plädiert Zeff (2007, 25) dafür, «froh» über die eigene Hochsensibilität zu sein.

3. A wie ALL-EIN-SEIN

Ein weiteres Gebot und Geschenk finden wir bei Hensellek (2023, 94): «Allein sein können». Der Autor von «Metamorphose – hochsensibel gesund leben» führt aus: «Wir hochsensiblen Menschen haben meist wenig Probleme damit, allein zu sein». So sind vielleicht auch spirituelle Momente leichter erfahrbar. Da sich hochsensible Menschen in einer Umgebung von Stille sehr wohlfühlen, ermutigt Zeff (2007, 133) dazu, das «Schweigen» zu üben, so dass vielleicht auch «Dankbarkeit» (Küster 2022, 231) erlebt wird. Falkenstein (2017, 183) empfiehlt in diesem Kontext: «Verbringen Sie regelmäßig und ausreichend Zeit allein in einem simulationsarmen Raum, vorausgesetzt, es fühlt sich angenehm und nicht einsam an».

4. A wie ALLIANZ

Eine Allianz ist ein Bündnis bzw. eine Gemeinschaft. Damit verbunden ist die Empfehlung, Beziehungen zu pflegen, weniger quantitativ als qualitativ. Dabei geht es darum, «Kontakt zu suchen» (Wiese 2014), um «Gefährten» (Parlow 2003) und «Gleichgesinnte» (Schindler 2017) zu finden – vorzugsweise empfehlen alle Autorinnen und Autoren «hochsensible Menschen». Zeff (2015, 127) spricht von «harmonischen Beziehungen» und bietet Hochsensiblen zu dem Zweck eine «herzzentrierte Meditation» an. Hensellek formuliert es etwas allgemeiner (2023, 18): «Umgib dich mit den richtigen Menschen» – das sind «Menschen, die dir guttun, die dich verstehen, akzeptieren und wertschätzen, wie du bist».

5. A wie ALTERNATIVEN

Wiese (2014, 178) stellt die Frage «Haben Sie das Gefühl, Ihr derzeitiger Beruf steht mit Ihrer Hochsensibilität im Widerspruch?» und antwortet: «Überlegen Sie, was Sie am liebsten tun würden! Prüfen Sie, ob es geeignete Alternativen gibt!» Ähnlich fordert Hensellek (2023, 18): «Finde den für Dich passenden Beruf», denn gerade für hochsensible Menschen sei es sehr wichtig, einen erfüllenden Beruf zu finden, der den Bedürfnissen und dem Wesen entspricht. Darüber hinaus ermutigt Zeff (2015, 21): «Nehmen Sie Veränderungen in Ihrem Leben vor» – die Empfehlung kann sich auf Partnerschaften oder Gewohnheiten erstrecken, wie z.B. «Tagebuch schreiben».

6. A wie ASKESE

Unter dem großen Dach der enthaltsamen Askese lassen sich zahlreiche Tipps zusammenfassen, die sich oft in der Empfehlung nach Abgrenzung artikulieren. Schindler (2017, 147) nennt in dem Zusammenhang die Abgrenzung von den eigenen Ansprüchen, die Abgrenzung von Leid sowie die Abgrenzung von gegenüber anderen Menschen. Wiese (2014, 177) spricht in dem Kontext vom «Nein sagen»: «Lernen Sie Ihre eigenen Bedürfnisse beachten und umzusetzen! Sie müssen dabei nicht alle Erwartungen aus Ihrem Umfeld erfüllen!» Hensel (2023, 103) formuliert es positiv: «Sagen Sie Ja zu sich!» Sie plädiert sowohl für emotionale als auch für soziale Abgrenzungen, z.B. durch den Rückzug von Familienfeiern. Nevoigt (2021, 32) plädiert für die Entwicklung von einem «Informationsgeiz», um das Smartphone mal aus der Hand zu legen.

7. A wie ÄSTHETIK

Hochsensible lieben Harmonie, Schönheit und Sinnlichkeit. In diesen Feldern bestehen gute Chancen, das eigene Wohlbefinden zu fördern. Strauch (2016, 165) bemerkt: »Hochsensible Menschen reagieren besonders empfindlich auf Disharmonien». Harmonie zeigt sich z.B. im schönen Zusammenspiel von Farben. Falkenstein (2017, 183) gibt den Tipp: «Machen Sie Ihr Zuhause zu einem wahren Rückzugsort, an dem Sie sich absolut wohl, sicher, entspannt und geborgen fühlen können». Nevoigt (2021, 133) empfiehlt: «Gestalte Deine Genuss-Inseln!» Ästhetik spiegelt sich auch in sinnlichen Dimensionen, z.B. durch Slow-Food oder Slow-Sex, sowie in Kunst und Musik.

8. A wie AUFRÄUMEN

Gleich zwei Autorinnen plädieren für «Aufräumen und Ausmisten». Tomschi (2019, 169) bemerkt, dass äußeres Ordnen auch etwas mit innerem «Aufgeräumtsein» zu tun habe, wenn wir uns von Ballast befreien. Dahinter steht die Weisheit «weniger ist mehr», die heutzutage auch mit einem minimalistischen Lebensstil einhergeht. Auch Schindler gibt in ihrem Buch zu der Frage, «wie hochsensible Menschen den Alltag meistern», dem Plädoyer «Aufräumen und Ausmisten» besondere Aufmerksamkeit. Dabei wirbt sie für Ausräumen als «Reinigungsprozess» und «Ausmisten gegen Reizüberflutung», was für hochsensible Menschen sehr hilfreich ist. Nebenbei kann Aufräumen auch ein Beitrag zur Nachhaltigkeit sein.

9. A wie AUSZEIT

«Gönne Dir Ruhepausen!», empfiehlt Hensellek (2023, 17). Und Wiese (2014, 177) ergänzt: «Nehmen Sie sich Auszeiten, am besten in der Natur oder einem anderen erholsamen Ort». Im Gegensatz zur Technik ist die Natur mit ihren natürlichen Zyklen des Lebens gerade für Hochsensible ein großes Geschenk, für manche sogar ein magischer Ort, wo wir «die Seele baumeln lassen» (Sand 2016, 141) und uns vielfältig betätigen können, z.B. beim Wandern oder Gärtnern, in den Bergen, im Wald oder am Wasser. Hochsensible erleben den Kontakt mit der Natur oft als «schönste Freude (Parlow 2003, 232) sowie als «ungemein beruhigend und erholsam» (Falkenstein 2017, 183). Zeff (2015, 189) geht noch einen Schritt weiter: «Der Aufenthalt in der Natur kann Ihre angeborenen spirituellen Qualitäten wecken. Denken Sie daran, dass Sie in einer natürlichen Umgebung Ihre Verbindung zum Göttlichen intensiver spüren können».

10. A wie AUTHENTIZITÄT

Mehrere Autoren heben auch die Bedeutung der Authentizität für Hochsensible hervor. Authentisch ist ein Mensch, der echt ist, zu sich steht und nach seinen Werten von innen nach außen lebt. Hensellek (2023, 19) empfiehlt: «Lerne, dich so anzunehmen, wie du bist. Versuche nicht gegen irgendetwas anzukämpfen oder dich gar gegen deine Hochsensibilität zu wehren». In diesem Sinne möchte Schindler (2017, 137) auch gar «nicht gefallen wollen». Ähnlich fordert Hensel (2023, 148): «Seien Sie nicht nett, seien Sie echt!» Und wenn es uns gelingt, authentisch zu sein, können wir im besten Fall sogar «ein hochsensibles Vorbild sein» (Falkenstein 2017, 189).

Summa summarum enthalten auch die vermeintlichen Schattenseiten von Hochsensiblen viele sehr gesunde Potenziale, die sehr lebendig und lebenswert sind. Dieser Eindruck steht im Gegensatz zu Autorinnen wie z.B. Marianne Springwasser, einer ehemaligen Schulleiterin, wenn sie postuliert, dass sich «Betroffene» von Hochsensibilität «verabschieden» sollten (sie wird bei ihr in einem Atemzug mit Depressionen und Panikattacken genannt), um Resilienz zu erlangen: «Sie müssen auch akzeptieren, dass Sie die Hochsensibilität in Angriff nehmen müssen». So stellt sich die Frage, ob hochsensible Menschen nicht auch Gutes in sich tragen.

Sonnen-Seiten der Hochsensibilität

Schatten entsteht durch Licht. Wer die Literatur zur Hochsensibilität in ihrer Breite auf sich wirken lässt, wird bemerken, dass sie viel mehr Sonnen- als Schattenseiten mit sich bringt. Dabei setzen hochsensible Sonnenseiten gar nicht zwangsläufig auch Schattenerfahrungen voraus. Vielmehr entstehen die lichtvollen Seiten häufig eher von innen als auf Reaktionen von außen, und sicher auch nicht immer nur genetisch bedingt, sondern durch Entwicklung der eigenen Persönlichkeit - insbesondere dann, wenn sie in ihrer Einzigartigkeit geschätzt wird.

Nachfolgend geben wir aus der reichhaltigen Literatur zu positiven Seiten von Hochsensibilität eine Auswahl von 20 Merkmalen, die hochsensible Menschen auszeichnen können:

- **Andersartigkeit:** Jeder Mensch ist einzigartig. Dennoch gibt es Menschen, die vom Mainstream stärker als andere abweichen. Die Erkenntnis, etwas «anders» als Mitmenschen zu sein, wird von vielen Hochsensiblen meistens zunächst ambivalent wahrgenommen. Das Bewusstsein besonderer Individualität kann sich allerdings auch zu einem positiven Selbstkonzept entwickeln. Für die Umwelt liegt in der Andersartigkeit auch eine große Chance zur Horizonterweiterung, falls sie respektiert und wertgeschätzt wird.

- **Bücherwurm:** Hochsensible Menschen haben in der Regel eine starke Affinität zu Büchern im Sinne ihres Strebens nach persönlicher Weiterentwicklung. Lesen bildet bekanntlich, so dass manche Autoren auch auf Zusammenhänge von Hochsensibilität und einer häufig überdurchschnittlichen Intelligenz[9] hinweisen. Jedenfalls fühlen sich hochsensible Menschen oft von geistigen Welten angezogen und machen sich viele Gedanken über Gott und die Welt. Die Lektüre der Hochsensiblen wird als «Ausdruck der Suche nach Antworten, nach Erkenntnis, Entfaltung und Erfüllung»[10] interpretiert.

- **Empathie:** Zu den am häufigsten genannten Eigenschaften von Hochsensiblen gehört zweifellos die Fähigkeit zur Empathie. Sie geht in der Regel mit der

[9] Reichhardt 2016, S.48
[10] Sommer 2021, S.65

sozialen Gabe einher, sich tief in andere Menschen hineinversetzen zu können, was sowohl privat als auch beruflich sehr wertvoll ist. Gerade weil sie an tiefen menschlichen Beziehungen interessiert sind, finden Hochsensible eine Kommunikationsform, die über einen oberflächlichen Smalltalk nicht hinauskommt, eher unbefriedigend. Das Erleben von Empathie kann dagegen geradezu therapeutisch wirken. Empathie entfaltet sich mit der unter Hochsensiblen meist sehr gut ausgebildeten Kunst des Zuhörens. Hochsensible gelten als «klassische Empathiker»[11] - sie spüren, wie es anderen geht.

- **Fokussierung:** Hochsensible Menschen haben oft die Gabe, sich auf bestimmte Dinge stark konzentrieren zu können, was manchmal zu Extremen führen kann, die von ihrer Umwelt nicht immer verstanden werden. Die intensive Beschäftigung mit bestimmten Reizen bringt für Hochsensible oft auch die Herausforderung mit sich, etwas mehr Zeit als andere zu brauchen. Dafür entsteht meist auch mehr Tiefgang.

- **Gerechtigkeit:** Immer wieder wird auf das ausgeprägte Gerechtigkeitsempfinden von hochsensiblen Menschen hingewiesen. Ihr Gerechtigkeitssinn ist eine ethische Kompetenz, die zu einem Mitleiden mit Menschen führt, denen Unrecht widerfährt. Im besten Falle mündet diese Haltung auch ins Handeln, für Gerechtigkeit zu sorgen. Denn «es fällt Hochsensiblen immer schwer, von etwas unberührt zu bleiben».[12]

- **Harmonie:** Der aus der Musik stammende Begriff der Harmonie symbolisiert eine angenehme Schwingung des Ein- und Wohlklangs, der sich zwischenmenschlich in einem tiefen Wunsch nach Frieden artikulieren kann. Aus Coaching-Sicht berichtet Schorr[13], dass die meisten Hochsensiblen «ein ausgeprägtes Bedürfnis nach Harmonie» aufweisen. Dabei gehen sie manchen Konflikten auch aus dem Weg oder verspüren den Drang nach einer Deeskalation, was Harmonien befördern kann. Ferner offenbart sich die Harmonie bei Hochsensiblen oft auch in einer ausgeprägten Ästhetik bzw. im intensiven Erleben von Farben, Musik und Schönheit.

- **Innenleben:** Hochsensible verfügen in der Regel über ein «reiches Innenleben».[14] Bereits als Kinder haben sie so gut wie nie Langeweile, da sie sich selbst

[11] Parlow 2003, S.63
[12] Sand 2016, S.23
[13] Schorr 2011, S.39
[14] Sand 2016, S.25

genug sein können. Auch im fortgeschrittenen Erwachsenenleben erleben sie die Freiheit des Ruhestands meist als großes Geschenk, weil sie mehr im Innen als im Außen wohnen. Hochsensible gelten daher als «tiefsinnig und tiefgründig»[15] sowie als Philosophen («Liebhaber der Weisheit»).

- **Intuition:** Aufgrund ihrer oft stark ausgeprägten Intuition ist es für Hochsensible häufig eine Herausforderung, Herz und Verstand in Einklang zu bringen. Dennoch sind sie gerade wegen ihres synchronen Zugangs zu Rationalität und Emotionalität prädestiniert in der Lage, zeitnah ganzheitlich weise Entscheidungen zu treffen. So verfügen hochsensible Führungskräfte meist auch über eine hohe emotionale Intelligenz.

- **Kreativität:** Hochsensible Menschen fallen immer wieder durch eine besonders ausgeprägte Kreativität auf. Angesichts der Gabe, auch komplexe Zusammenhänge wahrzunehmen, haben sie ein Talent dafür, innovative Lösungsideen zu entwickeln. Kreativität zeigt sich nicht nur in klassisch-künstlerischen Feldern, wie z.B. Malen, Fotografieren oder Nähen, sondern als «Kind der Freiheit»[16] in sämtlichen Bereichen der Lebenskunst.

- **Lebenssinn:** Die Suche nach Sinn beginnt bei hochsensiblen Menschen oft schon in der Kindheit, wenn sie «Warum-Fragen» stellen und sich mit einfachen Antworten nicht so leicht zufriedengeben. Auch beruflich suchen Hochsensible meist nach einem höheren Sinn, die in einer Berufung münden kann. Die Suche nach dem Sinn des Lebens ist für Hochsensible eine lebenslange Aufgabe, welcher sie aktiv folgen.

- **Moralität:** Schon als Kinder neigen Hochsensible dazu, weniger zu schummeln oder sich egoistisch zu verhalten, auch wenn sie sicher sein können, dass sie keiner beobachtet, wie die dänische Therapeutin Ilse Sand von Studien zu berichten weiß. So sind viele hochsensible Menschen äußerst gewissenhaft und tendieren dazu, für fast alles Verantwortung zu übernehmen.

- **Naturliebe:** Die tiefe Liebe zur Natur von Hochsensiblen geht in der Regel weit über das normale Maß von Menschen hinaus. Sie ist oft Ausdruck eines intensiven sinnlichen Erlebens und Wohlbefindens, sei es z.B. in den Bergen, im Wald oder am Wasser. Damit einher geht in der Regel eine starke Sensibilisie-

[15] Hensel 2013, S.58
[16] Tomschi 2019, S.78

rung gegenüber der Zerstörung von Umwelt und Klima bzw. für den Schutz von «Mutter Erde» und den Erhalt unserer natürlichen Lebensgrundlagen aus einer Ehrfurcht vor dem Leben.

- **Reflexion:** Hochsensible Menschen neigen meist zu einer tiefen Reflexion, verbunden mit «Nachdenken, Sinnieren, Zusammenhängen nachspüren und philosophische Betrachtungen anstellen».[17] Ihre potenzielle Fähigkeit zu kritischen Selbstreflexionen ist einerseits ambivalent, da sie auch zu Selbstzweifeln führen kann, andererseits manchmal auch Voraussetzung und Vorbild für andere, um sich zu hinterfragen.

- **Sehnsucht:** Die tiefe Sehnsucht von Hochsensiblen nach Ganzheit ist Böttcher (2018) zufolge eine Voraussetzung dafür, dass sie über «Changemaker»-Potenziale verfügen. Dabei sind Hochsensible zwar in dieser Welt, «aber nicht von dieser Welt».[18] Im Sinne von Einstein, nach dem Probleme nicht mit den Methoden lösbar sind, mit denen sie entstehen, sind Hochsensible oft konstruktive «Querdenker».

- **Sinnlichkeit:** Wer intensive Zugänge zu seinen Sinnen hat, spürt häufig auch ein tiefes sinnliches Erleben. Sinnliche Eindrücke sind oft mit Gefühlen verbunden. Nach Parlow (2002) geben über 90% der hochsensiblen Menschen an, dass sie sich z.B. von der Natur, Kunst oder Musik stark bewegt fühlen. Die starke Sinnlichkeit führt bei vielen Hochsensiblen auch zu einem sehr intensiven sexuellen Erleben.

- **Spiritualität:** Viele hochsensible Menschen sind davon überzeugt, dass sie ein Teil eines größeren Ganzen bzw. eines Weltgeistes sind, den viele «Gott» nennen. Religiöses und spirituelles Erleben bzw. der Sinn für Übersinnliches sind Ausdruck tiefer Empfänglichkeit für die unter Hochsensiblen weitverbreiteten Erfahrungen, dass es zwischen Himmel und Erde noch viel mehr gibt, als wir materiell wahrnehmen können. So erzählen manche Hochsensible auch von übersinnlichen Erfahrungen, wenn sie z.B. eine Vorahnung von Dingen artikulieren, die kurz darauf passieren.

- **Traumwelten:** Hochsensible Menschen sind nicht nur nachts, sondern auch gern am Tag in der Welt der Träume zu Hause. Intensive Nachklänge können

[17] Parlow 2002, S.39
[18] Böttcher 2018, S.222

dazu führen, dass sie manchmal als verträumt wahrgenommen werden. Doch auf diese Weise sehen Hochsensible oft Dinge, die andere Menschen nicht erkennen. Träume sind bekanntlich nicht erst seit Martin Luther-King («I have a dream») der Beginn einer neuen Wirklichkeit.

- **Verantwortung:** Viele hochsensible Menschen gelten als äußerst gewissenhaft, die häufig dazu tendieren, für fast alles Verantwortung zu übernehmen - nicht nur für Menschen, sondern auch für andere Lebewesen. So sind sie nicht selten auch im Tier- und Umweltschutz engagiert, was sich auch empirisch immer wieder z.B. in Befunden widerspiegelt, wonach es unter Hochsensiblen im Vergleich zu dem Durchschnitt der Bevölkerung hochsignifikant mehr Vegetarier und (doppelt so viele!) Veganer gibt.[19]

- **Weltschmerz:** Die holistische Wahrnehmung von hochsensiblen Menschen zeichnet sich oft dadurch aus, eine Vogelperspektive nicht nur für das eigene Leben, sondern auch auf die Welt als Ganzes einzunehmen. Diese Haltung kann einerseits zu einer ausgeprägten Melancholie führen, andererseits liegen in ihr auch revolutionäre soziale Kräfte potenzieller Veränderung verborgen, zum Beispiel die weit verbreitete «Nach mir die Sintflut»-Mentalitäten zu überwinden. Manche Autorinnen sehen in dem Kontext auch ein «Paradies-Gen»[20], das mit idealistischen Wünschen einhergeht, die Welt konstruktiv zu verändern. Laut Parlow haben über 80% der hochsensiblen Menschen «gelegentliche Phasen von Weltschmerz»[21], in welchen sie traurige Gefühle aufgrund von globalen Ereignissen empfinden. Dazu gehören nach Hensel (2013) z.B. «Brutalität, Kriege, humanitäre Katastrophen, Tierquälerei und Umweltzerstörung».[22]

- **Zukunftsfähigkeit:** Eng damit verbunden ist etwas, was von Meißner auch als «Zukunftsfühligkeit» von hochsensiblen Menschen bezeichnet wird, «die manche in der Gesellschaft zu warnenden (und oft ungehörten) Stimmen werden lasse».[23] Ob gehört oder unerhört, tatsächlich machen sich viele Hochsensible, unter ihnen auch Mütter und Väter, sorgenvolle Gedanken über die Zukunft ihrer Kinder.

[19] u.a. Parlow 2002, S.68
[20] Böttcher 2018, S.222
[21] Parlow 2002, S.69
[22] Hensel 2013, S.58
[23] Meißner 2015, S.16

Bilanzierend kann festgehalten werden, dass nicht alle Charakteristika auf alle hochsensiblen Menschen zutreffen. Mit einer signifikanten Wahrscheinlichkeit ist davon auszugehen, dass Hochsensible wesentlich mehr dieser Eigenschaften aufweisen als andere Leute, die als ‚normal' bezeichnet werden, weil sie näher am Mittelwert der meisten Menschen liegen.

Die folgende Top-Ten-Auswahl der Stärken von Hochsensiblen hat Sandra Quedenbaum[24] auf ihrer Coaching-Homepage vorgelegt: Reflexionsfähigkeit, ökologisches Bewusstsein, starke Werteorientierung, Ressourcenorientierung, Visionsfähigkeit, Gefühlsintensität, Empathie, Fehlersinn, Kreativität und Fokussierung.

Fazit

Zu typischen sieben «Signatur-Stärken» von hochsensiblen Menschen gehören speziell Empathie, Intuition, Kreativität, Naturliebe, Sehnsucht, Verantwortung und Weltschmerz, denn diese Charakteristika tauchen bei unterschiedlichen Autorinnen und Autoren immer wieder auf. Mit solchen Synergien scheinen Hochsensible prädestiniert, die Gesellschaft zu bereichern.

Diskussionen zur Hochsensibilität

Nachfolgend stellen wir zehn ausgewählte Diskussionsfelder zum Geheimnis der Hochsensibilität vor.

Abgrenzungen

Nachdem wir uns bisher aufbauend auf einem intuitiven Verständnis von Hochsensibilität schon etwas intensiver u.a. mit Sonnen- und Schattenseiten dieses Phänomens sowie mit einem hilfreichen Umgang damit beschäftigt haben, ist es jetzt spätestens an der Zeit, sich einigen grundlegenden Fragen zu widmen, zu denen es manchmal auch unterschiedliche Antworten gibt - aus denen dann weitere offene Fragen resultieren. Die erste Diskussion beschäftigt sich mit der Definition der Hochsensibilität und einigen verwandten Begriffen.

Der erste Schritt, sich einem Terminus zu nähern, ist die Sprache. Das Wort «Sensibilität» kommt vom lateinischen Wort «sentire», es bedeutet «fühlen», «spüren» und «empfinden». Als Adjektiv oder Eigenschaft gibt es in der Diskussion zwei Begriffe, die nachfolgend auch unterschiedlich - teils identisch, teils sukzessiv -

[24] www.loesungsorientierung.de

interpretiert werden: sensibel und sensitiv. So fokussiert Sensibilität die fünf physiologischen Sinne - Sensitivität einen «6. und 7. Sinn».
Wenn man diese beiden Fremdworte ins Deutsche übersetzt, spürt man bereits zwei unterschiedliche Bewertungen, die mit Hochsensibilität einhergehen – «empfindlich» (oft eher negativ) auf der einen Seite und «empfindsam» (meist positiv) auf der anderen. Möglicherweise stammt die beste und wertneutrale Übersetzung von Deborah Sommer in ihrem Buch «Mit allen Sinnen auf Empfang» (2023) - hochsensible Menschen sind vor allem «empfänglich».

Bevor wir die wissenschaftliche Definition der Hochsensibilität von Aron als Begründerin des Konzepts vorstellen, verweilen wir noch einen Moment bei der Reflexion unserer Sinne, die physische und psychische Dimensionen haben.

Die klassischen fünf Sinneskanäle unserer Wahrnehmung (Herausforderungen in Klammern):

- 1. Sehen – die visuelle Wahrnehmung mit den Augen (sie kann z.B. mit Sinn für Ästhetik einhergehen, jedoch auch mit Lichtempfindlichkeit, Sonnenbrille als Schutz)

- 2. Hören – die akustische Wahrnehmung mit den Ohren (kann z.B. mit Musikalität einhergehen, allerdings auch mit Geräuschempfindlichkeit bei Reizüberflutungen)

- 3. Riechen – die olfaktorische Wahrnehmung mit der Nase (kann mit einem Gefühl für gute Düfte einhergehen, jedoch auch mit intensiven Geruchsempfindlichkeiten)

- 4. Schmecken – die gustatorische Wahrnehmung mit der Zunge (kann mit Gefühlen für gutes Essen einhergehen, aber auch mit starken Geschmacksempfindlichkeiten)

- 5. Tasten – die taktile und haptische Wahrnehmung mit den Fingern (kann z.B. mit intensiven Berührungsimpulsen einhergehen, aber z.B. auch mit Kleidungsallergien)

Nicht nur im Volksmund sprechen manche Menschen darüber hinaus von einem sechsten oder gar siebenten Sinn. So kam Christina Blach von der Medizinischen

Universität Graz in ihrer Studie (2014) zu dem Schluss, dass es sich bei extremer Feinfühligkeit (im Sinne von Hochsensitivität) mehr um ein psychologisches als um ein physisches Phänomen handelt.

- Der 6. Sinn wirkt vor allem mit intensiven individuellen und sozialen Schwingungen, die sowohl das eigene körperliche Empfinden als auch unser Miteinander tangieren. Dieser Sinn geht mit einem tiefen Mitgefühl, starker Empathie und Intuition einher – es handelt sich also um Empfindungen, die keine primäre organische Ursache haben.

- Der 7. Sinn geht über sämtliche Sinnesempfindungen hinaus und schließt auch über-sinnliche Wahrnehmungen ein. Menschen mit diesem Sinn sind auch hellsichtig und hellsinnig. Sie erleben manchmal auch «Visionen» aus einer anderen Wirklichkeit mit spirituellen Dimensionen. Zu ihnen gehören z.B. Nahtod-Erfahrungen.

Zu den beiden letztgenannten Sinnen passt auch die Semantik, welche die Beschreibung Hochsensibler oft begleitet. So sagt man ihnen z.B. nach, dass sie «Gespenster sehen», das «Gras wachsen hören» und «Gedanken lesen» können – außergewöhnliche Fähigkeiten, die sich rational nicht immer erklären lassen.

Als Elaine Aron am Ende des 20. Jahrhunderts erstmals das Konzept der Hochsensibilität definierte, konzentrierte sie sich noch auf das klassisch physiologisch verstandene Konstrukt. Gemäß ihrer DOES-Theorie definiert sich Hochsensibilität über folgende vier Indikatoren:

1. Verarbeitungstiefe («Depth of Processing»)
2. Übererregbarkeit («Overstimulation»)
3. Emotionale Intensivität («Emotional Intensity»)
4. Sensorische Empfindlichkeit («Sensory Sensibility»)

Mit anderen Worten: Hochsensible Personen («HSP») zeichnen sich durch tiefe Verarbeitung von Informationen, eine leichtere Überreizbarkeit des Nervensystems, starke Gefühlswelten und intensive Empfänglichkeiten für Sinnesreize aus. Zuordnungen zur HSP-Gruppe erfolgen mit Hilfe des von Aron konzipierten Fragebogens (vgl. Kapitel 1.7).

Nachdem Aron noch davon ausging, dass Hochsensibilität ein eindimensionales

Konstrukt mit den bipolaren Ausprägungen «hochsensibel» versus «nicht hochsensibel» ist, sieht die neuere Forschung in der Hochsensibilität eher ein mehrdimensionales Superkonstrukt mit verschiedenen Eigenschaften, die keineswegs immer alle zusammen auftreten müssen. Daher basiert auch unser Buch auf der Annahme, dass Hochsensibilität «ein normalverteilter Wesenszug auf dem Kontinuum der Sensibilität» ist (Banek 2022, 18).

Während diese Erkenntnis inzwischen wissenschaftlicher Konsens sein dürfte, steht noch immer die Schlüsselfrage der gesundheitlichen Bewertung der Hochsensibilität im Raum. Obwohl immer mehr Publikationen auch positive Seiten der Hochsensibilität sehen, hinterlässt die Lektüre der Fachliteratur noch immer den Eindruck, dass Hochsensibilität eher pathologisch scheint und zwangsläufig mit klinischen Phänomenen einhergeht.

Zu dieser nach wie vor vorherrschenden Wahrnehmung hat auch Aron einen großen Teil vielleicht unbeabsichtigt beigetragen. Wer den wissenschaftlichen Betrieb von innen kennt, kann darin auch einen menschlich verständlichen Abwehrmechanismus von Kritik erkennen, der oft überlebensnotwendig scheint, um reflexartigen Widerständen der «scientific community» zu trotzen, die bei innovativen Ideen fast zwangsläufig aufkommen.

Wie dem auch sei, findet sich Hochsensibilität in den Veröffentlichungen von Aron häufig im klinischen Kontext wieder. Schon in ihrem ersten HSP-Buch gibt es ein Kapitel mit dem Titel «Ärzte, Medikamente und HSP», was Assoziationen weckt, selbst wenn sich Aron kritisch mit der Schulmedizin auseinandersetzt, u.a. aufgrund ihrer eigenen leidvollen Stigmatisierungen.

Verstärkt wird der erste Eindruck eines problematischen Phänomens durch Arons anschließendes Buch «Hochsensible Menschen in der Psychotherapie», was allein schon vom Titel her eindeutige Assoziationen suggeriert und sie mit Kapiteln wie z.B. «Abstimmung der Behandlung auf hochsensible Personen» oder «Helfen Sie den Patienten, Beziehungen aufzubauen: Die Begegnung mit anderen, Schüchternheit und Angst vor Verbindlichkeit» noch tiefer nährt.

Daher ist es nötig, Hochsensibilität von weit verbreiteten klinischen Diagnosen abzugrenzen. Nachfolgend ein Vergleich mit den beiden am häufigsten im Kontext von Hochsensibilität genannten klinischen Phänomenen, mit denen sich auch Aron kritisch auseinandersetzt:

- AD(H)S: Grundsätzlich geht Aron davon aus, dass Hochsensibilität vor allem bei einer schwierigen Kindheit mit psychischen Auffälligkeiten einhergeht. Allerdings haben die Aufmerksamkeitsdefizitstörung (ADS) und die Hyperaktivitätsstörung (ADHS) jenseits gewisser Gemeinsamkeiten wie einer erhöhten Emotionalität nach Aron (2014) wenig mit dem Phänomen der Hochsensibilität zu tun. Zu einem ähnlichen Schluss kommt Küster (2022), wenn sie schreibt, dass es sich um «sehr verschiedene Phänomene» handelt. Im Vergleich zu ADHS-Kindern, die eher impulsgesteuert nicht altersgerecht sind, handeln hochsensible Kinder eher sinngesteuert und oft wesentlich reifer als Gleichaltrige.

- Trauma: Mit Unterschieden zwischen Traumata und Hochsensibilität hat sich Roemer (2022) intensiv auseinandergesetzt. Sie unterscheidet drei Varianten. Eigenschaften, die eher einem Trauma entspringen und bei Hochsensibilität nur unter einem Trauma erwartet werden, sind z.B. Überwachsamkeit, Aggressivität, Depressivität, eine starke Ich-Bezogenheit sowie Narzissmus. Zu den Eigenschaften, die tendenziell bei beiden Phänomenen auftreten können, gehören z.B. Ängstlichkeit, Schüchternheit, schnelle Überreizbarkeit, geringes Selbstbewusstsein. Zu den Eigenschaften, die bei Hochsensiblen sehr häufig zu finden sind und sich im Falle eines Traumas noch verstärken können, gehören Gerechtigkeitssinn, Harmoniebedürfnis, Neigung zu Sinn-Fragen und Tiefgang, starkes ästhetisches Empfinden, komplexes Quer-Denken, Kreativität sowie die Empathie.

Der sicher auffälligste Zusammenhang im negativen Sinne besteht zwischen Hochsensibilität und Neurotizismus. Hierbei handelt es sich jedoch tendenziell um tautologische Korrelationen, da die emotionale Stabilität von Hochsensiblen in stressigen Situationen herausgefordert wird. Neurotizismus im Sinne von mehr Ängsten und Sorgen ist ein Teil des BIG-5-Persönlichkeits-Tests, der allerdings stark westlich geprägt ist. Ferner können Sorgen beim Blick auf heutige Weltlagen als adäquate Reaktion verstanden werden. Schließlich gibt es auch Begriffspaare wie Hochsensibilität und Hochbegabung, die eher positiver Natur sind. Hochsensibilität gilt z.B. auch als «soziale Hochbegabung» oder «Hochbegabung der Sinne» (Heintze 2013, 69).

Obwohl diese Beispiele zeigen, dass Hochsensibilität grundsätzlich nichts Pathologisches hat, weisen einige Autoren auf die Risikofaktoren von Hochsensibilität hin, wie z.B. Pfeifer (2022) in seiner Schrift «Sensibilität – wenn sie zur Krankheit wird». Tatsächlich zeigen Hochsensible höhere Wahrscheinlichkeiten für Krankheitssymptome - allein schon durch das starke Stresserleben. Daher bilanziert auch Bekker (2021, 10): «Hochsensibilität als Krankheitsbild zu verstehen, ist ein Leichtes.»

Um nicht missverstanden zu werden: Natürlich kann (!) Hochsensibilität auch mit klinischen Phänomenen einhergehen. Dann ist es wichtig, professionelle Hilfe in Anspruch zu nehmen. Allerdings handelt es sich bei solchen «Synergien» in der Praxis um seltene Ausnahmen, die im Fall der Fälle, z.B. bei Suizidalität, ernstgenommen werden sollten, zumal es auch prominente Suizid-Beispiele von Hochsensiblen gibt, wie den Schauspieler Robin Williams. Normalerweise verbietet sich jedoch jegliche Pathologisierung von hochsensiblen Menschen.

Ausprägungen

Weiter schließen sich Fragen der quantitativen und qualitativen Ausprägung an: Wie viele Menschen können hochsensibel genannt werden? Und welche Erscheinungsformen von Hochsensibilität sind in der Praxis zu beobachten?

Bei der ersten Frage geht es um Zahlen. Die Antworten verteilen sich in zwei Gruppen, einem Mainstream einerseits sowie abweichenden Antworten andererseits, wobei Letztere sowohl nach unten als auch nach oben abweichen.
Der Mainstream wird von Aron geprägt. Auf Basis ihres Tests ist sie zum Schluss gekommen, dass 15-20% der Bevölkerung hochsensibel seien. Obwohl die Aussage eigentlich nur für die USA gedacht war und sich auch nur aus überwiegend studentischen Stichproben speist, wird die Zahl von fast allen nachfolgenden Autoren übernommen. So findet man die Zahl von 20% Hochsensiblen in den meisten Publikationen zum Thema.

Entspricht dies tatsächlich unserer Lebenserfahrung, dass jeder fünfte Mensch «hochsensibel» ist? Manche Autoren haben ihre Zweifel, wie z.B. Kunkat (2015, 130): «Diese Zahlen decken sich nicht mit meiner Erfahrung. Hochsensibilität wäre somit ein Massenphänomen und das ist sicher nicht der Fall. Belegbare Zahlen existieren leider nicht. Ich schätze, rein nach meinen Erfahrungswerten, dass maximal 5-10 Prozent aller Menschen hochsensibel sind.»

Es gibt noch andere abweichende Werte. Noch weiter nach unten weicht Falkai von der psychiatrischen Klinik der Universität München ab. Er hält die vorherrschenden Angaben, nach denen 20% der Bevölkerung hochsensibel seien, für übertrieben. In der «Ärztezeitung» schätzt Falkai die Häufigkeit der Hochsensibilität lediglich auf ca. 1-3 Prozent.

Auf der anderen Seite gibt es aber auch Fachleute, die von noch höheren Werten als Aron ausgehen. Gemäß der Psychologin Sandra Konrad von der Helmut-Schmidt-Universität in Hamburg liegt der Anteil der Hochsensiblen in der Bevölkerung bei 31 Prozent. Dahinter steckt die Annahme einer Normal-Verteilung, nach der sich Hochsensibilität auf die drei Gruppen «hoch», «mittel» und «niedrig» erstreckt.

Jenseits der Auftretenswahrscheinlichkeit bzw. Häufigkeit von Hochsensibilität, die stets auch von Messinstrumenten abhängt, sind qualitative Dimensionen aufschlussreich, die Auskunft über unterschiedliche Typen gibt, welche unter hochsensiblen Menschen anzutreffen sind. Bei der Suche nach Antworten sind in der bisherigen Literatur drei Ansätze besonders spannend.

Einen beliebten Ansatz vertritt die italienische Entwicklungspsychologin Francesca Lionetti mit einer Blumen-Metapher. Aufbauend auf der Idee der «Normalverteilung» schlägt sie für hochsensible Menschen das Bild der Orchidee vor, für die mittlere Sensibilität die Tulpe und für die niedrige Sensibilität den Löwenzahn. Die Bewusstwerdung, dass es unterschiedliche Pflanzen in der Natur gibt, geht mit dem Gedanken einher, dass es keine kranke Pflanze gibt, sondern nur verschiedene Arten, die unter unterschiedlichen Bedingungen von Licht und Wasser gedeihen. Hochsensible Menschen können also unter bestimmten Bedingungen aufblühen.

Einen ähnlichen Ansatz finden wir bei dem Schweizer Forscher Patrice Wyrsch, der in seinem Buch «Neurosensitivität» einige Forschungen des Psychologen Michael Pluess von der Queen Mary Universität aufgreift. Die Schule geht von folgenden vier Sensitivitätstypen aus:

- Typ 1 verfügt über eine geringe Sensitivität.
- Typ 2 verfügt über eine generelle Sensitivität, bei denen Sonnen- und Schattenseiten in etwa sich die Waage halten.
- Beim Typ 3 der vulnerablen Sensitivität überwiegen oft aufgrund einer schwierigen Kindheit die Schattenseiten der Hochsensitivität.
- Beim Typ 4 der Vantage-Sensitivität (advantage = Vorteil) bilden sich schließlich im Falle einer förderlichen Kindheit vor allem die positiven Seiten der Hochsensibilität aus.

Die vier Typen gehen mit unterschiedlichen Verhaltensauffälligkeiten einher, wie Wyrsch in seinem Werk belegen kann (Ausführungen vgl. Kap. 1.7).

Gemeinsam ist den bisher vorgestellten Ansätzen, dass sie keine Aussagen über inhaltliche Ausprägungen geben. Nach Schorr (2011) gibt es vier Grund-Typen:

- Empathische Hochsensible, wie z.B. Coaches oder Therapeuten
- Kognitive Hochsensible, z.B. Philosophen oder Wissenschaftler
- Sensorische Hochsensible, wie z.B. Künstler oder Schriftsteller.
- Spirituelle Hochsensible, z.B. unter Gläubigen oder Priestern.

Es gibt also fühlende Herz-Typen, denkende Kopf-Typen oder wahrnehmende Bauch-Typen. Doch was ist mit dem Typus der spirituellen Hochsensiblen? Zu dieser Frage existieren drei unterschiedliche Antworten: Während einige Autorinnen sie nicht als einen eigenen Typus wahrnehmen, sondern als Sonderform der kognitiven Hochsensiblen (Fenner 2021), halten ihn andere (wie Schorr 2011) für einen eigenständigen vierten Typus.

Schließlich finden wir bei Sommer (2021) noch einen innovativen Impuls: Ausgehend von der Beobachtung, dass Spiritualität nicht nur hochsensiblen Menschen vorbehalten ist, geht die Autorin davon aus, dass die spirituelle Dimension alle anderen drei Typen umfassen kann – in dem Sinne, dass hochsensible Menschen mit einem spirituellen Bewusstsein «an Tiefe und Reife gewinnen», weil sie von einer «göttlichen Dimension» durchdrungen werden. Auch dieser These gehen wir in unserer Studie nach.

Darüber hinaus lassen sich noch weitere Differenzierungen zu den klassischen Typen denken. Beim Studium der bisherigen Literatur fallen dabei vier weitere Begriffe ins Auge: Zum einen die «Ästhetische Sensibilität» von Hochsensiblen, die einen besonderen Blick für Schönheit in sich tragen oder sich z.B. von Kunst und Musik tief berühren lassen (der Typus geht auf die kanadischen Psychologen Karin Sobocko und John Zelenski 2015 zurück), und zum anderen drei Begriffe, auf welche die Schweizer Philosophin Dagmar Fenner hinweist - die soziale, motivationale und moralische Hochsensibilität. Möglicherweise lassen sich noch weitere Typen identifizieren. Wir werden auch dieser Frage empirisch auf den Grund gehen (einschließlich der Option, dass sich gleich mehrere Typen in einem Individuum offenbaren).

Berufsleben
Unser Berufsleben macht in der Regel einen nicht unerheblichen Teil unserer Lebenszeit aus. Da Hochsensible häufig nach dem Sinn des Lebens fragen, ist die Frage der Berufung für sie besonders wichtig. Wie arbeiten Hochsensible? Werfen wir einen Blick ins Wikipdia-Lexikon:

«Hochsensible Menschen können in ruhiger Umgebung sehr produktiv, gewissenhaft und kreativ arbeiten, sind empathisch und können komplex und multiperspektivisch denken. Wichtig ist auch, dass sie sich mit ihrer Tätigkeit identifizieren können und eine intrinsische Motivation haben. Bei Überstimulation durch sensorische Reize, z.B. in Großraumbüros, unter Zeitdruck, in Wettbewerbssituationen und bei zwischenmenschlichen Spannungen werden sie jedoch unkonzentriert, sind schneller erschöpft und entwickeln häufiger psychische Beschwerden. Daher profitieren sie meist von Einzelbüros oder Homeoffice - viele machen sich selbständig».

Die Beschreibung gibt eine Ahnung von den Chancen und Herausforderungen für hochsensible Menschen im Beruf, die sich nicht zufällig ergeben, wie Schorr (2011) belegt, indem sie einige hochsensible Eigenschaften mit der heutigen Arbeitswelt kontrastiert:

- In der heutigen Arbeitswelt herrscht ausgeprägter Wettbewerb, doch Hochsensible neigen wenig zu Wettbewerb.
- In der heutigen Arbeitswelt herrscht ausgeprägte Konkurrenz, doch Hochsensible kennen kaum ein Konkurrenzdenken.
- In der heutigen Arbeitswelt dominiert die Tendenz zu kurzfristigen Erfolgen, doch Hochsensible suchen nach einem nachhaltigen Sinn.

Angesichts der Bewusstwerdung dieser Antipoden könnte man zu der Schlussfolgerung kommen, dass für Hochsensible in der modernen Arbeitswelt kein Platz ist. Der Eindruck entsteht bereits bei der äußeren Gestaltung der Räume, die oft «Anlass für körperliches Unwohlsein» bieten: «Großraumbüros mit zu wenig Privatsphäre, mit dem Rücken zur Tür sitzen müssen, Klimaanlage und eine unangenehme Raumatmosphäre» (Schorr 2011, 53). Mit ihren Stärken sind Hochsensible aber eine Bereicherung für die Arbeitswelt.[25]

[25] Vgl. Prof. Corina Greven aus Holland in www.humanresourcesmanager.de

So stellt sich die Frage, ob es Berufe gibt, in denen Hochsensible besonders gut aufgehoben sind. Die Antworten sind vielfältig. Nach Aron arbeiten Hochsensible z.B. überdurchschnittlich oft als Geistliche, Autoren, Philosophen, Richter, Künstler oder Forscher. Ferner sind Hochsensible auch häufig in sozialen Berufen zu finden, nach Parlow (2003) sind sie «überdurchschnittlich oft auch unter Psychologen anzutreffen». Gutland (2020) analysiert in dem Zusammenhang auch die förderlichen Konstellationen, wenn hochsensible Professionelle, wie Coaches oder Therapeuten, auf hochsensible Klienten treffen, was beiderseits ein «Glücksfall» sein kann.

Gemeinsam ist Hochsensiblen die große «Sehnsucht nach Berufung» (Parlow 2003, 206), verbunden mit der Frage nach dem Sinn des Lebens, der jedoch angesichts der heutigen Arbeitsbedingungen jedoch nicht immer im Job zu finden ist. So scheinen einige Probleme vorprogrammiert. So berichten z.B. viele Autoren, dass Hochsensible häufiger als andere Arbeitnehmer gefährdet sind, Burnout oder Mobbing zu erleiden.

Ein «Befreiungsschlag» kann der Weg in die Selbständigkeit sein (vgl. Tissot 2023), was allerdings auch zu neuen Herausführungen führen kann, wie z.B. angemessene Preise für eigene Dienstleistungen zu fordern. Schließlich geben Hochsensible gerne, «so dass es ihnen fast vermessen erscheint, dafür auch noch Geld zu verlangen» (Parlow 2003, 210).

Ebenso ambivalent kann es schließlich auch hochsensiblen Führungskräften gehen, wie Panetta (2017) in einer umfangreichen wissenschaftlichen Studie herausgefunden hat. Grundsätzlich nehmen sie Stimmungen oft besser wahr und handeln entsprechend. Sie haben aber auch ein hohes Bedürfnis nach Übereinstimmung zwischen eigenen Ansprüchen an ihr Führungsverhalten und dem tatsächlichen Verhalten. Nicht selten steht ihnen dabei ihr ethisches und moralisches Verständnis im Weg. Dank ihrer Empathie können Hochsensible hervorragende Führungskräfte sein, aber auch frustriert scheitern.

Bilanzierend sieht die Philosophin Fenner (2021) einen Bedarf für mehr Aufklärung über die Stärken und Schwächen von Hochsensiblen, verbunden mit der Empfehlung für mehr soziale Inklusion im Sinne eines modernen «Diversity Management».

Entstehung
Wie entsteht Hochsensibilität? Wie bei anderen Persönlichkeitseigenschaften fragt die Anlage-Umwelt-Forschung, was angeboren ist - und was nicht. Wie bei anderen Fragen finden wir auch zur Diskussion «Vererbung oder Erziehung?» apodiktisch anmutende Antworten von Aron (2005, 38), die ihre Nachfolger beeinflussten:

«Einige von Ihnen werden vielleicht überlegen, ob sie dieses Persönlichkeitsmerkmal wirklich geerbt haben, besonders dann, wenn sie sich an die Zeit erinnern, als sie ihre Sensibilität das erste Mal wahrnahmen bzw. als sie sich zu verstärken begann. In den meisten Fällen wird Sensibilität vererbt. Die Beweislage ist eindeutig.»

Aron verweist hier auf Forschungen mit eineiigen Zwillingen, die getrennt aufwuchsen, aber ähnliche Verhaltensweisen zeigten. Zugleich erinnert sie auch immer wieder an Forschungen aus dem Tierreich, wo sich Minderheiten von Geburt an zurückhaltender zeigen als die Mehrheit ihrer Artgenossen, was aus evolutionsbiologischer Sicht sinnvoll sei.

Ähnliche Zwillingsstudien gibt es inzwischen auch von der britischen Forschergruppe um Michael Pluess, allerdings mit einem differenzierteren Ergebnis. Hier wurde eine Verteilung von 47 Prozent für genetische Ursachen und 53 Prozent für äußere Ursachen ermittelt, wobei vor allem die emotionale Hochsensibilität untersucht wurde.

Heute kann man mit einer großen Wahrscheinlichkeit davon ausgehen, dass Hochsensibilität eine im Laufe des Lebens verstärkte Eigenschaft ist, die sich aufgrund einer bestimmten Sozialisation entwickelt hat.

Auch Aron ist der Einsicht nicht generell abgeneigt – sie bemerkt (2005, 38):

> «Auf der anderen Seite stimmt es nicht immer, dass nach einer Trennung beide Zwillinge denselben Wesenszug haben müssen, selbst wenn es sich um eineiige Zwillinge handelt (...). Fakt ist, dass es wahrscheinlich gar kein vererbtes Persönlichkeitsmerkmal gibt, das nicht vergrößert oder verringert werden oder durch bestimmte Lebensumstände verschwinden bzw. neu aufkommen kann.»

So schränkte Aron ihre genetische Determination auch mit dem Verweis auf Sonderfälle ein, zu denen sie vor allem ein Trauma zählt. Wahrscheinlich gibt es noch viele Möglichkeiten zur Ausbildung von Hochsensibilität, was angesichts so vieler Sonnenseiten eine gute Nachricht ist.

Noch wichtiger als die Frage nach der Herkunft scheint die Frage nach den Entwicklungschancen zu sein.

Entwicklung

Wie entwickelt sich Hochsensibilität – jenseits genetischer Veranlagungen - im Laufe des Lebens? Nachfolgend eine kleine Zeitreise von der Wiege bis zur Bahre – sie zeigt, dass der Schwerpunkt der entwicklungspsychologischen Forschung nach wie vor in der Kindheit liegt.

Bereits in der pränatalen Phase reagiert das Embryo sehr sensibel. Im zweiten Lebensmonat lassen sich erste Reaktionen auf taktile Reize nachweisen. In der 20. Schwangerschaftswoche wird die sensorische Reaktionsfähigkeit durch auditive Stimulationen sichtbar angeregt. Wie medizinische Untersuchungen zeigen, schützt sich das junge Lebewesen mit den Händen vor den Augen, um sich vor einfallendem Licht zu wehren. Kurz darauf sind weitere Fähigkeiten zur Schmerzwahrnehmung erkennbar. Möglicherweise gibt es schon vor der Geburt einige Unterschiede in der Intensität unseren Erlebens.

Nach der Geburt können hochsensible Säuglinge z.B. eine erhöhte Wachheit trotz Müdigkeit zeigen - manche weinen auch mehr, ohne Schreibabys sein zu müssen. Tendenzen erhöhter Ängstlichkeit sind jedoch wahrscheinlich, sie können sich z.B. im Kindergarten fortsetzen, wo der tägliche Trennungsprozess für hochsensible Kinder eine sehr stressige Herausforderung ist, ähnlich wie die Gefahr von Überstimulationen.

In der Schulzeit fallen hochsensible Kinder oft durch ihre Reflexionsfähigkeit, Kreativität und Empathie auf. Verhaltensprobleme im Sinne von Lügen oder Diebstahl sind eher selten. Häufig sind sie sogar ausgezeichnete Schülerinnen und Schüler. In der Adoleszenz können auch unter hochsensiblen Jugendlichen auffällige Geschlechts-Unterschiede beobachtet werden (vgl. nächstes Kapitel).

Für die pädagogische Begleitung von hochsensiblen Kindern und Jugendlichen gilt vor allem das Prinzip «weniger ist mehr». Lülling & Lülling (2014) bieten hier wertvolle Empfehlungen. Im Babyalter brauchen hochsensible Kinder intensive Nähe –

besonders körperlicher Natur. «Äußerliche Ruhe führt zu innerer Ruhe» ist eine gute Prävention gegen Reizüberflutungen.

Das ist in der Schulzeit nicht anders, dennoch ist das Schulsystem auf die Mehrheit von über 80% weniger sensibleren Kinder ausgerichtet. Zusätzlich zu der z.B. durch Scheidung belasteten Lebensgeschichte wird den hochsensiblen Heranwachsenden nicht selten «die ganze große Welt voller Ungerechtigkeiten und Nöte» bewusst (Lülling & Lülling 2014, 92).

Auch über hochsensible Eltern existieren die ersten Publikationen. Besonders hochsensible Väter berichten nach Aron (1997) öfters von einem stärkeren Verbundenheitsgefühl mit ihren Kindern.

Marletta-Hart hebt ein Dutzend typische Eigenschaften von hochsensiblen Kindern hervor (2003): «Sie sind intuitiv. Sie spüren, wenn es dir nicht gut geht. Für ihr Alter haben sie eine besondere geistige Reife. Sie denken viel und gründlich nach. Sie untersuchen gern die Welt. Sie stellen viele Fragen nach dem Wie und Warum. Sie sind empathisch und sozial. Sie sind fantasievoll und kreativ. Sie können sich auch allein sehr gut amüsieren. Sie können intensiv genießen. Sie sind sehr aufmerksam. Sie begeben sich selten in gefährliche Situationen.»

Im Erwachsenenalter fallen hochsensible Menschen u.a. durch emotionale Intensitäten in ihrem Erleben auf, was sich auch in intensiveren Liebesgefühlen zeigt (siehe Partnerschaft), manchmal stellen sie auch Ansprüche, die schwer erfüllbar sind, was zu sozialen Konflikten oder auch zu einem erhöhten Risiko für psychische Probleme führen kann. Hinsichtlich der Lebensphase des Alters gibt es noch so gut wie keine Studien, so dass über das Erleben und Verhalten hochsensibler Senioren nur spekuliert werden kann. Die Auseinandersetzung mit dem Tod ist bei Hochsensiblen jedoch schon zu einem früheren Zeitpunkt zu erwarten.

Geschlecht

Auch zur Frage von potenziellen Geschlechtsunterschieden im Hinblick auf Hochsensibilität und ihrer Herkunft hat sich Aron (2005) früh positioniert: «Es ist faszinierend, wie stark Sensibilität mit dem Geschlecht in Verbindung gebracht wird. Frauen sollen sensibel sein, Männer nicht. Alles beginnt dabei zuhause. Studien beweisen, dass kleine schüchterne Jungen von ihren Müttern nicht so sehr gemocht werden. Glaubt man den Forschern, kann das als Konsequenz des Werte-

systems der Mutter interpretiert werden. Was für ein Start ins Leben!»
Dabei existieren unterschiedliche Auffassungen, ob es Geschlechtsunterschiede gibt. Oft wird betont, dass es kaum Unterschiede gibt, es allerdings Männern schwerer fällt, ihre Hochsensibilität positiv zu bewerten, weil Sensibilität eher bei Frauen akzeptiert wird und bei Männern eher verpönt ist. Andererseits gibt es aber auch wissenschaftliche Studien z.B. der Ruhr-Universität Bochum, wo Frauen signifikant höhere Werte der Hochsensibilität zeigen.

Wegen der unterschiedlichen gesellschaftlichen Akzeptanz liegt der Verdacht nahe, dass hochsensible Frauen und Männer mit teilweise unterschiedlichen Herausforderungen konfrontiert sind, so dass es sich lohnt, beide Geschlechter einmal separat wahrzunehmen.

Harke (2014) kommt ausgehend von der Beobachtung, dass es Frauen leichter fällt, zu ihrer Hochsensibilität zu stehen, weil es ins Rollenbild der Frauen zu passen scheint, zu der Einschätzung, dass die besondere Herausforderung für hochsensible Frauen darin liegt, «nicht in die Falle des Helfer-Syndroms zu tappen».

Diese Versuchung liegt nahe, weil sie nicht nur häufiger soziale Berufe wählen, sondern oft auch privat als «Kummerkasten der Nation» fungieren. Gerade in der Rolle als Mutter können sie dazu tendieren, sich selbst zu vernachlässigen, so dass sie leicht in Erschöpfungs- und Überforderungsphasen geraten.

Zu ähnlichen Befunden kommt Weinbach (2021) in ihrer Monografie «Hochsensibilität bei Frauen». Frauen seien auch deshalb eher in helfenden und sozialen Berufen anzutreffen, weil sie weniger nach Geld, Macht und Karriere streben. Aufgrund ihrer Emotionalität seien sie häufig empfindlicher gegenüber Kritik und neigen zu geringeren Selbstwertgefühlen und Überanpassung. Im Vergleich zu Männern ist Frauen häufiger auch die Partnerschaft, Familie und Kinder wichtiger, so dass manche auch gerne Hausfrau und Mutter sind, was letztlich erst dadurch zum Problem wird, weil das «weibliche Prinzip» mit einer stärkeren Ausrichtung auf Emotionen und Empathie gesellschaftlich noch weniger anerkannt ist.

Aufgrund ihrer psychologischen Beobachtungen der Stärken von hochsensiblen Frauen entwickelte Harke (2014) ein Modell von sieben «Archetypen», die aus dem Bereich der Mythen und Märchen stammen, jedoch auch im realen Leben ihren Ausdruck finden:

- Kindfrau
- Künstlerin
- Helferin
- Heilerin
- Gelehrte
- Königin
- Vielbegabte

Hochsensible Frauen würden mehrere Archetypen vereinen, auch Mischtypen seien möglich. Auf den ersten Blick gibt es mehr Literatur über hochsensible Frauen als über Männer. Eine Monografie über «Hochsensible Männer» hat Falkenstein (2017) vorgelegt, der in seiner psychotherapeutischen Praxis auch dieser Zielgruppe begegnet. Ausgehend von der Diagnose einer «Männlichkeitskrise» in der Gesellschaft, die sich z.B. in geringerer Lebenserwartung, höherer Suizidalität oder stärkeren straffälligen Verhaltensweisen zeigt, wirbt Falkenstein dafür, traditionell männliche Werte zu hinterfragen. Hochsensible Männer scheinen so gesehen Pioniere einer «männlichen Emanzipation» zu sein.

Ähnlich äußert sich Aron, die Falkenstein in seinem Buch interviewt. Sehr viele Frauen klagen darüber, dass sie kein intimes Gespräch mit ihrem Mann führen könnten, weil der Mann oft nicht wisse, wie es geht. Dabei sei ein hochsensibler Mensch attraktiv für andere Menschen. Auch seien hochsensible Väter besser darin, der Familie emotionale Unterstützung zu geben und Kindern Sensibilität vorzuleben, damit sie mit mehr Weisheit in die Welt hinausgehen.

Die Pionierin der Forschung schließt mit einem Bekenntnis: «Ich bewundere hochsensible Männer und liebe sie als Gesamtgruppe, jedenfalls die, die ich bisher kennengelernt habe.» Aron (2014) weist nebenbei darauf hin, dass nach ihren Studien homosexuelle Männer nicht überdurchschnittlich häufig unter den hochsensiblen Männern zu finden sind.

Über Aron hinaus gibt es mit Böttcher (2014), Harke (2014) und Heintze (2015) gleich drei weibliche Expertisen mit einer Hommage für die Relevanz von hochsensiblen Männern.

Boettcher verneint die Frage (in Wiese 2014, 189), ob Männer weniger sensibel sind und weist darauf hin, dass sie aber Mut brauchen, um gesellschaftlichen Erfolgsmaßstäben und alten Erziehungsidealen zu trotzen, nach denen Männer nicht weinen und Indianer keinen Schmerz kennen: «Ich freue mich sehr über jede Begegnung mit einem authentischen Mann, der auf dem Wege ist, sich zu seinen weiblichen und männlichen Anteilen zu bekennen. Darin erlebe ich eine Größe, auf die ich als Frau schon lange gewartet habe.»

Harke (2014) fragt: «Sind Sie ein hochsensibler Mann? Dann gratuliere ich Ihnen von Herzen! Hochsensible Männer können in unserer Gesellschaft wertvolle Impulse einbringen. Wir brauchen mehr Männer mit emotionaler Intelligenz, mit kreativen Ideen und Empathie in Schlüsselpositionen» (S.27). Auch sie führt aus, dass Männern in unserer Kultur immer noch eine Rolle von Dominanz und Härte zugewiesen wird, die in krassem Widerspruch zu den Eigenschaften hochsensibler Männer stehen, denn sie sind «wertvolle Beziehungspartner, die eine ausgeprägte Empathie besitzen, einen Zugang zu Gefühlen und einen Sinn für die schönen Dinge im Leben. Sie sind für Kinder wünschenswerte Vorbilder, sie können Werte vermitteln, Naturverbundenheit, Kreativität und den offenen Umgang mit Gefühlen» (S.85).

Das hat auch weitreichende Auswirkungen. Angesichts der Naturzerstörung werden hochsensible Männer in unserer Gesellschaft «dringend gebraucht»: «Hochsensible Männer, die sich trauen, zu weinen, Mitgefühl zu zeigen, Kinder liebevoll zu erziehen, sich emotional auf die Partnerin einzulassen, können heilsame Impulse für die Gemeinschaft geben. Die Rückverbindung der männlichen Energie mit den weiblichen Qualitäten würde eine grundlegende Veränderung der menschlichen Zivilisation einleiten» (S.249).

Heintze (in Kunkat 2015, 127ff.) bemerkt, dass Männer, die vom Mainstream etwas abweichen, «sofort als Weichei oder Warmduscher verschrien» werden. «Frauenversteher» sei noch eines der harmloseren Beschimpfungen. Sie sollen eher «cool» sein, also unempfindlich. Ähnlich beobachten es die Psychologinnen Schwarz-Schilling und Müller (2006, 136) mit einem kritischen Blick auf das «männliche Prinzip»: «Männer müssen kämpfen, leisten, leisten, leisten und die Welt am Laufen halten. Beim Sex müssen sie dann wieder etwas leisten und es der Frau irgendwie besorgen. Das ist nicht erfüllend, sondern anstrengend.»

Heintze weist darauf hin, dass Frauen nicht immer mit sensiblen Männern zurechtkommen: «Wer zu stark von typischen Geschlechterbildern abweicht, spürt schnell, welche Macht sie noch haben. Eine Partnerin, die nicht bereit ist, mit einem hochsensiblen Mann zu leben, sollte sich besser ein anderes Objekt der Begierde suchen», denn davon gäbe es schließlich genug.

Fazit: «»Hochsensible Männer sind etwas ganz Besonderes. Sie sind sehr empfindsam und nehmen auf die Bedürfnisse ihrer Partnerin große Rücksicht. Würde unsere Welt nur aus Hochsensiblen bestehen, gäbe es sicherlich viel weniger Kriege!» (in Kunkat 2013, 134).

Schon in ihrem Buch von 2013 gab Heintze zur Frage, ob männliche Männer triebgesteuert, rücksichtslos, egozentrisch und machtgetrieben seien, das Credo: «Ein männlicher Mann ist für mich ein sensibler Mann. Er begegnet den Menschen und natürlich mir als Frau achtsam. Ein sensibler Mann kann einer Frau viel geben. Unsere Gesellschaft braucht Männer, die ihre Emotionalität leben, die schon feine Schwingungen aufnehmen können und die Wert darauf legen, eine angenehme, harmonische Umgebung zu schaffen. Und sie braucht Männer, die Vorbild sind für Jungen, die Männlichkeit nicht mit Härte gleichsetzen.»

Kultur

Wie einleitend gezeigt, leben wir in einer Kultur, in der hochsensible Menschen sich eher als Außenseiter fühlen müssen, manchmal sogar wie Aussätzige. Doch ist das denn überall auf der Welt der Fall? Und falls ja, war das schon immer so?

«Sensibilität ist ein überdauerndes Element in der Menschheitsgeschichte», so lautet das Fazit von Küster (2021) nach einer historischen Rückschau. Darüber hinaus gab es Zeiten, in denen die Menschen sehr offen für ihre Gefühle waren. Vor allem die Epoche der Romantik in der ersten Hälfte des 19. Jahrhunderts ist voller Beispiele, wie allein die Literatur widerspiegelt.

Exemplarisch sei das Gedicht «Mondnacht» (1837) von Eichendorff genannt, es schließt mit den Worten: «Und meine Seele spannte weit ihre Flügel aus, flog durch die stillen Lande, als flöge sie nach Haus». Auch die Philosophie bietet im Laufe der Jahrhunderte einige Beispiele von Persönlichkeiten, deren Leben und Werk reich an Sensibilität ist, wie z.B. Sören Kierkegaard im 18., Jean-Jacques Rousseau im 17. oder auch Blaise Pascal im 16. Jahrhundert.

Im 20. Jahrhundert wurde demgegenüber insbesondere in Nazi-Deutschland das Ideal eines Menschen propagiert, der maximal abgehärtet ist und bei dem es keinen Platz für Schwäche gibt. Dabei wurden Menschen, die dem Typus nicht entsprachen, teilweise sogar das Lebensrecht abgesprochen – zumindest waren sie keine vollwertigen Männer der militarisierten Gesellschaft.

Diese Form der Erziehung wirkt bis heute subtil nach – man denke nur an den in Deutschland von über einer Million gekauften Bestseller «Jedes Kind kann schlafen lernen» (1995), in dem Eltern in «bester Nazi-Manier» geraten wird, ihre Kinder einfach schreien zu lassen, wenn sie nicht schlafen wollen, was nicht nur bei hochsensiblen Kindern schwere Traumatisierungen hinterlassen kann. So gab es bereits im Bestseller «Die deutsche Mutter und ihr Kind» (1934) die unmissverständliche Empfehlung: «Auch das schreiende Kind muss tun, was die Mutter für nötig hält, und wird, falls es sich weiter ungezogen aufführt, gewissermaßen kaltgestellt».

Grundsätzlich hält Aron die Verweigerung, Sensibilität als etwas Positives zu sehen, für eine kulturell bedingte Einstellung des Westens. Tatsächlich gibt es kulturvergleichende Studien, die paradoxe Unterschiede zeigen. So konnten Forscher der kanadischen Universität in Waterloo/Ontario und Kollegen in Shanghai an etwa 800 Kindern nachweisen, dass in China Schüchternheit und Sensibilität zu an meistgenannten Eigenschaften auf die Frage nach den beliebtesten Schülern gehörten, während die sensiblen Schüler in Kanada am unbeliebtesten waren. In westlichen Kulturen werden die sensiblen Schüler als schwach und gehemmt bezeichnet. Eine Ausnahme bildet Schweden. Allerdings gibt es noch wenig interkulturelle Forschungen. Schorr (2011) kommentiert: «Wenn Sie also irgendwann genug von der hiesigen Intoleranz für Sensible haben sollten und am liebsten auswandern möchten, überlegen Sie gut, wohin».

Wie sehr negative Grundhaltungen gegenüber Hochsensiblen auch im Erwachsenenleben im Deutschland des 21. Jahrhunderts anzutreffen sind, zeigt Springwasser (2020) in ihrem Buch über Resilienz. So gibt die ehemalige Schulleiterin aus Bayern einschlägige Tipps, um sich von der Hochsensibilität wie von Depressionen, Stress und Panikattacken zu «verabschieden», sie sollte zumindest «in Angriff» genommen und nicht «totgeschwiegen» werden. Diese Autorin kompensiert einen Mangel an Verständnis im Stil der Stigmatisierung von Kranken.

Falkenstein weist in seinem Buch über «Hochsensible Männer» (2017) darauf hin, dass Hochsensibilität bei uns eher bei Frauen als bei Männern akzeptiert wird – wenn überhaupt.

Bilanzierend schreibt Sohst (2020, 18): «Sensibilität scheint in unserer Welt kein besonders hohes Ansehen zu genießen. Fakt ist: In unserer Gesellschaft mangelt es an allen Ecken und Enden an Sensibilität – sei es im Umgang mit uns selbst, mit anderen oder mit der Natur». Philosophin Fenner ergänzt (2021, 34): «Wer sich zum jetzigen Zeitpunkt als hochsensibel outet, muss angesichts westlicher Normalitäts-Standards mit sozialer Ablehnung und Ausgrenzung rechnen, die tiefe Spuren bis hin zu Traumatisierungen hinterlassen können.»

Partnerschaft

«Es ist nicht gut, dass der Mensch allein sei», so heißt es am Anfang der Bibel (1. Mose 2.18). Menschen haben ein Bedürfnis, sich zusammenzuschließen. In unserer Familie kommen wir zur Welt, schon in der Kindheit entwickeln sich Freundschaften und später Partnerschaften. Für hochsensible Menschen lässt sich das spezifische Bedürfnis nach Sozialleben im Credo «Qualität vor Quantität» zusammenfassen (Parlow 2003, 158). So haben viele Hochsensible eher weniger, doch tiefe, als zahlreiche oberflächliche Freundschaften (Hensel 2018, 112).

Beim Umgang mit Partnerschaft fallen hochsensible Menschen häufig aus dem Rahmen. So verwundert es nicht, dass es schon früh Monografien zu dem Thema gab, wie z.B. von Aron 1996 («Hochsensibilität in der Liebe»), Skarics 2010 («Sensibilität und Partnerschaft») oder Schorr 2015 («Hochsensible in der Partnerschaft»). Ferner widmen viele Hochsensibilitäts-Bücher dem Thema der Partnerschaft große Aufmerksamkeit.

Besonderheiten beginnen bereits beim Kennenlernen (Schorr 2015, 45): «Jemandem zu begegnen, der hochsensibel ist, kann sich wie Balsam auf der Seele anfühlen. Besonders, wenn man sich gerade kennengelernt hat und in dem sensiblen Gegenüber jemanden findet, der einfühlsam zuhören kann, mit dem intensive Gespräche möglich sind und der ein tiefes Verständnis für andere Menschen aufbringt. Es mag sich so anfühlen, als käme man nach Hause und fände in dem anderen Heimat.»

Die Verbundenheit hat auch Auswirkungen für die Fähigkeit, sich zu verlieben, wie (Parlow 2003, 165) bemerkt, nach dem sich Hochsensible stärker und öfter verlieben: «Natürlich gibt es auch Hochsensible, die sich sehr selten verlieben, doch wenn es ihnen dann doch einmal passiert, mag es ihnen vorkommen, als würden sie von einer inneren Flut hinweggespült. Manch andere Hochsensible hingegen sind seit dem Kindergartenalter praktisch andauernd in irgendwen verliebt». Verliebtsein ist heftig - bei Hochsensiblen noch heftiger.

Beim Blick auf Partnerschaft gibt es zwei «Anti-Thesen», die unser Liebesleben erklären: Während das Credo «Gegensätze ziehen sich an» gerade am Beginn einer Beziehung oft sehr kraftvoll wirkt, verspricht «Gleich und gleich gesellt sich gern» häufiger eine nachhaltige Zweisamkeit. So weisen auch hochsensible Partnerschaften unterschiedliche Herausforderungen abhängig von der Frage auf, ob es einen oder zwei hochsensible Partner gibt - beide Konstellationen enthalten Vor- und Nachteile.

Hochsensible brauchen nach Harke (2014, 131) «einen Partner, der in der Lage ist, mit ihnen über Philosophie zu sprechen, über den Sinn des Lebens, über Gefühle, Träume, Kunst und Kreativität. Sie brauchen einen Spiegel, der mit ihnen bis in die verborgensten Winkel ihres Geistes vordringt, um eine tiefgehende Begegnung zu ermöglichen.» Geschlechtsspezifisch differenziert Skarics (2010) in ihrer Interview-Studie: «Hochsensible Singlefrauen wünschen sich einen Partner, der wirklich auf sie eingeht.» Sie haben hohe Ansprüche an ihren Partner. Hochsensible Männer sind oft schüchtern, können nach ihrer Studie jedoch auch überraschen: «Durch ihre detailreiche Wahrnehmung, sei es in der Natur, der Kunst oder im menschlichen Miteinander, können sie ihre Partnerin immer wieder in Staunen versetzen. Weiters sind sie verständnisvoll und können sich gut in die Partnerin einfühlen. Außerdem sie sie meist sehr kommunikationsstark, gefühlvoll und zu großer emotionaler Intensität fähig und bringen so viele Eigenschaften mit, die für eine gute Partnerschaft von unschätzbarem Wert sind.» Nach Hensel (2013, 155) «bevorzugen hochsensible Männer in der Regel eine hochsensible Partnerin und fühlen sich von ihr nicht so leicht überfordert.»

Ist nur ein Partner hochsensibel, bedarf es beiderseits sehr viel Verständnis und Toleranz. Nach Hensel (2013) profitieren in einer Partnerschaft zwischen einem hochsensiblen und einem nicht so sensiblen Partner beide Partner voneinander durch ihre Unterschiedlichkeit. Im Alltag braucht es jedoch viele praktische Lösungen mit Spielräumen für beide Seiten, was «immer wieder Geduld, Verständnis und Nachsicht» erfordert.

Sind beide Partner hochsensibel, handelt es sich statistisch gesehen um sehr seltene Beziehungen. Nach Aron (2015, 215) ist die Wahrscheinlichkeit höher, dass hochsensible Menschen etwas glücklicher sind, wenn ihr Partner ebenfalls hochsensibel ist, was nach der Gleichheits-These kein Zufall ist. Sie haben statistisch gesehen bessere Chancen auf eine dauerhafte Beziehung. Mit ihren Eigenschaften fällt es ihnen leichter, Experte für die Psyche des Partners zu werden wie auch zur eigenen Psyche. Hensel (2013, 156) bilanziert: «Finden zwei Hochsensible in einer Partnerschaft zueinander, haben sie ein tiefes Gefühl der Verbundenheit, wenn nicht der Seelenverwandtschaft.» Allerdings kann die Fähigkeit, die Stimmung des anderen nicht nur mitzubekommen, sondern sich auch davon anstecken zu lassen, auch Konfliktpotenziale mit sich bringen. Dennoch kommt auch Skarics in ihrer Interview-Studie aufgrund der vielen Gemeinsamkeiten, zu denen sie auch eine tiefgründige Beziehung, meist symbiotische Gefühle und ähnliche ethische Ansichten zählt, zu einem positiven Fazit: «Die Partnerschaft zweier Hochsensibler ist eine Verbindung, die auf Gleichklang aufbaut, und innerhalb derer man sich gemeinsam gegen eine oft unsensible Außenwelt zu wappnen versucht» (2010, 59).

Trennungserlebnisse sind für Hochsensible besonders schwer zu verarbeiten. Meist machen sie sich sehr viele Gedanken über die Trennung und brauchen auch länger Zeit, um darüber hinwegzukommen. Noch schmerzhafter wird es, wenn sie selbst Trennungskinder sind, was bei Hochsensiblen nicht selten der Fall ist. Trennungen können das Vertrauen nachhaltig erschüttern, jemals eine ernsthafte Beziehung eingehen zu können. Harke (2014) ermutigt Betroffene mit aufmunternden Worten: «Entscheidend ist, dass sie sich wieder auf das Abenteuer der Liebe einlassen und dem Leben eine Chance geben. Gehen Sie dieses Wagnis ein, es lohnt sich!»

Besondere Aufmerksamkeit verdient schließlich das Thema Sexualität bei Hochsensiblen, wie es auch in vielen Publikationen reflektiert wird, u.a. in einer Pionier-Studie von Aron (1997). Nach ihren Forschungsergebnissen haben hochsensible Menschen ein intensiveres, häufig mystisches Erleben der Sexualität, wobei es ihnen nicht immer leichtfällt, danach wieder ins Alltagsleben zurückzukehren. Für viele Hochsensible ist Sexualität etwas ganz Besonderes – viel mehr als bloße Triebbefriedigung, sondern die Vereinigung und Verschmelzung zweier Seelen und in dem Sinne ein «geradezu spirituelles Erlebnis», wie Skarics in ihrer Studie am Beispiel einer jungen Frau bestätigt: «Wenn mein Freund und ich miteinander schlafen, dann ist das, als würde ich mit seiner Seele zu einer perfekten Einheit verschmelzen, und dabei ist alles so zart und sanft, als würden zwei Schmetterlinge einander berühren» (40).

Typischerweise reagieren Hochsensible auf jede Art von Reizen und Berührung sehr intensiv, die in der Sexualität oft ekstatisch erlebt werden. Heintze (2013, 256) bilanziert, was die Sexualität hochsensibler Partner auszeichnet: «Intensive Orgasmen, hochgradig sinnliche Erlebnisse und tiefe Verbundenheit mit dem Partner». Solche Erfahrungen sind insbesondere im Tantra weit verbreitet, wie Heintze in ihrem Buch «Erotische Intelligenz – hochsensibel lieben und sinnlich leben» ausführt (2017). Schorr (2017, 132) ergänzt, dass Hochsensible sehr empfänglich für Berührung sind, wobei sie nach einer Erfüllung streben, «die sich nicht nur in einem Orgasmus zeigen muss, sondern in wahrer Intimität zu einem anderen Menschen».

Persönlichkeit

Fragen nach den grundlegenden Charakter- oder Persönlichkeitseigenschaften beschäftigten die Menschen seit der Antike. Ausgehend von der Vier-Säfte-Lehre des griechischen Arztes Galen wurden die vier Typen der Choleriker, Sanguiniker, Phlegmatiker und Melancholiker postuliert. Die Eigenschaften der Typen werden als stabile, situationsunabhängige «Traits» angenommen. Viele Psychologen von Freud bis Rogers haben Modelle zur Entwicklung der Persönlichkeit aufgestellt. Heute dominiert das «Big Five»-Modell mit folgenden fünf Eigenschaften der Persönlichkeit:

- Offenheit
- Gewissenhaftigkeit
- Extraversion
- Verträglichkeit
- Neurotizismus

Wie stehen die «Big Five» mit der Hochsensibilität in Beziehung? Hinsichtlich Gewissenhaftigkeit und Verträglichkeit wurden keine Auffälligkeiten entdeckt, während es zu den übrigen drei Eigenschaften folgende Befunde gibt:

So steht die Komponente der ästhetischen Sensitivität mit Offenheit für neue Erfahrungen in Verbindung, was angesichts der Teilkomponenten der Offenheit (wie z.B. Vorstellungsgabe, künstlerische Interessen oder Gefühlstiefe) auch nicht überrascht.

Ebenso naheliegend ist es, dass Neurotizismus im Sinne von Ängstlichkeit mit Hochsensibilität einhergehen kann.

Die Zusammenhänge sind allerdings normalerweise eher schwach im Vergleich zur Persönlichkeitsdimension Extraversion versus Introversion. So erkannte schon Aron bei ihren ersten Forschungen am Ende des letzten Jahrhunderts, dass 70% der hochsensiblen Menschen introvertiert sind. So gesehen gibt es unter den

Hochsensiblen sogar drei Untergruppen: Die Introvertierten, die Extravertierten und die «Ambivertierten» (nach beiden Seiten offen) bzw. Zentrovertierten.

Zentral ist aber vor allem die Unterscheidung von intro- und extravertierten Hochsensiblen. Während die einen ihre Energien eher aus dem Inneren beziehen, z.B. wenn sie allein sind, tanken die anderen eher in Kommunikation mit anderen auf. Allerdings tendieren Letztere manchmal auch dazu, sich zu überfordern, wenn sie zu viele Reize auf einmal aufnehmen. Das Bedürfnis nach Rückzug ist bei den introvertierten Hochsensiblen prinzipiell von Natur aus vorgegeben, wobei sich bei ihnen die beiden Eigenschaften noch verstärken.

Während die meisten Eigenschaften eher wertneutral sind, gilt Neurotizismus tendenziell als pathologisch, was dazu führt, dass Hochsensible ebenfalls gerne in dieser Ecke stigmatisiert werden. Dabei gibt es klare Unterschiede, die leider auch von Fachleuten übersehen werden: Während Neurotizismus meistens mit erhöhten negativen Affekten einhergehen, sind sie bei Hochsensiblen nicht die Regel.

Wissenschaftlich wird das «Big Five»-Modell stark überbewertet, obwohl es nachweislich enge kulturelle Grenzen aufweist. So konnte der Psychologe Michael Gurven von der Universität New Mexico in Pennsylvania nachweisen, dass «Big Five» eher für die westliche Welt gilt, während man z.B. in China von «Big Four» (mit gänzlich anderen Eigenschaften, wie z.B. Anpassungsfähigkeit und interpersonaler Verbundenheit) und in Südafrika von «Big Nine» (u.a. Mitgefühl, Harmoniebedürfnis, Hilfsbereitschaft und Vertrauenswürdigkeit) ausgeht.

Unabhängig davon gibt es noch weitere spannende Zusammenhänge von Hochsensibilität und anderen wichtigen Persönlichkeitseigenschaften, z.B. mit Kreativität. Künstler lassen sich von allen Sinnen inspirieren, um innovativ sein zu können – und mehr zu sehen als andere, was zum letzten Diskussionspunkt überleitet.

Spiritualität

Der Begriff der Spiritualität kommt von «spirit» (Geist) und umfasst vielfältige Dimensionen. Rein sprachlich gibt es für «spiritus» im Lateinischen diverse Bedeutungen, u.a. Atem, Hauch und (Welten-) Seele. Obwohl Spiritualität und Religiosität eng beieinander liegen, gilt Spiritualität quasi als Oberbegriff mit Religiosität als Teilmenge. Dies wird auch deutlich in den Übersetzungen von «Geistigkeit» für Spiritualität und «Geistlichkeit» für Religiosität, welche im engeren Sinne mit dem Glauben und Erleben einer Gottesbeziehung einhergeht.

Dieses Verständnis kommt auch in den drei C-Dimensionen der Spiritualität zum Ausdruck, die der britische Psychotherapeut Bill O' Hanlon unterscheidet:

- Connection (sich mit anderen oder etwas Höherem verbunden fühlen)
- Compassion (Mitleid und Liebe mit anderen haben)
- Contribution (etwas Gutes für andere und die Welt tun)

Religiosität im engeren Sinne steckt in der ersten Dimension (Verbindung mit höherer Kraft), kann sich jedoch in gelebter Form in allen drei Dimensionen widerspiegeln.

Umfragen zeigen, dass sich Menschen entweder spirituell oder religiös, «sowohl als auch» oder «weder noch» bezeichnen können. Während z.B. in den USA viele Menschen «sowohl als auch» antworten, tendieren in Deutschland immer mehr Menschen zum «weder noch».

Die auf den ersten Blick nur terminologische Unterscheidung hat gravierende Auswirkungen auf die psychische Gesundheit. So gibt es inzwischen über 1000 Studien, die den überaus starken Zusammenhang zwischen Religiosität und Gesundheit im Sinne einer Geborgenheit im Glauben belegen. Sofern der Glaube mit positiven Gefühlen einhergeht, ist Religiosität als Glauben an Gott nicht nur ein präventives Therapeutikum gegen Depressionen, Süchte und Suizidalität, sondern führt auch zu mehr Dankbarkeit, Hoffnung und Lebenszufriedenheit.

Passend dazu ist der Befund einer Studie, bei der «Gläubige» verschiedener Religionen gefragt wurden, ob sie dem Tod gelassen entgegenblicken. Dabei stellte sich heraus, dass buddhistische Mönche die größte Todesangst zeigten, möglicherweise die Folge einer atheistischen Religion (vgl. Psychologie Heute 5/18, 10). Es macht also Sinn, Spiritualität zu differenzieren.

Die Ausführungen sind auch für die Zusammenhänge von Hochsensibilität und Spiritualität bedeutsam. So schreibt Hensel (2018) über ihre Erfahrungen als Coach mit Hochsensiblen, dass Spiritualität häufig ein Thema ist: «Die den Hochsensiblen eigene Art und Weise zu denken – verknüpfend, übergreifend, über den Tellerrand hinaus, visionär – ihre ausgeprägte Intuition, ihre Werteorientierung, ihr ethischer Anspruch und das für sie typische Streben nach Selbstverwirklichung erklären ihre Affinität zur Spiritualität. Viele Hochsensible beschäftigen sich irgendwann in ihrem Leben eingehend mit religiösen und philosophischen Fragestellungen».

Als ein beliebtes Beispiel nennt Hensel (2018, 66) die Beschäftigung mit dem Dalai Lama und spricht von «humanistischer Spiritualität». Diese aus dem Osten stammende Spiritualität ist heute auch im Westen weit verbreitet, da sie auch auf Atheisten anziehend wirkt. Hier gibt es weitere Bestseller-Autoren auch im Bereich Hochsensibilität, wie z.B. den US-Therapeuten Chuck Spezzano, der in seinem Buch «Die spirituelle Dimension der Hochsensibilität» einen Einblick in seine esoterischen Quellen gibt (2021, 59): «In Ein Kurs im Wundern heißt es, dass wir alle gleichermaßen eine Rolle in der Erlösung spielen. Dennoch sind es die hochsensiblen Menschen, die eigens gekommen sind, um das Stadium der Einheit zu erreichen». Demnach wären Hochsensible so etwas wie die gesandten Erlöser der Menschheit. Könnte es nicht auch genau umgekehrt sein, dass Sensibilität in allen Menschen angelegt ist, um spirituelle bzw. religiöse Erfahrungen zu erleben, falls wir auch bereit sind, uns dafür zu öffnen?

Während der Amerikaner Chuck Spezzano für den atheistischen Ansatz der Spiritualität zu stehen scheint, bietet die Österreicherin Andrea Pirringer als Katholikin ein Beispiel für die geistliche Religiosität. So beschreibt sie in ihrem Buch «Spirituelle Hochsensibilität» (2015) christliche Formen der Spiritualität, bei der hochsensible Gläubige die Stille suchen, um Gott zu begegnen. So wählen hochsensible Spirituelle aus dem Überangebot der weltlichen Reize und Programme mit ihren feinen Antennen den «Kanal nach oben» aus, um sich zu schützen, statt ihr Denken «mit geistigem Fastfood vollzustopfen und die Sicht auf wirklich Wichtiges zu vernebeln». Sie bezeichnet diesen Weg auch als «sechsten Sinn» oder «vierte Dimension der Wahrnehmung».

Einen ähnlichen Ansatz vertritt die Schweizer Theologin Debora Sommer in ihrem Buch «Mit allen Sinnen auf Empfang. Hochsensibilität als Gottesgeschenk und Auftrag», wo sie bemerkt (2021, 23): «Angesichts der Tatsache, welche bedeutende Rolle Religion und Spiritualität oder ganz allgemein formuliert das Übersinnliche und Transzendente im Bewusstsein von Hochsensiblen spielen, ist weitere christliche Literatur dringend notwendig». Die Autorin weist darauf hin, dass sich unter den spirituellen Hochsensiblen traditionell immer auch hochsensible Seismografen sowie hochsensible priesterliche Ratgeber befinden, was nicht überrascht – bedenkt man, dass Hochsensible etwa «das Zehnfache an Reizen» aufnehmen.

Grundlegend kann festgehalten werden, was Psychotherapeut Reinhold Ruthe konstatiert (2016, 8): «Hochsensibilität ist keine Persönlichkeitsstörung, sondern eine bestimmte Form der Wahrnehmung. Die Betroffenen sind mit besonderen

Gaben gesegnet». Exemplarisch nennt der Autor neben Klassikern wie z.B. Einfühlsamkeit, Intuition oder Kreativität: «Sie interessieren sich stark für spirituelle Fragen und haben eine tiefe Sehnsucht nach einer geistlichen Heimat».
Ähnliches erkannte der Schweizer Psychiater Samuel Pfeifer schon früh (2002, 256): «Sensible Menschen sind auch in ihren Glaubensinhalten feinfühlig. Instinktiv wissen sie um die Gegenwart Gottes». Sie hätten so etwas wie eine «Antenne für die jenseitige Welt, einen sechsten Sinn». Gleichzeitig stellt sie diese Feinfühligkeit auch vor große Herausforderungen in dieser Welt voller Menschen, die diese Wahrnehmung und Wirklichkeit negieren, was zu sozialen Angriffen und zu einer «Zerbrechlichkeit sensibler Menschen» führen kann.

Wissenschaftlich spannend ist schließlich auch die Frage, wie Spiritualität im Rahmen der Erforschung von Hochsensibilität dimensioniert wird – auch hier gibt es unterschiedliche Auffassungen. Wie bereits im zweiten Abschnitt der Diskussion dargestellt, gibt es nach Schorr außer den drei Gruppen der empathischen, kognitiven und sensorischen noch die vierte Gruppe der spirituellen Hochsensiblen, den sie wie folgt charakterisiert (2014, 23): «Die spirituellen Hochsensiblen haben auch einen Zugang zur immateriellen Welt. Dieser besonders tiefgründige Typus findet Kontakt zu den Tiefen des eigenen inneren Selbst, die anderen Menschen, auch anderen Hochsensiblen, verschlossen bleiben».

Offen bleibt, ob es eine vierte «spirituelle Dimension» der Hochsensibilität gibt, oder ob diese nicht in den anderen Dimensionen aufgeht - oder sogar all diese Dimensionen umschließt.

Für die erste Variante plädiert der Österreicher Georg Parlow (2003, 64): Abgesehen davon, dass auch nicht hochsensible Menschen eine sehr innige und lebendige Spiritualität haben können, nimmt der spirituelle Zugang von Hochsensiblen verschiedene Ausprägungen an. Bei kognitiven Hochsensiblen steht der kognitive Anteil – die Erkenntnis geistlicher Welten, das Wissen um größere Zusammenhänge, und der Wunsch zu verstehen – im Vordergrund, bei emotionalen Hochsensiblen finden wir eine ausgeprägte Gottesliebe und viel Mitgefühl mit anderen Menschen. Hochsensible mit Schwerpunkt im sensorischen Bereich wiederum haben meist eine sehr handlungsorientierte Spiritualität durch Spenden, gute Werke etc.».

Die Idee der zweiten Variante entwickelt die Schweizerin Debora Sommer. In ihrem Modell subsumiert die geistlich spirituelle Dimension alle anderen drei Typen als ein besonderes Charakteristikum von hochsensiblen Menschen, verbunden mit der persönlichen Einsicht (2021, 123): «Ich bin überzeugt, dass jeder Grundtyp die Hochsensibilität durch das Bewusstmachen der geistlichen Dimension an Tiefe und Reife gewinnt. Dort, wo ich den Geist Gottes an mir wirken lasse und meine besondere Veranlagung von der göttlichen Dimension durchdrungen wird, kann meine Hochsensibilität auf eine veränderte Weise Wirksamkeit entfalten und mir neue Räume der Begegnung mit Gott, meinen Mitmenschen und mir selbst erschließen». So ist der Samen der Spiritualität in der Hochsensibilität stets latent vorhanden.

Schließlich sei noch eine Beobachtung von Böttcher erwähnt, die bei jeder Form von Spiritualität auftreten kann (2018, 237): «Oft haben Hochsensible auch ein Geschenk erhalten, das für einen Moment die Wand zwischen der vermeintlich realen Welt und einer von existenzieller Wahrheit geprägten Wirklichkeit zum Einsturz gebracht hat. Es sind sog. Gipfelerlebnisse – Momente von so tiefer Schönheit, Freude und Ergriffenheit, dass jegliches Leid des täglichen Lebens in den Hintergrund tritt und Einheit erlebt wird. Zeit und Raum lösen sich auf.» Nach einem solchen Erlebnis sehe die Welt anders aus als zuvor – und bleibe auch verändert.

Zehn Fragen zur Hochsensibilität

Am Ende des Rückblicks stellen sich einige Fragen, die zur weiteren Forschung einladen, da ihre Antworten offen sind, z.B.:

Anteil: Gibt es etwa 20% Hochsensible?

Immer wieder hat Aron konstatiert, dass der Anteil hochsensibler Menschen in der (amerikanischen) Bevölkerung bei 15-20% liegt. Die meisten Autorinnen und Autoren wiederholen diese Zahl, ohne auf eigene Daten zurückgreifen zu können. Wenn kein Spielraum, sondern nur eine Zahl angegeben wird, werden meist 20% genannt. Es möge keine Unterstellung sein, doch intuitiv ist es für den Verkauf von Büchern werbewirksam, wenn mit einer Publikation eine Zielgruppe angesprochen wird, die jede fünfte potenzielle Person direkt betrifft. Einen Ratgeber für Bungee-Springer würde wahrscheinlich niemand kaufen, der dieser Form der Freizeitbeschäftigung wenig abgewinnen kann. Je kleiner eine Zielgruppe scheint, desto unwahrscheinlicher findet sich auch ein Verlag zum Drucken.

Wie bereits bei der Diskussion um die Ausprägungen ausgeführt, gibt es neben dem von Aron in die Welt gesetzten Mainstream-Wert von 20% Hochsensiblen teilweise erhebliche Abweichungen, die von nur 1% bis über 30% Personen ausgehen, die hochsensibel sind. Der Minimalwert von einem Prozent kommt nicht zufällig aus der Medizinerwelt und verführt leicht zur Annahme, dass es sich bei Hochsensibilität um etwas sehr Unnormales handelt, was daher in die klinische Ecke gehört. Ebenso enigmatisch ist die Annahme, dass jeder Dritte hochsensibel sei, wenn man beobachtet, wie unsensibel unsere Welt ist.

Allerdings lässt sich die so häufig publizierte 20%-Quote, die Aron postuliert, rekonstruieren – schließlich basiert sie auf dem eigenen Fragebogen, den Aron entwickelt hat. Insofern macht es Sinn, sich den Fragebogen etwas genauer anzuschauen (Details im nächsten Kapitel). Auffällig ist, dass eine Zustimmung bei einigen Fragen auch für Menschen keine große Hürde darstellen dürfte, die nicht unbedingt hochsensibel sein müssen. Man denke z.B. an solche Statements wie «Laute Geräusche behagen mir Unbehagen» oder «Ich bin ein gewissenhafter Mensch».

So drängt sich der Verdacht auf, dass hochsensible Menschen wahrlich kein «Massenphänomen» sind, wie auch Heintze (2014) hinterfragt. Wenn wir z.B. den Widerstand von manchen Menschen, Tiere zu essen, als einen sensiblen Indikator annehmen, dann kann man auch entsprechende Zahlen vermuten, in dem Sinne, dass die etwa 10% Vegetarier auch hochsensibel sind, davon die 3% Veganer sogar höchstsensibel. Auch bei Annahme einer normalverteilten Eigenschaft ergeben sich höchstens 16% (mit einer Standardabweichung) als hochsensibel, während nur 2% noch darüber hinausgehen (Personen mit zwei Standardabweichungen vom Mittelwert).

Für die Teilnahme an der (im Mittelteil des Buches vorgestellten) Tagebuch-Studie wurden Menschen ausgewählt, die aufgrund des Aron-Fragebogens zur Zielgruppe gehören. Dabei dürfte es spannend sein, ob sich innerhalb der Stichprobe noch Teilgruppen in Abhängigkeit der hochsensiblen Ausprägungen ergeben. Jedenfalls besteht diese Wahrscheinlichkeit allein schon wegen der vertieften Wahrnehmungen, die ein qualitativer Forschungsansatz bietet.

In dem Sinne können auch andere Grundannahmen der bisherigen Forschung kritisch hinterfragt werden – nachfolgend einige weitere Beispiele.

Genetik: Ist Hochsensibilität bloß vererbt?

Eine weitere «heilige Kuh», die von Aron in die Welt gesetzt wurde, ist die Annahme, dass Hochsensibilität «in den meisten Fällen vererbt wird (...) - Die Beweislage ist eindeutig.» Angesehen davon, dass die Beweislage aufgrund der nicht gerade boomenden Forschung über dieses Phänomen eher dünn ist, kann diese Grundannahme allein schon mit dem «gesunden Menschenverstand» bezweifelt werden. Entwickeln sich Menschen nicht lebenslang weiter? Und sind dabei nicht auch einschlägige Lebenserfahrungen bedeutsam?

Aron selbst hatte als Ausnahme bereits traumatische Erfahrungen als Auslöser verstärkter Sensibilitäten angedacht. Doch könnte man nicht davon ausgehen, dass wir alle mit einer großen Grundsensibilität als Baby auf die Welt kommen? Und könnte es nicht auch sein, dass diese allgemeine Grundausstattung des Menschen aufgrund von Sozialisationen im Laufe unseres Lebens manchmal oder sogar im «Normalfall» retardiert, um in einer Gesellschaft bestehen zu können, die nicht gerade sensibles Verhalten fördert? Und könnte es nicht andersherum auch sein, dass Sensibilität wieder erlernt werden kann?

Geschlecht: Ist Hochsensibilität eher weiblich?

Wahrscheinlich muss man kein Prophet sein, um vorauszusagen, was die Mehrheit der Bevölkerung auf die Frage antworten würde, ob Hochsensibilität eher weiblich oder männlich sei. Tatsächlich lassen sich einige Indikatoren anführen, welche die Titelfrage als rhetorisch für obsolet erklären. Exemplarisch lohnt sich ein Blick auf Berufsfelder und Studiengänge: Steht der Umgang mit Menschen im Mittelpunkt, wie z.B. in der Pflege und Psychologie, sind Männer noch immer eher selten zu finden, zumindest in der Minderheit. Dagegen sind Berufe, wo es um Technik und Naturwissenschaften sind, immer noch eine männliche Domäne. Naturwissenschaften, die einen sensiblen Umgang mit der Natur pflegen, könnten vielleicht andere Verteilungen generieren, doch von dem dort weit verbreiteten Verständnis, dass die Natur nur «Ding» ist, was man unsensibel als «Rohstoff» ausbeuten kann, fühlen sich eher Männer angezogen, wie ein Blick in entsprechende Hörsäle offenbart.

Natürlich können sich z.B. in einem Studiengang für Physik, Maschinenbau, Elektrotechnik oder Informatik auch hochsensible Männer befinden, doch sind sie dort sicher nicht in Massen anzutreffen. Besonders spannend erscheint die Frage, wo besonders sensible Männer in unserer Gesellschaft und Stichprobe zu finden sind – schließlich wurden sie von mehreren Autorinnen als wertvolle Bereicherung der Gesellschaft gewürdigt.

Andersherum wird auch nicht jede Psychologin hochsensibel sein, dennoch wahrscheinlich eher dort anzutreffen sein, wo sensible Eigenschaften gefragt und nachweislich vorteilhaft sind, wie z.B. in therapeutischen und beratenden Berufsfeldern.

Gesundheit: Sind Hochsensible weniger gesund?

Gewiss gehört die Frage nach der Gesundheit zu den Schlüssel-Fragen der Hochsensibilitätsforschung. Auch wenn die Defizit-Vermutung dort seltener ausgesprochen wird als z.B. im Boulevard, scheint der Mainstream zu denken, dass hochsensible Menschen weniger gesund sind.

Dabei ist die Formulierung noch vorsichtig ausgedrückt, denn wahrscheinlich gelten Hochsensible in bestimmten Kreisen auch als krank, worauf auch die einleitenden Zitate der Medienwelt hindeuten, wenn von Mimosen, Heulsusen, Weicheiern oder Warmduschern die Rede ist.

Allerdings sind es nicht nur Journalisten und andere Personen, die von dem Phänomen der Hochsensibilität wenig Ahnung haben, sondern mit Asendorpf manchmal sogar Professoren der Psychologie, die zu einer pathologischen Stigmatisierung von Hochsensibilität beitragen, wenn sie Hochsensibilität als eine Sonderform des Neurotizismus abwickeln.

Doch sind die leichten Zusammenhänge zwischen diesen beiden Eigenschaften wie gesagt auch tendenziell tautologischer Natur, schließlich fragt man beide Variablen mit ähnlichen Fragen ab, die teilweise in Richtung Ängstlichkeit gehen. Allerdings ist Angst eine vielseitige Emotion, die sich von persönlichen Auslösern bis zu realen Weltgefahren wie Kriegen oder Klimakatastrophe erstrecken können. Hinsichtlich letztgenannter Realängste stellt sich die Frage, ob realistische Sorgen nicht auch Ausdruck für psychische Gesundheit sein können (krankhaft ist eher ihre Ignoranz) und z.B. in zivilgesellschaftlichem Engagement münden.

Zu den wissenschaftlichen Tatsachen gehört jedenfalls wie berichtet, dass Neurotizismus normalerweise mit negativen Gefühlen einhergeht, was bei der Hochsensibilität nicht die Regel ist. Hier verspricht unsere Studie aufklärende Befunde.

Kultur: Können wir Hochsensibilität lernen?

Mit der Frage der Lernbarkeit von Hochsensibilität greifen wir das Nachdenken über unsere genetische Vorbestimmtheit aus einer kulturvergleichenden Perspektive wieder auf. Wie wir gesehen haben, sind die Werte, die in unseren westlich geprägten Gesellschaften in Amerika oder Europa zum Mainstream z.B. in der Arbeits- und Berufswelt gehören, nicht universell gültig. So konnten Studien zeigen, dass hochsensible Menschen im asiatischen Raum tendenziell eher respektiert werden.

Neben der interkulturellen Betrachtung deuten auch historische Perspektiven auf große Spielräume bei der Ausprägung von Sensibilitäten hin, wie allein die deutsche Geschichte offenbart. Ideale und Ideologien in der Erziehung, wie sie noch im Nationalsozialismus und auch darüber hinaus noch selbstverständlich erschienen, sowie grausame Diskriminierungen von Menschen, die nicht dem arischen Leitbild entsprachen, sind leider auch heute weiter verbreitet (siehe Antisemitismus), werden allerdings von der Mehrheit abgelehnt – vielleicht ein hoffnungsvolles Zeichen, dass sich auch Gesellschaften entwickeln können?

Spiritualität: Sind Hochsensible spirituell offener?
In fast allen Publikationen sind die Zusammenhänge von Hochsensibilität und Spiritualität mehr oder weniger offenkundig. Dabei wird immer wieder gesagt, dass viele Hochsensible einen besonderen Zugang für spirituellen Erfahrungen artikulieren. Zugleich wird darauf hingewiesen, dass auch diese Verbindungen nicht deterministisch gedeutet werden sollten, denn es gibt auch hochsensible Ungläubige und nicht allzu sensible Gläubige.

Dennoch verdienen die Synergien möglicherweise mehr Aufmerksamkeit als in bisherigen Publikationen, im Sinne der Frage, ob Spiritualität nicht fast immer implizit im Erleben von hochsensiblen Persönlichkeiten eine wichtige Rolle spielt - oder sogar eine Folge davon ist.

Ist Sensibilität als Empfänglichkeit nicht eine grundlegende Voraussetzung, um spirituelle Erfahrungen machen zu können? Zumindest scheint dies für Menschen, für die Spiritualität mehr als nur ein kognitives Glaubensbekenntnis ist und die sich auch nicht als spirituell «völlig unmusikalisch» bezeichnen, eine naheliegende Vermutung zu sein, so dass wir auch hinsichtlich dieser Frage gespannt sind, ob wir unter unseren Studien-Teilnehmern Ausdrucksformen mit dem jeweiligen Erfahrungshorizont entdecken können.

Theorie: Wie viele hochsensible Typen gibt es?
Ausgehend von Arons ersten Publikationen wurde immer wieder die Frage gestellt, ob es innerhalb der Hochsensibilität verschiedene Typen bzw. Dimensionen

gibt. Eine eindeutige Antwort fehlt bis heute. Aufgrund einer eher physischen Betrachtungsweise lag der Blick bisher vor allem auf Arten der Informationsverarbeitung, was allerdings zu eng erscheint. Selbst bei diesen Studien wurden teilweise überraschende Komponenten entdeckt, wie z.B. eine «ästhetische Sensitivität», bei der sich Menschen von Schönheit stark berühren lassen.

Fragt man im engeren Sinne nach Persönlichkeitstypen der Hochsensibilität, so kristallisieren sich mindestens drei Typen (empathisch, kognitiv, sensorisch) heraus, wobei ein vierter Typ (spirituell) darüber hinaus diskutiert wird. Möglicherweise kann der Horizont noch erweitert werden, wenn bestehende Fragebogen überdacht werden (vgl. nächstes Kapitel), wozu auch qualitative Forschung einen Beitrag leisten kann.

Wege: Sind Hochsensible ziemlich homogen?

Eng mit der letzten Frage verbunden ist auch die Diskussion darüber, ob Hochsensible als eine einheitliche Gruppe zu betrachten sind oder auch in sich sehr verschieden sein können. Beide Thesen müssen sich dabei nicht ausschließen. So wäre es denkbar, dass hochsensible Menschen auffällige Gemeinsamkeiten haben und trotzdem eine große Individualität zeigen. Antworten auf diese Fragen können sich ebenfalls mit Hilfe qualitativer Forschung ergeben.

Weltschmerz: Hilft Hochsensibilität für die Zukunft?

Bereits in der Einleitung (Kap. 1.1) dieses Buches ging es um die Frage, wie sensibel unsere Gesellschaften sind, um auf großen Herausforderungen der Zukunft zu reagieren? Dabei stellte sich heraus, dass es oft gerade besonders sensible Persönlichkeiten waren, welche zu positiven Veränderungen im Sinne konstruktiver oder gar revolutionärer Entwicklungen der Welt beitrugen.

Paradoxerweise wurde das Erleben von Weltschmerz darauf aufbauend sowohl unter den Schattenseiten (Kap. 1.3) als auch unter den Sonnenseiten (Kap. 1.4), also als Schwäche und Stärke zugleich vorgestellt, die hochsensible Menschen in sich tragen können. Einerseits ist das Erleben der Schattenseiten dieser Welt oft so schmerzhaft, dass gesundheitliches Wohlbefinden darunter leiden kann. Andererseits ist die Fähigkeit, die Welt über das eigene Leben hinaus auch als Ganzes wahrzunehmen, eine Stärke, aus der wertvolle Kräfte wachsen können, die nicht nur für die Zukunft der Gesellschaft wertvoll sind, sondern auch für die weltoffenen Hochsensiblen selbst. Wichtig ist dabei die Frage, worüber wir uns sorgen – über triviale Lapalien oder ethisch Fundamentales.

Wissenschaft: Brauchen wir noch mehr Forschung?
Wissenschaften entwickeln sich kontinuierlich weiter – meint der Mainstream der «scientific community» im Geiste des kritischen Rationalismus nach Popper (1935), zumindest in einer «offenen Gesellschaft» (1957). Allerdings gibt es auch soziologische Untersuchungen wie von Kuhn (1962), der die Möglichkeit wissenschaftlicher Revolutionen beschrieben hat, die zu Paradigmenwechseln führen können.

Wie steht es um die Forschung der Hochsensibilität? Obwohl die ersten Publikationen des Psychologen-Paares Aron & Aron nun schon über ein Vierteljahrhundert zurückliegen und zumindest populärwissenschaftlich eine beachtliche Resonanz gefunden haben, wie an den vielen Büchern abzulesen ist, die seitdem auf den Markt kamen, wird das Thema in der akademischen Psychologie hierzulande noch immer weitgehend totgeschwiegen.

So gibt es bis heute so gut wie keine Lehrstühle für Persönlichkeitspsychologie, die dieses Thema in ihrem Programm haben, auch fehlt es an kontinuierlichen Tagungen und Kongressen. Insofern ist die Frage, ob wir mehr Forschung brauchen, als rhetorisch zu sehen und das nachfolgende empirische Projekt ein Beitrag zur Förderung der Forschung.

Test zur vertieften Selbstanalyse

Als Brücke vom ersten zum zweiten Kapitel dieses Büches wollen wir zu einer Selbstanalyse einladen, um über die eigene Hochsensibilität nachzudenken, bevor wir uns die Tagebücher unserer hochsensiblen Menschen anschauen. Klassischerweise gibt es dazu diagnostische Tests.

Der Standard-Test zur Messung der Hochsensibilität stammt von Aron (1997). Dieser Test ist zwar wissenschaftlich sehr gründlich entwickelt worden, setzt jedoch die Hürde sehr niedrig an, um als hochsensibel klassifiziert zu werden. So müssen nur 14 der 27 Items (also über die Hälfte) in der entsprechenden Richtung angekreuzt werden, was bei Fragen wie z.B. «Die Stimmungen anderer Menschen beeinflussen mich» oder «Ich bin schreckhaft» nicht selten ist, so dass es zur viel zitierten Schätzung von etwa 20% hochsensiblen Menschen kommt.

Hauptkritikpunkt am Aron-Fragebogen ist die (inzwischen eher antiquierte) Annahme, dass es sich bei Hochsensibilität um ein eindimensionales Konstrukt handeln würde. Aufbauend darauf haben unterschiedliche Autorinnen und Autoren versucht, weitere Fragebogen zur Erfassung von Hochsensibilität zu entwickeln. Manche dieser Tests haben einen guten Ruf, weil sie an Tausenden von Menschen erprobt wurden, andere sind vor allem deshalb umstritten, weil sie wenig transparent sind. Komplett zufriedenstellend scheint jedoch bisher noch kein Instrument zu sein.

Für die folgende Untersuchung wurde ein neuer Fragebogen ergänzend zu den bisherigen Verfahren entwickelt. Das Instrument besteht aus fünf Dimensionen, welche mit je fünf Items auf einer fünfstufigen Skala erfasst werden. Wir laden dazu ein, den Fragebogen selbst auszufüllen, um die Ergebnisse der Teilnehmer unserer Studie besser verstehen zu können. Die Aufklärung zu den einzelnen Dimensionen des Fragebogens erfolgt dann im folgenden Kapitel – viel Spaß!

Berliner HS-Fragebogen: «Wie stark berühren Dich folgende Phänomene?»
0=gar nicht,
1=etwas,
2=mittel,
3=stark,
4=sehr stark:

A. Cluster «SOCIAL»	**0**	**1**	**2**	**3**	**4**
1. Beziehungen in meiner FAMILIE	0	0	0	0	0
2. Beziehungen zu meinen FREUNDEN	0	0	0	0	0
3. Beziehung in PARTNERSCHAFT/en	0	0	0	0	0
4. Beziehungen bei ARBEIT und BERUF	0	0	0	0	0
5. Beziehungen zu FREMDEN PERSONEN	0	0	0	0	0

B. Cluster «NATURE»					
6. Erleben am WASSER (z.B. an der See)	0	0	0	0	0
7. Erleben im WALD	0	0	0	0	0
8. Erleben der BERGE	0	0	0	0	0
9. Erleben der SONNE	0	0	0	0	0
10. Stress mit TECHNIK (Handy etc.)	0	0	0	0	0

C. Cluster «HEALTH»	**0**	**1**	**2**	**3**	**4**
11. Erleben von Fragen der GESUNDHEIT	0	0	0	0	0
12. Reizempfinden der SINNESORGANE	0	0	0	0	0
13. Empfinden eigener ENTWICKLUNG	0	0	0	0	0
14. Empfinden eigener KREATIVITÄT	0	0	0	0	0
15. Wahrnehmung von ÄSTHETIK	0	0	0	0	0
D. Cluster «GLOBAL»					
16. Entwicklung der GESELLSCHAFT	0	0	0	0	0
17. Fragen der KLIMAKTASTROPHE	0	0	0	0	0
18. Fragen von KRIEG und FRIEDEN	0	0	0	0	0
19. Fragen der GERECHTIGKEIT	0	0	0	0	0
20. Umgang mit den TIEREN	0	0	0	0	0
E. Cluster «SPIRIT»					
21. Umgang mit TOD und TRAUER	0	0	0	0	0
22. Fragen der LEBENSPHILOSOPHIE	0	0	0	0	0
23. Intensive TRÄUME und VISIONEN	0	0	0	0	0
24. Wahrnehmung von SPIRITUALITÄT	0	0	0	0	0
25. Erleben von ENGELN und WUNDERN	0	0	0	0	0

Auswertung: Addiere alle Antworten, so kommst Du auf maximal 25 x 4=100 Punkte bzw. Prozent! Zum Vergleich: Die Hochsensiblen unserer Studie haben im Berliner HS-Fragebogen Werte zwischen 67 und 93 erreicht.

2. Ein-Blick

Nachdem es im ersten Drittel des Buches einen komprimierten Überblick über die bisherige Forschung und Diskussion zur Hochsensibilität gab, bietet das zweite Drittel einen Einblick in das reale Leben und Erleben von Hochsensiblen. Grundlage dafür ist eine multimethodisch ausgerichtete empirische Tiefen-Analyse mit dem Titel «SENSOR-Studie», wie es sie unseres Wissens bisher noch nicht gibt.

Ein Befund der bisherigen Reflexionen war die Einsicht, dass es auch ein Vierteljahrhundert nach Entwicklung des Konzepts von Aron immer noch überraschend wenig wissenschaftliche Forschungen gibt, insbesondere in Deutschland. Dafür ist ein anderes «Genre» zu würdigen, was wissenschaftlich oft zu Unrecht belächelt wird. So ist die Selbstreflexion seit der Antike der Beginn aller Erkenntnis, symbolisch als Motto des griechischen Orakels von Delphi mit dem Credo «Erkenne Dich selbst!» – hier gibt es zumindest einige Selbstberichte auf dem Büchermarkt, wie z.B. «Sie nannten mich Sensibelchen» von Maike Wesa (2009), «Meine Hochsensibilität positiv gelebt – persönliche Einsichten aus einem langen, bewegten Leben» von Silvia Strauch (2016), «hochsensibel & selbstbestimmt – in einem Meer von Gefühlen» von Martin Nevoigt (2021) oder das 2022 erschienene Buch von Monika Rudolph «Schicksal hochsensibel? Eine Betroffene erzählt, wie sie ihre Depressionen überwunden und Mobbing erfolgreich bewältigt hat und diese besondere Empfindsamkeit heute ihr Leben bereichert».

Wie die genannten Titel schon erahnen lassen, handelt es sich um Berichte von Betroffenen, die individuelle Einblicke bieten, doch keine wissenschaftlich systematischen Auswertungen im Sinne z.B. von vergleichenden Analysen. Dies ist jedoch der Anspruch der vorliegenden Studie, die in sieben Abschnitten präsentiert wird. Methodisch wird zunächst das Projekt und die Entwicklung der Stichprobe vorgestellt. Im Zentrum der Auswertung stehen dann 12 Einzel-Porträts in drei Gruppen.

Am Ende werden darauf aufbauend zusammenfassende Auswertungen in zehn Schlüssel-Dimensionen präsentiert, bevor die Vorstellung und Interpretation der Ergebnisse in zehn Visionen mündet.

Vorstellung einer Tagebuch-Studie

Generell gibt es in der sozialwissenschaftlichen Forschung zwei grundlegende Wege, die häufig konkurrierend gesehen werden – quantitative und qualitative Methodik.

Dabei verfolgen sie unterschiedliche Ziele - zumindest unterschiedliche Wege zum Ziel der Erkenntnis. Während die quantitative Methodik eher Hypothesen überprüft, Zahlenmaterial sammelt, um alles statistisch auszuwerten und generalisierbares Wissen in der Breite zu erzeugen, geht es in der qualitativen Methodik eher um das Generieren von Hypothesen, wobei eher verbales Material gesammelt wird. Klassische Befragungsform ist hier das Interview, um Erkenntnisse in der Tiefe zu gewinnen.

Manchmal hat man den Eindruck, als wenn sich die entsprechenden Forscher gegenseitig bekämpfen und beschimpfen, z.B. als «Erbsenzähler» oder als «unwissenschaftlich». Statt die Forschung von Kollegen zu diskreditieren, die andere methodische Wege wählen, empfiehlt es sich, die Vorteile beider Wege zu vereinen, also den dritten Weg des multimethodischen Vorgehens zu wagen. Da es im Detail prinzipiell sehr viele Möglichkeiten auch innerhalb der beiden Hauptwege gibt, habe ich diesen Forschungsansatz als «Patchwork-Methodik» (Sohr 2000) tituliert.

Die bewährte Idee dient auch als Grundlage der SENSOR-Studie, die drei Wege der Erkenntnisgewinnung nutzt: Tagebücher, Interviews und Fragebogen.

Tagebücher

Herzstück des Instrumentariums unserer Studie ist die qualitative Methodik des Tagebuchschreibens. So waren die Akteure eingeladen, über eine Zeit von neun Monaten von April bis Dezember 2023 ein Hochsensibilitäts-Journal zu schreiben. Konkret ging es um die Reflexion von Gedanken und Erfahrungen im Alltag, bei denen die Akteure bemerken, dass sie hochsensibel sind und sich vielleicht von ihrer Umgebung unterscheiden. Dabei hatten die Akteure zehn Kategorien zur Auswahl, wobei sie auch noch weitere kreieren konnten – alle Kategorien-Codes auf einen Blick:

BERUF	Erlebnisse in Ausbildung, Studium und Beruf
FAMILIE	Erfahrungen z.B. mit Eltern, Geschwistern etc.
FREUNDE	Begegnungen mit Freundinnen und Freunden

GESUND	Gefühle im Bereich ganzheitlicher Gesundheit
NATUR	Erleben z.B. mit Wasser, Wald, Bergen, Tieren
PARTNER	Emotionen in Partnerschaft und Sexualität
POLITIK	Gedanken zu Klima, Krieg, Gesellschaft etc.
SELBST	Persönliche Reflexion und Wahrnehmung
SOZIAL	Konfrontation in weiteren sozialen Räumen
SPIRIT	Spiritualität, Religion, Philosophie
ZUGABEN	Potentielle weitere Themen

Wie die Auswertung dokumentiert, wurden alle Kategorien recht ausgeglichen bedient, was auch als Ausdruck der Relevanz bzw. Legitimation jeder einzelnen Dimension bilanziert werden kann.

Interviews

Nach der Vollendung des Tagebuchjahres wurden die Akteure eingeladen, die Tagebücher-Erfahrungen in einem Einzel-Interview zu reflektieren, also in Form eines weiteren qualitativen Zugangs. Bemerkenswert erscheint, dass alle Akteure ein großes Interesse daran signalisierten. Auch das Interview folgte einer Grundstruktur in Form eines Leitfadens mit einigen Schlüsselfragen:

- Seit wann ist Dir bewusst, dass Du HS bist?
- Erinnerungen an Erlebnisse aus der Kindheit?
- Erinnerungen an Erlebnisse aus der Jugend?
- Erinnerungen an Erlebnisse als Erwachsene?
- Wesentliche Selbsterkenntnisse des Projekts?
- Nachfragen zu den einzelnen Projekt-Themen?
- Vorstellung und Reflexion der Test-Befunde?
- Gemeinsame Essenz eigener Projekt-Rolle?

Die Interviews dauerten etwa eine Stunde pro Person, wobei für die einzelnen Fragen jeweils gut fünf Minuten zur Verfügung standen (etwas mehr bei der Nachfrage zu individuellen Projektthemen und zur Reflexion der Testbefunde). Die Interviews konnten im Januar 2024 durchgeführt werden.

Fragebogen
Flankiert wurden die beiden qualitativen Erkenntniswege noch durch einige quantitative Daten mittels Fragebogen, die ab der zweiten Hälfte des Tagebuch-Zeitraums zum Zuge kamen. Gegenstand waren 11 Kern-Konstrukte, erfasst durch 11 Instrumente, operationalisiert in 225 Items:

- Hochsensibilität - dreifach gemessen mit 27 Items nach Aron, 29 Items nach Parlow und 25 Items nach Sohr (vgl. 1.7 mit jeweils fünf Items zu den fünf Kerndimensionen, zusammengefasst in den Kriterien SOZIAL, NATURE, SELBST, GLOBAL und SPIRIT)
- Introversion – 24 Items nach EPI-Test von Eysenck
- Neurotizismus – 24 Items nach EPI-Test von Eysenck
- Kontrollerleben – 24 Items nach IPC-Test nach Rotter
- Selbstwirksamkeit – 10 Items nach Schwarzer & Jerusalem
- Seelische Gesundheit – 20 Items im Fragebogen nach Becker
- Liebesfähigkeit – 11 Items nach dem Fragebogen von Becker
- Wohlbefinden – Ein-Item-Frage nach der Skala nach Fordyce
- Zufriedenheit – 11 Items nach dem Fragebogen von Fahrenberg
- Persönlichkeit – 10 Items des BIG5-Fragebogens nach Rammstedt
- Positivität – 10 Items nach dem Fragebogen von Sohr & Abbattista

Ein wertvoller Vorteil der meisten ausgewählten Konstrukte und Instrumente bestand darin, dass es sich hierbei um wissenschaftlich etablierte Skalen mit vorliegenden Normwerten handelte, so dass die Stichprobe der Hochsensiblen auch mit «Normalsensiblen» verglichen werden konnte. Wie die Stichprobe der Hochsensiblen gewonnen werden konnte, beschreibt der nächste Abschnitt.

Entwicklung des Forschungsteams

Gemäß unserem Postulat der Patchwork-Methodik, dass die Akteure bei einer qualitativen Methodik nicht nur Datenlieferanten und «Versuchskaninchen», sondern Experten ihres Lebens und so auch des Themas sind, fungieren sie als aktiv Mitforschende eines gemeinsamen Forschungsteams. Diese Kern-Gruppe bildete sich nach einigen Wochen in einem Prozess von drei Phasen heraus, die als Initiierung, Sondierung und Profilierung gesehen werden können.

In der ersten Initiierungs-Phase wurden etwa 60 aktive oder ehemalige Studierende aus den Fächern Life Coaching und Psychologie der Deutschen Hochschule für Gesundheit und Sport eingeladen, den Fragebogen zur Hochsensibilität nach Aron auszufüllen. Den Erwartungen entsprechend müssten bis zu 20% der Befragten in das hochsensible Cluster fallen, womit das angestrebte Dutzend für die Tagebuch-Studie erreicht worden wäre. Doch es waren knapp die Hälfte der Befragten, die einen Score von über 50% erreichten und somit nach Aron als «hochsensibel» eingestuft werden konnten. Ein Grund für diese hohe Quote lag möglicherweise in dem Befund, dass der HS-Anteil in den genannten Studiengängen tatsächlich signifikant über dem Durchschnitt der Bevölkerung liegt, weil die Berufe ein ausgeprägtes Maß an Empathie erfordern, was Hochsensiblen attestiert wird.

In der zweiten Sondierungs-Phase wurden 28 Personen angeschrieben, die in dem Test nach Aron mit Zustimmungsquoten von über 50% als «hochsensibel» diagnostiziert werden konnten. Doch das Feld dieser Gruppe lichtete sich sukzessive binner kurzer Zeit: Von den 28 kontaktierten Personen antworteten zehn gar nicht, zwei hatten «keine Zeit», zwei waren «krank», zwei erwiesen sich bei einer vertieften Testung als «nicht hochsensibel» und zwei brachen den Schreibprozess schon nach wenigen Wochen ab, nachdem ihnen der Aufwand bewusst wurde. Zugleich sprangen noch zwei Akteure auf den Zug auf.

In der dritten Profilierungs-Phase kristallisierten sich schließlich nach einem Quartal die 12 Hochsensiblen heraus, die als Teilnehmerinnen und Teilnehmer bis zum Ende neun Monate Tagebücher, ein Tiefen-Interview und Antworten auf 225 Items in den Fragebogen abgaben.

Bei den 12 nachhaltig ausgewählten Teilnehmerinnen und Teilnehmer des SENSOR-Samples handelt es sich um acht Frauen und vier Männer im Alter von Anfang 20 bis Ende 50, die aus deutschsprachigen Ländern stammen. Die Akteure kommen aus den beiden Studiengängen des Life Coachings und der Psychologie, manche studieren noch, andere haben ihre Studien entweder abgeschlossen oder abgebrochen. Dabei sind auch zwei Mütter und zwei Väter.

Trotz der Homogenität aufgrund der Hochsensibilität und Ausbildung handelt es sich bei den Akteuren um individuell unterschiedliche Persönlichkeiten über Alter und Geschlecht hinaus. Schon nach den ersten Tagebuch-Monaten war es auffällig, dass die 12 «Journalistinnen und Journalisten» in drei HS-Gruppen zu jeweils vier Personen zusammengefasst werden können, da sie sich in der Intensität ihrer

Hochsensibilität unterschieden, was später auch durch die Fragebogen bestätigt wurde.

Analog zu den bekannten Blumen-Metaphern von Löwenzahn, Tulpen und Orchideen (wobei nur letztgenannte Blumen als hochsensibel gelten), lässt sich unsere HS-Gruppe in drei unterschiedlich sensible Tier-Typen metaphorisch differenzieren. In diesem Sinne gibt es Hochsensible des dritten, zweiten und ersten Grades mit aufsteigenden Intensitäten, die wie Hunde, Katzen und Schmetterlinge (bzw. «bunte Vögel») erscheinen.

SENSOR-Studie im Überblick

- **AKTEURE:** Insgesamt nahmen 12 Personen an der Tiefen-Studie teil.
- **ALTER:** Die Alterspanne der Akteure erstreckt sich zwischen 23 und 56 Jahren.
- **BERUFE:** Die Akteure sind Studierende oder Alumni aus den Fächern der Psychologie und des Life Coachings.

- **DIMENSIONEN:**

1. Selbst-Erleben	18 %	126 Einträge
2. Arbeits & Beruf	13 %	90 Einträge
3. Sozialer Raum	11 %	77 Einträge
4. Natur-Erleben	10 %	72 Einträge
5. Familienleben	9 %	63 Einträge
6. Weltschmerz	8 %	59 Einträge
7. Spiritualität	8 %	57 Einträge
8. Gesundheit	8 %	54 Einträge
9. Partnerschaft	7 %	47 Einträge
10. Freundschaft	5 %	37 Einträge
PS. Sonstige	3 %	25 Einträge

- **EINTRÄGE:** Die Akteure gaben 707 Tagebuch-Einträge mit fast 80.000 Worten ab.

- **ELTERN:** Unter den 12 Akteuren waren auch jeweils zwei Mütter und zwei Väter.

- **FRAGEBOGEN:** Es kamen 13 Skalen mit insgesamt 225 Items zum Einsatz, wobei Hochsensibilität dreifach erfasst wurde.

- **GESCHLECHT:** An der Studie nahmen acht Frauen und vier Männer teil.

- **HS-GRUPPEN:** Die 12 Akteure symbolisieren drei Grade der Hochsensibilität (je n=4).

HS dritten Grades (<20% der Bevölkerung) haben im Schnitt einen HS-Wert von 73% und hinterließen Tagebuch-Aufzeichnungen im Umfang von etwa 18.000 Worten.

HS zweiten Grades (<10% der Bevölkerung) haben im Schnitt einen HS-Wert von 84% und hinterließen Tagebuch-Aufzeichnungen im Umfang von etwa 24.000 Worten.

HS ersten Grades (<5% der Bevölkerung) haben im Schnitt einen HS-Wert von 90% und hinterließen Tagebuch-Aufzeichnungen im Umfang von etwa 37.000 Worten.

- **ZEIT:** Tagebücher wurden über neun Monate vom 1.4. bis 31.12.2023 geschrieben, Fragebogen im Herbst 2023 ausgefüllt und Interviews im Januar 2024 durchgeführt.

Hinweis: Bei den nachfolgend genannten Namen handelt es sich um (von den Akteuren selbstgewählte) Pseudonyme.

Viel Spaß bei den teilweise auch sehr unterhaltsamen Porträts auf den nächsten Seiten zum vertieften Verständnis für Ausdrucksformen des Alltags- und Innenlebens von Hochsensiblen!

Hochsensiblen-Portraits 3. Grades

Nach Aron ist hochsensibel, wer in ihrem Test einen Wert von über 50% erreicht. Hochsensible dritten Grades haben im Schnitt der drei HS-Tests einen Wert von 73%, verfügen also nicht nur über eine Hochsensibilität von der Hälfte, sondern drei Vierteln potenzieller Punktwerte. Trotzdem gehören die in diesem Kapitel vorgestellten Akteure zu den im Rahmen unserer Studie eher «gemäßigten Hochsensiblen»:

- Colbert (67%) ist ein junger Mann und derjenigen Studienteilnehmer, der mit nur etwa 1000 Worten die wenigsten Aufzeichnungen tätigte. Dennoch zeigt sich seine Hochsensibilität besonders im sozialen Raum, wo er sich zahlreiche Gedanken um seine Umwelt macht. Colberts psychische Gesundheitswerte sind – abgesehen von leicht erhöhten Neurotizismus-Werten - tendenziell unauffällig.

- Fleur (73%) ist eine jüngere Frau und diejenige Studienteilnehmerin, die als einzige ein externales Kontrollerleben aufweist, sich also am wenigsten als ihres eigenen «Glückes Schmied» erlebt. Das hat auch Einfluss auf ihre psychische Gesundheit, welche insgesamt als labil bezeichnet werden kann. Das hochsensible Bewusstsein, das sich bei ihr besonders in Beziehungen bemerkbar macht, hilft Fleur jedoch dabei, nach alternativen Lebenswegen zu suchen.

- Lara (75%) ist eine Anfang 30-jährige Frau und die Teilnehmerin, die mit Abstand die meisten Eintragungen der Dimension «Selbsterleben» unternahm. Da sie zugleich mit 80 Beiträgen zu den Vielschreiberinnen gehört, bereicherte sie die Studie mit allein 40 Eintragungen zum Selbsterleben. So nennt sie am Ende des Projekts die «Selbsterfahrung als das Thema meines Jahres», was durch anhaltende Reisetätigkeiten befördert wird. Laras psychische Gesundheitswerte zeigen - jenseits eines erhöhten Neurotizismus - keine Auffälligkeiten.

- Isabel (77%) hat als ebenfalls Anfang 30-jährige Frau eine Familie gegründet und ist verantwortungsvolle Mutter eines kleinen Sohnes. Auch bei ihr ist das Selbsterleben stark ausgeprägt, verbunden mit Weltschmerz. Ihre Hochsensibilität ist Isabel schon länger bewusst, so dass sie sehr selbstreflexiv damit umgeht. Ihre Gesundheitswerte sind alle im grünen Bereich, wobei sie die höchste Lebenszufriedenheit in der Studie aufweist. Im Vergleich zu den ersten drei Akteuren, deren Hochsensibilität entweder eher gering ausgeprägt ist oder mit anderen Phänomenen eingeht, offenbart Isabel mit ihren Aufzeichnungen tendenziell auch eine Hochsensibilität zweiten Grades.

H12 – Colbert, der Beobachter: «Wohin soll das alles noch führen?»

Colbert ist ein Mitte 20-jähriger Mann. Er erklärte sich sofort zur Teilnahme an der Studie bereit. Die Tagebücher schrieb er regelmäßig und gab sie pünktlich zum Monatsanfang ab. Die Notizen umfassen 30 Eintragungen und sind eher minimalistisch. Sie entsprechen mit gut 1000 Worten dem kleinsten Umfang in der Studie. Von den zehn Dimensionen sind bis auf Freundschaft alle vertreten, an erster Stelle stehen Situationen im sozialen Raum (26%), Selbst-Erleben (20%) und Partnerschaft (17%).

Colbert im Tagebuch

Colberts Jahr beginnt, wie es endet – im Krankenhaus.
Den Frühling startet Colbert mit dem Eintrag einer Konfrontation mit einer Mitpatientin: «Ihre Kritik meines Verhaltens beim Essen beschäftigt mich den ganzen Tag über leicht». Außerdem überlegt sich Colbert nach einem Date, bei dem er sich emotional offenbart hat, «ob ich die andere Person möglicherweise vor den Kopf gestoßen habe. Ich mache mir auch Gedanken darüber, ob meine Außenwirkung möglicherweise falsch herüberkommt».

Im Sommer ist es ähnlich – Colbert «plagen Selbstzweifel und Schuldgefühle», gemischte Gefühle auch beim «Christopher Street Day». Ferner beschäftigt sich Colbert auch viel mit seiner Umwelt: «Im Bus sitzend grübele ich leicht betrübt über die aktuelle Weltlage nach. Ich stelle mir die Frage, wohin das alles noch führen soll und wie die Welt in einigen Jahren aussehen wird».

Im Herbst genießt Colbert eine Reise zu einer «wunderschönen Insel» im fernen Osten: «Es ist paradiesisch! Ich blicke in die Ferne und realisiere, wie weit weg ich und wie klein ich auf dieser Welt eigentlich bin». Auch in seiner Heimat erlebt Colbert positive Gefühle, z.B. «eine wunderschöne Melodie im U-Bahnhof. Die Musik hatte etwas Leichtes und Unbeschwertes. Das hat mir den verschlafenen Morgen versüßt». Kurz darauf passiert wieder Gegenteiliges: «Das kleinste Gefühl der Kälte lässt mich direkt in eine schlechte Stimmung verfallen und ich habe ein Gefühl der Beklemmung». Ähnliches fühlt er auch im Blick auf das Weltgeschehen: «Der ganze politische Konflikt zwischen Israel und Palästina beunruhigt mich. Ich kann beide Seiten nicht mehr wirklich nachvollziehen und bin unglaublich dankbar, mich auf keine Seite schlagen zu müssen. Ich bin traurig zu sehen, dass dieser Konflikt auch unser Land in Aufruhr versetzt. Mir tun die Zivilisten auf beiden Seiten leid, die diesen schrecklichen Krieg hautnah miterleben müssen».

Im Winter beschreibt Colbert zunächst ein «Flow-Erlebnis» bei einer Partnerarbeit, welches ihn «mit Glück und Stolz erfüllt». Kurz nach Weihnachten muss er mit schlimmen Schmerzen ins Krankenhaus, die so schlimm sind, «dass ich anfing zu weinen, weil mich keiner operieren wollte». Silvester endet eher nachdenklich: «Ich verstehe nicht, warum die Leute so viel Geld für Feuerwerk ausgeben, was nur knallt und verletzt und zu Leid führt».

Colbert im Interview

Das digitale Interview dauert 64 Minuten. Zunächst geht es um eine Zeitreise durch die eigene Hochsensibilität. Colbert bemerkte sie bereits «im Teenie-Alter», als ihm manche Dinge «näher gingen als anderen Jugendlichen». Speziell als die Schule stressiger wurde, erlebte Colbert seine Sensibilität für Stimmungen. Sportlich galt er als «Over-Thinker», weil er auf Erfolg und Misserfolg sensibler reagierte. Nach der Lebensrückschau kommentiert Colbert seine Tagebuch-Befunde sehr erhellend. Angesprochen auf das selten thematisierte Naturerleben erklärt Colbert, dass dies bei ihm vor allem im Urlaub auftrete, weil er in der Stadt nicht so viel Natur wahrnehmen könne. Im Urlaub schwärmt er dagegen beim Genießen von klarem Wasser und weißen Stränden. Mit der Technik sieht sich Colbert gut befreundet – «ich digitalisiere alles, auch im Sinn der Nachhaltigkeit». Er ist «ein Fan» der Technik und hält die Digitalisierung für einen «Segen». Im Bereich Beziehungen fokussiert Colbert in seinem Tagebuch einerseits das Beobachten sozialer Situationen, auch im öffentlichen Raum, was er im Gespräch bestätigt: «Ich bin ein relativ aufmerksamer Mensch». Dies gilt auch für das Feld der Partnerschaft, wo er sich als «bisexuell» bezeichnet. Colbert beachtet dabei weniger das Geschlecht als den Menschen. Nachgefragt, wie er als Experte den Befund von Aron sehe, nach dem Homosexualität nicht mit Hochsensibilität einhergehe, sagt er: «Ich sehe hier überhaupt keinen Zusammenhang». Einige Homosexuelle seien vielleicht etwas emotionaler, viele aber «einfach traumatisiert». Zu seinen Weltschmerz-Notizen reflektiert Colbert, dass ihn vor allem die «Kriegs-Zustände» nerven. Als Hochsensibler kann er das alles nicht verdrängen, es wäre nicht gesund, sondern eine «Scheinwelt». Als «Weltbürger geht uns das alle an», «denn ich bin Teil der Menschheit». Zur Spiritualität erklärt Colbert: «Meine Eltern sind sehr gottesfürchtig - und auch ich bin ein sehr gläubiger Mensch aus christlicher Sicht, der betet. Den Glauben will ich nicht verlieren».

Colbert im Fragebogen

Im Vergleich zur Studiengruppe hat Colbert mit 67% den geringsten Hochsensibilitätswert - eine Ausnahme ist bei ihm die Dimension der Spiritualität, wo er einen überdurchschnittlich hohen Wert aufweist. Seine Persönlichkeitswerte liegen generell im Normalbereich. Negative Ausnahme bildet der erhöhte Neurotizismuswert, eine positive Ausnahme liegt in einer erhöhten Liebesfähigkeit. Vergleichsweise niedrig fallen die Werte in den Bereichen Wohlbefinden und Positivität aus. In Lifestyle-Fragen mag er Hunde mehr als Katzen und Kaffee mehr als Tee, seine Ernährung ist «flexitarisch» - wobei er Fleisch gerne isst, jedoch aus zeitlichen und finanziellen Gründen eher selten. Colbert bilanziert, dass für ihn «Hochsensibilität gar nicht negativ ist», sondern dass es auch eine «gute Hochsensibilität» gibt, wie z.B. Empathie, die er «nicht abgeben» will, sondern sie «als Gabe bewahren» möchte.

H11 – Fleur, die Gestresste: «Ich fühle mich sehr unter Druck»
Fleur ist ein Ende 20-jährige Frau. Sie hat auf die Anfrage zur Studie gleich zugesagt. Ihre Tagebücher schrieb sie im Frühling regelmäßig, für die weiteren Monate retrospektiv, und reichte sie meist pünktlich zum Monatsanfang ein. Ihre Notizen umfassen 35 Eintragungen mit etwa 5000 Worten. Die Dimensionen sind unterschiedlich vertreten – es dominieren Beziehungsthemen, an erster Stelle die Selbst-Beziehung (30%), gefolgt von beruflichen Beziehungen (24%), der Partner-Beziehung (21%) und Beziehungen zu Freundinnen (12%). Naturerleben, Spiritualität und Weltschmerz kommen in ihren Tagebüchern gar nicht vor.

Fleur im Tagebuch

Im Journal dominieren negative Erfahrungen – sie fühlt sich «sehr unter Druck».
Im Frühling beschreibt sie Momente mit starkem Druckerleben in der Familie, mit Freunden oder in der Partnerschaft. Sie münden manchmal «in Tränen». Im Sommer bilanziert sie eine Situation mit einer guten Freundin nachdenklich: «Sie gab mir das Gefühl, dass meine Hochsensibilität ein Problem ist, ich mich dafür entschuldigen muss und ich nicht gut genug bin. Ihre Reaktion hat mich sehr getroffen und traurig gemacht». Zugleich erreicht das Stresslevel einen Höhepunkt, nicht zuletzt durch die Gleichzeitigkeit von «Vollzeit-Arbeit, Vollzeit-Studium, Prüfungsphasen und diversen Freizeit-Terminen an jedem Wochenende – keines dieser Events konnte ich richtig genießen», nicht einmal den Urlaub. In der Zeit erlebt Fleur sogar «Panikattacken» mit starken Symptomen. Der Sommer endet mit einem großen «Bedürfnis nach Ruhe und sozialem Rückzug».

Im Herbst steht ein Umzug im Zentrum der Aufmerksamkeit, welcher schon Wochen zuvor seine Schatten vorauswirft. Den Umzugstag beschreibt sie mit Fragen, die sie beschäftigen: «Wird jeder Karton richtig platziert? Geht auch nichts kaputt? Wird auch nichts vergessen?»

Im Winter erreicht der Stress auf Arbeit einen Höhepunkt. Zugleich beschreibt Fleur u.a. eine Kollegin, die sie sehr berühre. Das Mitgefühl ist so stark, «dass mir selbst die Tränen kamen».

Fleur im Interview

Das digitale Interview dauert 72 Minuten. Ihre Hochsensibilität ist Fleur seit drei Jahren bewusst, als sie in ihrem alten männerdominierten Beruf an Grenzen kommt. Bereits in der Kindheit war sie schnell am Wasser gebaut. Ihre Eltern signalisierten ihr in bestimmten Situationen immer wieder, dass sie «kein Grund zum Weinen» habe. So hatte Fleur den Eindruck, dass ihre Reaktionen ungepasst und übertrieben seien. In ihrer Ausbildung erlebte sie, «wie falsch Menschen sein können». Sie vermisste «Rückzugsorte» und fühlte sich sehr einsam. Zugleich erlebte sie ihre Hochsensibilität auch positiv, weil sie ihre Kompetenzen in Beziehungsfragen bemerkte. Gesundheitlich nimmt Fleur eine Ambivalenz wahr – einerseits spürt sie ihre Labilität und Vulnerabilität, andererseits sieht sie, dass ihre Hochsensibilität auch positive Seiten habe. Angesprochen darauf, dass das Naturerleben kein Gegenstand im Tagebuch war, bemerkt sie, dass sie dies eher im Urlaub spüre. «Ich liebe Sonnenaufgänge und tauche auch gerne». Dagegen erlebt sie die Technik ambivalent – die positiven Seiten der Digitalisierung speziell durch die Kontaktmöglichkeiten, negative Seiten spürt sie durch die ständige Erreichbarkeit. Ihre Beziehungen sieht sie bereichernd, aber auch spannungsreich, sowohl im Berufsleben als auch im Privatleben. Als Beispiel dient im Tagebuch eine Situation, bei der ihr Partner sich verletzte und sie ein starkes Bedürfnis hatte, «seine erste Ansprechpartnerin und Begleiterin zu sein» – «dies hat mich selbst allerdings sehr gestresst». Zum Thema Weltschmerz habe sie zwar nichts geschrieben, doch er gehe ihr auch «oft sehr nahe, so dass mir die Tränen kommen» – dies sei vielleicht auch ein Grund dafür, warum sie sich nicht aktiv damit auseinandersetze. Fleur bemerkt, dass sie eine «spirituelle Ader» habe, sie sei z.B. eigentlich auch Yoga-Lehrerin und meditiere gerne, doch im letzten Jahr sei sie leider kaum dazu gekommen. Am Ende drückt Fleur ihre Freude darüber aus, dass sie bis zum Ende der Studie durchhalten konnte, zumal sie zwischenzeitlich in einer sehr stressreichen Phase auch Ausstiegsgedanken hatte, denn sie konnte aus dieser Projekt-Erfahrung «so viel mitnehmen».

Fleur im Fragebogen

Im Vergleich zur Studiengruppe hat Fleur mit 73% den geringsten Hochsensibilitätswert von den weiblichen Teilnehmern, wobei der höchste Wert in Beziehungsfragen auffällt. Im Persönlichkeitsbereich weist Fleur den höchsten Wert beim Neurotizismus auf. Ferner ist Fleur die einzige Teilnehmerin in der Studie mit einem eher externalen Kontrollerleben - sie erlebt sich wesentlich mehr als «Rädchen im Getriebe» als «ihres eigenen Glückes Schmied». In Lifestyle-Fragen mag sie anders als vergleichbare Teilnehmer jedoch lieber Katzen als Hunde und lieber Tee als Kaffee. Darüber hinaus wählt sie eine vegetarische Lebensweise – als Gründe nennt sie «sowohl Tierwohl als auch Nachhaltigkeit». Ihre psychischen Gesundheitswerte sind mit Ausnahme der Liebesfähigkeit tendenziell unterdurchschnittlich - besonders bezüglich Selbstwirksamkeit, seelische Gesundheit und Lebenzufriedenheit weist Fleur die niedrigsten Werte in der Studie auf. Angesichts der im Vergleich zu anderen Studienteilnehmern eher geringen Ausprägung der Hochsensibilität relativieren sich mögliche Ursachen der Gesundheitswerte. Stattdessen kann die Hochsensibilität vielleicht eher als Chance gesehen werden, um sich mit Hilfe der Reflexionsfähigkeit im Laufe der Zeit in die Richtung stabilerer Emotionalität zu entwickeln. Als ermutigendes Beispiel und Schritt in die richtige Richtung sieht Fleur auch ihre veränderte Berufswahl. Hier kann sie ihr Hobby zur «Berufung» machen, um so ihre Stärken stärker wahrzunehmen.

H10 – Lara, die Suchende: «Rückzugsort für zwischendurch»

Lara ist eine Anfang 30-jährige Frau. Auf die Studien-Anfrage reagiert sie mit dem Hinweis: «Ich würde mich gern aus meiner Komfortzone bewegen und teilnehmen». Die Tagebücher schreibt sie chronologisch und reichte sie mehr oder weniger pünktlich zum Monatsanfang ein. Die Notizen umfassen 80 Eintragungen mit fast 9000 Worten. Im Zentrum steht das das Selbst-Erleben, das 50% aller Eintragungen umfasst, gefolgt vom Natur-Erleben (12%).

Lara im Tagebuch

Im Wandel der Jahreszeiten ist bei Lara eine positive Entwicklung erkennbar.

Im Frühling herrschen gemischte Gefühle vor. Körperliche Beschwerden wie Bauchkrämpfe und psychische Herausforderungen wie Prokrastination dominieren auf persönlicher Ebene, Distanzen zu Familie und Freunden auf sozialer Ebene. Die eigene Hochsensibilität zeigt sich im sozialen Umfeld auch am «Herzklopfen» bei nachbarschaftlichen Streitigkeiten und in der U-Bahn: «Diese vielen Menschen, all ihre Energien und Themen tangieren mich». Außerdem bewegen Lara die zwischenmenschlichen Nachwirkungen von Corona – «mir ist das wirklich nicht egal» – oder eine Demonstration für mehr Klimaschutz: «Mir ist auch nicht egal, dass sich eine kleine Gruppe von Aktivisten auf die Straße klebt und sich selbst schon Polizisten fragen, warum eine 40-Mann-Blockade auf der Autobahn vom Staat genehmigt wird. Für mich ist die politische Agenda nur schwer zu ertragen».

Der Sommer wird durch Laras Beziehungserleben überschattet, das mit einem Comeback-Versuch einer alten Partnerschaft sowie großen Hoffnungen beginnt und nach heftigem Streit mit der erneuten Trennung in tiefer Trauer mündet: «Die Tage danach waren so schlimm, dass ich mir die Augen ausgeweint habe». Halt findet Lara in der Natur auf einer spanischen Insel, deren Bedeutung auf vielfältige Art und Weise artikuliert wird, wie einige Statements illustrieren: «Hier am Wasser komme ich zur Ruhe», «inmitten von Hügeln und kleinen Wäldern einfach von Natur umgeben», «der Ort hier ist perfekt ein Rückzugsort für zwischendurch», «in der Sonne und im warmen Meer schwimmen fühlt sich heilsam an». Zurück im alten Zuhause spürt Lara Anfang Juli eher das Gegenteil: «Gestern bin ich zum Rave the Planet gegangen und musste feststellen, dass diese riesen Mengen an Menschen einfach nicht mehr mein Ding sind».

Im Herbst setzt Lara das Pendeln zwischen ihrer Heimat-Stadt und der Insel verstärkt fort: «Ich bin wieder hier am Meer und Gott ist sehr großzügig mit mir», «meine Stadt gefällt mir nicht mehr und ich sehe keinen Sinn darin, dort meine Zeit zu verbringen – allerdings habe ich dort meine Familie, Freunde, Hund und Ex-Partner», «das Meeresrauschen und all diese einfachen Dinge machen mich glücklich, das Meer tut meiner Seele gut», «es tut mir gut, so abgeschieden vom Weltgeschehen zu sein», «am Flughafen kann ich es kaum erwarten, mit dem Flieger loszufliegen».

Im Winter macht Lara einen glücklichen Eindruck. Aus beruflichen und familiären Gründen fliegt sie nochmal in ihr altes Zuhause, «dennoch bin ich froh, dass ich nur die Feiertage in Deutschland war». Sie lernt auch viele neue Männer kennen und fühlt sich auf der Insel so frei und glücklich wie nie zuvor im Leben. «Ich bin verliebt in die Palmen, das Meer und die Sonnenuntergänge». Als sie zwischendurch ihre Mutter besucht, bemerkt sie, «dass es mir schnell zu viel wird, mich um jemand kümmern zu müssen». Ihre Freiheit genießt Lara auch in gesellschaftlicher Hinsicht: «Gäbe es kein social media, würden wir hier auf der Insel vom politischen Geschehen dort draußen nichts mitbekommen. Ich wünsche manchmal, dass ich in meiner Bubble voller Harmonie leben könnte».

Lara im Interview

Das digitale Interview dauerte 45 Minuten. In der ersten Hälfte geht es um eine Zeitreise durch die Welt der eigenen Hochsensibilität. Lara wurde bereits als Kind von ihrer Mutter gespiegelt, dass sie etwas sensibler sei. Laras Eltern trennten sich schon im ersten Lebensjahr. Sensibilisierter als andere Kinder fühlte sich Lara auch durch ihre Schwester mit einem Down-Syndrom. Laras Gefühle des Andersseins setzten sich in der Schule und im Studium fort. «Ich habe eine andere Wahrnehmung als andere und spüre zum Beispiel die Raumenergie und Stimmungen meiner Mitmenschen». In der anderen Hälfte werden Dimensionen der Studie reflektiert. Die Gegensätze von Natur und Technik nimmt Lara intensiv wahr: «In der Natur kann ich loslassen, während ich bei der Technik immer up to date sein muss». Auf der Beziehungsebene habe ich zwar neue Freunde gefunden, dennoch bin ich mir selbst die Nächste». Mit ihrem politischem Engagement, das sie vor zehn Jahren noch intensiv in der Tierschutz- und Friedensbewegung erlebte, habe sie «persönlich abgeschlossen», da es «keinen Sinn» mehr mache, «weil man nicht gehört wird». Nach ihrer Spiritualität gefragt, erklärt Lara, dass sie von ihrer Mutter geprägt sei, die sich gleichzeitig als Christin und Buddhistin bezeichne. Lara hat sich mit der Zeit «vom Konzept Kirche» verabschiedet. Dennoch betet sie im Vertrauen, von Schutzengeln gesegnet zu sein und gehört zu werden.

Lara im Fragebogen
Im Vergleich zur Studiengruppe ist Laras Hochsensibität mit 75% eher geringer ausgeprägt, spezielle Domänen sind das Selbst- und Natur-Erleben, dabei vor allem Wasser und Sonne. Laras Neurotizismus ist leicht überdurchschnittlich, dennoch sind ihre anderen Werte gesundheitlich alle «im grünen Bereich». In Lifestyle-Fragen mag sie Hunde mehr als Katzen und Kaffee mehr als Tee, ihre Ernährung ist «flexitarisch». Ihre eigene Hochsensibilität sieht Lara «eher als Chance als ein Problem», denn «wir bewegen uns in einem Zeitalter, wo wir wieder sensibler sein dürfen». Ihre Studien-Befunde kommentiert Lara mit der Erkenntnis: «Die Selbst-Erfahrung war das Thema meines Jahres».

H9 – Isabel, die Reflektierte: «Suche Ruhe zum Energietanken»
Isabel ist eine Anfang 30-jährige Frau. Sie nahm die Einladung zur Studie «sehr gerne» an und kommentierte: «Du weißt ja, dass mich das Thema brennend interessiert und mein täglicher Begleiter ist». Ihre Tagebücher schrieb sie regelmäßig und reichte sie immer pünktlich zum Monatsanfang ein. Die Notizen umfassen 35 Eintragungen mit über 3000 Worten. Alle Dimensionen sind recht ausgeglichen vertreten, wobei das Selbsterleben an erster Stelle steht (36%), gefolgt von Gesundheit, Naturerleben und beruflichen Situationen (je 12%).

Isabel im Tagebuch

Die Tagebücher zeichnen sich durch eine grundsätzliche Kontinuität aus.
Im Frühling macht Isabel nach einem Urlaub die Erfahrung, «dass ich nach unserem Urlaub erstmal Urlaub gebraucht habe», weil sie sich stark «reizüberflutet»

fühle. Ihre Sensibilität bemerkt sie auch in engen Beziehungen wie ihrer Partnerschaft, wo sie oft das Gefühl habe, dass die Grenzen verschwinden und sie die Emotionen ihrer Mitmenschen mitleben würde. Ruhe zum Auftanken sucht und findet Isabel vor allem in der Natur. Dabei genügt ihr schon «ein bisschen Sonne oder ein kleiner Spaziergang im Park». Auch Yoga erlebt Isabel als eine «große Ressource».

Auch im Sommer berichtet Isabel, «wie gut mir die Natur tut – sie heilt mich im wahrsten Sinne des Wortes, gibt mir Energie und erdet mich». Aufgewühlt ist Isabel durch eine Szene, wo ihr Kind von einem anderen Kind verletzt wurde. Im Gegensatz zu ihrem Partner wirkte das Ereignis noch tagelang nach, ebenso wie die traurige Nachricht einer Freundin. Sowohl äußere Ereignisse, wie «Wetterfühligkeit», als auch soziale Erfahrungen führen zur Einsicht, wie sie sich auch körperlich auswirken und «wie tief sie mein Herz berühren». Sie meidet große Gruppen, ist «am liebsten mit ein oder zwei Personen zusammen», fühlt sich jedoch auch «allein total wohl». Gerne umgibt sich Isabel auch mit «Schönheit», die sie vor allem mit Natur, Kunst oder Musik verbindet.

Im Herbst macht sich Isabel viele Gedanken um die Welt, auch in alltäglichen Situationen: «Zum Beispiel habe ich gestern von meinem Freund Rosen geschenkt bekommen. Diese waren wunderschön und ich habe mich natürlich gefreut, aber gleich sind mir mehrere Gedanken in den Kopf geschossen und ich habe mich gefragt, woher die Blumen stammen, wieweit sie verschippt worden sind und unter welchen Umständen sie gepflückt wurden». An einem anderen Tag notiert sie: «Die Notwendigkeit, in dieser mir oft widerstrebenden äußeren Welt funktionieren zu müssen, erzeugt in mir Stress und verlangt viel Kraft ab». Ausführlich beschreibt Isabel ihre Distanz gegenüber der zunehmenden Digitalisierung. Zugleich erlebt sie viel Stress mit weltpolitischen Ereignissen:

«Die Krisen um uns machen mich zutiefst traurig. Erst der Krieg mit Russland und der Ukraine, jetzt der Krieg zwischen Israel und Palästina». Sie müsse diese Ereignisse «einfach aus Selbstschutz oft verdrängen». Positive Emotionen erlebt sie beim Musik-Concert: «Der Raum hat sich gefüllt mit einer unglaublichen Wärme und sehr friedvoller Energie. Bei guter Musik tanke ich viel Kraft».

Im Winter genießt sie die Adventszeit als «heilige Zeit der Ruhe und Einkehr».

Isabel im Interview

Das digitale Interview dauert 70 Minuten. Das Bewusstsein der eigenen Hochsensibilität begleitet Isabel schon seit etwa fünf Jahren. Seitdem setzt sie sich damit auch intensiv auseinander. Bereits in der Kindheit war Isabel «feinfühlig für Stimmungen und Energien», auch weil ihre Eltern weniger mit ihr redeten. Trotzdem wuchs Isabel «wohlbehütet mit viel Freiraum» auf. In ihrer Jugend suchte Isabel «mehr Rückzug als andere» und «eher Aktivitäten in der Natur statt laute Schwimmbäder». Insbesondere während des Abiturs fühlte sie sich «sehr anfällig für Stress». Gesundheitlich beobachtet Isabel immer wieder, dass sich ein hohes Stresserleben schnell physisch und psychisch bemerkbar macht. Dies sei aber «nicht schlimm», sondern dank ihres sensiblen Körpers fühlt sich Isabel gut in der Lage, auf sich aufzupassen. Die Natur erlebt sie in der Stadt eher seltener als im Urlaub. Die Technik findet Isabel eher abschreckend. Sie spürt «Angst, in welche Richtung sich die Gesellschaft entwickeln wird». Die Technik löst «befremdliche Gefühle» aus, wo das «Miteinander» auf der Strecke bleibt. Isabel findet es «unbegreiflich», wie rasant die technischen Entwicklungen voranschreiten. Sie bezweifelt, dass das noch lange gut geht und nennt das «Burnout»-Erleben als Beispiel. Hinsichtlich ihres Weltschmerzes bemerkt Isabel, «nicht jeden Tag die Nachrichten sehen zu können, weil es mir zu nahe geht». Es ist ein «Selbstschutz, wenn ich mich dann entziehe». Zugleich will sich Isabel «auch nicht ganz abschotten». Spiritualität gibt Isabel «viel Halt», wobei sie sich durch Yoga vor allem dem Buddhismus und Hinduismus hingezogen fühlt. Spituelle Gefühle erlebt sie in der Natur in Verbindung mit «Ehrfurcht».

Isabel im Fragebogen

Isabel weist einen Hochsensibilität von 77% auf. Die Subdimensionen sind ausgeglichen, wobei der Weltschmerz an erster Stelle steht. Von ihrer Persönlichkeit her hat Isabel den dritthöchsten Wert im Bereich Introversion, der Neurotizismus-Wert ist normal ausgeprägt. In Lifestyle-Fragen mag Isabel eher Hunde als Katzen und eher Kaffee als Tee. Sie ernährt sich vegetarisch und vegan, vor allem wegen der Umwelt und Gesundheit. Gesundheitlich liegen alle Werte im grünen Bereich, Wohlbefinden ist überdurchschnittlich ausgeprägt und die Lebenszufriedenheit von Isabel ist sogar am höchsten in der Stichprobe. Isabel hat das Tagebuchschreiben «sehr gut getan» und möchte es auch gerne beibehalten, um gut in der Reflexion zu bleiben. «Ich habe gemerkt, das ich ein recht reflektierter Mensch bin, was mir hilft, meine Hochsensibilität besser zu verstehen, um besser damit umzugehen». Seit sie ihre Hochsensibilität schätzenlernte, kann Isabel auch «die positiven Seiten sehen».

Hochsensiblen-Portraits 2. Grades

Nach Aron ist hochsensibel, wer in ihrem Test einen Wert von über 50% erreicht. Hochsensible zweiten Grades haben im Schnitt der drei HS-Tests einen Wert von 84%, verfügen also nicht nur über eine Hochsensibilität von der Hälfte, sondern zu über vier Fünfteln der potenziellen Punktwerte. So gehören die als nächstes vorgestellten Akteure zur Gruppe der «ausgeprägten Hochsensiblen»:

- Elise (82%) ist eine junge Frau und diejenige Studienteilnehmerin mit den höchsten weiblichen Werten in Selbstwirksamkeit und seelischer Gesundheit. Sie hat zwar nur 15 Eintragungen hinterlassen, die sich jedoch durch eine große Tiefe, oft verbunden mit einem Storytelling-Stil auszeichnen. Elise hat eine besondere Gabe in dem Feld der sozialen Sensibilität sowie eine bemerkenswerte Balance zwischen Rationalität und Emotionalität.

- Sophus (83%) ist ein Mann in der fortgeschrittenen Lebensmitte, zugleich Vater einer Tochter. Er ist auch der Teilnehmer mit dem größten internalen Kontrollerleben, also der Überzeugung, seines eigenen Glückes Schmied zu sein. Obwohl Sophus erst nach drei Monaten auf den Tagebuch-Zug aufsprang, hat er umfangreiche Aufzeichnungen mit gut 7000 Worten hinterlassen. Die Themenvielfalt ist groß. Alle psychischen Gesundheitsswerte befinden sich im grünen Bereich.

- Birk (84%) ist ein junger Mann und derjenige Studienteilnehmer mit der besten psychischen Gesundheit mit mehreren Höchstwerten, u.a. weist Birk den niedrigsten Neurotizismus-Wert auf. Obwohl Birk ein eher introvertierter Mensch ist, offenbart er eine große Offenheit durch reichhaltige Aufzeichnungen, die als Modell für eine glückliche hochsensible Partnerschaft dienen, zugleich das Schlüsselthema seines Tagebuchs.

- Amelie (85%) ist als Anfang 20-jährige Frau die jüngste und zugleich extrovertierteste Teilnehmerin in der Studie. Trotz ihres jungen Alters ist sie sich ihrer Hochsensibilität schon lange bewusst, so dass sie hilfreiche Wege des Umgangs findet, die aufgrund ihrer extrovertierten Persönlichkeit besonders wichtig sind. Amelie ist ein Beispiel für hochsensibles Naturerleben. Alle psychischen Gesundheitswerte sind im grünen Bereich, wobei sie mit ihrer Positivität und Liebesfähigkeit die Studienhöchstwerte aufweist.

H8 – Elise, die Fokussierte: «Mein persönliches Warnblinklicht»
Elise ist eine Mitte 20-jährige Frau. Sie war über ihre hohe Punktzahl im HS-Test überrascht und hätte gar nicht gedacht, dass sie dadurch in der Studie dabeisein kann. Ihre Tagebücher schrieb sie retrospektiv und reichte sie relativ pünktlich zum Monatsanfang ein. Die Notizen umfassen 15 Eintragungen mit ca. 4000 Worten. Die beiden am häufigsten Dimensionen sind Selbstreflexionen und soziale Situationen (beide 28%), gefolgt von Natur-Erleben (14%).

Elise im Tagebuch
Elise hat nach ihrer Einschätzung ihre «Liebe zum Schreiben wiedergefunden». Stilistisch konzentriert sie sich auf besondere Momente im «story telling»-Stil.

Im April erlebt Elise in einem Seminar spirituelle Trance: «Ich fühlte eine tiefe Verbindung zum Universum, zu Gott, der Liebe oder welcher höheren Macht auch immer».

Im Mai berichtet Elise von einem Kontrast-Erlebnis in einem großen Einkaufszentrum: «Ich wollte nur noch raus, überfordert von den unzähligen Geräuschen, dem Gedränge und der hektischen Stimmung. Menschenmengen sind für mich eine Herausforderung».

Im Juni gibt es geradezu magische Erlebnisse bei einem Ausflug in die Natur: «Ich fühlte mich, als wäre ich im Paradies angekommen. Ich spürte eine starke Bindung zu den Bäumen und zum Wasser. Ich fühlte Wellen der Entspannung und mich so frei wie zuletzt als Kind».

Im Juli erlebt Elise in einer familiär belastenden Situation ein «persönliches Warnblinklicht»: «Meine Erkenntnis daraus ist, dass die Hochsensibilität mein Leben so viel heller, friedvoller und glücklicher erscheinen lassen kann, wenn ich in der Natur oder mit einem geliebten Menschen zusammen bin.» Am Ende des Tages kommen «plötzlich Tränen» vor Freude.

Im August spürt Elise im Arbeitskontext, wie «meine Hochsensibilität mir hilft, die Emotionen von anderen Menschen ganz klar zu spüren und einzuordnen».

Im September ist Elises Hochsensibilität hilfreich, um in einem Konflikt Grenzen zu setzen.

Im Oktober bewegt Elise der Nahost-Konflikt: «Ich habe lange versucht, die Augen vor dem großen Grauen der Welt zu verschließen, da ich Angst hatte, den Anblick nicht ertragen zu können. Ich kann jedoch nach den Ereignissen der letzten Jahre nicht einfach wegschauen und weitermachen wie bisher. Der Weltschmerz hat mich aufgerüttelt. Ich kann nicht mehr nichts tun». Heute spendet sie und betet. So ist meine Hochsensibilität auch «ein Katalysator für Veränderung, Mitgefühl und Unterstützung aller, die Hilfe benöitigen».

Im November ist Elise voller Mitgefühl in einem «Akt der Nächstenliebe» mit Gänsehaut und Tränen in den Augen, denn «es fühlte sich beinahe wie mein eigener Schmerz an».

Im Dezember spürt Elise, wie sie Fremden «auch etwas Trost schenken» kann.

Elise im Interview

Das digitale Interview dauert 54 Minuten. Elise wusste erst mit Beginn der Studie aufgrund der Diagnostik, dass sie hochsensibel ist. «Zu Beginn der Studie hatte ich teilweise noch Zweifel, ob ich tatsächlich hochsensibel bin». Wenn Elise an ihre Kindheit denkt, dann gibt es jedoch einige Momente, wo sie bemerkte, dass sie anders ist, zumal sie alles andere als leichte Startbedingungen ins Leben hatte. Ihre Eltern waren schon vor ihrer Geburt getrennt, und die Mutter «hatte mit ihren Dämonen zu kämpfen». So musste Elise ihren eigenen Weg gehen, um überleben zu können. Retrospektiv bemerkt Elise, dass sie eigentlich immer ältere Freunde hatte, um sich verstanden zu fühlen. Das Tagebuch lehrte sie: «Meine Hochsensibilität ist die größte Stärke, die ich habe». Ihre Gesundheit schätzt sie aktuell «sehr gut» ein – obwohl es in dem Tagebuch-Jahr auch einige größere Herausforderungen gab, fühle sie sich heute «ausgeglichen und dankbar». Während Elise mit der Natur immer wieder magische Momente verbindet, erlebt sie die Technik eher ambivalent. Grundsätzlich komme sie zwar mit der Digitalisierung gut zurecht, doch wenn sie sich in künstlichen Welten aufhalte, spüre sie «Beklemmungen in der Brust».

Elise lebt mit einem nicht hochsensiblen Mann zusammen, was sich in Toleranz «harmonisch entwickelt». Die Hochsensibilität «gibt auch meinem Verlobten viel». Hinsichtlich des Weltschmerzes konsumiert Elise die Medien bewusst dosiert. Früher dachte sie, einen Bogen darum machen zu müssen, doch «es gibt keinen Weg zurück». Ignoranz ist für Elise «nicht mehr vertretbar». Der Weltschmerz sei da, «doch ich kann ihn aushalten». Schlüssel dafür ist ihre Meditationspraxis der Achtsamkeit. Manchmal spüre sie auch die Fähigkeit, die Zukunft vorauszusagen. «Ich weiß dann, was passiert, bevor es passiert». Spiritualität erlebt Elise als «Verbindung zu allem und zu etwas Höherem». Sie habe etliche brenzlige Situationen erlebt und sich nicht allein gefühlt. «Das gibt mir Kraft».

Elise im Fragebogen

Elise weist mit einem Hochsensibilitätswert von 82% den Durchschnittswert aller Teilnehmer der Studie auf. Alle Bereiche sind gut balanciert. Auch Elisas Persönlichkeit ist sehr ausgeglichen - nicht neurotisch, offen und verträglich. Bei den Lifesyle-Fragen bevorzugt sie Katzen gegenüber Hunden und Kaffee gegenüber Tee. Sie ernährt sich vegetarisch und versucht sich gerade vegan «wegen der Tiere». Elisas psychische Gesundheit ist sehr stabil. Alle Indikatoren sind im grünen Bereich. Sie hat den geringsten weiblichen Neurotizismus-Wert, die höchsten weiblichen Werte in seelischer Gesundheit und Selbstwirksamkeit, darüber hinaus überdurchschnittliche Werte hinsichtlich Wohlbefinden und Liebesfähigkeit. Insgesamt verkörpert Elise eine gesunde hochsensible Persönlichkeit mit beeindruckender Balance von Rationalität und Emotionalität sowie eine Konzentration auf das Wesentliche.

H7 – Sophus, der Feingeist: «Tief bewegt von der Naturschönheit

Sophus ist ein Ende 40-jähriger Mann. Er sprang erst im Sommer auf den Zug der Studie auf. Seine Tagebücher schrieb er retrospektiv und reichte sie meist pünktlich zum Monatsanfang ein. Die Notizen enthalten 35 reiche Eintragungen mit über 7000 Worten. Alle Dimensionen sind mit Ausnahme von Freundschaft vertreten – an erster Stelle stehen Weltschmerz und soziale Situationen (je 15%), gefolgt von Familie, Gesundheit und Natur-Erleben (je 12%).

Sophus im Tagebuch

Das Tagebuch von Sophus startet erst etwas später, dann aber sehr intensiv.
Im Juli beginnt das Journal mit einem magischen Erlebnis während einer Autofahrt, bei dem Lichtstrahlen durch die Wolken schienen: «Ich konnte meinen Blick kaum noch vom Himmel lösen und war tief bewegt von dieser Naturschönheit». Sophus erlebt in mehrfacher Hinsicht einen bewegenden Monat zwischen beruflicher Transformation, starken Gefühlen als Vater und Trennung von seiner hochsensiblen Partnerin: «Aktuell erlebe ich durch die Trennung sehr intensive innere Gefühlszustände. Mein Leben nun wieder auf mich auszurichten und wieder freier

zu sein, führt aber auch zu einem Gefühl der Erleichterung». Zugleich erlebt er eine ambivalente Wahrnehmung seiner Sinne: «Straßen-Lärm ist derzeit kaum aushaltbar. Doch ich freue mich über meine sensible Nase und bin dankbar für meine Hochsensibilität».

Im August geht es ähnlich dicht mit starken Emotionen in vielen Lebensbereichen weiter. Über die Sommerferienzeit mit seiner Tochter schreibt Sophus: «Ich nehme ihre Stimmung wahr und detektiere sofort, wenn irgendwas für sie nicht passt». Intensive Verbundenheit paart sich mit einem «massiven Gefühl der Leere nach dem Abschied». Betroffen macht ihn auch das Älterwerden seines Vaters. «Mir ist bewusst geworden, dass es meinen Vater so, wie ich ihn früher erlebt habe, kaum bis gar nicht mehr gibt». Nach der Trennung von seiner Partnerin schwanken die Gefühle zwischen «Trauer und Befreiung». Kraft tankt Sophus auf seiner geliebten Seeleninsel «mit einsamen langen Spaziergängen».

Auch im September spürt Sophus viele ambivalente Momente. Beim Hören eines politischen Podcast erlebt er «Wut, Ärger und Beklemmung, angewidert über berichtete Gräueltaten». Entspannung stellt sich durch die «sinnliche Aufmerksamkeit auf die an mir vorbeiziehende Natur» ein. An einem anderen Tag wird ein schöner Waldspaziergang überschattet durch die Geräusche von Waldarbeitern, welche Bäume fällen: «Dieses Aufheulen der Motorsägen ist fast wie eine sinnliche Vergewaltigung für mich». Auch den geliebten Sauna-Besuch kann er in diesem Monat nicht so richtig genießen, da er lautstarken Gästen und deren Gesprächen mit «Fokussierung auf Negatives» ausgeliefert ist. Die Reaktion auf seine Bitte um Ruhe ist «Nichtverständnis». An solchen Tagen hilft Sophus nur, «die Sauna wieder zu verlassen und darauf zu warten, bis sie wieder leerer und ruhiger ist».

Der Oktober gestaltet sich für Sophus extrem reichhaltig. Das Tagebuch beginnt mit einem neuen Job, der ihn insbesondere durch die Begegnung mit vielen Leuten stark herausfordert. Bereits beim gemeinsamen Mittagessen im Restaurant spürt er erste «Überforderungen und Überreizungen». Das gleiche Szenario eines lauten Durcheinanderredens eskaliert abends mit Kopfschmerzen und der Einsicht, «dieser Situation überhaupt nicht gewachsen zu sein». Nach einer «Flucht» auf die Toilette verabschiedet er sich mit dem ausdrücklichen Hinweis auf seine Hochsensibilität. «Ich bin froh, mich da offen und ehrlich gemacht zu haben!» Eine ähnliche Erfahrung macht Sophus beim Fahren mit öffentlichen Verkehrsmitteln zu seinem neuen Arbeitsplatz: «Übermüdet, gestresst und genervt!», verbunden mit einem Hörsturz. Auch hier findet Sophus einen Weg des Umgangs durch den

Kauf von neuen Kopfhörern. Schließlich bewegt Sophus der Nahost-Konflikt: «Ich würde mir nicht erlauben, im Konflikt zwischen Israel und Palästina eine Seite zum einzigen Schuldigen und die andere Seite zum ausschließlichen Opfer zu erklären. Es ist immer der einfachere Weg, in schwarz und weiß und gut und böse aufzuteilen». Nach dieser rationalen Analyse folgt ein emotionales Fazit: «Es bereitet mir regelrecht seelischen Schmerz, dass nun ein weiterer Krieg menschliches Leid und Elend verursacht».

Im November infiziert sich Sophus mit Corona. Dabei spürt er eine «hohe Schmerzempfindlichkeit und unerträgliche Kopfschmerzen». Weiter beschäftigt ihn das Weltgeschehen. Mit der Zeit habe er begriffen, «dass ich aufgrund meiner Feinfühligkeit zu sehr davon absorbiert werde». So versucht er sich nun mit Medienenthaltsamkeit davor zu schützen, «das Elend und Leid zu nah an mich heranzulassen».

Den Dezember lässt Sophus mit Erinnerungen an seine Tierliebe ausklingen. Besonders intensiv spürt er eine «Seeelenverwandtschaft» zu Katzen, die auch durch die «Katze Luna, die mich 13 Jahre lang begleitet hatte», geprägt wurde. Zum Jahresende erlebt Sophus auch eine neue Beziehung zu einem Pferd.

Sophus im Interview

Das virtuelle Interview dauert 84 Minuten. Das Bewusstsein seiner eigenen Hochsensibilität erlangte Sophus erst vor zwei Jahren im Rahmen eines Gesprächs, worauf er sich intensiver mit dem Phänomen beschäftigte. «Das Gefühl, nicht so falsch zu sein, wie ich immer dachte», war für Sophus eine «Erleichterung». Sophus war ein Trennungskind, das vor allem bei seiner Mutter und Oma großgeworden ist, da sein Vater zwei Wochen nach seiner Geburt ging. Schon in der Kindheit ging Sophus «viel sehr nahe». Von seinem Vater, den er nur selten sah, hörte er Worte wie «nun reiß' Dich mal zusammen, stell' Dich nicht so an, so verhält sich kein Junge». Auch in seiner Jugend machte Sophus ähnliche Erfahrungen. «Das Macho-Gehabe war nie meins». Bei den Mädchen war er zwar beliebt, «aber eher zum Kaffetrinken - um zu hören, wie sie an meinem besten Kumpel interessiert waren». Sophus beschreibt sich als ein «trauriges Kind». Als junger Erwachsener erlebte er eine «Sturm und Drang»-Zeit, wo er eher dem typischen Mannbild zu entsprechen versuchte, auch um seinem Vater und großen Bruder zu imponieren. «Bei den Mädels hat es auch durchaus funktioniert, doch glücklich geworden bin ich damit nicht». Gesundheit war für ihn früher oft ein kritisches Thema im Sinne von Krankheitsanfälligkeit – heute gilt er als «verdammt knackiger Fast-Fünfzigjähriger», sein Arzt bescheinigt ihm «Werte wie ein Zwanzigjähriger», zumindest wenn er sensibel auf sich achtet. Zur Natur hat Sophus eine tiefe Beziehung, dennoch hat er das Gefühl, «sie kaum zu leben», vielleicht auch, weil er sich «gerne in seine Höhle zurückzieht». Technik erlebt er dynamisch - «früher war ich ein Technik-Fan, auch wegen der Musik und Computerwelt». Doch das habe sich sehr verändert, «heute möchte ich am liebsten den ganzen Scheiß rausschmeißen, denn ich brauche das alles nicht». Gleichzeitig merkt er in seinem Beruf, dass er gar nicht mehr darum herumkomme. Beziehungen fordern Sophus im Tagebuch in vielfacher Hinsicht heraus. Partnerschaftlich wünscht sich Sophus eine «Frau mit einem offenen Verständnis» für seine Hochsensibilität. Daher sieht er auch seine Partnerin, von der er sich getrennt hat, als «die wahrscheinlichlich tollste Frau, die mir bisher über den Weg gelaufen ist».

Gleichzeitig war die Hochsensibilität auch eine Herausforderung, die letztlich zur Trennung führte. Dennoch glaubt Sophus daran, dass eine Partnerschaft von zwei hochsensiblen Menschen für ihn letztlich der Königsweg ist. Ansonsten sieht Sophus seine sozialen Beziehungen eher als «Baustelle», denn er merkt, dass ihn ein «oberflächliches Blabla» nicht ausfülle und er nicht «everybodys darling» sein möchte. Sophus erlebt ein «tiefes Bedürfnis nach Begegnung» - im öffentlichen Raum aber «so wenig wie möglich». Zum Thema Weltschmerz bemerkt Sophus: «Ich habe inzwischen ganz klar verstanden, dass es eine komplett einseitige Berichterstattung in den Medien ist». Als Hochsensibler spüre ich diese Energie. Heute will sich Sophus nicht mehr auf «die schwarze Seite» begeben, sondern die schönen Seiten «im Sinne der weißen Lichtenergie» stärker wahrnehmen. Seit etwa zehn Jahren hat Sophus für sich ein spirituelles Verständnis entwicklelt - mit einer Vorstellung wiederkehrender Seelen, die miteinander verbunden sind, mit entsprechenden Aufgaben im Geiste der Liebe. Hochsensible Menschen hätten in dem Sinne eine spirituelle Aufgabe in dieser Welt. Sophus glaubt daran, dass individuell und gesellschaftlich spirituelle Öffnungen bevorstehen.

Sophus im Fragebogen

Die Hochsensibilität von Sophus beträgt 83% - die Dimensionen sind relativ ausgeglichen. Auch die Persönlichkeit von Sophus ist ausgeglichen, offen und mit dem höchsten Wert in der Stichprobe an internalem Kontrollerleben («seines eigenen Glückes Schmied zu sein»). In Lifesyle-Fragen mag er eher Katzen als Hunde und eher Tee als Kaffee. Sophus ernährt sich vegan, «obwohl es zumindest früher eher Frauen zugestanden wurde, kein Fleisch zu essen». Die seelischen Gesundheitswerte sind ausnahmslos in allen Skalen im grünen Bereich. Als eine wichtige

Selbsterkenntnis nimmt Sophus mit, dass er sich durch das Schreiben «gezwungen» fühlte, sich mehr zu «öffnen» und zu seiner Hochsensibilität zu stehen.

H6 – Birk, der Tiefengräber: «Unglaublich miteinander verbunden»
Birk ist ein Mitte 20-jähriger Mann. Auf die Studienanfrage reagierte er mit Freude: «Was für ein tolles Projekt! Ich führe ja sowieso seit Jahren Tagebuch». So schrieb er seine Tagebücher regelmäßig und reichte sie immer pünktlich zum Monatsanfang ein. Seine Notizen umfassen 40 Eintragungen im Umfang von über 9000 Worten. Die zehn Dimensionen sind mit Ausnahme von Freundschaft alle vertreten – auf den ersten drei Plätzen sind Partnerschaft (20%), berufliche Situationen (18%) und Weltschmerz (15%).

Birk im Tagebuch

Birks Tagebücher sind sehr reichhaltig und reflexiv.
Im Frühling stehen zunächst berufliche Beobachtungen im Vordergrund. Beispielweise nervt ihn «Radio auf Arbeit» – «ich mag nicht die Ablenkung und Zerstreuung». Wenn «dauernd das Telefon klingt», versucht Birk trotzdem in sich zu ruhen und die Stille in der Pause zu suchen. Sensibel nimmt Birk auch Begegnungen mit seinem Vater wahr: «Anregende Diskussionen über Politik, Gesellschaft, Klima, Krieg, Gendern – mir ist das zu viel Tempo und Energie». Glücksgefühle erlebt Birk in der Natur: «Wie schön ist es, im Wald Wildkräuter zu sammeln! Ich bin total präsent, nehme die Bäume und Tierchen um mich herum wahr. Waldbaden ist ein Segen für mich». Im Mai widmet Birk erstmals einen Journal-Eintrag seiner Partnerschaft: «Ich merke wieder einmal, wie glücklich ich damit bin, wie viel Zeit wir uns in unserem Alltag für unser Zusammenleben nehmen. Es braucht nun mal viel Zeit, Energie und Raum, damit zwei Menschen so intim, eingestimmt, offen, liebevoll, zärtlich, tief zusammen sein können».

Im Sommer beobachtet Birk einerseits problematische Persönlichkeiten und Beziehungen auf Arbeit, z.B. lästerne Kollegen oder eine Kollegin, «wie sehr sie über sich urteilt», und in der Familie, z.B. seine streitenden Eltern oder seinen desinteressierten und emotionsarmen Bruder, was ihn selbst «tot-traurig» mache, andererseits erlebt er wundervolle Momente mit seiner Partnerin. «Mit ganz wenigen Ausnahmen verbringen wir jede Nacht miteinander. Wir öffnen uns einander immer weiter und lassen den Tanz unserer beider inneren Weisheiten und Intuitionen entscheiden, was passiert. So entwickeln wir uns ganz natürlich zu immer mehr Nähe. Und wenn ich sage, dass ich sie liebe, meine ich gleichzeitig auch, dass ich uns liebe, wie auch mich selbst.» Das hat auch Auswirkungen auf die gemeinsame Sexualität: «Und so können wir sagen, dass unsere Sexualität nichts anderem dient, als unsere Liebe und Lebendigkeit zu feiern. Alle menschlichen Impulse und Bedürfnisse werden befriedigt, aber nur, wenn die gemeinsame Zärtlichkeit wirklich frei und spontan und natürlich und ohne Druck erblüht und miteinander tanzt». Wenige Tage später notiert er:

«Meine Frau und ich sind wirklich unglaublich aufeinander eingestimmt und miteinander verbunden. Kleinste Veränderungen in der Ausstrahlung, Mimik, Haltung und Tonlage bemerken wir beim anderen. Es ist fast schon magisch, wie sehr wir eins sind». Das brauche zwar Zeit und Energie, «dafür sind wir mit dem Wunderschönsten beschenkt, was ich in meinem Leben bisher erfahren habe – wie das Leben durch zwei Menschen gleichzeitig im Einklang fließt und gedeiht».

Im Herbst widmet sich Birk großen gesellschaftlichen Fragen: «Umweltverschmutzung, Klimawandel, Kriege, Menschenhandel, Kinderarmut, Arbeiterausbeutung, unmenschliche Unterkünfte, soziale Ungerechtigkeit». Das alles erzeugt Weltschmerz für ihn, verbunden mit dem Anspruch, dagegen anzugehen: «Ich tue, was ich kann, um so wenig Müll und Plastik zu produzieren, um meinen Haushalt energie- und wassersparend zu führen, möglichst wenig online einzukaufen, so viele regionale und ökologische Lebensmittel und Produkte zu kaufen, so viel second hand zu beziehen, mich ausschließlich mit Bahn, Rad und Fuß fortzubewegen, Müll auf meinen Spaziergängen aufzusammeln, für den Regenwald zu spenden, monatlich für eine Kinderhilfsorganisation zu spenden, Reinigungskräfte wie Menschen zu behandeln und vieles mehr». Manchmal vermeide er auch den Weltschmerz, um nicht kaputtzugehen. «Dennoch komme ich für mich immer wieder dahin zurück, dass ich mich erstmal um meine eigene kleine Welt so friedlich und liebevoll kümmere, wie ich kann. Mein Weg kommt von innen heraus, auch wenn ich damit gegen den Strom schwimme». Positives Engagement erlebt Birk auch zusammen mit seiner Partnerin, z.B. beim «Klimastreik» von «Fridays for Future».

Im Winter erfreut sich Birk wieder der Natur: «So schön! Schnee. Alles weiß, und die Ruhe, herrlich!» Am Ende des Jahres sinniert Birk über die «psychospirituelle Entwicklung» der Menschen im Allgemeinen und über seine Partnerschaft im Besonderen: «Diese intime, intensive und sichere Verbindung mit meiner Frau lässt alle anderen Themen in den Hintergrund treten. Mögen alle Wesen Glück erfahren! Wir legen die Samen für die Bäume, die Früchte tragen».

Birk im Interview

Das virtuelle Interview dauert 60 Minuten. Das Bewusstsein seiner eigenen Hochsensibilität entwickelte Birk bereits als später Teenager, als er sich besser verstehen wollte und beim Literaturstudium den Begriff entdeckte. Als kleiner Junge fühlte er sich mit vielen Kindern im Kindergarten unwohl und spielte für sich allein. Auch als Jugendlicher wollte er nicht immer unbedingt dabeisein und auf Partys mitfeiern. Birk war eher ein «Bücherwurm». In seinem bisherigen Erwachsenenalter fühlte er sich eher mit älteren und reiferen Menschen verbunden. Das Bedürfnis, allein sein zu wollen, nimmt nach seiner Selbstwahrnehmung aktuell eher ab. Birk fühlt sich «sehr gesund», was ihn auch deshalb freut, weil er früher von seiner Mutter das Feedback bekam, «bei jedem Wehwechen krank zu sein». Hinsichtlich seines Naturerlebens bemerkt Birk, dass er im vergangenen Jahr etwas weniger die Natur gesucht habe, obwohl er es liebe, in der Natur zu sein. Bei der Arbeit sei er jedoch der einzige, der mittags immer in die Natur gehe und sich auf eine Bank am Waldrand setze. Die Digitalisierung stresse ihn zwar nicht, allerdings sei er auch wenig auf social media aktiv. Im Bereich der Beziehungen ist für Birk die Partnerschaft das herausragende Thema. «Ich denke, meine Partnerin ist auch hochsensibel, sie würde wahrscheinlich feinfühlig sagen». Seine Partnerschaft erlebt Birk als sehr intensiv mit allen Herausforderungen, aber auch als «sehr bereichernd und heilsam». Den Weltschmerz bezeichnet Birk als ein Thema, was er wieder zunehmend in sein Leben lässt, er versucht, sich damit auseinanderzusetzen, obwohl es oft auch erschlagend sei. Dabei bevorzugt er eher tiefere Dokumentationen als die Tagesnachrichten. Birk bemerkt: «Je älter ich werde, desto mehr erweitern sich meine Handlungen». Gemeinsam mit seiner Partnerin möchte er sich in Zukunft sozial und gesellschaftlich noch stärker einbringen. Spirituell glaubt Birk «nicht an etwas Bestimmtes», trotzdem habe er ein «Vertrauen in das Leben». Er habe eher seinen eigenen Weg: «Wenn ich zum Beispiel sage, das Leben macht das schon, dann würde ich sagen, Gott macht das schon». Auch seine Partnerin habe ihren eigenen spirituellen Weg. Die Beobachtung, dass Meditation in seinem Leben aktuell keine so große Rolle wie früher spielt, reflektiert Birk mit der Wahrnehmung: «Offenbar werden spirituellen Bedürfnisse momentan eher durch die Partnerschaft erfüllt».

Birk im Fragebogen

Birk hat mit 84% den zweithöchsten männlichen Hochsensibilitätswert in der Stichprobe, besonders ausgeprägt sind die Bereiche Beziehungen und Selbsterleben. Von seiner Persönlichkeit her ist Birk ein introvertierter, aber nicht neurotischer Mensch, offen und verträglich. Bei den Lifestyle-Fragen bevorzugt er Katzen statt Hunde und Tee statt Kaffee. Er ernährt sich vegetarisch. Gesundheitlich liegt

Birk bei sämtlichen Indikatoren in einem überdurchschnittlich positiven Bereich. Bestwerte erreicht er bei den Skalen seelische Gesundheit, Lebenszufriedenheit und Wohlbefinden. Ferner hat er den niedrigsten Neurotizismus-Wert der gesamten Stichprobe. Birk bilanziert das Studienjahr mit der Selbsterkenntnis: «Ich merke, dass ich selten laut bin, dass jedoch meine Stärken als introvertierter Sensibler im Leisen große Wirkungen zeigen». Insgesamt ist Birk ein beeindruckendes Beispiel für eine große Offenheit für Erfahrungen und Selbstreflexion, gerade auch im partnerschaftlichen Bereich, verbunden mit dem Beleg, dass eine starke Hochsensibilität auch sehr positiv mit seelischer Gesundheit einhergehen kann.

H5 – Amelie, die Natürliche: «Mit der Sonne sprühe ich vor Energie»
Amelie ist als Anfang 20-jährige Frau die jüngste Teilnehmerin der Studie . Die Projekt-Idee fand sie «super». Ihr Tagebuch schrieb sie mehr oder weniger regelmäßig, im Frühling zuerst chronologisch und später retrospektiv. Ihre Notizen umfassen 25 Eintragungen mit 4000 Worten. alle zehn Dimensionen sind bis auf Familie und Partnerschaft vertreten – mit Abstand an erster Stelle stehen Natur- und Selbst-Erleben (je 24%), gefolgt von Weltschmerz (12%).

Amelie im Tagebuch

Trotz vieler Themen im Tagebuch ist das Naturerleben der «Evergreen».
Im Frühling erzählt Amelie von einer Wanderung mit einer guten Freundin nach einem Regen: «Durch die frische Luft und die schöne Umgebung sind die Laune und das Wohlbefinden da». An anderen Tagen notiert sie: «Mit der Sonne sprühe ich vor Energie». Als Kontrast erlebt Amelie «Menschenansammlungen auf einer Messe» sowie «ein großes Event in einem Zelt». Dort kann sie sich «nur mit Mühe durchringen, Smalltalk zu führen».

Der Sommer beginnt mit den Beschreibungen eines kleinen Konflikts in ihrer Partnerschaft: «Ich habe festgestellt, wie sehr mich die Farbe meines Polsters beim Schlafen beeinträchtigt. Ich kann nicht mit dem dunklen, sondern nur mit dem hellen Bezug einschlafen, während es meinen Partner gar nicht stört». Berufliche Herausforderungen bewältigt Amelie erfolgreich durch Outdoor-Bewegung und eine aktive Achtsamkeitspraxis. Bei einem Seminar «zwischen Wälder und Wiesen» spürt sie «die Naturverbundenheit und spirituelle Kraft des Ortes - eine unglaublich heilsame Energie». Nach großen Anspannungen geht Amelie gerne in die Berge, «um nicht nur die Stille und unberührte Natur zu erleben, sondern auch Perspektivwechsel zu erleben.

Im Herbst macht sich Amelie viele Gedanken über Gott und die Welt. «Ich glaube, ich bin ein sehr spiritueller Mensch. Vielleicht glaube ich nicht an eine verkörperte Gottheit. Ich glaube eher an eine Weltenseele, welche uns alle verbindet». Negative Dinge in der Welt kann sie «kaum aushalten». Sie versucht Nachrichten zu vermeiden, nimmt sie aber trotzdem wahr: «Ja, es gibt Krieg, Klimawandel und schlimme Dinge». Im Umgang mit Stress hilft die Natur: «Wie schlimm ist eine Jobabsage, wenn man vor sich einen 200 Jahre alten Baum sieht?» Nachdenklich bemerkt sie aber auch: «Was mir am meisten schadet, ist dieses kleine Ding, namens Smartphone. Wenn ich müde bin, hänge ich plötzlich mit social media rum. Danach bin ich noch erschöpfter, überfordert und wahrscheinlich auch ein wenig deprimiert».

Im Winter macht sie sich bewusst, dass sie von «unglaublich vielen Menschen umgeben» trotzdem fähig ist, Grenzen zu setzen, ihre Energie einzuteilen und Stress zu minimieren: «Für mich sind das vor allem die Natur, das Laufen, Yoga und eine reinigende Dusche am Abend, um alles abzuwaschen, was nicht zu mir gehört».

Amelie im Interview

Das virtuelle Interview dauert 59 Minuten. Amelie war nach ihrer eigenen Erinnerung schon sehr früh «unterbewusst» klar, dass sie hochsensibel ist, bewusst aber «erst» im Alter von etwa 10-12 Jahren. Sie kann sich an ihre Kindheit sehr gut erinnern. Als sie z.B. eines Tages von einer Hundebesitzerin angeschrien wurde, weil sie deren Hund streichelte, dachte sie, ein schlechter Mensch zu sein. «Das hat sich bei mir eingebrannt. Ich sehe den Ort, die Frau und den Hund noch immer sehr genau». In der Jugend wohnte sie in einer großen Stadt, was eine schwere Zeit für sie war. «Abends war ich immer total fertig». Gesundheitlich ist Amelie sehr zufrieden mit diesem Jahr, früher sei es schwieriger gewesen, jetzt spürt sie nur noch «einen leichten Wellengang», sie habe «gelernt, zu pausieren» und eine gute Balance für sich gefunden, auch innerhalb des Studienjahres. Die Natur gibt Amelie «unheimlich viel – ich versuche wirklich jeden Tag draußen zu sein». Wenn sie an manchen Tagen nicht draußen sein kann, spürt sie das physisch und psychisch. Mit Technik kann Amelie zwar konstruktiv umgehen, doch sie «muss immer Grenzen setzen». Angesprochen auf ihre ästhetische Sensibilität, die auch im Tagebuch zum Ausdruck kommt, bestätigt Amelie die Tendenz und ergänzt: «Ich kann auch nicht schlafen, wenn mein Zimmer nicht aufgeräumt ist». Auch die Passung von Farben nimmt Amelie sehr genau wahr. Bezüglich ihrer Beziehungen bilanziert Amelie, dass sie zwar viele Freunde habe, jedoch nur «sehr wenige sehr gute, die mir auch sehr wichtig sind». Hinsichtlich ihres Partners sieht sie ihn zwar nicht als hochsensibel, doch als einfühlsam an. Entscheidend sei Kommunikation. Der Umgang mit Weltschmerz ist für sie schwierig, «fast unerträglich». Sie beschreibt eine Geburtstagsfeier, wo das Thema Politik aufkam und sie «auf die Toilette flüchten musste». Spiritualität sei auch ein schwieriges Thema, weil nicht leicht zu beschreiben. «Doch egal, ob es Allah, Buddha, Gott oder whatever ist - ich spüre, dass es immer da ist».

Amelie im Fragebogen

Ameilie hat einen Hochsensibilitätswert von 85%, besonders Naturerleben, Gesundheit und Weltschmerz. Ihre Persönlichkeit weist nur einen leicht überdurchschnittlichen Neurotizismus-Wert auf, zugleich ist Amelie offen und verträglich mit der stärksten Extroversion in der Stichprobe. Während Amilie eher Katzen als Hunde mag, bevorzugt sie Kaffee und Tee gleichermaßen. Sie ernährt sich vegan – «aus gesundheitlichen und ethischen Gründen». Amelies psychische Gesundheitswerte sind nicht nur alle im grünen Bereich, Wohlbefinden und Lebenszufriedenheit sind sogar überdurchschnittlich gut - und bei zwei Indikatoren ist Amelie Spitzenreiterin: Sie weist die größte Positivität und die stärkste Liebesfähigkeit auf. Aus dem Studienprojekt nimmt sie insbesondere ihre verstärkte Selbstfürsorge mit. Als Teilnehmerin steht sie u.a. als vorbildliches Beispiel für ein hochsensibles Naturerleben.

Hochsensiblen-Portraits 1. Grades

Nach Aron ist hochsensibel, wer in ihrem Test einen Wert von über 50% erreicht. Hochsensible ersten Grades haben im Schnitt der drei HS-Tests einen Wert von 90%, verfügen nicht nur über eine Hochsensibilität von der Hälfte, sondern zu neun Zehnteln der potenziellen Punktwerte. So gehören die nun vorgestellte Akteure zur Gruppe der «Höchstsensiblen bzw. Höchstsensitiven»:

- Willi (87%) ist als Ende 50-jähriger Mann der älteste Teilnehmer in dieser Studie und nebenbei Vater von zwei fast erwachsenen Kindern. Als seit einigen Jahrzehnten erfahrener Tagebuchschreiber sind seine Aufzeichnungen sehr umfangreich. Domänen seiner Hochsensibilität sind insbesondere die Dimensionen Spiritualität und Weltschmerz. Seine psychischen Gesundheitswerte befinden sich alle im grünen Bereich, vor allem im Feld Liebesfähigkeit, zugleich ist Willi auch der introvertierteste Teilnehmer in der Studie.

- Amina (89%) ist als Ende 20-jährige Frau die Teilnehmerin mit dem Spitzenwert von 130 Eintragungen. Dabei verkörpert sie das Modell der ästhetischen Hochsensibilität mit einem besonderen Blick für die Schönheit sowohl in Innenwelten als auch in der Natur. Alle psychischen Gesundheitswerte sind im grünen Bereich, besonders positiv sind Aminas Wohlbefinden und Liebesfähigkeit – hier hat sie den zweithöchsten Wert aller Akteure.

- Louisa (91%) ist als Ende 40-Jährige Frau die Teilnehmerin mit dem umfangreichsten Tagebuch von über 17000 Wörtern. Als Mutter von einer Tochter liefert Louisa mit 20 Eintragungen auch den größten Beitrag hinsichtlich hochsensibler Erfahrungen in der Familie. Auch die Ergebnisse der Fragebogen zeichnen sich durch einige Extreme aus, mit hohen Persönlichkeitswerten in den Feldern Introversion und Neurotizismus sowie mit hohen psychischen Gesundheitswerten in der Selbstwirksamkeit, Lebenszufriedenheit und Liebesfähigkeit.

- Ayana (94%) ist eine Ende 20-jährige Frau und die hochsensibelste Teilnehmerin. Ayana verfügt über eine herausragende Spiritualität, die sich in allen Lebensbereichen positiv manifestiert. Jenseits ihres höheren Neurotizismus-Wertes sind alle anderen psychischen Gesundheitswerte im grünen Bereich, wobei sie in den Dimensionen der Selbstwirksamkeit, Lebenszufriedenheit und Liebesfähigkeit auch überdurchschnittliche Werte zeigt.

H4 - Willi, der Träumer: «Warum bin ich so anders?»

Willi ist ein Mitte 50-jähriger Mann. Er war sofort mit großem Interesse bei der Studie dabei. Seine Tagebücher schrieb er regelmäßig und reichte sie immer pünktlich zum Monatsanfang ein. Die Notizen sind sehr zahlreich mit 125 Eintragungen im Umfang von etwa 7000 Worten. Die zehn Dimensionen sind ausgeglichen vertreten – an erster Stelle berufliche Situationen (18%), gefolgt von Situationen im sozialen Raum (13%) sowie Weltschmerz, Spiritualität und Naturerleben (je 11%).

Willi im Tagebuch

Willis Tagebücher sind sehr reichhaltig – er führt sie seit über drei Jahrzehnten. Im April ist Willi nach einer schweren Operation, bei dem er dem Tod von der Schippe sprang, wieder zuhause: «Dabei wurde mir bewusst, dass ich Fragen der Gesundheit intensiver erlebe als andere Menschen. So empfand ich die vielen Nadeln der Spritzen und Infusionen als Körperverletzung, die ich täglich schmerzhaft spürte. Auch das Abführmittel, das ich literweise vor der Darmspiegelung nehmen musste, konnte ich vor Brechreiz kaum schlucken. Ferner fühlte ich mich Tag und Nacht von den Feuerwehr-Sirenen gestresst. Zuhause werde ich sicher viel besser regenerieren können». In der Klinik hatte er viel Zeit, Dinge zu tun, die er sonst nicht tut, z.B. die Boulevard-Presse lesen: «Ich merkte beim Zeitunglesen, welche Nachrichten unserer kranken Welt ich kaum mehr aufnehmen kann, weil ich zu sehr darunter leide. Dazu gehört der grausame Angriffskrieg von Russland gegen die Ukraine. In der Zeitung war ein unfassbares Bild, das zeigt, wie ein russischer Soldat unter dem Jubel seiner Landsleute seinem Opfer den Kopf abschneidet. Meine zarte Seele konnte nicht hinsehen». Am Monatsende ist er glücklich: «Wie ein Kind freue ich mich über das Wunder des Frühlings, als ich Zitronenfalter mit mir tanzen möchte». Und: «Nach den existenziellen Erfahrungen bin ich zutiefst dankbar für jeden Tag, an dem ich lebe. Mein Gottvertrauen hat sich noch vertieft. Der Herr ist mein Hirte und mein Arzt, was mich tiefenentspannt, denn sein Wille geschehe!»

Auch im Mai genießt Willi den Frühling: «Feierlich erlebe ich mein Walk- and Talk-Coaching. Noch mehr als sonst erfreue ich mich am betörenden Duft und den wundervollen Farben des Flieders». Zugleich beschäftigen Willi auch andere Dinge: «Meine Tochter hält einen Vortrag über vegane Ernährung. Als Nur-Vegetarier spüre ich ein wachsendes schlechtes Gewissen. Das Leid der Tiere geht mir nah». Weitere Beobachtungen wühlen Willi auf: «Ich bin wütend und fassungslos über die Kriminalisierung derjenigen meist jungen Leute, die sich gegen die Zerstörung unser aller Zukunft ohnmächtig auf die Straße kleben. Dabei werden Autofahrer unter dem Beifall von Politik und Medien immer enthemmter. Trotzdem sind für etwa 90% der Bevölkerung nicht die Zerstörer das Problem, sondern diejenigen, welche sich gegen die Zerstörung wehren - möglicherweise aus Angst, sonst in den Spiegel schauen zu müssen».

Der Juni startet seltsam: «Ich habe heute was getan, was wahrscheinlich nur wenige tun, indem ich meine eigene Beerdigung detailliert geplant habe. Dabei geht es mir vor allem um das Wohl der Hinterbliebenen, denn ich denke, dass es mir dann gut geht». Mehr Stress erlebt Willi bei sozialen Aktivitäten: «Nach einer Stunde im Biergarten verabschiede ich mich, weil ich merke, dass ich nicht mehr kann. Sehr laute Gespräche mit Leuten, die in unmittelbarer Nähe links wie rechts und gegenüber sitzen, stressen mich auch deshalb, weil ich sehr viele Gespräche mithöre, an denen ich gar nicht direkt beteiligt bin». Kurz darauf ein ähnliches Biergarten-Erlebnis: «Auch diesmal halte ich es nicht lange aus. Im Minutentakt rauschen S-Bahnen über uns vorüber, Polizei-Sirenen scheinen einen Dauer-Soundtrack zu erzeugen. Als es einen Moment ruhiger zu werden scheint, gibt es ein minutenlanges Hupkonzert wegen einer türkischen Hochzeit». Willi bilanziert: «Der Monat war eine beeindruckende Lehre meiner begrenzten Begeisterung für Festivitäten, wo alle überdreht herumschreien».

Auch im Juli begegnet Willi diversen Menschen. «Ich erlebe das Tralala einer Party wie einen anschwellenden Bockgesang. Dabei folgt die Kommunikation demselben Muster, bei dem eine Person etwas sagt und die Umherstehenden wie konditioniert lauthals lachen. Angesichts dieses Schauspiels kommen mir Bilder eines Films in den Sinn, bei dem eine feiernde Festtafel so lange im Zeitraffer gezeigt wird, bis sämtliche Gäste verstorben sind». So sehnt sich Willi nach Rückzug und Ruhe. An einem Freitagabend lässt er fließende Musik laufen und beginnt zu tanzen. Über sein neues Fahhrad freut er sich wie ein Kind. Mit seiner Tochter feiert er ihren Geburtstag mit einem gemeinsamen Ausflug im Grünen auf einem schönen Schiff. «Wir verstehen uns blind und harmonieren mit unerträglicher Leichtigkeit des Seins». Ein Wiedersehen mit alten Freunden erlebt er wechselhafter. Seinen besten Freund zu treffen ist wie «nachhause kommen». Weniger als Freund nimmt Willi einen anderen alten Bekannten wahr, für dessen Leben er sich sehr interessiert, ohne dass sein Gegenüber in den vielen Stunden fragt, wie es Willi geht. Jenseits seiner gesundheitlichen Erfahrungen sorgt sich Willi auch um die globale Zukunft: «Der Juli endet mit dem Rekord der wärmsten Temperaturen, die jemals gemessen wurden. In Südeuropa gibt es bis zu 50 Grad im Schatten. Warum scheint das niemand zu interessieren? Ich spüre in der Frage eine existenzielle Einsamkeit».

August ist Urlaubszeit, die Willi immer sehr wichtig ist und die er auch sehr genießen kann, denn «Sonne, Strand und Meer – mehr brauche ich nicht, um das Leben intensiv zu spüren». Ähnliches erlebt er mit Menschen: «Tiefe Gefühle, wenn zwei Hochsensible sich begegnen!» Starke Emotionen spürt Willi auch als sportlicher Zuschauer: «Bei einem Elfmeterschießen rollen meine Tränen - vor Freude mit den Siegern und aus Mitgefühl mit den Unterlegenen».

Im September nimmt Willi wieder seine Arbeit auf. «Bei einem mehrtägigen Meeting mit den Kollegen merke ich abermals, wie weit ich mich innerlich von der Welt entfernt fühle, in der sie leben». Ähnlich geht es ihm im Umgang mit der Materie: «Ich erlebe wieder einmal eine große Ohnmacht gegenüber der Technik und Wut auf die Leute, die uns von ihr abhängig machen. Bei einem Problem dreht sich die Digitalisierung im Kreis, menschlicher Support Fehlanzeige. Ich träume von meinem technischen Totalausstieg, da ich sie nicht brauche». Melancholie am Monatsende: «Wieder spürte ich viel Weltschmerz, den die meisten Menschen nicht zu teilen scheinen. Warum bin ich so anders?»

Der Oktober ist reich an schönen, aber auch sehr aufwühlenden Erfahrungen. Bei spätsommerlichen Temperaturen spielt Willi Beach-Volleyball mit seinen Kindern. «Wir genießen unser entspanntes Spiel und sinnliche Empfindungen an den Füßen». Beim anschließenden Restaurantbesuch ist die Gemüsepfanne «ein sinnliches Vergnügen». Ein Parkspaziergang nach einem Schauer erlebt Willi so: «Ich inhaliere die wundervolle Luft und höre, wie es immer stiller wird – ein spiritiuelles Erlebnis, mich Gott so nah zu fühlen». Doch nach dem 7. Oktober wird es Dunkel: «Ich erlebe tiefe Trauer und ohnmächtige Wut angesichts des Massakers, das an unschuldigen Kindern, Frauen und Männern in Israel von islamistischen Terroristen verübt wird. Und hier tanzen Massen vor Freude auf der Straße». Auch wenige Tage später notiert Willi: «Bei einem Konzert gedenkt der irische Sänger Bono den Menschen in Israel und singt einen veränderten Songtext unter Tränen. Ich weine mit». Seine 77-jährige jüdische Nachbarin lädt Willi ein, um ihr solidarisches Mitgefühl zu geben.

Der November ist relativ ruhig. Angsichts der Weltlage relativieren sich so manche Ärgernisse, wie Erlebnisse im Zug: «Eigentlich habe ich ein Ruheabteil gebucht, doch es ist sinnlos, weil sich eine aufgekratzte Reisegruppe nicht darum schert». Auf Arbeit werden Einschränkungen im Homeoffice und der Umzug in ein Großraumbüro verkündet. Willi will es noch nicht glauben. Glück im November: «Verzaubert laufe ich durch wundervolle Winterlandschaften mit Sonnenbrille durch den Schnee. Danke, dass ich Dich so fühlen kann, Gott!»

Im Dezember versucht Willi, das Jahr möglichst stressfrei ausklingen zu lassen und sich an kleinen Dingen zu erfreuen. «Schönheit kann mich zutiefst berühren». Vor allem zwischen den Jahren genießt Willi die Ruhe. Silvester endet traditionell sehr nachdenklich. «Warum ballern wir uns in die Luft? Nobel geht die Welt zugrunde. Ich bin nicht von dieser Welt».

Willi im Interview

Das analoge Interview dauert 77 Minuten. Willi ist seit seiner Einschulung ein Scheidungskind. Er wuchs bei seiner Mutter auf, für die er ein Partner-Ersatz war. Eine große Verantwortung übernahm er auch für den kleinen Bruder. Willi war ein sehr schüchterner und ängstlicher Junge, der seinen Vater als Vorbild vermisste. Auch als pazifistischer Junge, der sich nie geschlagen hat, fühlte er sich eher einsam und als Außenseiter. Seine Hochsensibilität bemerkte er auch bei Besuchen von Kaufhäusern oder Volksfesten, die er zu meiden versuchte, weil er davon regelmäßig starke Kopfschmerzen bekam. Weitere Konflikte durch seine Hochsensibilität erlebte Willi durch seine Weigerung, Autofahren zu wollen, vor allem, nachdem ihn seine Mutter mehr oder weniger dazu zwang. Erst viele Jahre später befreite sich Willi, indem er den unfreiwillig erworbenen Führerschein in den Müll warf. Unfreiwillig war auch seine Ehescheidung nach dem Willen seiner Ex-Frau, ihren eigenen Weg gehen zu wollen. Willi, der keine größere Berufung als seine Vaterschaft sieht, bezeichnet die nachhaltige Erfahrung der Trennung als sein kritischstes Lebensereignis, gleichzeitig als Schlüssel seiner Persönlichkeitsentwicklung und Chance zur Bewusstwerdung seiner Hochsensibilität. Beruflich erlebte er sie in mehreren Mobbing-Situationen, die ihn zu Arbeitsplatzwechseln und schließlich auf den Weg in die Selbständigkeit führten. Erst nach seinem 50. Lebensjahr wagte er sich noch einmal in ein Angestellten-Verhältnis, das er jedoch nach wie vor ambivalent wahrnimmt. Gesundheitlich dominieren Gefühle der Dankbarkeit und Nachdenklichkeit, nachdem er dem Tode nur knapp von der Schippe sprang. Grundsätzlich erlebt er Stress tendenziell intensiver als andere. Willi erfuhr dabei auch extremen Stress, der von beruflichem Eu- in privaten Dis-Stress mutierte. Inzwischen erkennt er seine Hochsensibilität jedoch «eindeutig als Stärke». Die Nähe zur äußeren und inneren Natur sieht Willi als wichtigen Faktor zur Bewahrung der Gesundheit. Er liebt Parkspaziergänge in der Stadt und Urlaub am Meer. Speziell die Sonne betrachtet er als seine «wichtigste Energiespenderin und Therapeutin». Den Umgang mit der Technik erlebt er dagegen immer wieder als sehr stressig und enervierend. Im Umgang mit den Mitmenschen sucht Willi die Energiespender - allen voran die eigenen Kinder, ferner auch gute Freunde. Als größte «Energieräuberin» bezeichnet er seine «bösartig unsensible Ex-Frau», die ihn an gesundheitliche Grenzen brachte. Willi spürte viele Jahre lang eine sehr große Verantwortung für seine Kinder. Sie sind inzwischen fast erwachsen, so dass er sich langsam wieder offen für eine Partnerschaft fühlt. Für die Zukunft wünscht sich Willi eine sensible Partnerin. Er glaubt, dass sie ihm eine menschliche Geborgenheit und Heimat schenken könnte, er jedoch auch viel Liebe geben kann, wobei er keine Probleme mit dem Alleinsein hat, sondern sich «selbst genug» ist. Willi empfindet einen sehr starken Weltschmerz und in dem Kontext eine große Einsamkeit, da es nach seiner Erfahrung nur sehr wenige Menschen gibt, die sich annäherungsweise so viele Gedanken über den Zustand der Welt machen, wie er sie im Tagebuch artikuliert hat. Die Beziehung zu Gott sieht Willi als seine «größte Kraftquelle und Überlebensversicherung». Auch hier kennt er nur wenige Menschen in seinem privaten Umfeld, die ähnlich fühlen, am ehestens noch in seiner Kirchengemeinde. Willi meint, dass er ohne seine Spiritualität nicht mit den Herausforderungen der Welt umgehen könnte, sonst würde er «verzweifeln».

Willi im Fragebogen

Willi hat einen Hochsensibilitätswert von 87%, wobei der Weltschmerz und die Spiritualität besonders stark ausgeprägt sind. Seine Persönlichkeit ist durch eine sehr große Introversion gekennzeichnet, auch wenn er in beruflichen Situationen mit vielen Menschen äußerlich souverän umgeht. Neurotizismus ist im Norm-Bereich, ansonsten ist er ein offener und gewissenhafter Mann. Alle psychischen Gesundheitswerte sind im grünen Bereich. Überdurchschnittlich positiv sind Willis Werte in den Dimensionen der seelischen Gesundheit und Liebesfähigkeit. Willi ist der sensibelste Mann der Studie. Als Scheidungsjunge war Willi seine Sensibilität noch nicht bewusst, sondern erst, als er unfreiwillig zum Scheidungsvater wurde. Die Ausprägungen erstrecken sich ausgegeglichen auf alle Dimensionen. Innerhalb der Studie repräsentiert Willi den sensiblen Weltschmerz und sensible Spiritualität. Er ist der introvertierteste Teilnehmer. Willi mag Katzen und Tee und isst vegetarisch. Seine Gesundheitswerte sind überdurchschnittlich gut und auch in kritischen Lebenssituationen resilient.

H3 – Amina, die Genießerin: «Wahrnehmung der Farben»

Amina ist eine Ende 20-jährige Frau. Sie war gern mit großem Interesse bei der Studie dabei. Ihre Tagebücher schrieb sie regelmäßig und reichte sie immer pünktlich zum Monatsanfang ein. Die Notizen sind sehr zahlreich mit 130 Eintragungen im Umfang von fast 7000 Worten. Alle zehn Dimensionen sind ziemlich ausgeglichen vertreten - an erster Stelle Naturerleben (15%), gefolgt von Selbsterleben (14%), beruflichen Situationen und Spiritualität (je 12%).

Amina im Tagebuch

Amina steht wie keine andere Teilnehmerin für eine «ästhetische Sensibilität», die sich über das ganze Jahr mit vielen Beobachtungen in ihrem Tagebuch zeigt.

Der April spiegelt das weite Spektrum ihrer Wahrnehmungen. Einige Einträge der ersten April-Woche: «Fernseher läuft, Freund macht Handy-Musik an, empfinde ich extrem anstrengend, macht mich unruhig und aggressiv, daher bitte ich ihn, eine der beiden Quellen lautlos zu stellen». «Neues Geschirr, intensive Wahrnehmung der Farben, ich sehe kleine Unterschiede in den beigen und weißen Tönen, mein Freund nicht». «Chef total gestresst, geht sofort auf mich über, so dass ich mich angespannt fühle». «Im Radio läuft ‚Tears in Heaven' – Gänsehaut». «Neue Lampen ausgesucht, Bewunderung der Schönheit der Lampe und täglich pure Freude». «Blumen passen nicht zum Übertopf, stört mich extrem, Farben müssen abgestimmt sein, ich muss ständig dort hinschauen». «Freund sprüht Nachtspray ins Bett, ist sehr unangenehm für mich, Freund sprüht sich ins Gesicht». «Weiße Orchidee gießen, Freude und Liebe über die Pflanze, Bewunderung der Schönheit». «Spaziergang, pure Begeisterung über Regenbogen, noch nie so intensive Farben gesehen».

Im Mai setzt sich das Wechselspiel fort, u.a. mit Glücksgefühlen im Urlaub auf Gomera über die Natur («Ich kann nicht genug davon sehen») und stressigen Situationen im Alltag (Freund hat schlechte Laune - «in der nächsten Stunde merke ich, wie sein Empfinden auf mich übergeht, zieht sich danach durch den ganzen Tag»). Eine Szene mit Freunden: «Ich merke, dass mir der Alkohol nicht gut tut und kann immer nur einen ganz kleinen Schluck trinken, bekomme ihn einfach nicht runter, die anderen verstehen das nicht und sagen ‚jetzt stell' Dich nicht so an und trink' mal mit!' – unangenehme Situation für mich».

Der Juni beginnt wundervoll: «Besuch beim Konzert von Herbert Grönemeyer mit vielen Gänsehaut-Momenten, Lichtmeer im Stadion, Gemeinschaftsgefühl und positive Stimmung mit Laola-Wellen» oder «Abendessen im italienischen Garten-Restaurant mit Oliven- und Orangenbäumen, italienischer Musik und einer magischen Atmosphäre». Es gibt auch Melancholie: «Das Gefühl, intensive Gefühle und Gedanken nicht teilen zu können, nicht verstanden zu werden und Zweifel, diese Dinge anzusprechen» oder «Warum bin ich hier? Welche Aufgabe habe ich auf dieser Welt? Ich fühle mich hier nicht wohl, einsam, getrieben vom Alltag, mit dem Gefühl, nicht in die Muster zu passen».

Im Juli gibt es ähnliche Ambivalenzen – einerseits «Besuch bei Verwandten, ich lehne ein zweites Glas Alkohol ab und sage, dass es mir reicht, die anderen sagen ‚das gibt's doch gar nicht – nach einem Glas?» oder «Geburtstagsfeier bei Tante, Gefühl der Verlorenheit in der Menschenmasse, keine Lust auf Smalltalk und oberflächliche Gespräche, Wunsch nach Ruhe und Rückzug», andererseits «ein tolles Lied auf dem Weg zur Arbeit im Radio, ich singe laut mit, dabei bekomme ich Gänsehaut vom Scheitel bis zur Sohle, ein meditativer Zustand» oder «Bewunderung, wie unser Feigenbaum täglich wächst und neue Blätter bekommt, ich freue mich darüber und rede auch mit dem Bäumchen» und «ich liebe das Farbenspiel von unseren Pflanzen, wenn alles zusammenpasst, das ist eine große Wohltat für meine Seele».

Auch im August gibt es im Leben von Amina kleine Szenen mit großer Wirkung: «Unordnung in der Wohnung sorgt bei mir für Stress, ich kann mich nicht entspannen und konzentrieren, sondern brauche äußere Ordnung für meine innere Ruhe» oder «Anziehen für die Arbeit, mal wieder mehrmals umgezogen – solange, bis ich gar nichts mehr wusste und mir alles zu viel war, weil mir nichts gefallen hat» bzw. wieder «ein Lied im Radio auf dem Weg zur Arbeit, ich drehe lauter, bis ich die Musik richtig spüre und singe laut mit - Freudentränen, Gänsehaut mit Gefühlen der Freude und Dankbarkeit» oder ein «Spaziergang in der Abendsonne, ich sehe die Wolken ziehen und die schönen Blumen in den Vorgärten – es ist eine Freude und Bereicherung, hochsensibel zu sein und mich so schnell für viele Dinge begeistern zu lassen».

Auch der September ist reich an Glücksmomenten («Musik ist meine Verbundenheit und Art der Meditation. Ich fühle Freiheit, Leichtigkeit, Mut, tiefe Zufriedenheit und Zuversicht», «das Laufen im Wald, die Luft und Tiere geben mir tiefes Vertrauen, Freude und Gelassenheit»), aber auch mit Momenten der Melancholie: «Ich fahre durch unser Dorf und sehe die armen jungen Bäume, die für eine Veranstaltung gefällt wurden. Gibt es keine andere Möglichkeit?»

Im Oktober ist eine Szene besonders bemerkenswert: «Besuch einer kleinen Modenschau – vom Büffet fällt eine Traube auf den Gehsteig. Sie lässt mich nicht mehr los und ich warte auf den Moment, wo ich sie schnell zur Seite legen kann. Ich teile das Bild mit meiner Schwester. Sie lacht darüber, was ich alles sehe, ich solle sie doch einfach liegenlassen – denn außer mir scheint das niemand zu bemerken. Kurz bevor ich sie aufheben konnte, tritt einer auf sie…».

Auch im November reflektiert Amina nachhaltige Mikro-Momente: «Nach der Arbeit habe ich das Abendbrot vorbereitet. Als es auf dem Tisch steht, geht mein Freund ins Badezimmer und auch nochmal in sein Büro. Ich werde innerlich sauer. Wenn ich Hunger habe, werde ich launisch». Zugleich fühlt sie sich mit der inneren und äußeren Natur stark verbunden: «Ich bemerke in meiner dritten Periodenwoche, dass ich nicht so viel Energie habe und versuche, Stress zu vermeiden. Es ist schön, ein so tolles Gespür für meinen Körper zu haben und die Vorteile für mich nutzen zu können. Hochsensibilität bringt auch viele Vorteile mit sich». «Der Schnee taut, doch Energie kann niemals verloren gehen».

Im Dezember gibt es nochmal rekordverdächtige 20 Eintragungen – einige Impressionen: «Auf einem Weihnachtsmarkt helfe ich bei der Essensausgabe – ich bemerke, wie glücklich es mich macht, Menschen eine Freude zu bereiten». Eine Teekanne im Büro macht ein leises Geräusch, das mich wahnsinnig macht. Ich sage es einem Kollegen - er habe es nicht gehört». Soziale Werbung - Amina rollen die Tränen: «Warum müssen so viele Menschen hungern?» Zwischen den Jahren: «Heute war ein sonniger Tag. Die Sonne ist für mich wie eine Droge».

Amina im Interview

Das virtuelle Interview dauert 70 Minuten. Ihr hochsensibles Bewusstsein hat Amina erst seit einem Jahr. In ihrer Kindheit war Amina eines Tages mit sechs Jahren sehr berührt von einem Bettler, der auf dem Boden saß. Sie weinte und war auch zuhause noch lange traurig. Im Alter von zehn Jahren starb Aminas Mutter. Obwohl sie natürlich stark trauerte, wollte sie damals alle aufmuntern. Amina hatte schon damals ein außergewöhnliches Gedächnis und fotografierte Kleinigkeiten im Gehirn. Öfters hatte sie auch «tierischen Hunger». Anima erlebte auch zunehmende Zukunftsängste. Sie erinnert sich auch an ein starkes Gerechtigkeitsempfinden, das schon früh angelegt war. Ihre Gesundheit erlebt Anima als gut und wesentlich besser als vor einem Jahr. Alkohol trinkt sie nicht – wenn ihr etwas eingegossen wird, schüttet sie es bei nächster Gelegenheit aus. Natur erlebt Amina besonders intensiv in Kombination in Musik, was ihr durch das Tagebuch stark bewusst wurde. Zu Beginn des Jahres bekam sie ein neues Handy, sie hatte längere Zeit keinen Zugang zu ihren medialen Verbindungen und verlor danach das Interesse daran. Auf Mails antwortet sie eher langsam. Während ihrer Arbeit kommt sie nicht darum herum, was sie auch «sehr stresst», auch am Computer zu arbeiten. In ihrem Beziehungs- bzw. Partnerschaftserleben erlebt sie zwar auch Unterschiede, die sich jedoch gut ergänzen. «Wir gleichen uns gut aus». Hinsichtlich des Weltschmerzes macht Amina «einen Bogen herum», sie erinnert sich z.B. an den Tsunami. Sie versucht sich vor allem von Bildern fernzuhalten, die sie sehr mitnehmen. Spiritualität hat sich bei ihr mit der Zeit so entwickelt, dass sie aus der Kirche ausgetreten ist. Im Zusammenhang mit der Quantenphysik beschäftigt Amina die duale Welt. Sie erlebt stets viel «Magie im Raum», z.B. mit Musik, der Sonne oder im Zusammensein mit den Menschen, eine Art Glaube an das «Universum».

Amina im Fragebogen

Amina hat einen Hochsensibilitätswert von 89%, mit einem starken Natur- und Selbsterleben. Ihre Persönlichkeit ist ausgeglichen, offen und verträglich. In den Lifestyle-Fragen mag Amina Hunde eher als Katzen und Kaffee eher als Tee. Ihre Ernährung ist seit Corona vegetarisch. Sie kann Fleisch seitdem kaum noch riechen. Massentierhaltung will sie nicht unterstützen. Sämtliche psychische Gesundheitswerte sind im grünen Bereich, wobei das Wohlbefinden und die Liebesfähigkeit überdurchschnittlich sind – in der letztgenannten Dimension hat Amina den zweithöchsten Wert der Studie. Aus dem Projekt nimmt Amina vor allem die «Selbstannahme» ihres Andersseins mit.

H2 – Louisa, die Tangierte: «Traurigkeit überrollt mich»

Louisa ist eine Ende 40-jährige Frau. Sie war mit großer Freude bei dem Projekt dabei. Ihre Tagebücher schrieb sie regelmäßig und reichte sie immer pünktlich zum Monatsanfang ein. Die Notizen sind maximal umfangreich mit 108 Eintragungen sowie über 17000 Worten. Alle zehn Dimensionen sind ziemlich ausgeglichen vertreten – an erster Stelle familiäres Erleben (17%), gefolgt von sozialen Situationen (14%) und Gesundheit (13%).

Louisa im Tagebuch

Louisas Tagebuch spiegelt eine starke Dynamik mit einer positiven Tendenz. Der Frühling beginnt mit negativen Erlebnissen. Louisa beschreibt z.B., wie sie auf dem Weg zum Supermarkt öfters wieder umkehrt: «Zuerst schaue ich, wie voll der Parkplatz ist, denn er sollte nicht zu voll sein, dann fahre ich wieder nach Hause und komme später zurück». Ähnliche Fluchtimpulse zeigen sich bei einem Konzertbesuch gemeinsam mit ihrem Mann. Schon im Vorfeld spürt sie Vermeidungsstrategien und so starke Kopfschmerzen, dass sie Medikamente nehmen muss. Vor Ort leidet sie stark: «Tosender Applaus – ich möchte mir die Ohren zuhalten». Am Ende gehört sie zu den Leuten, die als erstes aus der Halle rennen. Auch dem Weltschmerz muss sie entfliehen: «Ich schaue mir eine Tier-Dokumentation im Fernsehen an. Die Bilder der Tierbabys kann ich nur schwer ertragen und schalte aus». Am Frühlingsende gibt es ambivalente Erlebnisse mit gemischten Gefühlen. Im Urlaub auf einer spanischen Insel erfüllen sie auf einem Markt «die Farben mit Freude». Gleichzeitig sind die vielen Menschen mit ihren Gerüchen «die größte Herausforderung». Ähnliches erlebt sie auf einer Bootsfahrt: «Während meinem Mann das laute Geräusch des Motors nichts ausmacht, halte ich mir meine Ohren zu». Sie spürt auch freudige Momente: «Ich genieße die Farben des Meeres. Die Sonne glitzert auf der Wasseroberfläche». Zurück in Deutschland macht sie ähnliche Erfahrungen: «Ich bin in meinem Lieblingswald – für mich ein mystischer Ort». Die Parkplatzsuche ist auch mal stressfrei: «Ich kann mein Glück kaum fassen. Im Supermarkt gibt es heute keine Hintergrundmusik und keine Durchsagen». An einem Sonntag spürt sie ein ungutes Gefühl beim Denken an ihre Nachbarin. Am nächsten Tag klingelt sie, um von deren Tochter zu erfahren, dass ihre Mutter in der letzten Nacht gegangen ist. «Eine Welle der Traurigkeit überrollt mich».

Der Sommer startet wieder mit stressigen Situationen. Eine davon scheint alltäglich zu sein: «Der nervtötende Wecker meines Mannes klingelt um 6 Uhr. Ich habe mich an das laute Piepen rein äußerlich gewöhnt, aber mein Inneres schreit danach, ihn zu zerstören». Louisa arbeitet bei einer Großveranstaltung mit vielen tausend Menschen in einem vollen Stadion und kommt dort ständig an ihre physischen Grenzen. Psychische Grenzen spürt sie angesichts der Tatsache, dass ein befreundetes Ehepaar über eine Leihmutter die Geburt eines Adoptivkindes in der Ukraine feiert. Sie spürt Schmerzen am ganzen Körper.

Ihre «Nackenhaare stellen sich auf», als sie vom Luft-Alarm in einem Keller in Kiew hört. Zugleich ist ihre eigene Tochter in Schweden «im Nichts gestrandet» und braucht Hilfe, die aktuell nicht möglich ist. Louisa und ihr Mann fliegen gerade wieder ans Mittelmeer, wobei die Wetter-App 43 Grad anzeigt – «mein Körper schaltet in den Überlebensmodus». Vor Ort kann Louisa auch diesen Urlaub nur bedingt genießen: «Es ist für die Jahreszeit viel zu warm. Die Fische tun mir leid und ich frage mich, wie viele in nächster Zeit aussterben».

Im Herbst lautet Louisas erste Reflexion: «Während ich diese Zeilen schreibe, saugt mein Mann mit dem Laubstaubsauger die herunterfallenen Blätter weg - ein ohrenbetäubender Lärm, der kaum auszuhalten ist! Aber besser er macht das als ich». Ein paar Tage verbringt Louisa mit ihrer Mutter am heimischen Meer. Hier fühlt sie sich wohl: «Ich atme tief ein und aus. Meine Augen sind geschlossen und ich höre das Rauschen der Wellen. Es fühlt sich so gut an. Ich schaue bis zum Horizont und verliere mich in seiner Schönheit. Ich ziehe meine Schuhe aus und spüre den weichen, feinen Sand unter meinen Füßen. Ich sehe Muscheln, Steine, Algen, Treibholzstückchen und Plastikteilchen, am Plastik bleibt mein Blick kleben». Dekadenzen stellen sich bei einem Restaurantbesuch ein: «Ich nehme Stimmengewirr wahr. Ich kann die Gespräche im Umkreis von mindestens zehn Metern hören. Es stresst!» Auch die Heimfahrt im Auto stresst und zu Hause erleidet Louisa einen schlimmen Unfall – gleich fünffach bricht sie sich den Arm und landet im Krankenhaus, das zu einem Alptraum wird. Einige Fragmente: «Eine völlig überfüllte Notaufnahme, ein empathieloser Arzt, ich fühle mich wie ein Werkstoff, ich bekomme Angst, von den Gerüchen der Mitpatienten mit künstlichem Darmausgang wird mir übel…». Der Weltschmerz führt zu folgender Frage: «Was ist das für eine kranke Welt geworden?» Louisa sucht wieder das Weite, diesmal ein Frauen-Seminar in den Alpen.

Während sie das Bergpanorama und das buddhistische Flair genießt, fühlt sie sich unter den Frauen eher fremd, die einen Tantra-Lehrer anhimmeln. Dagegen spürt Louisa positive Energien , als sie ihre «sexuellen Phantasien auslebt»: «Ich habe ein sehr gutes und stimmiges Gefühl zu meiner eigenen Sexualität. Wahrscheinlich fühle ich und erlebe ich sie intensiver als weniger sensible Menschen».

Der Winter beginnt geradezu zauberhaft: «Nachts hat es geschneit. Ich habe einen Spaziergang mit meinem Hund unternommen. Die Farben der Landschaft waren atemberaubend». Drinnen erlebt Louisa eher ein Kontrastprogramm: «Ich bin auf einer Weihnachtsfeier – viele Personen in einem kleinen Raum, alle reden durcheinander. Immer wieder verlasse ich den Raum, um zu regenerieren. Die Zahl der Menschen stresst mich». Weihnachten geht es wieder zum Flughafen. Im Süden angekommen klingt das Jahr entspannt aus: «Ich stehe am Meer und genieße es. Die Luft riecht so gut. Meine nackten Füße berühren den feinen Sand und das Wasser. Ich denke an die Menschen zu Hause, die gerade in Gummistiefeln wie ich im Wasser stehen, allerdings in ihren Kellern. Das macht mich sehr nachdenklich. Ich kehre ins Hier und Jetzt zurück und bin erfüllt von diesem Ort. Hier bin ich sehr glücklich». Nachts erlebt Louisa wieder einen «sehr schönen erotischen und sinnlichen Traum, der mich noch den ganzen Tag begleitet». Silvester will Louisa den Geburtstag ihrer Mutter feiern, den sie jedoch ambivalent erlebt: «Meine Mutter schaltet das Radio an und eine schrille Musik tönt aus dem Gerät. Ich kann es nicht ertragen. Mitternacht sitzen wir gemeinsam am Strand und schauen das Feuerwerk über dem Hafen an, welcher schön weit weg von unserem Haus ist – Frohes Neues!»

Louisa im Interview

Das analoge Interview dauert 72 Minuten. Erst seit einem Jahr ist sich Louisa ihrer Hochsensibilität bewusst geworden. Zuvor dachte sie, dass sie etwas pathologisch sei. Die Erkenntnis war eine «Erlösung, dass ich nicht krank bin, sondern nur ein außergewöhnliches Persönlichkeitsmerkmal habe». Im Alter von fünf Jahren trennten sich ihre Eltern. In der Kindheit war Louisa sehr berührungsempfindlich, speziell bei unsanften Berührungen. Auch hatte sie vor «allen möglichen Dingen Angst», z.B. beim Klettern oder in der Schule. Gegenüber anderen Kindern spürte sie eine überwältigende Empathie, großen Gruppen begegnete sie skeptisch. Die Kindheit hat sie insgesamt schwierig in Erinnerung, speziell aufgrund ihrer gestörten Mutterbeziehung, ferner auch wegen einer traumatischen Gewalttat, die sie als Baby erleben musste. In der Schule hatte sie immer sehr gute Noten. Als Teenager entwickelte sie eine Geräusch- und Lichtempfindlichkeit. Louisa war am liebsten allein, obwohl sie an sich sehr beliebt war. Gleichzeitig verliebte sie sich auch sehr schnell, sowohl in Popstars als auch in Gleichaltrige, und entwickelte dabei viele sexuelle Beziehungen. Als Erwachsene spürte sie ihre Liebe zur Natur noch stärker als in der Kindheit. «Die Natur ist mein Lebenselixier». Louisa arbeitete viele Jahre lang an Bildschirmarbeitsplätzen mit Neonlicht trotz ihrer Lichtempfindlichkeit. Beim Spazieren in der Natur bleibt sie gerne stehen, um mit den Sinnen alles aufzunehmen. Sie fotographiert bis heute gerne Natur und Tiere und liebt die Stille in der Dunkelkammer. Gesundheitlich fühlt sie sich nicht gut. «Ich betreibe einen Raubbau an meinem Körper», allerdings nur auf körperlicher Ebene. «Durch das Bewusstsein hat sich meine psychische Gesundheit sehr positiv entwickelt». Innerhalb des Jahres wechselte Louisa ihren Hausarzt, nachdem er ihre Hochsensibilität mit den Worten «So ein Quatsch!» gar nicht respektierte. Beim Nachdenken über die Natur gerät Louisa ins Schwärmen: «Ich bin jeden Tag mehrere Stunden in der Natur – ich liebe sie!» Sie will sich in keine Großstadt verpflanzen lassen. Stark gestresst fühlt sie sich auch durch Technik, auch durch die Lichteffekte und Geräusche. Deshalb trage sie auch gerne Kopfhörer und Sonnenbrillen - selbst wenn sie nicht scheint. Hinsichtlich ihrer Beziehungen reflektiert Louisa das Top-Thema Familie, das sie mit Mutter, Tochter und Partner regelmäßig beschrieben hat. Es falle ihr schwer, mit extremen Personen umzugehen, was familiär viel Zündstoff mit sich bringe. Ihre Tochter ist laut – «wie Dynamit». Hinsichtlich ihrer Persönlichkeiten nimmt sie große Unterschiede wahr, Sexualität dennoch positiv. Weltschmerz ist bei ihr stark mit Tierleid verbunden – dabei ist sie sich ihrer persönlichen Paradoxie bewusst: «Und trotzdem esse ich sie». Sie träumt davon. An einem anderen Tag bekennt sie: «Ferner nehmen mich Kriege sehr mit, aktuell die Massenvergewaltigungen an Frauen in Israel. Manchmal muss

ich dann weinen und das dann weggeschieben, weil ich einen Kloß im Hals bekomme, mein Herz schmerzt dann - und ich kann dann nicht mehr richtig atmen. Ich muss den Wegschmerz wegschieben, weil es mir so wehtut. Ich muss dann wegschauen, obwohl ich ein schlechtes Gewissen bekomme, auch weil ich gar nicht wegschauen kann». Spiritualität ist für Louisa ein Thema, was im Tagebuch immer mehr Raum nehmen konnte. Spirituell ist Louisa «auf der Suche» – lange habe sie sich «mit Gott nicht auseinandergesetzt». Heute glaubt sie «an das Universum» - das gebe ihr «Halt».

Louisa im Fragebogen

Louisa hat mit einer Hochsensibilität von 91 % den zweithöchster Wert der Studie – vor allem im Bereich Weltschmerz und Spiritualität. Die Persönlichkeit ist sowohl durch Introversion als auch Neurotizismus geprägt. In Lifestyle-Fragen bevorzugt sie Hunde lieber als Katzen und Kaffee lieber als Tee. Louisa ernährt sich flexitarisch. «Ich wäre gerne Vegetarierin, doch ich bin kindlich konditioniert auf Fleisch und blende mein Mitgefühl aus. Aber ich arbeite daran». Ihre seelische Gesundheit ist im grünen Bereich, überdurchschnittlich gute Werte weisen die Dimensionen Lebenszufriedenheit, Liebesfähigkeit, Wohlbefinden und Selbstwirksamkeit auf (letztgenannte Ausprägung ist der Spitzenwert der Studie). Durch das Tagebuchbuchschreiben hat Louisa gelernt, sich «besser zu verstehen» – «heute fühle ich mich richtig so, wie ich bin».

H1 – Ayana, die Himmlische: «Ich fühle mich Gott so nahe»
Ayana ist eine Ende 20-jährige Frau. Sie war sofort von dem Forschungsprojekt begeistert. Ihre Tagebücher schrieb sie regelmäßig und reichte sie stets pünktlich zum Monatsanfang ein. Die Notizen umfassen 40 Eintragungen mit knapp 6000 Worten. Alle Dimensionen sind vertreten – an erster Stelle stehen Spiritualität und berufliche Situationen (je 18%), gefolgt von Freunden (16%) und Familie (12%) sowie Weltschmerz (8%), Natur und Partnerschaft (je 6%).

Ayana im Tagebuch
Ayanas Tagebuch ist sehr vielfältig, wobei «einseitiges Selbsterleben» jenseits von anderen Beziehungskategogien kaum thematisiert wird. Hochsensibilität steht bei ihr also fast immer in Beziehung zur Mitwelt samt Spiritualität. Eines ihrer Lieblingswörter ist z.B. «Heilung», was sich über alle Kategorien erstreckt.

Im Frühling lebt Ayana auf einer Insel im fernen Osten. Dort erlebt sie intensiv die Natur: «Sowohl das Grüne, die Wälder und der Dschungel, als auch das Wasser des Meeres tun mir gut. Während die Natur es mir leicht macht, einfach nur zu sein, habe ich das Gefühl, dass die Städte mich durch ihre vielen künstlichen Reizen ablenken.» Das «Streicheln und Füttern» der Tiere in der

Natur genießt sie: «Das Streicheln und Füttern der Tiere hat eine beruhigende Wirkung auf mich – und ich spüre, wie sich mein Nervensystem entspannt». Zwei Wochen lebt Ayana auch in einem tibetanischen Kloster. Als sie nach der Zeit wieder das Handy einschaltet, bemerkt sie: «Mir wird bewusst, wie sehr die Technik uns fast schon unter Kontrolle hat - statt andersherum». Die meditative Zeit in Asien hinterlässt bei Ayana tiefe Empfindungen: «Ich durfte die heilige Erfahrung machen, wie sich mein Leben von Grund auf zum Schönen verändert. Ich kann es nur Gnade nennen. Meine Wahrnehmungen waren so intensiv, dass ich drei Tage lang im Bett lag und das Haus nicht verlassen wollte». Nach ihrer halbjährigen Reise erlebte Ayana ein schönes Wiedersehen mit ihrer Familie, zugleich auch die Herausforderung, sich etwas zurückziehen zu müssen, um bei sich zu bleiben, was ihr gelingt. «Zumal ER hier ist, egal wo ich bin».

Im Sommer gelingt Ayana eine gute Balance zwischen Reintegration ins alte Alltagsleben, beruflich wie familiär, und regenerativen Phasen des Rückzugs und des freundschaftlichen und partnerschaftlichen Zusammenseins. Mit einer Freundin macht sie einen Ausflug in die Schweizer Berge: «Die Landschaft, Seen und Wälder dort haben mich tief berührt. Während einer Wanderung erlebte ich eine sehr mystische, beglückende Energie. Ich hatte das Gefühl, alles stünde im Licht. Es war, als würde alles wie ein einziges Wunder erstrahlen. Dabei hatte ich das Gefühl, überall würde es mit mir sprechen, alles erschien noch lebendiger als sonst. Ein Gefühl des Glücks und der Liebe breiteten sich in meinem Herzen aus, wunder-schön!» Auch ihre Partnerschaft erlebt Ayana intensiv: «Ich bin so glücklich in meiner Partnerschaft. Wir wachsen jeder für sich sowie gemeinsam und fühlen uns verbunden, egal wo wir uns gerade aufhalten. Es fühlt sich so leicht und spielerisch an, was gerade in uns geschieht. Danke, danke, danke für all diese Geschenke. Danke, dass ich erfahren darf, wie es sich anfühlt, von einem Mann bedingungslos geliebt zu sein». Ayana erlebt die Liebe sowohl seelisch als auch körperlich: «Sexualität war in meinem Leben immer schon etwas Heiliges für mich. Zurzeit erfahre ich sie in der Begegnung mit meinem Partner als zutiefst heilsam». Heilung findet für Ayana im Sommer auf vielen Ebenen statt. Beruflich schreibt sie: «In den letzten Tagen hat sich bei mir eine intensive Heilung und Transformation vollzogen». Nach der Begegnung mit einer guten Freundin spricht sie von einer «gemeinsamen Heilung». Familiär erlebt sie auch bei ihrem Vater «Heilung». Auch im Kontext mit Weltschmerz gilt es, «Heilung herbeizuführen». So dankt sie spirituell «für all die Heilung, die ich in diesem Monat erfahren durfte», manchmal auch durch heilsame Tränen. Und schließlich ist auch die Natur eine heilsame Quelle: «Die Natur ist mein Lehrer, ich lerne so viel von ihr, überall zeigt sie mir etwas Wertvolles, ich liebe sie so». Einen Monat später notiert sie: «Beim Gedanken an die Natur kommen mir die Tränen. Sie tut mir immer wieder so gut. Ich erlebe sie wie eine Mutter, die mich hält, nährt und versorgt. Ich danke ihr für alles». Im Sommer hatte Ayana also mehrere Gipfel-Erlebnisse.

Im Herbst erlebt Ayana auch den Weltschmerz von seinen Schattenseiten: «Im Wahnehmen dessen nehme ich einen Druck und manchmal sogar ein Übelkeitsgefühl wahr». Im Oktober notiert sie: «Es ist für mich unvorstellbar, was für eine furchtbare Tragödie sich derzeit im Nahen Osten vollzieht. Ich bemerke, wie schwer es mir in diesem Moment fällt, etwas ins Tagebuch zu schreiben. Unsere Anteilnahme, unsere Solidarität und unser Mitgefühl sollte allen unschuldigen Menschen gelten - auf israelischer und palästinensicher Seite». Auch mit der Technik setzt sich Ayana kritisch auseinander: «Selbst eine Lampe mit einem bläulich-grellen Licht empfinde ich als sehr unangenehm. So etwas stimmt mich manchmal sogar unzufrieden. Wie viel erfüllter bin ich, wenn ich das Handy ganz beiseitegelegt habe». Im November dominiert wieder die Dankbarkeit – «dankbar für alles». Beruflich feiert sie einen Abschluss mit Freunden. Mit ihrem Vater erlebt sie heilsame Erfahrungen. Eine temporäre Fernbeziehung mit ihrem Partner führt zu Vorfreude: «Ich spüre die Sehnsucht, bei ihm und auch körperlich nah zu sein. Ich kann mich auch selbst sehr gut halten, doch ich merke immer wieder, wie wohltuend es ist, mich von ihm halten zu lassen. Es ist, als könne ich mich noch tiefer in das Leben hineinfallen lassen – und dieses Gefühl liebe ich so sehr». So endet auch der Herbst mit einem spituellen Bekenntnis: «Ich fühle mich so tief erfüllt - Gott so nahe. Möge sich dieses Gefühl, das ich gerade fühle, über die ganze Erde ausbreiten, so dass es jeder Mensch erlebt. Danke, danke, danke».

Im Winter fühlt Ayana ihre Herzensberufung: «Ich spüre aus meinem tiefsten Inneren, dass ich hier bin, um Menschen in ihrer inneren Kraft zu begleiten». Das ist nicht immer einfach, wie sie innerfamiliär erfahrt: «Leider ist die Beziehung zu meinem Papa aktuell nicht schön». Dennoch gelingt es Ayana auch dieser schwierigen Situation etwas Positives abzugewinnen: «Aus Metaperspektive ist es kraftvoll und schön, was passiert. Es ist reinigend und klärend». Weihnachten und Silvester klingen ruhig aus. «Ein Event habe ich abgesagt - das hilft sehr». Am Ende des Jahres reflektiert Ayana nochmal sehr intensiv über ihr spirituelles Erleben: «Spituelle Heimat heißt für mich, Gott nah sein. Es ist eine Seinsweise ewiger Präsenz und bedingungsloser Liebe. Es bedeutet, zuhause zu sein in mir selbst. Es ist das Ruhen in dem, was ich bin. Und das, was ich wirklich bin, ist Liebe. Es ist Frieden. Es ist Stille. Es ist Freiheit in Bedingungslosigkeit. Es ist das einzige Beständige – es ist das, wohin ich immer wieder zurückkehren kann, wenn die Welt wieder einmal so laut ist. Manchmal kann es anstrengend sein, so viel wahrzunehmen, insbesondere den kollektiven Weltschmerz, aber auch den eigenen. Meiner Erfahrung nach haben stark sensitive Menschen einen besonders feinen Zugang zur Spiritualität sowie eine tiefe Sehnsucht danach. Diese Intensität kann zum Genuss werden».

Ayana im Interview

Das virtuelle Interview dauert 63 Minuten. Ayana weiß schon lange von ihrer Hochsensibilität, seit ihrer Teenagerzeit. Bei der Lektüre der ersten Bücher fühlte sie sich sofort gesehen. In der Zeit trennten sich auch ihre Eltern, was sich schon lange angebahnt hatte. Sie versuchte ihre Eltern zusammenzuhalten. Bereits als Kind habe sie vor allem zwischenmenschlich immer «sehr viel wahrgenommen». Im Kindergarten waren ihr die Eindrücke oft zu viel - auch das Verabschieden-müssen von ihren Eltern. Als Kind verbrachte Ayana jedoch auch gerne sehr viel Zeit mit sich allein. Sie konnte z.B. den ganzen Tag um den Gartenteich sitzen und war «wie in einer anderen Welt». Ihre Jugend erinnert sie als schwierige Zeit, sie hätte gerne ein halbes Jahr Ferien gebraucht, um wieder mehr mit sich selbst in Kontakt kommen zu können. Sie fühlte sich nicht gesehen und zugehörig. Umso glücklicher war sie, andere Menschen zu treffen, denen sie sich näher fühlte. Das Gefühl der Freiheit konnte sie in ihrer Studienzeit erst so richtig für sich finden. Gesundheitlich bilanziert sie das Jahr sehr positiv: «Ich war kein einziges Mal krank und habe auch durch Meditation ein gutes Gespür entwickelt, wann ich auf mich aufpassen muss». Während die Natur über das ganze Jahr für Ayana sehr positive Energien freisetzt, fühlt sich die Technik für sie «unnatürlich» an - «im spirituellen Sinne auch weg von Zuhause». Ayana sieht die Gefahr, dass sich die Menschen darin verlieren. «Für mich ist das ein dickes Ding!» Spiritualität ist für Ayana «eine Gegenbewegung». Sie spürt auch telepathische Fähigkeiten, z.B. in der Kommunikation mit einer guten Freundin. Im Feld der Beziehungen reflektiert Ayana zum einen nochmal ihre Eltern, wo sie heute eine sehr schöne Beziehung zu ihrer Mutter fühlt, während die Beziehung mit ihrem Vater gerade herausfordernd ist, wie auch im Tagebuch zum Ausdruck kommt. Auf der anderen Seite würdigt Ayana ihre hochsensible Partnerschaft. Ihr Partner ist zwar «anders hochsensibel» als sie, doch essentiell ist in der Partnerschaft «die Begegnung in der Tiefe». Mit dem Weltschmerz geht sie eher situativ um, «ob ich ihn gerade hindurchfließen lassen kann» - je nachdem, ob sie gerade offen dafür ist, wie ihre Tagebücher widerspiegeln. Spiritualität sei für Ayana kaum in Worte zu fassen, doch sie versucht es mit dem Hinweis: «Gott ist für mich keine Person, keine Figur, sondern die Energie, die überall und in allem ist, als Seele bin ich ein Teil davon und kann erfahren, dass ich das alles bin, beides gleichzeitig - so ist Gott für mich alles, was ist». Und sie fügt hinzu: «Übrigens habe ich das Gefühl, immer sensibler zu werden, je mehr ich mich nach dem Göttlichen ausrichte. Es wird immer feiner».

Ayana im Fragebogen

Ayana offenbart mit einem Wert von 94% die höchste Hochsensibilität aller Teilnehmer, besonders ausgeprägt sind Naturerleben und Spiritualität - hier hat sie Spitzenwerte. Ihre Persönlichkeit ist offen und verträglich, wobei der Neurotizismus stärker ausgeprägt ist. Bei den Lifesyle-Fragen mag sie Hunde mehr als Katzen und Tee mehr als Kaffee. Ayana ernährt sich vegetarisch. Sie kommt Ayana auch nochmal auf die tierische Frage zurück, um festzustellen, dass sie mit Hunden aufgewachsen ist und sie gerne kuschelt, Katzen fühle sie sich aber auch durch ihre Intuition und ihre Feinfühligkeit sehr verbunden. Nachgefragt, warum sie sich vegetarisch ernährt, erklärt Ayana entschlossen: «Es gibt wirklich sehr viele Gründe, doch mir wird allein schon schlecht beim Gedanken, dass ich Tiere essen müsste, denn ich spüre die Energie und das Leid auch körperlich intensiv». Alle psychischen Gesundheitswerte sind im grünen Bereich, gleich dreifach ist Ayana überdurchschnittlich: Lebenszufriedenheit, Liebesfähigkeit und Selbstwirksamkeit. Auf die Frage, was sie aus dem Projekt mitnimmt, schließt Ayana die Augen und lächelt, um zu bilanzieren: «Es tut so gut, sich mit Menschen zu umgeben, wo man sich einfach wohl und verstanden fühlt. Das finde ich total ermutigend!»

Dimensionen der Hochsensibilität

In diesem Abschnitt widmen wir uns den übergreifenden Befunden der Studie, alphabetisch geordnet in die Dimensionen Ästhetik, Beruf(ung), Beziehungen, Digitalisierung, Gesundheit, Naturerleben, Persönlichkeit, Selbstreflexion, Spiritualität und Weltschmerz.

Ästhetik

Gibt es Menschen mit einer «ästhetischen Hochsensibilität»? Das Studium der Literatur lässt solche Zusammenhänge zumindest vermuten. Der Begriff geht auf die US-Psychologen Mary Rothbart und David Evans zurück. Ästhetische Hochsensibilität beschreibt die Feinfühligkeit oder Empfänglichkeit gegenüber neuen Eindrucken. Wer in dieser Dimension höhere Werte aufweist, lässt sich z.B. von Musik oder Kunst tief berühren. Meist handelt es sich auch um sehr kreative Menschen. Bereits im Kapitel 1.3 haben wir Ästhetik als eines von zehn Geboten identifizieren können, die zu einem konstruktiven Umgang mit Hochsensibilität beitragen. Hochsensible lieben oft Harmonie, Schönheit und Sinnlichkeit und können dabei ihr eigenes Wohlbefinden fördern.

In unserer Studie gibt es in allen drei Graden der Hochsensibilität auffällige Beispiele, wobei eine Studienteilnehmerin es hier zur «Meisterschaft» bringt, da Ästhetik nicht nur sporadisch in Erscheinung tritt, sondern das Leben dieser Frau grundlegend bereichert.

Beispiele unter den Hochsensiblen dritten Grades sind Lara und Isabel. So nimmt Lara die «Raumenergie» intensiv wahr. Isabel berichtet von mehreren positiven Erfahrungen, die sie beim Wahrnehmen von Kunst und Musik erlebt, u.a. bei einem Konzert-Besuch. Auch sie spürt eine intensive Energie: «Der Raum hat sich gefüllt mit einer unglaublichen Wärme und sehr friedvoller Energie. Bei guter Musik kann ich viel Kraft tanken».

Beispiele unter den Hochsensiblen zweiten Grades finden sich bei Amelie und Sophus. Beide nehmen auch die Natur und Geräusche sehr intensiv wahr. Feingeist Sophus erlebt vor allem die Geräuschwelten einer Großstadt als große Herausforderung, doch er weiß sich dabei gut zu helfen, indem er mit seinen Kopfhörern in tiefenentspannte Welten abtaucht. Von Amelie erfahren wir eine bemerkenswerte Szene, bei der die visuelle Ästhetik eine große Rolle spielt, als ihr bewusst wird, dass der Blick auf die markanten Polsterfarben ihr Einschlafverhalten nachhaltig beeinflusst.

Beispiele unter den Hochsensensiblen ersten Grades sind Amina und Willi. Letzterer reagiert auf optische Reize intensiv, was sich in seinem Tagebuch z.B. beim Tragen einer Sonnenbrille oder bei seiner harmonischen Anordnung der Farben beim Wäscheaufhängen widerspiegelt.

Zweifelos die Königin der Ästhetik ist Amina. Ihr gesamtes Tagebuch ist voll von Erlebnissen dieser Art. Nur selten führt ihre sensible Wahrnehmung zu inneren oder äußeren Konflikten, wie z.B. bei Entscheidungsschwierigkeiten beim Einkaufen oder Unstimmigkeiten mit ihrem Partner beim perfekten Aufhängen von Bildern. Vorherrschend sind dagegen fast jeden Tag sehr schöne Gefühle beim Erleben von Farben, Kleidung, Musik und Schönheit, die auch als ein Geheimnis ihrer positiven Gesundheit gedeutet werden können.

Beruf(ung)

Unser Beruf «frisst» gewöhnlich einen großen Teil unseres Zeitkuchens auf. Umso wichtiger ist es, einen Beruf und Job zu finden, der uns erfüllt und im besten Fall eine «Berufung» ist. Im Lebenslauf kann die intensive Suche von Hochsensiblen zum Finden der Berufung führen.

Aus der Literatur wissen wir, dass es für hochsensible Menschen nicht immer einfach ist, sich in einer modernen Berufswelt zurechtzufinden und zu behaupten, die von Stress und Hektik geprägt ist, die vor allem durch die Digitalisierung auch noch ständig beschleunigt wird.

In unserer Studie finden wir Belege für beiden Pole des Erlebens - sowohl eines intensiven Stresserlebens, einhergehend mit Fragen nach Sinn und Heimat im aktuellen Job - als auch für das Suchen und Finden von Erfahrungen, die als Berufung sehr erfüllend wirken können.

Dabei lassen sich vier Erfahrungswelten beobachten: Manche Teilnehmer nehmen starken Schattenseiten wahr, die sie herausfordern. Andere Akteure haben schon grundlegende Transformationen hinter sich, was sie meist vor neue Herausforderungen stellt.

Manche Teilnehmerinnen stehen möglicherweise kurz vor einer beruflichen Neuausrichtung, weil alte Muster nicht mehr als befriedigend erlebt werden. Und zwei Teilnehmerinnen bieten ein glückliches Zeugnis hinsichtlich ihrer Berufungsfindung im Laufe des Tagebuchjahres.

- Zur Gruppe der aufmerksamen und kritischen Beobachter speziell des sozialen Geschehens gehören Ayana, Birk und Willi, was alle sehr nachdenklich zurücklässt. Ayana kommen die Tränen beim Wahrnehmen beruflicher Ungerechtigkeiten. Birk berichtet von dauerlästernden Kolleginnen und Negativität, der er sich zu entziehen versucht. Auch Willi fühlt sich eher fremd unter Kollegen mit anderen Werten. Seine Sensibilität erlebt er auch in einer Szene, wo er von Vorgesetzten scharf angegriffen wird, was bei ihm in der nächsten Nacht zu «starkem Schüttelfrost und Fieber» führt.

- Zur Gruppe der Transformierten gehören Fleur und Sophus. Fleur hat bereits ihren alten Beruf aufgegeben, was ein wichtiger Schachzug in die richtige Richtung zu sein scheint. Allerdings ist Fleur von ihrem aktuellen Job auch extrem gestresst. Hoffnung macht der Abschluss ihres Studiums mit neuen Möglichkeiten. Sophus hat den umgekehrten Weg von seiner Selbständigkeit zum Angestelltensein gewählt und erlebt dort auch sehr stressige Herausforderungen.

- Zur Gruppe der Frustrierten gehören Isabel und Amina. Beide artikulieren immer wieder Zweifel, ob sie sich im richtigen Film befinden. Isabel reflektiert:

«Wenn ich über Beruf und Berufung nachdenke, dann liegt mir dieses Thema schwer im Bauch. Manchmal glaube ich, dass ich mich früher oder später selbständig machen muss, um Erfüllung und Spaß bei der Arbeit zu erfahren. Ich möchte einer Berufung nachgehen, die mit speziellen Werten, Wünschen und Träumen verbunden ist. Als Hochsensible spüre ich sie tief in meinem Herzen». Amina stößt auch an Grenzen in ihrem aktuellen Job, wo sie sich einsam und fremd fühlt und nach Alternativen sucht: «Warum bin ich hier? Welche Aufgabe habe ich in der Welt? Ich fühle mich hier nicht wohl, einsam, getrieben vom Alltag - mit dem Gefühl, nicht in die Muster zu passen».

- Zur Gruppe der Neuberufenen gehören Amelie und Ayana. Sie haben beide einen Meilenstein ihrer Ausbildung gemeistert und schauen in die Zukunft. Amelie fragt sich: «Wie geht's weiter? Mit dem großen Ziel der Selbständigkeit vor Augen (Wert der Freiheit und Kreativität) habe ich einen Plan für den weiteren Weg entworfen». Und Ayana fühlt am Ende des Jahres ihre «Herzensberufung: Ich spüre aus meinem tiefsten Inneren, dass ich hier bin, um Menschen in ihrer inneren Kraft zu begleiten».

Bilanzierend ist festzuhalten, dass das sensible Suchen von Hochsensiblen ihre Glückschancen signifikant erhöht, nicht nur einen passenden Beruf oder Job zu finden, sondern auch eine Berufung. Oft führt der Weg in die Selbständigkeit.

Beziehungen

Hochsensibilität kann sich in Beziehungen besonders stark bemerkbar machen, was in der Natur der Sache liegt, denn Empathie gehört zu den größten Stärken von Hochsensiblen. Dabei gibt es mit dem empathischen Hochsensiblen sogar einen speziellen Typen. Hierbei handelt sich um Menschen, die oft in sozialen Berufen anzutreffen sind, was bei unserer Stichprobe auch der Fall ist, da die Akteure entweder Psychologen oder Life Coaches sind.

So wundert es nicht, dass in den Tagebüchern mehr als die Hälfte aller Eintragungen um das Thema Beziehung ranken, die sich auf sechs Kategorien verteilen. Zwei Kategorien sind in separaten Abschnitten zu finden, nämlich im vorherigen Abschnitt zum Berufsleben und in späteren Abschnitten zur Selbstreflexion. In diesem Abschnitt geht es um das Sozialleben in der Öffentlichkeit, um Familie, Freunde und Partnerschaft einschließlich Sexualität.

Dabei verteilen sich die 440 Tagebuch-Einträge unterschiedlich in folgender Reihenfolge: Selbsterleben (126), Berufsleben (90), Sozialleben (77), Familie (63), Partnerschaft (47) und Freunde (37). Beginnen wir mit den entferntesten Beziehungen und nähern uns den immer intimeren Erfahrungen. Hierbei zeigt sich der auffällige Trend, dass Beziehungen tendenziell um so positiver erlebt werden, je stärker die eigene Hochsensibilität ausgeprägt ist.

Sozialleben

Bei der Kategorie «Sozialleben» ging es darum, Begegnungen zu notieren, die im öffentlichen Raum stattfinden. Diese Kategorie wurde von allen Teilnehmern mehr oder weniger genutzt. Wie von der Literatur vorausgesagt, sind solche Erlebnisse für hochsensible Menschen oft eine ambivalente Herausforderung.

Beispiele von Hochsensiblen dritten Grades sind Lara, die das Großstadtleben als so stressig erlebt, dass sie sogar regelmäßig auf ihre (fast) einsame Insel flüchtet, und Isabel, die selbst im Urlaub angesichts vieler Menschen gestresst ist. Als Spezialist der Kategorie Sozialleben kann Colbert genannt werden, der diverse Szenen in der Öffentlichkeit in seinem Tagebuch beobachtet, was er im Interview mit den Worten «Ich bin ein relativ aufmerksamer Mensch» kommentiert. Seine ausgeprägte Sensibilität im öffentlichen Raum führt auch zu positiven Momenten, z.B. wenn er sich über eine «wunderschöne Melodie im U-Bahnhof» freut.

Beispiele von Hochsensiblen zweiten Grades sind Amelie, Sophus und Elise. Während Amelie (z.B. bei einer Messe und einem Zeltfest) und Sophus (z.B. im Restaurant und in der Sauna) sehr ambivalente Erfahrungen reflektieren, findet sich bei Elise auch eine außergewöhnlich intensive Begegnung in der Vorweihnachtszeit in der U-Bahn mit einem Obdachlosen voller Mitgefühl in einem «Akt der Nächstenliebe», was bei ihr «Gänsehaut und Tränen in den Augen» auslöst. Elises Empathie ist so stark, dass sich das Erleben wie ihr «eigener Schmerz» anfühlte.

Beispiele von Hochsensiblen ersten Grades sind schließlich Amina, Louisa und Willi. Amina erinnert sich im Interview sogar noch an Kindheitserlebnisse, wie sie Elise geschildert hat. Die meisten sozialen Eintragungen finden sich bei Louisa (17) und Willi (16). Während für Louisa die Wahrnehmungen von gesellschaftlichen Erfahrungen oft wie eine Qual anmuten (wie z.B. im Hotel, Stadion, Supermarkt oder bei Konzerten), denen sie sich allerdings auch mit Ausnahme des Krankenhauses immer wieder mehr oder weniger freiwillig aussetzt, sind die Erfahrungen von Willi jenseits des Klinikaufenthalts, wo es auch Lichtblicke wie die liebevolle «Schwester Petra» gibt, teils sehr positiv, wie z.B. «Freudentränen» angesichts eines Elfmeterschießens.

Große – geradezu symptomatische – Gemeinsamkeiten offenbaren Louisa und Willi bei den intensiven Beschreibungen ihrer Krankenhausaufenthalte. Dieser Ort und die professionellen «Helfer» werden von beiden stark inhuman wie in einer Fabrik oder einem Gefängnis erlebt, wo auf hochsensible Menschen keine Rücksicht genommen wird. Sollte dieser Ort nicht die Gesundung fördern?

Freunde

Die Kategorie Freunde war eine Einladung, das Erleben von Freundschaft zu reflektieren. Es handelt sich um die am wenigsten frequentierte Kategorie. Zwei Befunde springen ins Auge: Einerseits hat die Hälfte aller Akteure zu diesem Thema gar keine Eintragungen hinterlassen, andererseits berichten die anderen Akteure eher von kritischen Erfahrungen - lediglich zwei Hochsensible ersten Grades feiern das Geschenk der Freundschaft mit positiven Energien.

Ein markantes Beispiel vom hochsensiblen Erleben dritten Grades bietet Fleur. Sie berichtet von einer Freundin, die kein Verständnis für ihre Hochsensibilität aufzuweisen scheint, was Fleur bedrückt. So stellt sich die Frage, ob solche Freundschaften überhaupt noch Zukunft haben.

Einen Beitrag von Hochsensiblen zweiten Grades zum Thema Freundschaft gibt es bei Amelie. Sie berichtet von einer Freundin, mit der sie die Lust am Naturwandern teilt.

Freundschaftsbeispiele von Hochsensiblen ersten Grades gibt es von allen vier Kandidaten - teils ambivalent, teils stärkend. Eher ambivalent sind die Beispiele von Amina, die von ihren Freunden wenig Verständnis dafür bekommt, dass sie keinen Alkohol mag, und von Louisa, die das Schicksal einer Freundin, die im Krieg in der Ukraine weilt, stark mitnimmt.

Was Freundschaft für stark hochsensible Menschen im besten Fall bedeuten kann, offenbaren Ayana und Willi. Das positive Erleben ihrer Freundschaften kommt bei Ayana immer wieder zum Vorschein, z.B. als sie Silvester in Abwesenheit ihres Partners mit einer Freundin verbringt, «in der Natur, Kakao trinkend, gemeinsam das alter Jahr reflektierend und Wünsche für das neue Jahr teilend». Und für Willi ist sein «Lebensfreund», mit dem er eine fast 50-jährige Freundschaft teilt, immer wieder eine zentrale Stütze in seinem Leben.

Familie

Die Frage, wie sich Hochsensibilität in der Familie auswirkt, kann jenseits von Partnerschaft unter zwei Perspektiven beleuchtet werden: Einerseits geht es um das hochsensible Erleben unserer Akteure gegenüber ihren eigenen Eltern, andererseits um ihre eigene Rolle als Eltern.

Die Beschäftigung mit den eigenen Eltern ist in der Studie eher Gegenstand bei den jüngeren Teilnehmern. Hier scheint auffällig, dass es fast ausschließlich um Beziehungen zu den Vätern geht. Beispiele dafür sind Elise und Ayana. Beide investieren viel in eine gute Vater-Beziehung und haben auch zwischenzeitlich Erfolg, doch am Ende des Jahres sind sie eher ernüchtert. Elise verarbeitet die Enttäuschung erfolgreich, indem sie versucht, ihren eigenen Weg zu gehen. Ayana gibt die Hoffnung nicht auf und würdigt «heilsame Erfahrungen».

Bei den älteren Teilnehmern der Lebensmitte ist die Perspektive naturgemäß eher auf die Erscheinungen des Alters der Eltern gerichtet. Eher melancholisch wird Sophus beim Erleben seines Vaters: «Mir ist bewusst geworden, dass es meinen Vater so, wie ich ihn früher erlebt habe, kaum bis gar nicht mehr gibt». Ein anderes Beispiel ist Louisa, deren Hochsensibilität nach ihrer Aussage vor allem von ihrem Vater stammt. Sie ist die einzige in der Stichprobe, die auch die Mutter reflektiert, und zwar aus einer eher kritischen Perspektive, die sich auch aus deren Persönlichkeit ergibt, die als wenig sensibel erlebt wird.

Und wie erleben die Eltern in der Studie ihre Kinder? Obwohl nur ein Drittel der Teilnehmer eigene Kinder hat, sind entwicklungspsychologisch praktisch alle möglichen Konstellationen vertreten: Isabel ist Mutter eines Sohnes im Kindergartenalter. Sophus ist Vater einer Tochter, die zur Grundschule geht. Louises Tochter ist ein pubertierender Teenager in der Oberschule. Und Willis zwei Kinder sind schon fast erwachsen mit ihrem Abitur beschäftigt.

Ausgehend von der Literatur kann man davon ausgehen, dass für hochsensible Menschen das Erleben ihrer Elternschaft besonders intensiv wahrgenommen wird. Anzeichen dafür finden sich bei allen Eltern in der Studie - allerdings mit unterschiedlichen Emotionen. So berichtet Isabel von ihrem empathischen Erleben, als ihr Sohn im Kindergarten von einem anderen Kind verletzt wird. Im Gegensatz zu ihrem Partner ist Isabel davon «noch tagelang» tangiert. Ganz anders erlebt Louisa ihre alles andere als sensible Tochter. Das Verhältnis ist Dauerbrenner latenter Spannungen und offener Konflikte. Demgegenüber ist die väterliche Beziehung von Sophus und Willi zu ihren Kindern von einer tiefen Liebe geprägt, die in ihrer sehr starken Intensität sicher auch Ausdruck ihrer eigenen Hochsensibilität ist.

Bleibt noch die Frage nach den eigenen frühkindlichen Erfahrungen unserer Teilnehmer - erinnern wir uns: Nach Aron ist ein typisches Merkmal von Hochsensiblen ihre «schwierige Kindheit». Beeindruckende Antworten zu der Frage und These offenbaren die Interviews.

So gibt es unter den 12 Teilnehmern der Studie mit Ayana, Elise, Lara, Louisa, Sophus und Willi sechs Scheidungskinder, die - mit Ausnahme von Ayana - die Trennung der Eltern schon in der frühen Kindheit erleiden mussten. Zusätzlich erlebte Louisa «Missbrauchserfahrungen» sowie eine «traumatische Gewalttat». Schließlich starb Aminas Mutter schon in ihrer Kindheit, so dass mit ihr auch noch eine siebente Hochsensible gewiss eine «schwere Kindheit» hatte.

Nur eine Minderheit von fünf Akteuren erlebte keine Trennung - darunter mit Isabel, Fleur und Colbert drei Hochsensible mit der schwächsten Ausprägung.

Partnerschaft

Im Erwachsenenleben ist eine Partnerschaft die intimste Beziehung, die Menschen eingehen können. Im ersten Drittel des Buches widmeten wir Fragen von Partnerschaft und Sexualität bereits eine besondere Aufmerksamkeit, die im letzten Drittel des Buches empirisch vertieft wird.

Welche sozialen Erfahrungen machen unsere hochsensiblen Akteure in ihrer Partnerschaft? Obwohl es ein sehr persönliches Thema ist, hatten die meisten Teilnehmer den Mut, einen vertieften Einblick zu geben, einige sogar auch zu ihrem sexuellen Erleben. Alle acht Frauen der Studie hatten im Tagebuchjahr einen Partner, wobei Lara eine Trennung erlebten musste. Von den vier Männern befand sich nur Birk in einer festen Beziehung, während Sophus und Willi eine starke Trennungserfahrung teilen, wobei sie bei Sophus auch ins Jahr der Studie fiel. Colbert gibt an, sich in bisexuellen Beziehungen zu befinden.

Bei der Interpretation der Befunde können wir aus drei Datenquellen schöpfen, aus den schriftlichen Dokumentationen der Tagebücher, aus den mündlichen Interviewreflexionen und aus Antworten zur partnerschaftlichen Zufriedenheit im Fragebogen. Dabei zeigen die Daten ein differenziertes Bild. Im Fragebogen geben fast alle Befragten hinsichtlich der Zufriedenheit mit ihrer Partnerschaft und Sexualität hohe Werte an. Aus den Tagebüchern ergibt sich teilweise ein ambivalentes Bild, was in den Interviews positiver gzeichnet wird.

Schauen wir uns zuerst die Tagebücher etwas genauer an. Fast alle weiblichen Teilnehmerinnen sind mit einem nicht-hochsensiblen Partner zusammen, was manchmal auch zu Konflikten führt. So berichten die hochsensiblen Frauen von stressigen Situationen, die z.B. dadurch entstehen, dass sich ihre Partner sehr laut, unsensibel oder extrem extrovertiert verhalten. Manchmal münden diese Konflikte auch in Streit und Tränen. Letztere sind auch reichlich vorhanden, wenn es zur Trennung kommt, wie bei Lara - die über die Tage danach schreibt, die für sie so schlimm waren, dass sie sich die Augen «ausweinte».

Dennoch zeigen die Konstellationen aller weiblichen Hochsensiblen, die mit nicht so sensiblen Partnern zusammen sind, beachtliche partnerschaftliche Zufriedenswerte von 83%. Als Schlüssel für den Erfolg wird in den Interviews gegenseitige Toleranz gesehen.

Es gibt aber auch zwei Hochsensible in der Studie, die in einer hochsensiblen Partnerschaft leben. Hier ist die partnerschaftliche Zufriedenheit beim maximalen Traum-Wert von 100%, was eine wundervolle Botschaft ist, die auch von Sophus gestärkt wird, deren Trennung von seiner Partnerin an äußeren Hindernissen, aber nicht an ihrer Hochsensibilität lag, denn sie sei «wahrscheinlich die tollste Frau, die mir bisher über den Weg gelaufen ist».

Bleiben mit Ayana und Birk zwei außergewöhnliche Beispiele von intensiven hochsensiblen Partnerschaften, die von den Akteuren nicht nur in den schönsten Farben geschildert wird, sondern als einzige auch mit Einblicken in ihr erfülltes Sexualleben. Ayana erlebt «heiligen Sex» in tiefer Liebe: «Ich bin so glücklich in meiner Partnerschaft. Danke, dass ich erfahren darf, wie es sich anfühlt, von einem Mann bedingungslos geliebt zu sein». Birk schwärmt ebenfalls von der intensiven Liebe zu seiner Partnerin, die das ganze Leben «überstrahlt»: «Und so können wir sagen, dass unsere Sexualität nichts anderem dient, als unsere Liebe und Lebendigkeit zu feiern. Meine Frau und ich sind unglaublich aufeinander abgestimmt und miteinander verbunden. Es ist fast schon magisch, wie sehr wir eins sind».

Digitalisierung

Das Thema Technik und Digitalisierung war nicht Gegenstand der Kategorien, welche die Autoren im Angebot hatten, um ihre Einträge zu kategorisieren. Es gab jedoch eine offene Rubrik für alle weiteren Gedanken, die nicht in das vorgegebene Raster fielen. Und so kam es, dass einige hochsensible Teilnehmer sich auch mit diesem Thema beschäftigten.

Bevor wir uns diesen Befunden widmen, lohnt es sich, in einem kleinen Exkurs der Frage nachzugehen, warum es Zusammenhänge zwischen Hochsensibilität und Technikerleben geben könnte. Antworten auf die Frage bieten brillante Ausführungen der Autorin Eliane Reinhardt. In ihrem Buch «Hochsensibel. Wie Sie Ihre Stärken erkennen und Ihr wirkliches Potenzial entfalten» (2016) unternimmt sie eine technische Zeitreise der letzten Jahrzehnte, die uns eine Ahnung davon gibt, warum die Beschäftigung mit dem Thema Hochsensibilität heutzutage immer mehr zunimmt. Hier eine Zusammenfassung der wichtigsten Punkte:

- Bis 1960 gab es nur wenige Haushalte, die einen (Schwarz-Weiß-) Fernseher hatten, noch weniger besaßen ein Telefon, auch ein Auto konnte sich kaum jemand leisten. Es gab noch viel mehr Verbindungen zur Natur und damit auch zur Stille. Das Leben der Menschen war wesentlich reizärmer als heute.

- Bis 1970 war das Leben auch noch recht beschaulich, doch die Konsumgesellschaft begann langsam zu wachsen. Die Zahl der Autos verdreifachte sich, ähnlich verlief es mit Haushaltsgeräten wie Waschmaschine und Kühlschrank. Während der materielle Wohlstand stieg, begann Ende der 60er-Jahre die Kulturrevolution der «68er»-Zeit.

- Bis 1980 gab es kulturkritische Entwicklungen wie die Studenten-, Frauen-, Friedens- und Umwelt-Bewegung, zugleich begann aber auch das Fast-Food-Zeitalter, und der materielle wie auch technische Wohlstand wuchs weiter.

- Bis 1990 gab es mit der «Null-Bock»- und «No future»-Generation Ausdrucksformen von Müdigkeit und Zukunftsängsten sowie immer weniger Sinnerleben. Fast jeder Haushalt verfügte inzwischen über die genannten materiellen Dinge in mehrfacher Ausführung, ferner über Plattenspieler, Fotoapparate, Videorekorder und einige auch schon über die ersten Computer. In den großen Städten entstanden erste «Shopping-Center». Diagnosen wie ADHS wurden zunehmend häufiger gestellt und auch die Zahl der Allergien, vor allem bei Kindern, nahm drastisch zu. Ein Zwischenfazit der Autorin: «Die Welt wird immer lauter, bunter und schneller, die Sinne von Hochsensiblen immer stärker gefordert».

- Bis 2000 ging die dynamische Entwicklung insbesondere der Computertechnologie weiter, die Wiedervereinigung Deutschlands führte zum Beginn der Globalisierung. Die Medienpräsenz wuchs, uns erreichten täglich Nachrichten von Kriegen etc. aus aller Welt, niemals zuvor hatte es eine solche Informationsflut gegeben. Ende der 90er-Jahre gab es etwa 16 Millionen Computer in deutschen Haushalten, in jedem zwölften Haushalt sogar schon ein Mobiltelefon. Die Zahl von psychosomatischen Erkrankungen stieg sprunghaft an.

- Im 21. Jahrhundert begann das Zeitalter der «sozialen» Netzwerke, eine Erfindung jagte die nächste im Internet: 2001 Wikipedia, 2004 Facebook, 2005 Youtube, 2006 Twitter, 2007 Smartphone und so weiter und so fort. Forschungen zu psychischen Auswirkungen stehen angesichts der ständigen «App-Lenkung» noch am Anfang. Ohne Computer sind die meisten Berufe nicht mehr möglich, die Menschen sind jederzeit mobil über Handy erreichbar. WLAN-Partys, bei denen sich Jugendliche treffen, um stundenlang zu «daddeln» (Online-Spiele spielen) sind Normalität, so wie auch Kinder meist schon ein eigenes Mobiltelefon besitzen. Alle Sinne werden heute permanent «gefordert, ja überfordert».

- Fazit von Eliane Reinhardt (2016): «Innerhalb der letzten 50 Jahre hat sich unsere Gesellschaft, unsere Lebensform komplett gewandelt. Ein derartiger Wandel in einer so kurzen Zeit hat in der Menschheitsgeschichte noch niemals stattgefunden, und er hat tiefgreifende Auswirkungen». Aus der Sicht der Autorin gilt das grundsätzlich für alle Menschen, jedoch besonders für Hochsensible: «Die Dynamik der Konsumgesellschaft hat ungeahnte Ausmaße angenommen. Mittlerweile betrifft sie alle Lebensbereiche und bei genauer Betrachtung der Persönlichkeitsmerkmale von Hochsensiblen ist es kein Wunder, dass sie verstärkt den Eindruck haben, mit ihnen sei etwas nicht in Ordnung».

In unserer Studie thematisierte genau die Hälfte der Teilnehmer technische Fragen in ihren Tagebüchern. In den Interviews wurden alle Teilnehmer zum Thema befragt. Bei der Analyse der Ergebnisse lohnt sich (in Analogie zur technischen Zeitreise) auch die Frage zu beachten, aus welcher Generation die Befragten stammen bzw. wie sie mit Technik aufgewachsen sind:

- Aus der Generation Z (1995-2010) gibt es sieben Akteure: Amelie (2000), Elise, Birk und Colbert (alle 1999), Ayana (1997), Fleur (1996) und Amina (1995).

- Aus der Generation Y (1980-1994) gibt es zwei Akteure: Lara und Isabel (beide 1991).

- Aus der Generation X (1965-1979) gibt es drei Akteure: Louisa (1976), Sophus (1974) und Willi (1967).

- Erleben und Umgang mit der Technik und Digitalisierung unterscheidet sich bei unseren hochsensiblen Personen sowohl zwischen als auch innerhalb der Generationen:

In der Generation Z ist für die Mehrheit der Studienteilnehmer die Technik kein Thema, was in den Interviews transparenter wird: Der am wenigsten sensible Teilnehmer Colbert outet sich sogar als «Fan» der Technik, der die Digitalisierung für einen «Segen» hält und bekennt: «Ich digitalisiere alles». Fleur sieht ebenso die positiven Seiten der Digitalisierung, fühlt sich jedoch durch die ständige Erreichbarkeit gestresst. Birk stresst die Digitalisierung zwar nicht, allerdings sei er auch wenig auf social media aktiv. Und Elise erklärt, dass sie mit der Digitalisierung und Technik gut zurechtkomme, manchmal jedoch «Beklemmungen» spüre.

Es gibt aber auch drei der sieben «Generation Z»-Teilnehmerinnen, welche Technik in ihren Tagebüchern thematisieren, wobei Amelie (5), Amina (3) und Ayana (1) auch zu den «Top 5» Hochsensiblen der Studie gehören. Amelie als jüngste Teilnehmerin sinniert nachdenklich: «Jeder Atem ist draußen voller neuer Energien und Kreativität, während man nach einem langen Tag vor dem Laptop wohl kaum mehr an Kreativität und Erschaffungsgeist verfügt. Was mir dabei am meisten schadet, ist dieses kleine Ding namens Smartphone. Es fällt mir manchmal schwer, mich davon zu trennen. Meist übermannt mich die Versuchung, wenn ich bereits müde und erschpft bin. Danach bin ich noch erschöpfter, überfordert und auch ein wenig deprimiert. Denn all die wunderschönen Sachen sind dort kaum erreichbar. Durch mein Bewusstsein habe ich es aber in den letzten Jahren immer besser geschafft, mich nicht davon beherrschen zu lassen». Im Interview ergänzt Amelie, dass sie auf diesem Weg «immer wieder Grenzen setzen muss». Auch bei Amina gibt es Hinweise in den Tagebüchern, dass sie durch Technik gestresst werde: «Viele WhatsApp-Nachrichten setzen mich unter Druck». Im Interview erläutert sie, dass sie privat zunehmend das Interesse an medialen Verbindungen verliere. Um Computer komme sie bei der Arbeit aber nicht herum, was sie «sehr stresst».

Ayana als die hochsensibelste Studienteilnehmerin hat sich trotz ihres jungen Alters besonders intensiv mit der Technik auseinandergesetzt. Sie wird im Tagebuch gleich dreifach erwähnt. Im Frühling berichtet Ayana: «Heute habe ich das Kloster nach 14 Tagen verlassen und das erste Mal wieder das Handy eingeschaltet. Als das Gerät noch ausgeschaltet vor mir lag, spürte ich schon eine Unruhe in mir aufkommen. Mir wurde bewusst, wie sehr die Technik uns vereinnahmen kann und uns fast schon unter Kontrolle hat - statt andersherum». Im Sommer reflektiert Ayana: «Zurzeit bringt mich die rapide Entwicklung der Technik zum Nachdenken. Ich habe den Eindruck, dass wir uns durch einen falschen Gebrauch mehr und mehr von uns selbst entfernen. Einen bewussten Umgang sehe ich als überlebensnotwendig, um uns nicht zu verlieren». Im Herbst bemerkt Ayana, dass sie sich am «Unnatürlichen» der Technik störe: «Selbst eine Lampe mit einem bläulich-grellen Licht empfinde ich als sehr unangenehm». An Ende eines handyfreien Tages fühle sie sich «viel erfüllter und satter».

Aus der Generation Y gab es nur zwei Teilnehmerinnen. Lara, bei der die Digitalisierung und Technik kein Thema im Tagebuch ist, äußert sich auch im Interview zumindest nicht kritisch darüber, bemerkt aber, dass sie dabei «immer up to date sein muss». Demgegenüber notiert Isabel in ihrem Tagebuch: «Ich stehe der immer größer werdenden Digitalisierung negativ entgegen. Dadurch verlernen wir viel. Unsere synaptischen Vernetzungen verkümmern. Ich versuche deshalb so gut es geht, die Technik nicht zu sehr mein Leben bestimmen zu lassen». Im Interview vertieft sie ihre Erlebnisse: «Die Technik löst bei mir befremdliche Gefühle aus. Das Miteinander bleibt auf der Strecke». Isabel findet es auch «unbegreiflich», wie rasant die technischen Entwicklungen voranschreiten. Das gehe nicht mehr lange gut, wie Phänomene wie Burnout zeigen würden.

Auch aus der Generation X gab es drei Studien-Akteure. Besonders bemerkenswert sind die Ausführungen von Sophus, der die Technik in seinem Tagebuch zwar jenseits der Kopfhörer nicht erwähnt, doch im Interview ausführt: «Früher war ich ein Technik-Fan. Heute möchte ich am liebsten den ganzen Scheiß rausschmeißen, denn ich brauche das alles nicht». Louisa berichtet im Tagebuch von ohnmächtigen Momenten im Umgang mit der Digitalisierung: «Ich probiere die Technik für das Meeting aus und stelle fest, dass sie nicht funktioniert. Wie oft in solchen Situationen steigt Panik in mir auf - und ich kann diese Probleme nicht lösen. Ich klicke alles an, doch ich schaffe es nicht. Es ist sehr unangenhm für mich und ich komme mir schlecht vor». Im Interview bekräftigt Louisa ihren Dauer-Stress durch die Digitalisierung.

Willi als der älteste Teilnehmer in der Studie macht fast täglich dieselben Erfahrungen wie Louisa – drei Beispiele zum Abschluss: «Zum Teufel mit der Technik! Schon im Krankenhaus hatte ich Probleme, den Laptop aufzuladen, um als Handyloser Kontakt mit der Außenwelt zu haben. Nun will ich meinen Dienstlaptop anschalten, offenbar ist das Ladekabel kaputt. So kann ich heute leider nicht arbeiten». Ähnlichen Galgen-Humor gibt es an einem anderen Tag:

«Abermals auf Kriegsfuß mit der Technik – nachdem mein Wasserglas über der Tastatur auskippte, gab der Laptop seinen Geist auf. Vielleicht sollte das so sein und es tut mir temporär sogar gut». Am Ende geht es Willi wie Sophus: «Wieder einmal erlebe ich große Ohnmacht gegenüber der Technik sowie Wut auf alle Menschen, die uns von ihr abhängig machen. Wenn Du ein Problem hast, dreht sich die Digitalisierung im Kreise, menschliche Begleitung Fehlanzeige. Ich träume von einer Zeit, in der ich aus aller Technik aussteige, weil ich sie nicht brauche». Das Jahr endet mit dem verzweifelten Hinweis und Hilferuf, «in den Mailfluten zu ertrinken».

Summa summarum mögen die technischen Kompetenzen tendenziell vom Alter abhängen - eine Medienkompetenz im Sinne eines kritischen Bewusstseins der rasanten Entwicklungen samt ihrer Folgen ist zumindest bei allen vorhanden, die sich eine hohe Sensibilität bewahrt haben.

Gesundheit

Kommen wir zu einer Schlüsselfrage, die direkt oder indirekt mitzuschwingen scheint, wenn es um Hochsensibilität geht: Wie wirkt sich eine sensible Seinsweise auf die Gesundheit aus? Das Spannungsfeld dieser Diskussion spiegelt sich oft im Kontrast von Polen wider, wie z.B.:

- Belastung oder Befähigung?
- Hypothek oder Geschenk?
- Schwäche oder Stärke?
- Schatten oder Licht?
- Fluch oder Segen?
- Frust oder Lust?

Auf der Suche nach Antworten bieten sich zwei unterschiedliche Wege der Analyse an – zum einen die Selbstreflexionen der Akteure in den Tagebüchern und Interviews, zum anderen die Auswertungen der zahlreich eingesetzten Fragebogen-Diagnostika.

Qualitative Befunde

Die Tagebuch-Methodik, bei der die Befragten einen Eintrag zu einer Rubrik unternehmen, wenn sie gerade eine Erfahrung machen, die mit ihrer Hochsensibilität zu tun hat, bringt es mit sich, dass entsprechende Notizen in der Regel dann erfolgen, wenn sich gesundheitliche Störungen bemerkbar machen – ausgehend von der Annahme, dass Gesundheit als normal vorausgesetzt wird und erst Abweichungen berichtenswert scheinen.

In diesem Sinne ist die Tatsache, dass das Thema Gesundheit unter den zehn Tagebuch-Rubriken insgesamt nur auf dem achten Platz landete, bereits ein erstes Indiz dafür, dass ein negatives Erleben in Bezug auf die Gesundheit bei

Hochsensiblen kein allzugroßes Problem sein könnte. 54 Einträge von 12 Personen in neun Monaten bedeuten, dass die Befragten im Durchschnitt nur in jedem zweiten Monat eine gesundheitliche Wahrnehmung artikulierten.

Dieser Wert relativiert sich auch noch durch die Tatsache, dass mit Louisa, Colbert und Willi drei Personen während des Zeitraums im Krankenhaus waren (aber nicht primär wegen ihrer Hochsensibilität), die allein die Hälfte aller Einträge zum Aspekt der Gesundheit ausmachen - ihre gesundheitliche Zufriedenheit liegt bei 3 von 7 Punkten, der Rest der Gruppe bei 5.8 Punkten.

Während die Krankenhausaufenthalte der drei genannten Personen jeweils auf konkrete Anlässe zurückzuführen sind (Armbruch, Rückenschmerzen und Darm-OP), haben gesundheitliche Eintragungen der übrigen Befragten meist mit Stress und seinen Folgen zu tun, wie z.B. Kopfschmerzen. Aufschlussreicher sind die Ausführungen der Hochsensiblen in den Interviews auf Nachfrage, wie sie das Untersuchungsjahr gesundheitlich erlebt haben. Hier sind vier Gruppen auffällig:

- Eine Gruppe (Ayana, Elise), die ihre Gesundheit «sehr positiv» sieht.

- Eine Gruppe (Amelie, Amina, Isabel, Birk und Sophus), die ihre Gesundheit auch «gut» einschätzt und zugleich darauf hinweist, dass sie früher anfälliger waren - manche litten unter dem Image, «bei jedem Wehwechen» als krank wahrgenommen zu werden. Gründe für die positive Entwicklung werden vor allem in bewussten Lebensstilen basierend auf einem hochsensiblen Bewusstsein gesehen.

- Eine Gruppe (Fleur und Lara) mit einer gemischten Wahrnehmung, die sich in Ambivalenzen von Labilität und Vulnerabilität neben positiven Erfahrungen zeigen, bzw. die trennungsbedingt schwierige Phasen erlebten.

- Eine Gruppe, die aufgrund von Krankenhauserfahrungen gravierende gesundheitliche Handicaps und entsprechende Herausforderungen bewältigen musste (Louisa, Colbert, Willi).

Besonders die zweitgenannte Gruppe ist bemerkenswert – fast jede zweite Person nennt positive Veränderungen der Gesundheit nach Bewusstwerdung der Hochsensibilität und Massnahmen zum eigenen Schutz. So gesehen sind die folgenden quantitativen Befunde vielleicht wenig überraschend - auch wenn sie gängigen Vorurteilen stark widersprechen.

Quantitative Befunde

In unserer Studie wurden zahlreiche Skalen eingesetzt, die entweder direkt oder indirekt Aufschluss über psychische Gesundheitszustände geben. Bei den indirekten Konstrukten handelt es sich um Merkmale, die nachweislich mit psychischer Gesundheit einhergehen:

- Kontrollerleben: Bei der Skala des Psychologen Rotter geht es um die Frage, ob wir uns als unser «Glückes Schmied» verstehen (internales Kontrollerleben) oder eher als ein «Rädchen im Getriebe» (external) bzw. «Spielball des Schicksals» (fatalistisch). Dabei gilt eine internale Kontrollüberzeugung als erstrebenswert, sie geht z.B. positiv mit Gelassenheit und negativ mit Hoffnungslosigkeit einher, bei externalen und fatalistischen Überzeugungen ist es genau umgekehrt. 11 von 12 Hochsensiblen unserer Studie haben mehr internale als externale Überzeugungen (die einzige Ausnahme ist Fleur). Mit anderen Worten: Eine große sensible Mehrheit von über 90% der Teilnehmer befindet sich hier im grünen Gesundheitsbereich.

- Wohlbefinden: Bei der 1-Item-Skala des Psychologen Fordyce wird danach gefragt, wie glücklich sich eine Person fühlt. Die Befragten können von 0% (extrem unglücklich) bis 100% (extrem glücklich) antworten. Ausgehend von Durchschnittswerten bei stark gestressten Menschen (43%), Umweltaktivisten (68%), Studierenden (74%) sowie Bergwanderern (82%) erreichen die Hochsensiblen einen sehr guten Wert von 73%.

- Zufriedenheit: Die Lebenszufriedenheits-Skala des Psychologen Fahrenberg erfasst zehn Lebensbereiche (Arbeit und Beruf, Finanzen, Freizeit, Freunde, Gesundheit, Kinder, Partnerschaft, Sexualität, Wohnung und die Zufriedenheit mit sich selbst). Möglich sind Skalen-Werte zwischen 1 (sehr unzufrieden) und 7 (sehr zufrieden). Gemessen an großen Norm-Stichproben liegt der Mittelwert bei 5.3, in unserer Studie bei 5.4, wobei die TOP-Ten-Hochsensiblen einen Wert von 5.6 haben. Wiederum zeigt sich, dass hochsensible Menschen überdurchschnitt gesund sind, denn Lebenszufriedenheit geht negativ mit Neurotizismus und Depressionen einher.

- Selbstwirksamkeit: Das Merkmal der Selbstwirksamkeit, gemessen mit einer Skala der Psychologen Schwarzer und Jerusalem, geht mit vielen Gesundheitsvariablen positiv einher, u.a. mit Resilienz, negativ mit körperlichen Beschwerden wie z.B. Erschöpfung. Internationaler Durchschnittswert auf einer vierstufigen Skala ist 2.9, unsere hochsensiblen Akteure haben einen Durchschnittswert von 3.1, wobei alle TOP-Ten-Teilnehmer zwischen 3.0 und 3.6 (Louisa) liegen. Auch diese Befunde sind ein weiterer Beleg für die psychische Gesundheit unserer hochsensiblen Akteure.

- Seelische Gesundheit: Eine weitere etablierte Skala hat Becker zur Messung der seelischen Gesundheit entwickelt. Sie geht positiv mit Lebenszufriedenheit und negativ mit Neurotizismus und Depressionen einher. Der Durchschnittswert der Bevölkerung liegt auf einer vierstufigen Skala (von 0 bis 3) bei 2.1 (Frauen 2.0 und Männer 2.2). Die acht Frauen und vier Männer in unserer Stichprobe erreichen den Wert von 2.1 (wobei er ohne den 1.0-Wert von Fleur etwas höher ausfallen würde).

- Liebesfähigkeit: Eine andere interessante Skala von Becker misst «Liebesfähigkeit» – hier geht es z.B. um Fähigkeiten wie «Ich kann einem anderen Menschen viel Liebe geben», «Ich kann mich in andere Menschen sehr gut einfühlen» oder «Es macht mir Freude, anderen behilflich zu sein». Der Durchschnittswert der Bevölkerung liegt auf einer vierstufigen Skala (von 0 bis 3) bei 2.0 (Frauen bei 2.1 und Männer bei 1.9). Die Hochsensiblen weisen einen überragenden Durchschnittswert von 2.5 auf und liegen damit eine ganze Standardabweichung über dem Normalwert – mit anderen Worten: Sie gehören zu der Gruppe der 16% Liebesfähigsten der Gesellschaft. Innerhalb der Gruppe gibt es noch höhere Werte, wie z.B. bei Amelie, Amina, Ayana, Elise, Fleur, Birk und Willi. So gehört die Mehrheit der Hochsensiblen zu den 10% liebesfähigsten Menschen der Gesellschaft.

- Positivität: Schließlich wurde mit einer eigenen «Positiv-Skala» noch die Ausprägung von zehn positiven Eigenschaften gemessen. Auch hier erreichten die hochsensiblen Akteure mit dem Gesamtwert von 75% den höchsten Wert bisheriger Gruppen, vor allem in den Dimensionen Dankbarkeit (83%), Spiritualität (80%) und Achtsamkeit (78%). Zum Vergleich: Gestresste Großstädter haben einen Positiv-Wert von 47%.

Fazit: In keinem einzigen der sieben untersuchten Merkmale sind die Werte der hochsensiblen Akteure bezüglich ihrer Gesundheit im unterdurchschnittlichen, sondern alle im «grünen» Bereich. Dabei liegen sie sogar mit mindestens einer positiven Eigenschaft weit über dem Bevölkerungsdurchschnitt: Hochsensible sind auffällig liebesfähiger als «normale» Menschen!

Naturerleben

Ein Ergebnis unserer Sichtung der bisherigen Literatur war die Erkenntnis, dass Hochsensible oft eine tiefe Liebe zur Natur erleben - sei es z.B. in den Bergen, im Wald oder am Wasser. Geht jedoch die Ehrfurcht vor dem Leben auch mit einem ökologischen Gewissen einher?

Bevor wir uns genauer anschauen, inwiefern die Natur in den Tagebüchern zum Ausdruck kommt, werfen wir einen Blick auf die Befunde unseres Berliner Hochsensibilitätstests hinsichtlich der Frage, wie stark sich die Befragten von einzelnen Naturphänomenen berührt fühlen.

Dabei ergab sich folgendes Ranking auf einer Skala von 0 (min.) bis 4 (max.):

- 1. Sonne 3.7 (92%)
- 2. Wasser 3.5 (88%)
- 3. Berge 3.0 (75%)
- 4. Wald 2.9 (73%)

Insgesamt waren manche Bewertungen sicher abhängig von der Chance, diese Elemente zu erleben – schließlich wohnt nicht jeder in der Nähe von Bergen. Trotzdem ist die Sonne als am meisten berührendes Element ein Phänomen: Unter den TOP-10-Hochsensiblen wird sie mit einer Ausnahme von allen Befragten als maximal berührend wahrgenommen. Einblicke in die Tagebücher erfolgen wiederum unterteilt nach Hochsensibilitätsgraden:

Unter den Hochsensiblen dritten Grades wird die Natur am seltensten genannt, sie ist weniger in der Stadt als im Urlaub, wobei die Urlaubsorte weit von der Heimat liegen. Colbert berichtet von «weißen Stränden» einer «wunderschönen Insel» im fernen Osten. Fleur und Isabel nennen den Urlaubsort nicht direkt, doch die Beschreibungen lassen darauf schließen, dass er nicht um die Ecke liegt. Gemeinsam ist den Befragten, dass sie die Natur in der Stadt vermissen. Das Stresserleben in der Großstadt führt bei Lara zu einem extremen Lebensstil – sie pendelt permanent von ihrer alten Heimat auf ihre Insel im Mittelmeer und wieder zurück, wobei sie die Natur auf der Insel genießt, so dass sie es am Flughafen kaum erwarten kann, «mit dem Flieger loszufliegen».

Bei den Hochsensiblen zweiten Grades liegt der Fokus viel stärker auf der Natur vor Ort. So berichtet Elise von einem magischen Erlebnis bei einem Ausflug ins Umland in der Nähe, der am Ende des Tages «Tränen vor Freude» auslöst. Sophus macht Ferien an der Nordsee auf seiner «Seeleninsel» und tankt Kraft auf «einsamen Spaziergängen» bei Wind und Wasser. Birk freut sich ebenfalls über die Natur in seiner Nähe, z.B. in der Mittagspause auf einer Bank am Waldrand. Amelie ist schließlich das Paradebeispiel täglichen Naturerlebens. Mit Bergen in ihrer Nähe erlebt sie naturnah, was sie in vollen Zügen genießt.

Ähnlich intensive Naturerlebnisse finden sich auch bei unseren Hochsensiblen ersten Grades. Willi freut sich auch in der Stadt sowohl über Zitronenfalter im Frühling als auch über Schnee im Winter, ferner über «Walk & Talk» im Grünen sowie «Sonne, Strand und Meer» im Urlaub an der Ostsee. Amina schwärmt von einem Urlaub auf Gomera («Ich kann gar nicht genug davon sehen») und Louisa leistet sich sogar mehrmals im Jahr eine Flugreise. Für Ayana ist die Natur heilig, die sie auf ihrer halbjährigen Reise im fernen Osten tief in sich aufsaugt - «die Natur ist mein Lehrer».

«Veggies»

Wie wir eindrucksvoll in den Tagebüchern nachvollziehen konnten, ist der Zugang zur Natur für hochsensible Menschen von besonderer Bedeutung. Alle scheinen die Natur zu lieben - wobei die Liebe allerdings nicht zwangsläufig in ein ökologisches Mobilitätsverhalten mündet.

Wie steht es mit dem Ernährungsverhalten: Können hochsensible Menschen Tiere essen? Auch zu dieser Frage finden wir in der Forschung eine Prognose, wonach Hochsensibilität mit erhöhten Wahrscheinlichkeiten eine fleischlose Ernährung nach sich zieht. Eine größere Studie mit über 10.000 Befragten stammt vom Psychologen Gebauer. Allgemein geht man davon aus, dass sich in Deutschland maximal 10% fleischlos ernähren, etwa 7% vegetarisch und bis zu 3% vegan. Von den hochsensiblen Befragten in seiner Studie ernährten sich jedoch fast 40% vegetarisch und gut 10% vegan, d.h. der fleischlose Anteil unter Hochsensiblen ist fünfmal höher als in der Durchschnittsbevölkerung – wahrlich ein hochsignifikanter Befund!

Wie sieht es bei unseren Akteuren aus? Bei 12 Befragten würde man mit einem Vegetarier in einer Zufallsstichprobe der Bevölkerung rechnen. Tatsächlich ernähren sich neun Teilnehmer unserer Studie vegetarisch (also 75% bzw. siebenmal mehr als in der normalen Bevölkerung), einige sogar vegan. Lediglich H-12 Colbert isst «gern» Fleisch, ferner H10-Lara (sie nennt ihre Ernährung «flexitarisch») und H2-Louisa, wobei sie dabei auch ein schlechtes Gewissen zeigt: «Ich wäre gern Vegetarierin, doch ich bin kindlich konditioniert auf Fleisch und blende mein Mitgefühl aus. Aber ich arbeite daran». Dagegen spricht H-1 Ayana wahrscheinlich für die Mehrheit der Hochsensiblen: «Mir wird allein schon schlecht bei dem Gedanken, dass ich Tiere essen müsste, denn ich spüre die Energie und das Leid auch körperlich intensiv».

Grundsätzlich ist die Affinität von hochsensiblen Menschen gegenüber Tieren sehr auffällig. Sie offenbart sich bereits im Berliner Hochsensibilitätstest bei der Frage, inwiefern sich die Befragten vom «Umgang mit den Tieren» innerlich berühren lassen (Item 20 in Kapitel 1.7). Die Zustimmungsquote liegt hier bei einem Wert von 3.3 von 4 Punkten bzw. 83% Prozent. Dabei fallen überraschend starke Geschlechtsunterchiede auf: Während der weibliche Wert bei 3.6 (90%) liegt, erreichen die vier hochsensiblen Männer der Gruppe nur einen Wert von 2.8 (69%). Es gibt aber auch Ausnahmen: So berichtet z.B. Sophus im Tagebuch von seiner großen Tierliebe zu Katzen, Hunden und Pferden. Folgerichtig ernährt er sich vegan.

Im Interview gab es neben den Reflexionen zum Thema Ernährung auch noch zwei weitere Lebensstilfragen, bei denen es um eine Entscheidungssituation zwischen zwei Alternativen ging – einerseits zur Wahl zwischen Hunden oder Katzen, andererseits zur Wahl zwischen Kaffee oder Tee. Hintergrund waren einige Umfrage-Ergebnisse im Netz zu diesen Fragen mit der Hypothese, dass die jeweilige Wahl mit der Persönlichkeit zu tun haben könnte. Nach einer Umfrage der DEVK-Versicherung bevorzugen 43% der Deutschen lieber einen Hund - nur die Hälfte lieber eine Katze. Nach Studien der US-Psychologin Guastello (2017) sind Menschen, die

Katzen bevorzugen, «tendenziell intelligenter, kreativer und sensibler». Noch einseitiger neigen bei der Wahl «Kaffee oder Tee?» 87% der Deutschen zum Kaffee, während Teetrinker sich eher gemäß dem Motto «Tee regt an, aber nicht auf» verhalten.

Lassen sich Zusammenhänge dieser Wahlen mit Hochsensibilität nachweisen? Auf den ersten Blick erscheinen die Wahlen in unserer Studie als ein reines Zufallsprodukt: So wählt genau die Hälfte, also je 50%, der Befragten Hunde oder Katzen, Kaffee oder Tee. Bei genauerem Hinsehen ergibt sich jedoch ein verblüffender Befund: Alle Katzenliebhaber bevorzugen (mit einer Ausnahme) Tee. Und alle diese sechs Personen sind auch Vegetarier. Dagegen bevorzugen (mit einer Ausnahme) alle Hundefreunde lieber den Kaffee, nur die Hälfte von ihnen ernährt sich fleischlos. Während man bei der fifty-fifty-Chance also nur von Zufall sprechen kann, leben zumindest in unserer Studie alle hochsensiblen Katzenliebhaber und Teetrinker fleischlos.

Fazit: Hochsensible tragen tendenziell eine sehr starke Sehnsucht nach der Natur in sich, oft verbunden mit einer tiefen Ehrfurcht vor dem Leben und wählen folgerichtig fast immer eine vegetarische oder vegane Lebensweise.

Persönlichkeit

Die Persönlichkeitspsychologie ist die Disziplin innerhalb der Psychologie mit der größten Nähe zur Philosophie. Sie stellt grundsätzliche Fragen z.B. der Persönlichkeitsentwicklung und ihrer Voraussetzungen. Entwickelt sich unsere Persönlichkeit eher anlage- oder umweltbedingt? Wie wir bereits im Abschnitt zur Familie gesehen haben, erlebte die Mehrheit der Sensiblen in unserer Studie traumatische Kindheitserfahrungen in Form von Trennung, Tod oder sogar Missbrauch. Nur eine Minderheit hatte in dem Sinne eine «heile Kindheit», unter ihnen die drei Hochsensiblen mit der schwächsten Ausprägung.

Es gibt viele Möglichkeiten, die Persönlichkeit eines Menschen zu beschreiben, z.B. mit Hilfe von etwa 20.000 Eigenschaften, die sich lexikalisch finden lassen. Typische Eigenschaften von Hochsensiblen sind, wie wir beim Betrachten der «Sonnenseiten» herausgearbeiten konnten, z.B. eine tendenziell hohe empathische, kreative und moralische Ausprägung. Bezüglich von modernen Modellen, welche die Persönlichkeit des Menschen zu erfassen versuchen, haben wir das «Big-5»-Modell erwähnt, das in der Forschung führend ist. Insbesondere wegen der Diskussion, wie Hochsensibilität mit Neurotizismus zusammenhängt, setzten wir eine

Kurz-Version des Modells ein, das die fünf Faktoren auf einer Zustimmungsskala von 1 (minimal) bis 5 (maximal) mit je zwei unterschiedlich gepolten Fragen erfasst. Hier kommen die Befunde:[26]

- Offenheit (erhoben mit den Items «Ich habe nur wenig künstlerisches Interesse», «Ich habe eine aktive Vorstellungskraft, bin phantasievoll») ist bei den Hochsensiblen mit 4.3 stark ausgeprägt (Normwert ist 3.4).

- Gewissenhaftigkeit (erhoben mit den Items «Ich bin bequem, neige zu Faulheit», «Ich erledige Aufgaben gründlich») ist bei den Hochsensiblen ebenfalls gut ausgeprägt, der Durchschnittswert der Befragten beträgt 4.3 (Normwert ist 4.1).

- Extraversion (erhoben mit den Items «Ich bin eher zurückhaltend, reserviert», «Ich gehe aus mir heraus, bin gesellig») ist bei unseren Hochsensiblen wie erwartet mit einem Durchschnittswert von 3.1 etwas geringer ausgeprägt (Normwert ist 3.5).

- Verträglichkeit (erhoben mit den Items «Ich schenke anderen Menschen leicht Vertrauen, glaube an das Gute im Menschen», «Ich neige dazu, andere zu kritisieren») ist bei den Hochsensiblen mit 3.7 wieder gut ausgeprägt (Norm 3.4).

- Neurotizismus (erhoben mit den Items «Ich bin entspannt, lasse mich durch Stress nicht aus der Ruhe bringen», «Ich werde leicht nervös und unsicher») ist bei den Hochsensiblen mit 3.2 erwartungsgemäß erhöht (Bevölkerungsdurchschnitt ist 2.4).

Eine besondere Aufmerksamkeit verdienen Extraversion und Neurotizismus u.a. deshalb, weil wir sie auch nochmal mit einem anderen Instrument, dem Eysenck-Persönlichkeits-Inventar, gemessen haben. Bezüglich der Ausprägung von Introversion kamen wir in diesem Test auf einen hochsensiblen Wert von 13 (bei 24 Items), was auch der Norm entspricht. Dabei ist zu beachten, dass sich hier drei Typen finden: Drei stark introvertierte Personen (Willi, Louisa und Isabel), eine stark extrovertierte Person (Amelie), während der Rest der Befragten weder besonders introvertiert noch extrovertiert ist.

[26] Vgl. «Big-Five-Inventory-10» von Rammstedt et al. (2012), GESIS –Institut.

Spannender sind die Ergebnisse im Hinblick auf die Ausprägungen, die den Hochsensiblen hinsichtlich Neurotizismus nachgesagt wird. Tatsächlich liegen die Neurotizismus-Werte sowohl beim Big-5-Test (siehe oben) als auch beim EPI-Test (hier haben die Hochsensiblen der Studie einen Durchschnittswert von 15 bei 24 Items, die Norm liegt bei 11) um etwa eine Standardabweichung über dem Rest der Bevölkerung, was wir bereits mit einem Hinweis auf die Ähnlichkeit der Instrumente als wenig überraschend interpretierten. Umso gewichtiger ist jedoch der Befund, dass trotz der bei der Mehrheit erhöhten Neurotizismus-Werte alle psychischen Gesundheitswerte nicht nur völlig normal, sondern sogar eher positiv sind, was der Erwartung widerspricht, schließlich geht Neurotizismus meistens mit schlechteren Gesundheitswerten einher. Fazit: Trotz ihrer im Schnitt leicht erhöhten Ängstlichkeit sind die Hochsensiblen in unserer Studie auch psychisch gesehen bei einer sehr guten Gesundheit. Hinzuweisen ist auf seltene Ausnahmen (Fleur ist die einzige Teilnehmerin mit eher suboptimalen Werten, dafür gibt es Hochsensible, die zu den am wenigsten Neurotischen der Bevölkerung gehören, wie Elise oder Birk).

Nicht zu vergessen ist das Geschlecht als eine Persönlichkeitsvariable, die oft große Unterschiede in einer Gruppe aufklärt. Hinsichtlich der Hochsensibilität gibt es jedoch innerhalb der Hochsensiblen meist nur wenige Unterschiede im Vergleich von Hochsensiblen zu weniger sensiblen Menschen. Jenseits der Tatsache, dass auch in unserer Studie doppelt so viele Frauen wie Männer unter den hochsensiblen Teilnehmern zu finden sind, ist bisher keine typisch weibliche oder männliche Hochsensibilität erkennbar.

Astrologie

Wie bereits angedeutet, gibt es viele Eigenschaften und Kategorien, nach denen Menschen betrachtet werden können – eine beliebte und umstrittene zugleich sind ihre Sternzeichen. Tatsache bleibt, dass Menschen zu unterschiedlichen Jahreszeiten geboren werden. Gemäß der Astrologie gibt es 12 Sternzeichen, denen bestimmte Eigenschaften zugeschrieben werden. Normalerverteilt müssten sich also unsere 12 Hochsensiblen auf alle Sternzeichen verteilen. Wie sieht es in unserer astrologischen Zufallsstichprobe aus? Die Befunde sind verbüffend:

- Die Hälfte aller Sternzeichen kommen gar nicht vor (Skorpion, Steinbock, Widder, Stier, Zwilling und Waage).

- Die meisten Sternzeichen kommen einmal vor und entsprechen dem Erwartungswert (Krebs, Löwe, Schütze und Wassermann)

- Dreimal so häufig wie erwartet sind Fische vertreten (Louisa, Birk und Willi).

- Fünf der 12 Hochsensiblen sind Jungfrauen (Ayana, Elise, Isabel, Lara und Colbert), wobei vier von ihnen an zwei aufeinanderfolgenden Tagen ihren Geburtstag feiern.

Was ist von diesem Befund zu halten? Würde man alle Statistik-Professoren der Welt dazu befragen, wie hoch die Wahrscheinlichkeit wäre, dass bei einer Zufallsstichprobe von 12 Personen und 12 statistisch quasi gleichverteilten Ausprägungsmöglichkeiten sich zwei Drittel der Personen auf lediglich zwei Ausprägungen konzentrieren, so gäbe es mit Sicherheit eine klare Antwort – solch eine Ballung erscheint praktisch so gut wie unmöglich.

Hätte man jedoch dieses Ergebnis astrologisch vielleicht voraussehen können? Wiederum gibt es eine klare Antwort, sie lautet diesmal «ja»! Der erste Verdacht ergibt sich beim Recherchieren von sog. Frauenzeitschriften, z.B. «gofeminin». So präsentiert Suer z.B. drei Sternzeichen, die als besonders sensibel gelten: Neben Krebs («er kümmert sich liebevoll um seine Umgebung und möchte, dass sich alle in seiner Gegenwart wohlfühlen») werden Jungfrau («sie ist sehr sensibel und hat ein großes Mitgefühl gegenüber ihren Mitmenschen») und Fische («sie gelten als das Sensibelste unter den 12 Sternzeichen, sie nehmen sich viele Dinge zu Herzen») genannt.

Doch wie kommen diese Zeitschriften zu ihren tendenziell übereinstimmenden Aussagen? Unter den zahlreichen Büchern zum Thema ragt ein Werk hervor – Titel: «Hochsensibilität mit Astrologie erkennen». Die Autorin Claudia Schmidt-Stermole, die in Schweden und Nordafrika aufwuchs und heute in München lebt, beschäftigt sich seit vielen Jahrzehnten intensiv mit Psychologie und Astrologie – nach dem Vorbild ihrer schwedischen Mutter, die lebenslang alle Astrologie-Bücher aus dem skandinaischen Raum studierte und eine große Bibliothek hinterließ.

Darauf aufbauend hat Schmidt-Stermole ein umfassendes Werk in drei Teilen geschrieben. Einleitend setzt sich die Autorin kompetent mit dem Thema Hochsensibilität auseinander. Hochsensiblen Menschen werden die Vorteile einer verstärkten Sensibilität sowie Möglichkeiten der Entspannung attestiert, die nach ihrer Erfahrung unterschiedlich ausfallen: Während die Feuerzeichen eher physische Aktivitäten suchen, bevorzugen die Wasserzeichen eher kommunikative Wege, die Luftzeichen lieben den sinnlichen Genuss, während die Erdzeichen gerne ausruhen. Im Mittelteil werden alle Sternzeichen mit ihren klassischen Merkmalen (Mentalität, Berufe etc.) hinsichtlich ihrer Hochsensibilität vorgestellt.

Höhepunkt der Analysen ist aus empirischer Sicht das wissenschaftlich fundierte Finale des Buches. Denn hier hat die Autorin alle 12 Sternzeichen im Hinblick auf 77 Eigenschaften der Hochsensibilität astrolgisch zugeordnet, um darauf aufbauend ein Ranking zu präsentieren:

- Die höchsten Wahrscheinlichkeiten (mit bis zu 80%), hochsensibel zu sein, weisen alle Wasserzeichen auf, also Krebs, Fisch und Skorpion, ferner auch die Waage.

- Mittlere Wahrscheinlichkeiten (ca. 50%), hochsensibel zu sein, zeigen Wassermann, Jungfrau, Löwe und Schütze.

- Unwahrscheinlich (<50%), hochsensibel zu sein, sind Stier, Widder, Steinbock und Zwilling – in unserer Studie ist niemand in dieser Gruppe zu finden.

- Die hochsensiblen Voraussagen decken sich sehr gut mit unserer Stichprobe. Im Gegensatz zu den fünf Jungfrauen, die in unserem HS-Ranking verteilt liegen (Platz 1, 8, 9, 10 und 12), sind alle drei Fische in der oberen Hälfte in unserem HS-Ranking zu finden (Platz 2, 4 und 6).

So lohnt abschließend auch ein Blick auf das Persönlichkeitsprofil der Fische (Schmidt-Stermole 2018, 198ff.). Typische Eigenschaften sind u.a. empathisch, intuitiv, kreativ, sinnlich, sozial, spirituell, tiefgründig, Natur liebend und Weltschmerz erlebend. Sind die frapperenden Wiedererkennungseffekte zum klassischen Hochsensiblen-Profil «rein zufällig»?

Selbstreflexion

Wie bereits gelesen ist die Selbstreflexion mit 126 von 707 Einträgen die von den Akteuren am häufigsten gewählte Kategorie. Auch wenn grundsätzlich alle Einträge selbstreflexiv sein mögen, geht es hier nur um die Beschäftigung mit der eigenen Person und nicht um die Wahrnehmung von Familienmitgliedern, sozialen Situationen, der Natur oder der Welt.

Dabei lohnt es sich, einen Blick auf den Anteil zu werfen, den die hochsensiblen Personen diesem Aspekt widmen. Durchschnittlich beträgt er 18%, doch innerhalb der Gruppe gibt es gewaltige Unterschiede. Während er bei den Hochsensiblen ersten Grades unterdurchschnittlich (meist unter 10%) ausfällt, beschäftigen sich die Hochsensiblen dritten Grades wesentlich öfter mit sich selbst (hier liegt der Anteil der selbstbezogenen Eintragungen bei 20, 30, 36 bis zu 50%), und dabei häufig auch mit einem kritischen Unterton.

Schauen wir uns die beiden Extrempole der Selbstreflexion an: Auf der einen Seite Ayana als hochsensibelste Person (mit einer einzigen Thematisierung dieser Kategorie unter ihren 49 Einträgen) und auf der anderen Seite Lara mit 40 von 80 selbstbezogenen Tagebuch-Notizen.

Der einzige diesbezügliche Tagebucheintrag von Ayana bezieht sich auf die Gestaltung des letzten Tages im Jahr: «Silvester gestalte ich mir ganz so, wie es sich gut anfühlt: Ruhig, mit viel Raum, zum Spüren und Präsenz-Sein, mit einer Freundin, in der Natur, Kakao trinkend, gemeinsam das Jahr reflektierend, unsere Wünsche für das neue Jahr miteinander teilend». Auffällig ist, dass auch diese Reflexion eine soziale Dimension enthält.

Als Prototypin des Selbsterlebens stellte sich demgegenüber Lara in unserer Studie heraus – sie selbst bezeichnet die Selbsterfahrung retrospektiv auch als «das Thema meines Jahres». Hier noch einige Auszüge zur Illustration, wie sich das Thema über das ganze Jahr erstreckt: «Ich wache auf und fühle mich eigentlich schon wieder müde. Die Wetterfühligkeit macht mir Kopfschmerzen und regelt meine Laune» (April). «Momentan bin ich sehr sensibel und fühle Stimmungsschwankungen, von Himmel hoch jauchzend bis zum Tode betrübt» (Mai). «Ich möchte gerne zur Ruhe kommen» (Juni). «Während ich jetzt hier sitze und schreibe, fühle ich mich taub und allein, nicht gesehen» (Juli). «Die Selbstgespräche und Reflexionen tun mir gut» (August). «Das Wetter ist gut und genieße mein freies Leben in vollen Zügen» (September). «Die Zeit vergeht so schnell und ich komme kaum hinterher mit den Dingen, die ich gerne und ungerne mache» (Oktober). «Ich werde in meinem Vorhaben bestätigt, dass ich allein auf mich gestellt leben möchte» (November). «Wenn ich über mein Leben reflektiere, merke ich, dass ich noch nie so frei und glücklich war wie aktuell» (Dezember).

Wichtig ist hierbei vor allem die Frage, ob wir uns selbst so annehmen können, wie wir sind. So wurde beim Fragebogen nach der Lebenszufriedenheit unter zehn Aspekten auch nach der Zufriedenheit mit sich selbst gefragt. Hier zeigte sich, dass diejenigen Akteure, die zu den «Top Ten» der Hochsensiblen gehören, alle einen hohen Wert von 5 bis 7 auf der siebenstufigen Skala angaben (nur die beiden am wenigsten hochsensiblen Befragten sind mit einem Wert von 3 nicht so zufrieden mit sich selbst). Das ist insofern bemerkenswert, weil die Zufriedenheit mit uns selbst den größten Einfluss auf die Lebenszufriedenheit hat. So sind die guten Gesundheitswerte der Hochsensiblen vielleicht auch ein wenig damit zu erklären, dass sie in der Regel eine positive Beziehung zu sich selbst aufbauen können.

Spiritualität

Im Laufe des Buches entfaltete sich Spiritualität als Schlüsselthema der Hochsensibilität, das sich immer wieder zeigt: Ausgehend von der Einleitung mit Erinnerungen an spirituelle Vorbilder in der Menschheitsgeschichte zeigte sie sich als eine hochsensible «Sonnenseite».

Spirituelle Hochsensible sind zwar in dieser Welt, fühlen sich jedoch nicht von dieser Welt. Sie haben manchmal Gipfelerlebnisse oder sehen Dinge, die andere (noch) nicht erkennen. Dabei tragen Hochsensible prinzipiell das Potenzial in sich, andere Wirklichkeiten in der Welt zu schaffen.

Empirisch spannend ist es, der Frage nachzugehen, ob sich Zusammenhänge zwischen Hochsensibilität und spirituellen Erlebniswelten befruchten können.

Spiritualität im Fragebogen

Ausgangsbasis ist die Frage, wie die Hochsensiblen ihre eigene Spiritualität einschätzen. Hier ergab sich auf einer elfstufigen Skala von 0 (minimal) bis 10 (maximal) ein Mittelwert von 8.0 (80%). Die Bewertung von 8 war zugleich der Mindestwert der Top-Ten-Hochsensiblen, wobei gleich zwei Personen auch den Maximalwert von 10 ankreuzten (Ayana und Willi). Unter 8 votierten nur Colbert (6) und Fleur (4). Noch höher mit 90 statt 80 Prozent fällt die spirituelle Ausprägung der Gruppe im Berliner Hochsensibilitäts-Fragebogen aus, wo die Skalierung von 0 bis 4 reichte. Hier geben sich alle Hochsensiblen ersten Grades einen Spiritualitätswert von vollen 100%.

Spiritualität im Tagebuch

Werfen wir nun vertiefte Blicke in die Tagebücher. Mit 57 Einträgen wurde fast jede zehnte Tagebuchnotiz von den Teilnehmern unter der Perspektive von Spiritualität wahrgenommen.

Mit Ausnahme von Fleur hatten alle Autoren mindestens ein spirituelles Erlebnis, wobei sich vier Hochsensible dafür mit zahlreichen Eintragungen als besonders berührbar erwiesen (in Klammern der prozentuale Anteil von

Spiritualität an allen Themen in ihren Tagebüchern): 14 spirituelle Notizen bei Amina (12%), 12 Notizen bei Willi (11%), 9 Notizen bei Louisa (8%) und ebenfalls 9 Notizen bei Ayana (18%). Sehr auffällig ist, dass es sich um das vollständige Quartett der Hochsensiblen ersten Grades handelt, wobei Ayana als hochsensibelste Person in der Stichprobe auch den höchsten Anteil an spirituellen Erfahrungen im Tagebuch mitteilt.

Nachfolgend einige Zitate, die von den Befragten selbst als «spirituell» eingeordnet wurden - beginnen wir mit den weniger hochsensiblen Personen, bei denen auch Spiritualität nur ein- bis dreimal Thema vorkommt. In der Gruppe der einmaligen Einträge sind Colbert («Der Gesundheitszustand meiner Mutter ließ mich sehr dankbar sein und hat mich intensiv dazu veranlasst, über Gott, das Schicksal und das Universum nachzudenken. Wie vergänglich doch das Leben ist und dass man manchmal einen Schutzengel hat»), Sophus («Ich konnte den inneren Frieden spüren, das wunderbare Gefühl, mich als Teil der Natur zu empfinden») und Isabel («Ich finde, dass die Bibel zwar viel Wahrheit enthält, aber ich fühle mich nicht ganz spirituell mit der Religion verbunden», schreibt sie zu Weihnachten, deren «eigentlicher Sinn mit seiner Geschichte» für sie «leider an Bedeutsamkeit verloren hat»).

Zu der Gruppe mit zwei-maligen Einträgen zur Spiritualität gehören Amelie («Die Welt von oben von den Bergen zu sehen, stellt alle Herausforderungen in ein neues Licht und zeigt auf, wie klein gewisse Probleme doch sind», «Ich glaube, ich bin ein spiritueller Mensch - vielleicht glaube ich nicht an einen Heiler oder an jemand, der als verkörperte Gottheit über uns wacht, aber ich glaube an eine Weltenseele, welche uns alle verbindet und einen Raum schafft, in dem unsere Seelen kommunizieren») und Birk («Ein riesiger Antrieb auf meiner spirituellen Reise, meiner Reise zu mir selbst, meinem Heilungsweg», «die Religionen der früheren Zeit sind für die meisten nicht mehr glaubwürdig, wir erschaffen unsere eigenen Wege nach Innen, ins Höhere»).

Drei spirituelle Einträge finden sich bei Lara («Gott ist sehr großzügig mit mir», «jetzt gehen meine Gebete an diejenigen, die sich jetzt spalten lassen», «alles geschieht für bestimmte Gründe und so übe ich mich im Vertrauen, denn Spiritualität und das Verständnis für den höheren Sinn können Wunder bewirken») und Elise

(«Ich hatte das Gefühl, dass ich neu mit Energie aufgeladen wurde und ich eine tiefe Verbindung zu dem Universum, Gott, der Liebe oder welche höhere Macht auch immer existiert, fühlte», «für die betroffenen Menschen kann ich beten», «dabei helfen mir die Worte der Metta-Mediation: Mögest Du glücklich sein…»).

Auch bei den Hochsensiblen ersten Grades artikuliert sich Spiritualität sehr unterschiedlich, jedoch in signifikant höherem Ausmaß (fast 80% alle Einträge entstammen dieser Gruppe!) – nachfolgend einige ausgewählte Beispiele aus den 44-fachen Ausführungen dieser Akteure:

Amina notiert u.a. unter Spiritualität: «Gänsehaut-Momente», z.B. bei «Tears in Heaven» im Radio, bei einem «Konzert im Stadion» und «Joggen im Wald», «empfinde die Momente wie meditative Zustände», «Gefühl der Verbundenheit mit dem Universum», «Energie kann nie verloren gehen», «magische Orte» mit dem «richtigen Spirit», «Meditation auf dem Balkon in der Sonne», «eine Wohltat für meine Seele», «Bewunderung von Schönheit» – «Freude und Begeisterung, hochsensibel zu sein und mich so schnell für Dinge begeistern zu können».

Louisa berichtet von ihren spirituellen Erfahrungen - einige Beispiele: Sie muss intensiv an ihre Nachbarin denken («ich bekomme Angst, dass sie in dieser Nacht womöglich verstirbt»), um am nächsten Morgen zu erfahren, dass sie gestorben ist. «So oft wie jetzt hatte ich noch nie Vorahnungen». Sie denkt darüber nach, «was nach dem Tod passieren könnte, wohin sie Seele wandert». Sie hat «keine Angst, möchte es nur einfach wissen». In einem Seminar singt sie «mit geschlossenen Augen über 20 Minuten ein buddhistisches Mantra» und erlebt einen «magischen Energieaustausch» Ihr Lieblingswald ist «ein mystischer Ort» voller «Krafttiere». Sie genießt die «Rauhnächte, in denen die Tore zur mystisch-spirituellen Welt weit geöffnet sind». Weihnachten zieht sie «Krafttierkarte und eine Karte mit schamanischen Symbolen».

Ayana teilt ihre spirituellen Erlebnisse, u.a.: «Zur Zeit lebe ich in einem Kloster im Nepal und nehme an einem Einführungskurs in den tibetischen Buddhismus teil», «in einem Reiki-Kurs durfte eine heilige Erfahrung machen, die ich nie vergessen werde und die mein Leben von diesem Tag an grundlegend zum Schönen verändert», «die Füße fest mit der Erde verwurzelt, der Geist im Himmel», «ER ist hier, egal wo ich bin», «ich will meine Hand ausstrecken für die, die wollen, ich mag Menschen zu sich selbst begleiten, weil wir unsere (Er-) Lösung sind», «ich fühle mich so tief erfüllt, Gott so nah, danke, danke, danke».

Willi hatte gerade eine schwere Operation im Krankenhaus überlebt, als die Studie begann. So schreibt er als Christ: «Nach den existenziellen Erfahrungen der letzten Wochen bin ich zutiefst dankbar für jeden Tag, an dem ich lebe. Trotz der Dunkelheit ist mein Gottvertrauen mit Sonnenenergien nicht nur genährt, sondern nochmals vertieft worden. Der Herr ist mein Hirte und mein Arzt - tiefenentspannend, dass SEIN Wille geschieht». «Voller Dankbarkeit erlebe ich meinen ersten Gottesdienst seit langem. Abends telefoniere ich mit einer lieben Glaubensschwester. Sie lädt mich zum Telefongebet ein, was mich tief berührt und erfüllt». «Meine Tochter erzählt, dass sie sich in Religion gerade mit der Theodizee-Frage beschäftigt. Ich teile ihr meine Gedanken mit: Gott hat uns die Freiheit geschenkt, auch ihn zu leugnen. Die größten Übel wie Kriege kommen vom Menschen selbst. So gesehen ist es eine Hybris, Gott dafür anzuklagen, statt selbst Verantwortung zu übernehmen. Vielmehr könnten wir Gott vertrauen, dass alles seinen Sinn hat, auch wenn wir ihn nicht immer sofort erkennen. Spätestens im Jenseits wird sich seine Gerechtigkeit zeigen». «Ich habe heute etwas getan, was wahrscheinlich nur wenige zu ihren Lebzeiten tun, nämlich meine Beerdigung geplant. Dabei ging es mir mehr um das Wohl der Hinterbliebenen, denn ich glaube, dass es mir gut dann gehen wird». «Raum für spirituelle Erfahrungen – immer wieder erlebe ich, wie Leute auf mich zukommen, nachdem ich gerade intensiv an sie dachte oder auch für sie betete». «Das Telefonat mit einer alten Christin erlebe ich so wohltuend

verbindend in gemeinsamer Sorge und Solidarität mit jüdischen Mitbürgern. Die Ereignisse sind für uns nur mit einem biblischen Blick auf unsere kranke Welt erträglich». «Ich glaube an den Gott, der mich sieht. Allein der Gedanke löst ein tiefes Empfinden der Verbindung in mir aus. Denn ich spüre und fühle die Gegenwart Gottes stark in meinem Leben. Kann es eigentlich einen größeren Beweis meiner Hochsensibilität geben?»

Spiritualität im Interview

Halten wir fest: Wenn eine Gruppe von vier Hochsensiblen in ihrem Tagebuch 44 spirituelle Notizen tätigten und der die restliche Gruppe von acht Personen in demselben Zeitraum von neun Monaten nur 13 spirituelle Eintragungen macht, dann ist das ein «höchst signifikanter» Unterschied, der «kein Zufall» sein kann. Wenn es sich jedoch bei der erstgenannten Gruppe ausgrechnet um die vier Teilnehmer an der Studie handelt, die am hochsensibelsten ist (die Einstufung basiert sogar auf drei unterschiedlichen diagnostischen Tests), dann dürfte der Zusammenhang von einer vertieften Hochsensibilität und der daraus resultierenden Spiritualität offenkundig sein.

Die Häufigkeiten, mit der sich spirituelle Empfindungen in den Tagebüchern manifestieren, muss aber nicht mit der Intensität der inneren Wirklichkeit von Spiritualität übereinstimmen, denn es handelt sich um ein intimes Thema, über das vielleicht nicht alle offen schreiben möchten. So war das Interview eine gute Gelegenheit, noch einmal nach der individuellen Spiritualität zu fragen. Hier gab es grundsätzliche Bestätigungen, aber auch kleinere Überraschungen.

Im Interview wurden die Hochsensiblen eingeladen, ihre Spiritualität in Worte zu fassen, also z.B. über ihre religiöse Heimaten oder Gottesbeziehungen nachzudenken. Insgesamt offenbarte sich ein buntes Bild von Spiritualität mit Zuordnungen, die über die bisherigen Befunde hinausgehen.

Zusammenfassend zeigen sich im Kontext der Ausführungen aus allen drei Daten-Quellen drei unterschiedliche spirituelle Typen in unserer hochsensiblen Gruppe, die abschließend vorgestellt werden (dabei ist allerdings zu bedenken, dass die Einteilung nur auf den Statements basiert und insofern limitiert ist, wobei es auch einige Überschneidungen der Gruppen gibt):

Hochsensible mit eher unspezifischer Spiritualität
Fünf Akteure sind mit ihren Ausführungen nicht einer bestimmten Religion zuzuordnen. Dazu gehören Fleur (die im Interview ihre «spirituelle Ader» artikuliert, als Yoga-Lehrerin meditiere sie auch gerne, komme aber leider kaum noch dazu), Amelie (die Spiritualität als schwieriges Thema ansieht und nicht an eine «verkörperte Gottheit» glaube, doch an eine «Weltenseele» – «egal, ob es Allah, Buddha, Gott oder whatever ist»), Amina (die zwar aus der Kirche ausgetreten ist, jedoch an das «Universum» glaube und Spiritualität in der Natur erlebt), Birk (der «die Religionen der früheren Zeit nicht mehr für glaubwürdig» halte und «nicht an etwas Bestimmtes» glaube, sondern daran, dass wir uns «unsere eigenen Wege erschaffen») und Louisa (die ebenfalls an das «Universum» glaubt und sich «auf der Suche» sieht, auf der sie u.a. schamanische und tantrische Erfahrungen macht, ferner hat sie auch von prognostische «Vorahnungen»).

Hochsensible mit Fokus auf östlichen Religionen
Vier Akteure artikulieren ausdrücklich ihre vor allem «buddhistisch» geprägte Spiritualität. Dazu zählen Isabel (die sich durch Yoga dem «Buddhismus und Hinduismus» hingezogen fühlt, wo sie «Halt» findet), Sophus (der an «wiederkehrende Seelen mit entsprechenden Aufgaben im Geiste der Liebe» glaubt, Elise (die ihre Spiritualität als «Verbindung zu allem und etwas Höherem» bzw. «tiefe Verbin-

dung zum Universum, Gott, der Liebe oder welche höhere Macht auch immer existiert» sieht und durch ihre Meditationspraxis der Achtsamkeit lebt und dabei teils auch Vorahnungen hat und die «Zukunft voraussagen» kann) und Ayana (für sie ist «Gott keine Person, keine Figur, sondern die Energie, die überall und in allem ist», wobei sie das Gefühl hat, «immer sensibler zu werden, je mehr ich mich nach dem Göttlichen ausrichte»).

Hochsensible mit christlichem Gottesglauben

Drei Akteure artikulieren schließlich ausdrücklich ihre «christlichen» Wurzeln und Überzeugungen. Dazu gehören Lara (die von ihrer Mutter geprägt ist, die sich «gleichzeitig als Christin und Buddhistin» bezeichne, im Vertrauen an «Schutzengel» betet und glaubt, dass Gott mit ihr großzügig sei), Colbert (dessen Eltern «sehr gottesfürchtig» sind und der sich als «sehr gläubigen Menschen aus christlicher Sicht» bekennt, der betet und auch an «Schutzengel» glaubt) sowie Willi (der ebenfalls als Christ lebt und Gott als seine «größte Kraftquelle und Überlebensversicherung» bezeichnet, ohne die er die großen Herausforderungen von dieser Welt «nicht bewältigen» könnte.

Summa summarum gibt es keinen Hochsensiblen in der Studie, der nicht mehr oder weniger spirituell ist.

Weltschmerz

«Der sensible Mensch leidet nicht aus diesem oder jenem Grunde, sondern ganz allein, weil nichts auf dieser Welt seine Sehnsucht stillen kann.»

Jean Paul Sartre

Weltschmerz gilt als «deutsche Erfindung» des deutschen Romatikers Jean Paul (1763-1825), der einst schrieb: «Nur sein (Gottes) Auge sah alle die tausend Qualen der Menschen bei ihren Untergängen. Diesen Weltschmerz kann er, so zu sagen, nur aushalten durch den Anblick der Seligkeit, die nachher vergütet». Bemerkenswert ist der spirituelle Kontext, in dem der Terminus «Weltschmerz» das Licht der Welt erblickte, speziell vor dem Hintergrund, dass er heute nur noch weltlich diskutiert wird.

Seitdem wird Weltschmerz als Trauer im Sinn einer schmerzhaft empfundenen Melancholie verstanden - als tiefe Traurigkeit über die Unzulänglichkeit dieser Welt, als ein Lebensgefühl, das einem Bewusstsein der Unangemessenheit der äußeren Wirklichkeit zu Ansprüchen und Bedürfnissen des inneren Lebens erwächst. Ein klassisches Beispiel in der Literatur sind «Die Leiden des jungen Werthers» von Goethe.

Ohne die Suizidalität dieses Romans als zwingende Folge übernehmen zu müssen, die ohne das göttliche Bewusstsein von Jean Paul fast folgerichtig erscheint, ist davon auszugehen, dass das Gefühl von Weltschmerz heute im Zeitalter der Globalisierung und Digitalisierung aktueller und naheliegender denn je ist. Zugespitzt ließe sich sogar fragen: Muss man nicht heutzutage verrückt sein, um nicht verrückt zu werden?

Als Schwester des Weltschmerzes gilt die Melancholie – beide haben nicht den besten Ruf. In seinem Buch «Der lange Schatten der Melancholie» rehabilitierte der deutsche Philosoph Ulrich Horstmann das melancholische Temperament gegen seine Ausgrenzung als Krankheit in der Medizin und als Sünde in der Theologie. Historisch war der Weltschmerz schon früher salonfähig. So fragte sich bereits Aristoteles: «Warum erweisen sich alle außergewöhnlichen Männer in Philosophie oder Dichtung oder in den Künsten als Melancholiker?»

Heute offeriert die Welt im 21. Jahrhundert ein sich scheinbar immer weiter ausbreitendes Meer an Möglichkeiten, um einen melancholischen Weltschmerz zu erleben - sofern wir uns bei vollem Bewusstsein mit offenen Augen den Dramen dieser Welt öffnen. Und hier beginnt die spannende Frage, ob hochsensible Menschen geradezu prädestiert sind, Weltschmerz zu erleben – und wenn ja, wie sie damit umgehen (können)?

So tauchte das Phänomen des Weltschmerzes mit seiner Ambivalenz in diesem Buch schon mehrmals auf: Zuerst als schmerzhafte «Schattenseite» (1.3) im hochsensiblen Erleben, dann als mehrfache «Sonnenseite» (1.4), verbunden mit Gerechtigkeitsempfinden, Moralität und Verantwortungsbewusstsein, später in der Diskussion (1.6). So stellt sich die Frage, ob hochsensibler Weltschmerz als Zukunftsfühligkeit auch das Potenzial einer Zukunftsfähigkeit in sich trägt?

Nachfolgend wollen wir die Frage empirisch beleuchten und uns sowohl die quantitativen Antworten im Fragebogen als auch die qualitativen Tagebuch-Ausführungen anschauen.

Weltschmerz quantitativ
In unserem Berliner Fragebogen zur Hochsensibilität haben wir die Dimension Weltschmerz mit fünf Faktoren hinsichtlich der Frage «Wie stark wirst Du von den folgenden Phänomenen innerlich berührt?» erfasst. Dabei gab es folgendes Ranking:

- 1. Krieg und Frieden 85%
- 2. Umgang mit Tieren 83%
- 3. Klimakatastrophe 79%

Auf den weiteren Plätzen folgen noch Fragen der Gerechtigkeit (78%) und die Entwicklung der Gesellschaft (77%). Insgesamt bringen die hochsensiblen Befragten einen Weltschmerz von 80% zum Ausdruck – es scheint sich also um eine bedeutende Dimension zu handeln.

Vertiefte Analysen lohnen sich zur Frage von Geschlechtsunterschieden. So empfinden die weiblichen Befragten mit 84% mehr Weltschmerz als die männlichen Hochsensiblen (75%). Besonders groß sind die Unterschiede beim Weltschmerz im Umgang mit den Tieren – hier liegen die Frauen (88%) erheblich über den Männern (69%). Umgekehrt wird nur die Klimakatastrophe wahrgenommen, die tendenziell eher unsere männlichen (81%) noch mehr als die weiblichen (77%) Hochsensiblen tangiert.

Interessant ist schließlich, dass Weltschmerz auch eine Dimension ist, bei der sich die Grade der Hochsensibilität bemerkbar machen. So fühlen sich die Hochsensiblen ersten Grades zu 100% von der Entwicklung der Gesellschaft als Ganzes berührt, während das bei schwächeren Graden wesentlich weniger der Fall ist (nur zu 63% dritten Grades und zu 69% zweiten Grades).

Weltschmerz qualitativ
Doch wie artikuliert sich Weltschmerz konkret? Und welche Teil-Themen beschäftigen die Hochsensiblen dabei? Vertiefte Einblicke geben wiederum die Tagebücher und Interviews.

Beginnen wir mit dem Top-Thema «Krieg»: Im Untersuchungszeitraum waren gleich zwei Kriege sehr präsent – zum einen der bereits 2022 begonnene Angriffskrieg von Russland gegen die Ukraine und zum anderen der Gasa-Konflikt zwischen Israel und Palästina, der durch das barabarische Massaker der islamistischen «Hamas» gegen die Bevölkerung von Israel am 7. Oktober 2023 und die darauffolgende Reaktion des israelischen Militärs neu entflammt wurde. Beide Kriege waren auch Thema in einigen hochsensiblen Tagebüchern.

Drei Hochsensible gedenken in ihren Tagebüchern an den ersten Krieg. Isabel schreibt, dass sie die Krisen «zutiefst traurig» machen und nennt den «Krieg mit Russland und der Ukraine». Es ist sicher kein Zufall, dass Hochsensible im erstgenannten Krieg eher in Gedanken bei den Opfern sind. Offenkundig wird dies bei Louisa, verstärkt durch eine persönliche Beziehung zu einem befreundeten Ehepaar, das sich in der Ukraine befindet. Louisas «Nackenhaare stellen sich auf», als sie wiederholt vom Luft-Alarm in den Kellern von Kiew hört. Willi berichtet von einem Foto in der Zeitung mit Kriegsgräuel-Taten russischer Soldaten, die er nicht ansehen kann. Zugleich empfindet er eine extreme Abscheu gegenüber dem Kriegsherrn Putin und seinen «unfassbaren Verbrechen gegenüber Männern, Frauen und Kindern in der Ukraine».

Fast alle Hochsensiblen bewegt dagegen der sog. «Gasa-Krieg» im Herbst des Tagebuchzeitraums – dabei zeigen sich meist ähnliche (männlich tendenziell eher kognitive, weiblich emotionale) Wahrnehmungen:

- «Der ganze Konflikt zwischen Israel und Palästina beunruhigt mich. Ich kann beide Seiten nicht mehr wirklich nachvollziehen und bin unglaublich dankbar, mich auf keine Seite schlagen zu müssen» (Colbert)

- «Die Krisen um uns machen mich zutiefst traurig, jetzt der Krieg zwischen Israel und Palästina» (Isabel)

- «Vor wenigen Tagen eskalierte der Nahost-Konflikt, und ich kann es kaum in Worte fassen, wie sehr mich das Leid der betroffenen Menschen berührt.» (Elise).

- «Ich würde mir nicht erlauben, im Konflikt zwischen Israel und Palästina eine Seite zum einzigen Schuldigen und die andere Seite zum ausschließlichen Opfer zu erklären» (Sophus).

- «Es ist für mich unvorstellbar, was für eine furchbare Tragödie sich derzeit im Nahen Osten vollzieht. Unsere Anteilnahme, unsere Solidarität und unser Mitgefühl sollte allen unschuldigen Menschen gelten - sei es auf israelischer oder palästinensicher Seite» (Ayana).

Demgegenüber positionieren sich zwei Akteure der Generation X jenseits ihrer Empathie für alle unschuldigen Opfer dennoch sehr deutlich, verbunden mit intensiven Tränen der Trauer:

- Louisa sagt im Interview, dass sie auch dieser Krieg sehr mitnimmt – «aktuell die Massenvergewaltigungen an israelischen Frauen» und fügt hinzu: «Manchmal muss ich dann weinen».

- Auch Willi nimmt Opfer und Täter wahr: «Ich erlebe tiefe Trauer und ohnmächtige Wut angesichts des Massakers, das an unschuldigen Kindern, Frauen und Männern in Israel von islamistischen Terroristen verübt wird. Und hier tanzen Massen vor Freude auf der Straße». Kurz darauf hat Willi folgendes Erlebnis: «Bei einem Konzert gedenkt der irische Sänger Bono der Rock-Band U2 den Menschen in Israel und singt einen Song unter Tränen. Ich weine mit».

Es gibt also Themen, die Hochsensible in unterschiedlicher Richtung bewegen.

Wie sieht es beim Thema «Tiere» aus? Möglicherweise ist der überraschende zweite Platz der Tierwelt auch darauf zurückzuführen, dass die Mehrheit der befragten Hochsensiblen eine vegetarisch-vegane Lebensweise wählt, was eine besondere Bedeutung widerspiegelt. In den Tagebüchern kommen Tiere als Weltschmerz-Thema jedoch nur bei Louisa vor, obwohl sie keine Vegetarierin ist: «Ich schaue eine Tierdokumentation im TV. Die Bilder der Tierbabys kann ich nur schwer ertragen. So schalte ich den Fernseher aus».

Kommen wir zum Thema «Klima», das Fragen von Umwelt und Nachhaltigkeit einschließt. Letztgenannte Aspekte umfassen z.B. den Umgang mit Bäumen, bei weiblichen Befragten eher lokal, wie bei Amina («Ich fahre durch unser Dorf und sehe die armen jungen Bäume, die für eine Veranstaltung gefällt wurden. Gibt es keine andere Möglichkeit?»), während die Wahrnehmung männlicher Hochsensiblen globaler ist, z.B. «Regenwald» bei Birk und Willi. Birk sorgt sich auch um den «Klimawandel». Der Umgang mit den sog. Klimaklebern wird unterschiedlich wahrgenommen: Während Lara sich aufregt, warum deren Aktionen «vom Staat genehmigt» werden, ist Willi eher «wütend und fassungslos über die Kriminalisierung der meist jungen Leute, die sich gegen die Zerstörung unserer Zukunft ohnmächtig auf die Straße kleben». Willi ist besorgt über Rekordtemperaturen und gleichgültige «Reaktionen».

Darüber hinaus gibt es vereinzelt noch weitere Themen, die mit Weltschmerz einhergehen. Dazu gehören z.B. Corona (Lara) sowie einige ohnmächtige Fragen angesichts der globalen und gesellschaftlichen Entwicklungen (z.B. bei Louisa, Colbert und Willi). Wie weitreichend Weltschmerz sein kann, offenbart Birk in einem einzigen Themensatz: «Umweltverschmutzung, Klimawandel, Kriege, Menschenhandel, Kinderarmut, Arbeiter-Ausbeutung, unmenschliche Unterkünfte und soziale Ungerechtigkeit». Die immer größer werdende Schere zwischen arm und reich besorgt auch Willi, darüber hinaus die düsteren Aussichten am Jahresende zwischen Kriegen und Klimakatastrophen, und schließlich auch die anstehenden nationalen und internationalen Wahlen - «mit möglicherweise aufstehenden Schreckgespenstern von Nazis in Deutschland oder Donald Trump in Amerika und sehr ungewissen Zukünften».

Weltschmerz-Coping?

Schließlich ging es in den Interviews um den Umgang mit Weltschmerz. Hier offenbarten sich vier unterschiedliche Strategien - zwischen den Polen eines passiven versus aktiven Copings mit den alternativen Optionen: «Umgehen», «Abschließen», «Anschauen» oder «Angehen»? Die Mehrheit der Hochsensiblen tendiert zu Formen des passiven Copings (wobei manche Mischformen auch aktive Potenziale haben). Dabei zeigen sich individuelle Nuancen, doch dieselbe «Grundrichtung», den Weltschmerz aus Schutz eher verdrängen zu «müssen».

1. Weltschmerz-Strategie «Umgehen»

- Fleur erklärt im Interview, dass sie zwar im Tagebuch nichts dazu geschrieben habe, doch der Weltschmerz gehe ihr «oft sehr nahe, dass mir die Tränen kommen», was auch ein Grund dafür sei, dass sie sich nicht aktiv damit auseinandersetze.
- Amina macht hinsichtlich des Weltschmerzes «einen Bogen herum». Sie versucht sich von Bildern fernzuhalten, die sie zu sehr mitnehmen.
- Amelie empfindet den Umgang mit dem Weltschmerz «schwierig, fast unerträglich». Geht es um Politik, müsse sie «auf die Toilette flüchten».

2. Weltschmerz-Strategie «Abschließen»

Eine fatalistische Spielart der Verdrängung ist es, den Weltschmerz möglichst abzuschließen:

- Lara hat mit dem politischen Engagement «persönlich abgeschlossen», es mache keinen Sinn mehr. «Gäbe es kein social media, würden wir hier auf der Insel

vom politischen Geschehen dort draußen nichts mitbekommen». So könnte sie in ihrer «Bubble voller Harmonie leben».
- Sophus konstatiert: «Ich habe inzwischen ganz klar verstanden, dass es eine komplett einseitige Berichterstattung ist». So will er sich nicht mehr auf die «schwarze Seite» des Weltschmerzes begeben, sondern die schönen Seiten «im Sinne der weißen Lichtenergie» wahrnehmen.

3. Weltschmerz-Strategie «Anschauen»

Neben der Form der klaren Abgrenzung gibt es auch die Mischform des dosierten Umgangs.

- Ayana möchte mit ihrem Weltschmerz «Heilung herbeiführen», daher gehe sie mit ihm «situativ» um, je nachdem, ob sie gerade offen ist, ihn «hindurchfließen» lassen zu können.
- Isabel schwankt ebenfalls: «Ich kann nicht jeden Tag die Nachrichten sehen, weil es mir zu nahe geht. Es ist ein Selbstschutz, wenn ich mich dann entziehe. Zugleich will ich mich auch nicht ganz abschotten».
- Louisa erzählt: «Ich muss manchmal den Weltschmerz wegschieben, weil es mir so wehtut. Ich muss dann wegschauen, obwohl ich ein schlechtes Gewissen bekomme, auch weil ich gar nicht wegschauen kann».
- Colbert sagt, dass ihn die «Kriegszustände nerven». Als Hochsensibler könne er das aber nicht alles verdrängen, da es nicht gesund wäre, sondern eine Scheinwelt. «Als Weltbürger geht uns das alle an – denn ich bin ein Teil der Menschheit».

4. Weltschmerz-Strategie «Angehen»

Nur eine Minderheit ist fähig, den Weltschmerz nicht zu umgehen, sondern aktiv anzugehen. Unter ihnen befinden sich zwei Hochsensible der Generation Z sowie einer der Generation X - besonders bemerkenswert sind hier die Transformationsprozesse der beiden jüngeren Befragten, deren aktives Coping mit besten Gesundheitswerten einhergehen:

- Elises Reflexionen zeichnen sich durch eine außergewöhnliche Reife aus, als Produkt ihrer Hochsensibilität: «Ich habe lange versucht, die Augen vor dem großen Grauen der Welt zu verschließen, weil ich Angst hatte, den Anblick nicht ertragen zu können. Ich kann jedoch nach den Ereignissen der letzten Jahre nicht einfach wegschauen und weitermachen wie bisher. Der Weltschmerz hat mich aufgerüttelt. Der Weltschmerz ist da, doch ich kann ihn aushalten. Ignoranz ist nicht mehr vertretbar. Ich kann nicht mehr nichts tun». Heute spendet Elise, sie leistet Nächstenliebe und betet. So ist ihre Hochsensibilität auch «ein Katalysator für Veränderung, Mitgefühl und Unterstützung aller, die Hilfe benöitigen».

- Birk bezeichnet den Weltschmerz als ein Thema, das er wieder zunehmend in sein Leben einlässt, wo er versucht, sich damit auseinanderzusetzen, obwohl es oft auch erschlagend sei. «Je älter ich werde, desto mehr erweitern sich meine Handlungen». Gemeinsam mit seiner Partnerin möchte er sich in Zukunft sozial und gesellschaftlich noch stärker einbringen. Den Weltschmerz verbindet er mit dem Anspruch, dagegen anzugehen: «Ich mache, was ich kann, um so wenig Müll und Plastik zu produzieren, um meinen Haushalt energie- und wassersparend zu führen, möglichst wenig online einzukaufen, möglichst viele regionale und ökologische Lebensmittel und Produkte zu kaufen, so viel second hand zu beziehen, mich ausschließlich mit Bahn, Rad und Fuß fortzubewegen, Müll auf meinen Spaziergängen aufzusammeln, für den Regenwald zu spenden, monatlich für eine Kinderhilfsorganisation zu spenden, Reinigungskräfte wie Menschen zu behandeln und vieles mehr». Manchmal vermeidet Birk auch den Weltschmerz, um nicht kaputtzugehen. «Dennoch komme ich für mich immer wieder dahin zurück, dass ich mich erst einmal um meine eigene kleine Welt so friedlich und liebevoll kümmere, wie ich kann. Mein Weg kommt von innen heraus, auch wenn ich damit gegen den Strom schwimme».

- Willi hat sein Leben jahrzehntelang mit der Identität als «zoon politicon» verstanden, was er auch im fortgeschrittenen Alter nicht ablegen möchte, eher im Gegenteil erkennt er heute zahlreiche gesellschaftliche Fehlentwicklungen sogar noch klarer und radikaler. Neben der Klimazerstörung bewegen ihn die Kriege, die von Aggressoren ausgehen, zum Beispiel am 7. Oktober, der für ihn zum Anlass wird, seine ängstliche 77-jährige jüdische Nachbarin zum Tee einzuladen, um mit ihr solidarisches Mitgefühl zu teilen. Doch in jedem Monat des Tagebuchs sind Artikulationen von Weltschmerz zu finden, z.B. auch im September, wo Willi notiert: «Auch in diesem Monat habe ich wieder viel Weltschmerz gespürt, den die allermeisten Menschen überhaupt nicht teilen. Warum bin ich so anders?» Die Warum-Frage beschäftigt ihn auch an Silvester: «Warum ballern wir uns in die Luft?

- Nobel geht die Welt zugrunde. Ich bin nicht von dieser Welt». Im Interview erklärt Willi, dass er ohne seine Spiritualität, ohne seinen Glauben an die Gerechtigkeit Gottes, das menschliche Unrecht in dieser Welt nicht aushalten könne.

Die letzten Aussagen erinnern auch an die ursprüngliche Wahrnehmung des Weltschmerzes von Jean Paul – sie sind eine Brücke zur bereits reflektierten Dimension der Spiritualität und unterstreichen deren Reichweite.

Zehn Visionen zur Hochsensibilität

Was tun? Nachdem wir uns mit der wissenschaftlichen Auseinandersetzung zur Hochsensibilität beschäftigten, Schatten- und Sonnen-Seiten sowie Wege zum Umgang mit diesem Phänomen reflektierten, um schließlich auch eine eigene Studie zu präsentieren, geht es am Ende um die Frage, welche Konsequenzen wir aus den Erkenntnissen ziehen. Zehn Visionen mögen den Diskurs beflügeln.

Abschiednehmen von der «Hoch»-Sensibilität!
Wie bereits am Beginn des Buches aufgezeigt, scheiden sich am Begriff der Hochsensibilität die Geister. Grundsätzlich gibt es zwei Richtungen in der Wahrnehmung von Hochsensiblen:

Eine negative Sicht pathologisiert hochsensible Menschen als «gaga», als der Gesellschaft und dem Leben nicht so richtig gewachsen, als problematische Sensibelchen und Mimosen. Und wenn Sensibilität als Schwäche gesehen wird, potenziert sich diese in seiner Steigerung «hoch» sogar noch. Mit anderen Worten: Hochsensible scheinen hochproblematisch zu sein.

Doch wer sich zu seiner Hochsensibilität selbstbewusst als Stärke bekennt, läuft auch Gefahr, als hochnäsig und arrogant wahrgenommen zu werden. Fühlen sich solche Menschen etwa als etwas Besseres? Sie selbst sehen sich meist nicht so, sondern lediglich etwas «anders».

Die logische Konsequenz aus der «Doublebind»-Paradoxie liegt auf der Hand: Verabschieden wir uns vom Präfix «Hoch-» - und sprechen nur noch von sensiblen Menschen. Dann sind alle Menschen gemeint – mehr oder weniger. Dies entspricht nicht nur der modernen Forschung über unsere Persönlichkeit als ein Kontinuum, sondern auch historischen Einsichten, dass es schon immer besonders sensible Menschen gegeben hat. So mag Hochsensibilität als Begriff eine «Erfindung» der Moderne sein – die Sensibilität als unser Signum ist zeitlos, denn sie ist ein wichtiger Teil unserer DNA bzw. unseres Menschseins. Sie macht uns erst zu einem Menschen. Und wir brauchen sie möglicherweise heute angesichts der Herausforderungen in dieser Welt mehr denn je - sonst wäre die «Hoch-Sensibilität» sicher nicht so nachgefragt. Die gute Nachricht: Der Verzicht auf das «Hoch-» ist ein Gewinn.

Sensibilität wird hoch geachtet statt geächtet!

Wie ebenfalls einleitend angedeutet, wird Sensibilität zumindest in unseren Gesellschaften immer noch mehr geächtet als geachtet. Der Befund hat seine Geschichte und Gegenwart.

Das bedeutsamste Beispiel in unserer Geschichte ist der Nationalsozialismus, wo jede Form von Sensibilität als Schwäche verachtet wurde, welche es auszumerzen galt. Glaubenssätze wie diese dienen bis in die Gegenwart als Voraussetzung für Kriege aller Art. Die geistigen Eltern, welche die inhumane Wahrnehmung von sensiblen Menschen am Leben erhalten, sind ausgerechnet Philosophen, Psychologen, Mediziner sowie mediale «Influenzer».

So mutieren Männer zu Leitbildern, die unsere Welt zerstören und Humanität mit Füßen treten – Soziopathen wie z.B. in Amerika, Russland, Nordkorea, China oder in der Türkei. Die Bewahrung von Menschenrechten oder gar eine Demokratie scheint außerhalb des Handlungsspielraums dieser Machthaber und Machos zu sein. Die Abspaltung aller Gefühle macht es möglich.

Doch eine andere Welt ist erlebbar, wenn wir uns daran erinnern, dass es auch Menschen gab und gibt, die ganz anders ticken: Alternative Philosophen und Politiker, Wissenschaftler und Künstler, Menschen mit dem «Herz auf dem richtigen Fleck», welche sich erheben, um Zivilcourage zu leben. Wir brauchen Vorbilder von sensiblen Menschen, allen voran Jesus, um Sensibilität zu achten.

Der sensible Diskurs verlässt die Psycho-Ecke!

Wie angedeutet, trägt auch die Psychologie als Wissenschaft vom Erleben und Verhalten zur negativen Wahrnehmung sensibler Menschen bei. Die Geschichte der Psychologie entwickelt sich jedoch langsam zu einem Paradigmenwechsel, der die Hoffnung nährt, dass auch andere Gruppen der Gesellschaft für ein anderes «Mindset» ermutigt werden können.

Während die erste Schule der Psychoanalyse noch von einem sehr negativen Menschenbild ausging, bei dem «Übervater» Freud nicht nur spirituell blind Religion als kollektive Neurose ansah und seiner jüdischen Frau die Ausübung ihrer Religion verbot, und eine zweite Schule des Behaviorismus mit grausamen Tier- und Menschen-Versuchen eine maximale Unsensibilität gegenüber dem Leben artikulierte, traten in der zweiten Hälfte des 20. Jahrhunderts mit der Humanistischen und Positiven Psychologie alternative Schulen auf die Bühne, die allerdings ebenfalls dem sensiblen Menschen bisher keine große Beachtung schenkten, sondern ihn tendenziell ignorierten.

Eine Weiterentwicklung wäre möglich, wenn ein verstärktes Nachdenken über Sensibilität auch Einzug in Lehrbücher findet und dazu führt, dass sich sensible Menschen nicht mehr in einer klinischen Ecke wiederfinden. Die Ergebnisse unserer Studie laden ausdrücklich dazu ein. Gerade das Potential der Sensiblen,

Fähigkeiten wie Empathie, Schönheit, Spiritualität und einen aktionspotenten Weltschmerz zu vereinen, könnten auch ein reifes Menschenbild befördern, welches die positiven Potenziale unseres Menschseins erkennt, ohne mit einer rosaroten Brille durch die Welt zu laufen und das reale Böse zu verleugnen.

Sensibilität wird ein Schulfach und Bildungsziel!

Kulturvergleichende Untersuchungen haben gezeigt, dass introvertierte, schüchterne und sensible Kinder in anderen Regionen dieser Welt durchaus respektvoller behandelt werden als in der westlichen Welt des Kapitalismus. Hier werden eher Ellenbogen und eine gewisse Härte honoriert, die neuerdings unter dem Deckmantel der Resilienz in neoliberalistischen Unternehmen als erstrebenswert erscheint.

Offenbar haben wir die Lehren aus unserer Geschichte immer noch nicht richtig begriffen. Zur Erinnerung: Im Nationalsozialismus Deutschlands, wo jahrlang millionenfach gemordet wurde, während Millionen «normale» Menschen nichts davon mitzubekommen schienen, gab es eine große Propaganda, die solche moralischen Dekadenzen erst möglich machte. So ist die NS-Erziehung und ihre nachhaltigen Auswirkungen bis in gegenwärtige Generationen hinein ein noch immer stark unterschätzes Problem. Um eine Generation von Soldaten und Mitläufern heranzuziehen, forderte das NS-Regime von deutschen Müttern, die Bedürfnisse ihrer Kinder einfach zu ignorieren, wie brutale Erziehungsratgeber belegen, in denen dazu aufgefordert wird, weinende Kinder «kaltzustellen»: «Versagt auch der Schnuller, dann, liebe Mutter, werde hart! Fange nur ja nicht an, das Kind aus dem Bett herauszunehmen, es zu tragen, zu wiegen oder auf dem Schoß zu halten, es gar zu stillen» («Die deutsche Mutter und ihr erstes Kind», ein Bestseller von Johanna Haarer).

Das klingt sehr beklemmend, doch was haben wir daraus gelernt? Auch das «Krippen»-Modell der DDR hat Millionen von Heranwachsenden die Botschaft auf den Weg gegeben, dass kindliche Bedürfnisse, in ihren allerjüngsten Lebensjahren die Nähe und Wärme ihrer Eltern zu spüren, nichts zählen. Auch im vereinten Deutschland wird das Modell, Kinder so schnell wie möglich «outzusourcen» und ökonomischen Zwängen zu unterwerfen, unreflektiert in großem Stil praktiziert und proklamiert. Wer solche Praktiken oder sogar das «Recht» auf Abtreibung aus sensibler Sicht der Kinder hinterfragt, muss mit schärfstem Gegenwind rechnen. Und um auf das Schreienlassen von Kindern zurückzukommen: Auch im 21. Jahrhundert gibt es sog. Erziehungsbestseller wie «Jedes Kind kann schlafen lernen» von Verhaltens-Therapeutinnen, die mit der Aufforderung zum Schreienlassen Millionenauflagen erreichen - scheinbar befriedigen sie ein großes Publikum, das mit dem Credo «das haben wir schon immer so getan» aufwuchs.

Ist es nicht an der Zeit, radikal umzudenken, um Kindern wieder die Ehrfurcht vor dem Leben zu schenken? «Wieder» würde bedeuten, sich an die zarten Bedürfnisse der eigenen Kindheit zu erinnern - oder mit demütiger Ehrfurcht ein neugeborenes Baby zu bestaunen, wie es mit maximaler Sensibilität in unsere Welt kommt, um Mitgefühl, Wärme und Liebe zu wünschen. Angesichts unserer Vergesslichkeit könnte vielleicht auch das Angebot eines Schul- oder Studienfaches wie «Sensibilität» eine neue Kultur schaffen, die ein sensibles Menschsein achtsam ausbildet, statt es zu verachten, zu unterdrücken und zu verhindern – denn die Folgen sind sichtbar.

Sensibilität für digitale Sucht- und Scheinwelten!

Wer den Menschen als ein Wesen mit einem aufrechten Gang in Erinnerung hatte und nach einer kleinen Zeitreise im 21. Jahrhundert aufwacht, wird ihn nicht mehr wiedererkennen – ein Blick z.B. auf einen Bahnhof genügt: Überall stehen Wesen, die nicht mehr miteinander kommunizieren, sondern gebeugt wie hypnotisiert nach unten auf ein kleines Gerät starren, das mit ihrer Hand verwachsen zu sein scheint, von dem sie auch beim Gehen einfach nicht mehr lassen können. Ist das noch derselbe Mensch, der sich einst «homo sapiens» nannte? Oder handelt es sich bereits um die neue Gattung der Schöpfung namens «homo handy»?

Auf meine Frage, wann das Internet erfunden wurde, antwortete eine junge Studentin: «Ich glaube, vor ungefähr 100 Jahren?». Für junge Menschen scheint die Welt, in der sie heute leben, schon immer so digitalisiert gewesen. Ältere Menschen erinnern sich noch an die Zeiten, als Liebesbriefe noch eigenhändig mit Tinte auf Papier geschrieben wurden. In historisch atemberaubender Zeit veränderte sich unser Leben, worüber sich hochsensible Menschen wundern.

Insbesondere die weltweite flächendeckende Verbreitung des Smartphones revolutionierte das Leben nicht nur der jungen Bevölkerung in kürzester Zeit. Inzwischen sorgen Smartphones für mehr Verkehrstote als Alkohol. Nach wie vor und im Zuge der Corona-Pandemie verstärkt gibt es viele Befürworter der digitalen Kommunikation, Kritiker werden selten vernommen, gescheige denn ernstgenommen. Der Gehirnforscher Manfred Spitzer gehört zur Avantgarde, obwohl er in seinen Werken «Digitale Demenz» (2012) oder «Die Smartphone-Epidemie» (2018) eine Fülle von internationalen Studien dokumentiert, welche die immensen Gefahren für Gesundheit und Gesellschaft beängstigend belegen.

Die digitale Kommunikation hat ein extremes Stress- und Sucht-Potenzial. Junge Menschen scheinen heute mit dem Gerät behindert verheiratet zu sein - «ohne Smartphone kann ich nicht mehr leben». Doch auch bei Erwachsenen findet man neue Krankheitsbilder wie FOMO (die Angst, etwas zu verpassen) oder NOMO-Phobie (die Angst, ohne Mobilkontakt zu sein). Denn schließlich schaut auch der «Normalbürger» täglich mehr als hundert Mal auf sein Handy.

Dabei gab es bereits im 20. Jahrhundert Philosophen wie Günther Anders, der eindringlich davor warnte, dass die Technik vom Objekt zum Subjekt der Geschichte mutiere, oder Medien-Wissenschaftler wie Neil Postman mit seiner Zeitgeist-Diagnose «Wir amüsieren uns zu Tode». Sie waren ihrer Zeit voraus.

Es ist erstaunlich, wie schnell und unhinterfragt sich Menschen durch die Welt-Religion der Technik verändert haben, sei es durch immer mehr Autos, den Wahnsinn des Weltreisens, Fernsehen, Computer oder die schöne neue Welt der sogenannten sozialen Medien, die Menschen zu Autisten macht, die kaum noch mitbekommen, was um sie herum geschieht. Manche Leute wurden sogar schon vom Zug überrollt, als sie gerade online shoppen waren.

Entwicklungen laufen synchron: Die ebenfalls zunehmende Denaturierung geht mit der Digitalisierung einher, die unaufhaltsam voranzuschreiten scheint, während unsere seelische Entwicklung dagegen regrediert. Wir sind immer mehr Sklaven der Technik, doch merken es immer weniger. Wir sind blind wie in Platons Höhle und halten unsere virtuellen Scheinwelten irrtümlich für die Wirklichkeit. Wir machen uns immer abhängiger von der Zahl unserer Likes, Views und Follower. Besonders Jugendliche leider dabei unter der Sucht, permanent chatten und whatsappen zu müssen, um «up to date» zu bleiben. Sie können überhaupt nicht mehr zur Ruhe kommen. Zusammenfassend sieht der Philosoph Grau in der Total-Digitalisierung ein «Krebsgeschwür»[27], das sich beschleunigt durch alle Lebensbereiche frisst.

Was tun? Gegen die durchgängige ‚App'-Lenkung hilft letztlich nur Abstinenz - denn sog. soziale Medien sind schlichtweg asozial, wenn wir die Menschen in unserer Nähe ignorieren.

Hochsensible Menschen offenbaren sich hier als wahre Hoffnungsträger für die digitalen Sucht- und Scheinwelten, denn sie sind dank ihrer Feinfühligkeit noch fähig, die Veränderungen bei sich und ihrer Umwelt zu bemerken, so dass die Chance haben, sich statt täglich wie fremdgesteuert auf den kalten Geräten herumzuhacken, noch mit menschlicher Wärme berühren zu können.

Besonders bemerkenswert ist es in der Studie, dass solche Gedanken nicht nur bei der alten Generation X auftauchen, sondern auch bei den Vertretern der Generationen Y und Z, für die der Umgang mit der Technik vertraut ist, da sie seit ihrer Kindheit damit aufgewachsen sind. Eine kritische Medienkompetenz geht dabei mit zunehmender Hochsensiblität einher, wie einige Statements in unserer Studie beeindruckend dokumentieren – allen voran Ayana als die hochsensibelste Teilnehmerin, wenn sie bemerkt, «wie sehr die Technik uns vereinnahmen kann und uns fast schon unter Kontrolle hat – statt andersherum». Sie trifft damit den Nagel auf den Kopf, im Einklang mit dem Philosophen Günther Anders im 20. Jahrhundert samt der Diagnose, dass der Mensch zum Objekt und Sklaven seiner selbsterfundenen Machinen mutiert.

Die gute Nachricht lautet: Wer sich seine natürliche Sensibilität bewahrt, kann sich auch von dieser «Umweltverschmutzung der Sinne» (Heintze 2013, 40) befreien, um frisch gewaschen die Natur zu genießen und einen gewaltigen Energie-Räuber durch einen unendlichen Energie-Spender zu transformieren.

Berührbarkeit ist Ausdruck von Gesundheit!

Wie können wir loslassen lernen, um zu gesunden? Im Jahre 1997 besetzte die 22-jährige Julia Hill einen vom Aussterben bedrohten Redwood-Baum in Kalifornien, den die Holzfäller-Industrie verwerten wollte. Sie taufte den Baum «Luna»,

[27] Siehe SPIEGEL vom 9.9.2022

weil er für sie ein Lebewesen war und lebte zwei Winter in den sehr windigen Höhen eines der höchsten Bäume der Welt. Als die Holzfäller nach zwei Jahren aufgaben und die «Baum-Frau» wieder auf die Erde kam, sagte sie: «Das Leben ist eine unendliche Lektion loszulassen…».

Auch wenn nur wenige Menschen so mutig wie diese junge Frau sein mögen, kann uns diese wahre Geschichte die Augen dafür öffnen, wie heilsam es ist, wenn wir wieder in Verbindung mit unserer äußeren und inneren Natur treten, um uns von ihr berühren zu lassen. Vielleicht wächst dann auch das Bedürfnis, statt kalter Technik lieber andere Menschen zu streicheln.

Böttcher sieht in hochsensiblen Menschen das «Potenzial, zu einer wichtigen Gesundheitsressource für die Gesellschaft zu werden» (Kunkat 2015, 338). Wandel postuliert (Böttcher 2018, 125): «Berührbarkeit ist Gesundheit»: Denn der «wichtigste Schritt der Heilung ist, uns auch selbst als Begleiter im Kontakt voll und ganz zu zeigen - im Sinne unserer Präsenz als Mensch».

Genau diese «Präsenz», die auch der humanistische Gesprächs-Psychotherapeut Carl Rogers kurz vor seinem Tode als Essenz seines Lebens entdeckte, erleben auch die Hochsensiblen in unserer Studie, wenn sie mit allen Sinnen in Beziehung zu ihrer Umwelt treten – zum Beispiel in familiär, freundschaftlich oder in partnerschaftlich-sexuell erfüllten Beziehungen.

So gesehen ist es gar nicht so überraschend, dass sensibel und sinnlich lebende wie liebende Menschen überdurchschnittlich psychisch gesund sind.

In kranker Gesellschaft sind Sensible gesund!

Wir leben heute in einer «Okay-Gesellschaft», wie der Psychoanalytiker Horst-Eberhard Richter schon im 20. Jahrhundert in seinem Buch «Umgang mit Angst» (1992) diagnostizierte. Uns geht es im 21. Jahrhundert äußerlich gut bzw. noch nie so gut wie heute - selbst wenn wir innerlich einen Panzer anlegen müssen, um auf die Frage «Wie geht's?» nicht nur ein «okay» oder «gut» vorzugaukeln, sondern uns in sozialen Netzwerken «bestens» bzw. «perfekt» zu präsentieren.

Wenn es uns wirklich so gut geht, angesichts der Zerstörung von Mensch, Tier, Umwelt und Klima auf dieser Welt, trotz der Tatsache, dass wir uns als selbsternannter «homo sapiens» hochgradig selbst- und fremdaggressiv zeigen und den nachfolgenden Generationen ihre Zukunft nehmen, dann liegt diese Symptomatik zwischen «pervers» und «schizophren» – sie erinnert an Rudolf Hess, den Kommandanten von Auschwitz, der idyllisch mit seiner Familie an der KZ-Mauer lebte und alle Schüsse und Schreie ignorierte.

Auch wenn das Beispiel extrem sein möge – in einer kranken Gesellschaft gehören sensible Menschen, die sich mit dem Wahnsinn der Welt nicht anfreunden können, zu den verbliebenen Gesunden. Denn dann sind nicht die Sensiblen krank, sondern die Gesellschaft.

Selbstreflexion als Weg zur Weltveränderung!

«Kein Problem kann durch dasselbe Denken gelöst werden, durch das es entstanden ist», war sich ein hochsensibler Physiker namens Albert Einstein bewusst. Erst wenn wir wieder einen achtsamen Zugang zu unseren Gefühlen finden, können wir auch eine Ehrfurcht vor dem Leben entwickeln.

Ein sehr markantes Beispiel, wohin eine solch sensible Selbstreflexion führen kann, ist die Tatsache, dass neun von zehn der hochsensibelsten Teilnehmer unserer Studie keine Tiere essen, während in der «normalen» Bevölkerung nur eine von zehn Personen auf das Fressen von Tieren verzichtet. Die kulminierte Perversion unserer «zivilisierten» Kultur zeigt sich im Trash-TV, wo es darum geht, «Dschungel-König» zu werden, wozu sich Kandidaten empfehlen, die z.B. Penisse oder andere «Leckereien» aussterbender Tiere verschlingen. Die Quote boomt, denn Millionen von Zuschauern fühlen sich bestens unterhalten.

Unsere Ernährung ist nur ein Beispiel unter vielen Verhaltensweisen, über die sich sensible Menschen meist mehr Gedanken machen als der Mainstream, sei es das selbstverständliche Mobilitätsverhalten mit Auto und Flugzeug, welches das Klima nachhaltig zerstört, oder das asoziale Verhalten von Mensch zu Mensch an so vielen Orten dieser Welt ohne Rücksicht auf Verluste.

Doch erst wenn wir anfangen, uns ehrlich und sensibel selbst zu hinterfragen, besteht die Chance, unser Verhalten zu verändern. Damit tun wir einen ersten Schritt, um sowohl die Welt, als auch uns selbst zu «retten» - zumindest moralisch. So zeichnen sich hochsensible Menschen vielleicht mehr als alles andere durch ein waches und lebendiges Gewissen aus.

Woher kommt aber die «innere Stimme» (Sokrates) unseres Gewissens? Offensichtlich gibt es einen Zusammenhang zu der Tatsache, dass alle Hochsensiblen unserer Studie mehr oder weniger spirituell sind. Denn sie spüren dank ihrer sinnlichen Empfänglichkeit eine intensive Verbindung zu einer höheren Kraft, die scheinbar nicht von dieser Welt ist, jedoch erfahrbar. In dieser «Berührung» liegt das größte Potenzial von Hochsensiblen verborgen.

Sensible als Seismographen & Changemaker!

Unsere vorletzte Vision lautet: Sensible Menschen können Seismographen der Gesellschaft sein - denn sie haben das Potential, Entwicklungen vorauszusehen. Dabei können sie auch Changemaker werden, um Entwicklungen positiv zu verändern. Ihre soziale Hochbegabung und Schlüsselkompetenzen gehen daher auch mit einer großen gesellschaftlichen Verantwortung einher.

Schauen wir uns die Führungskräfte in Politik und Wirtschaft national und international an, so suchen wir sensible Persönlichkeiten oft vergeblich. Vielmehr dominieren Menschen, bei denen die vorherrschende Kompetenz in ihrem gewaltigen «Machtinstinkt» zu liegen scheint.

Elaine Aron hat dazu folgende Meinung:[28] «Ich glaube, dass wir dringend mehr Hochsensible in Führungsrollen brauchen, dann hätten wir eine bessere Welt, weil sie weit im Voraus denken können» Und sie ergänzt: «Ihnen wäre schon klar, dass es katastrophale Folgen haben kann, in ein anderes Land einzumarschieren. Gerade hochsensible Männer sind wichtig für unsere Gesellschaft». Man könnte hinzufügen: Wir brauchen nicht nur mehr Männer mit weiblichen Eigenschaften, sondern auch sensible Frauen, die auf Macho-Methoden verzichten, um eine falsch verstandene Männlichkeit zu imitieren, sondern zu ihrer Weiblichkeit stehen – im Sinne von Einfühlsamkeit.

Doch die Realität sieht bekanntlich anders aus: Im Turbo-Kapitalismus mit der Ideologie des grenzenlosen Wachstums sind hochsensible Menschen eher unerwünscht, bringen sie doch «Sand ins Getriebe», wenn sie zu einem Nach-Denken und Voraus-Schauen anregen.

Als prototypische Lernerfahrung möge der Umgang mit der Corona-Krise dienen. Hier waren vor allem Männer und Frauen mit einer dominanten bis diktatorischen Politik auch in vielen demokratischen Staaten am Werke, die Entscheidungen über Millionen von Menschen anordneten, ohne auf kritische Stimmen zu hören, die z.B. die Verhältnismäßigkeit politischer Massnahmen hinterfragten. Dafür wurden

[28] Aron (2015), siehe www.welt.de/137874821

sensiblere Naturen als Verschwörungstheoretiker verdächtigt. Dennoch gab es sehr viele sensible Menschen, die auch als Brücke zwischen diesen Extrempolen hätten dienen können, die sich z.B. einer Maske zum Schutz von Menschen nicht verweigert oder gar das Virus verleugnet haben, aber dennoch nicht bereit waren, mit Maske durch die Natur zu laufen oder sämtliche Sozialkontakte persönlicher Natur zu sabotieren. Hinterher ist man natürlich schlauer, wenn man weiß, welche nachhaltig negativen Folgen viele Massnahmen für die junge Generation hatten. Man hätte auch auf sensible Stimmen hören können, statt sie zu diskrimieren. Jedenfalls wurde das «große gesundheitsfördernde Potenzial von Spiritualität im Umgang mit Corona fast komplett vernachlässigt».[29]

Einen wichtigen Beitrag zum Verständnis dafür, was Hochsensible in unserer Gesellschaft bewirken könnten, liefert die «Theorie U» des Systemikers Otto Scharmer (2019). Er geht davon aus, dass die Wirksamkeit unserer Taten am stärksten durch die innere Einstellung sowie Orientierung auf die Zukunft beeinflusst wird. Dabei geht es darum, alte Denkmuster zu hinterfragen, um alternative Lösungen zu entdecken. Das «U» symbolisiert den Weg von einem alten Berg zu einem höheren Gipfel. Die Theorie lädt zu einer inneren Haltung ein, die aus einem tieferen Bewusstsein für das «große Ganze» agiert.

Demnach stehen wir vor der Menschheits-Herausforderung, unser Ego-System-Bewusstsein in ein Öko-System-Bewusstsein zu transformieren, um vom Ich zum Wir zu kommen. Dabei blicken wir heute in dreifache Abgründe...

- erstens in den ökologischen Abgrund (einer irreversiblen Zerstörung der Natur und des Klimas, z.B. durch Überschreiten der Kipp-Punkte),
- zweitens in den sozialen Abgrund (durch das Auseinanderfallen der Gesellschaft in arm und reich mit immer größeren Ungerechtigkeiten)
- und drittens in einen spirituellen Abgrund (der sich in einem Verlust von Sinn sowie in Depressionen und Burnout-Phänomenen zeigt).

Der Weg zur Überbrückung der Abgründe führt nach Scharmer zum Prozess des Prescending, einer Synthese aus «Sensing und Presence» - also über das sensible Erspüren der Gegenwart. Als hilfreiche Gesten der Bewusstwerdung haben sich Innehalten, Umlenken und Loslassen bewährt, um zu einer Öffnung des Denkens, des Herzens und des Willens (Mut) beizutragen.

[29] Siehe Wyrsch (2020), S.124

Als größte Hemmnisse beschreibt Scharmer ein gedankenloses Handeln und handlungsloses Denken. Den «größten Feind» hätten wir dabei «selbst in der Hand – das Smartphone». Erst wenn wir uns von dieser Ablenkung lösen, haben wir mit einer Auszeiterfahrung die Chance zur Geburtsstunde der Einsicht: «Du musst Dein Leben ändern!» Es ist die innere Stimme, die der Dichter Rainer Maria Rilke 1908 im Pariser Louvre vernahm, als er sein gleichnamiges Gedicht zu Papier brachte.

Der Philosoph Peter Sloterdijk wählte das Credo 2009 als Titel für sein 700-seitiges Werk, das er als «unbequeme Ermahnung» begreift. Heute steht die Menschheit vor einem absoluten «moralischen Imperativ»: «Aus ihm spricht die Sorge um das große Ganze. Denn die einzige Tatsache von universaler ethischer Bedeutung in der aktuellen Welt ist die diffus allgegenwärtig wachsende Einsicht, dass es so nicht weitergehen kann».

«Die Kraft der Hochsensitiven» als Seismograhen und potenzielle Changemaker kann Wyrsch (2020) auch empirisch belegen. Seinen Studien zufolge zeigt die Gruppe der höchstsensitiven Erwerbstätigen nicht nur das größte prosoziale Verhalten, sondern auch das größte Innovationsverhalten. Ferner gaben fast 90% der hochsensiblen Befragten an, dass die Wichtigkeit des Klimawandels unterschätzt werde und dass das Thema Spiritualität für sie sehr relevant sei. Wyrsch vertritt die These, dass die Themen auch deshalb unterschätzt werden, «weil die überproportional einflussreichen Wenigsensitiven das metaphysische schlicht nicht wahrnehmen können.»[30]

Doch reicht ein Paradigmenwechsel weg vom Credo von Descartes «cogito, ergo sum» (ich denke, also bin ich) hin zu einem ebenfalls kognitiven «percipio, ergo sum» (ich nehme wahr, also bin ich)? Oder folgen spirituelle Quantensprünge eher auf «sensio, ergo sum»-Erlebnisse (ich fühle, also bin ich)?

Ohne Sensibilität haben wir keine Zukunft!

Hochsensible Menschen sind für unsere Zukunft «unerlässlich»: «Denn obwohl hinsichtlich Umweltverschmutzung, Klimawandel, sozialer Gerechtigkeit, Nord-Süd-Gefälle usw. längst alles relevante Wissen verfügbar ist, verhält sich die Mehrheit der Menschheit, besonders diejenigen, die über gesellschaftliche Macht verfügen, quasi anästhetisiert, in jedem Fall empfindungsreduziert, so linear denkend eingeengt, dass dies katastrophale destruktive Wirkungen erzeugt», diagnostiziert der Chef-Arzt Günther Schmidt. Seine Therapie lautet: «Wir brauchen als Bewoh-

[30] Wyrsch (2020), S.111

ner dieses Planeten alle deutlich mehr Sensibilität».[31]

Ähnlich fällt das Fazit von Aron aus: «Wenn man darüber nachdenkt, in welche Richtung die Welt derzeit steuert, muss man sagen: Wenn nicht alles im freien Fall enden soll, dann wegen der Merkmale, die hochsensible Menschen im Überfluss haben». Sie ergänzt: «Nicht dass sie die einzigen wären, die gründlich nachdenken oder die starke Gefühle haben, aber auf diese Eigenschaften wird es ankommen, wenn es um das erfolgreiche Bestehen unseres Planeten geht».[32]

Hören wir noch eine dritte Stimme zur Zukunft der Menschheit - der Physiker Stephen Hawking[33] befürchtete kurz vor seinem Tod, dass unsere menschliche Zivilisation durch Aggression zerstört wird. Als Hoffnung zum Überleben der Menschheit sah Hawking die kollektive Ausbildung von Empathie. So gesehen wäre Weltschmerz nicht der Luxus einer priviligierten Minderheit, sondern die emotionale Voraussetzung, um in einem Boot namens Erde miteinander statt gegeneinander zu leben. Doch ist der selbsternannte homo sapiens dazu fähig?

Weniger auf unsere menschliche Einsicht als auf göttliches Erbarmen setzte der Philosoph Martin Heidegger, als er kurz vor seinem Tode 1976 proklamierte: »Nur ein Gott kann uns noch retten».[34] Sensible Menschen haben nicht nur besondere empathische, kognitive und sensorische Fähigkeiten, sondern sind auch spirituell offen, um Botschaften wahrzunehmen. Schließlich ist Sensibiltät die Kunst, mit allen (sieben!) Sinnen fühlen zu können. Spirituelle Erkenntnisse gibt uns letztlich nur der uns geschenkte siebente Sinn.

Dazu gehört auch die Antizipation des - kollektiven und individuellen – Todes, um die Kunst des Trauerns zu lernen. Manche Menschen mit einer sensiblen Spiritualität glauben an die göttliche Überwindung des Todes. So liegt es an der Gesellschaft, auf ihre sensiblen Mitglieder zu hören, solange sie noch leben. Schließlich sind auch sie keine Übermenschen, sondern ihre Kräfte limitiert. Doch auch wenn sie nur für kurze Zeit die Bühne dieser Welt betreten, könnten sie vielleicht nachhaltige Eindrücke hinterlassen, um zur Umkehr zu bewegen.

[31] Schmidt in Böttcher (2018), S.11
[32] Aron in Falkenstein (2017), S.210
[33] Hawking 2015 in Harke 2016, S.50
[34] Heidegger im Spiegel 23/76, S.193

3. Aus-Blick

Während der Rück-Blick im ersten Drittel des Buches eine Zusammenfassung der bisherigen Erkenntnisse zum Phänomen der Hochsensibilität (HS) bot, war der Ein-Blick im zweiten Drittel den Ergebnissen einer neuen Studie gewidmet. Im finalen Aus-Blick wenden wir uns einigen Themen noch etwas vertiefter zu, von denen wir denken, dass sie für zukünftige Forschungen inspirierend sind. Die Autorinnen und Autoren berichten hier über innovative wissenschaftliche und praktische Projekte – alle zehn Beiträge im Über-Blick:

3.1 – «HS im Erleben der Natur» wird vertieft durch Anna-Lena Ehn, die eine analytische Bachelorarbeit zu dieser Kraftquelle für Hochsensible verfasste.

3.2 – «HS und Spiritualität» wird vertieft durch Chiara Grothendieck, die eine konzeptionelle Bachelorarbeit zur Bedeutung von spiritueller Heimat vorlegte.

3.3 – «HS im Coaching-Prozess» wird vertieft durch Christoph Körber, dessen Bacheloransatz zum präsenzbasierten Coaching auch bereits als Buch erschien.

3.4 – «HS im Circle of Life» reflektiert Jacqueline Rossmann - basierend auf entwicklungspsychologischen Analysen samt literarischer Selbstreflexionen.

3.5 - «HS und Ästhetik» wird präsentiert von Jasmin Wind, die sich der Magie der Schönheit widmet, die für Hochsensible besonders wertvoll ist.

3.6 – «HS in Partnerschaft und Sexualität» thematisiert Katrin Böck, indem sie eigene Forschungsbefunde einer Interview-Studie zur Diskussion stellt.

3.7 – «HS im Erleben von Weltschmerz» ist ein Phänomen, dem Sarah Gutmann in ihrer psychologischen Bachelorarbeit begegnet und nachgegangen ist.

3.8 – «HS im Dialog mit ChatGPT» zeigt den Versuch von Sascha Struckmann, in Kommunikation mit künstlicher Intelligenz ganz neue Einsichten zu gewinnen.

3.9 – «HS im Sport: Scheitern oder Chance?» fragt sich Sven Sohr in einem Essay über Schatten- und Sonnen-Seiten, die hochsensible Sportler erleben können.

3.10 – «HS und Zukunft – ein Herz für Kinder» ist ein Plädoyer von Sven Sohr, das auf kindlichen Herausforderungen, Reflexionen und Glücksgeboten basiert.

Das Buch schließt mit einem Nachwort von Sven Sohr zur Frage, wie sensible Menschen den eigenen «Baum des Lebens» zum (Auf-) Blühen bringen können, um auch die heftigen Stürme unserer Zeit zu überleben.

3.1 HS im Erleben der Natur (Anna-Lena Ehn)

Die folgenden Erkenntnisse sind das Ergebnis einer Bachelorarbeit.

Einleitung

Wie schon die Biologin und Zoologin Rachel Carson in ihrem Buch «Der stumme Frühling» im Jahre 1963 beschreibt, ist die Natur eine wunderbare Ressource, um Kraft zu tanken und Energie zu sammeln (Carson, 1963). Doch die Natur birgt weitaus mehr - sie ist eine wertvolle Unterstützung in der Prävention von Krankheiten und negativer Folgen verschiedener Persönlichkeitsmerkmale.

Ein solches Persönlichkeitsmerkmal ist die Hochsensibilität. Diese Eigenschaft beschreibt eine hohe, intensive und teilweise ungefilterte Wahrnehmung von Reizen. Diese hohe sensorische Reizverarbeitungssensibilität wurde von der Forscherin Elaine Aron geprägt und betrifft etwa 15 bis 30 Prozent der Bevölkerung (Aron, 1996/2005). Hochsensibilität ist an sich keine Krankheit, die Auswirkungen können aber mit einem erhöhten Risiko einhergehen, an Depressionen, Burn-out oder Überforderung zu leiden (Belsky et al., 2007). Durch die Aufnahme zu vieler Reize sind hochsensible Personen besonders anfällig für eine Reizüberflutung. Diese sensorische Überstimulation wird durch eine große Menge an Stimuli, der Intensität der Reize, sowie der Verletzlichkeit der betroffenen Personen bedingt (Scheydt, 2017).

Dabei kann vor allem die Natur, als natürliche und lebendige Umwelt, ein sehr hilfreiches Mittel zur Prävention und Regeneration von Reizüberflutung sein. Die erhöhte Entspannung und Erholung, die in natürlichen Umgebungen groß sind, können positive Verhaltensmuster und kreative Problemlösestrategien ermöglichen. Außerdem steigert der Aufenthalt in der Natur die emotionale Stabilität und senkt aggressives Verhalten (Bröderbauer, 2015). In Bezug auf die Hochsensibilität konnte die Forschungsgruppe rund um Annalisa Setti feststellen, dass hochsensible Personen stärker mit der Natur und Tieren verbunden sind und daher einen unvorstellbar großen Nutzen für ihre körperliche und psychische Gesundheit, von der Erfahrung mit der Natur, ziehen können (Setti, et al. 2022).

Um hochsensible Personen vor Stressfaktoren zu schützen und deren Wohlbefinden zu verbessern, ist vor allem die Achtsamkeitspraxis hilfreich (Gull & Goloka, 2021). Achtsamkeit bedeutet, den gegenwärtigen Moment bewusst wahrzunehmen und basiert dabei auf einem absichtsvollen, bewertungsfreien Zustand (Ströhle et al., 2010). Die Natur erweist sich dabei als idealer Ort, um die Achtsamkeitspraxis auszuüben. In einer natürlichen Umgebung gelingt es besonders gut, die eigene Wahrnehmung zu beobachten und einen Entspannungszustand zu erreichen (Huppertz & Schatanek, 2021).

Natur

Der Begriff Natur wird in unserem alltäglichen Leben häufig gebraucht. Wir verwenden ihn, ohne darüber nachzudenken, welche «Natur» wir damit meinen. Sind es die schönen Seen, die atemberaubende Aussicht auf den Bergen oder der kleine Frosch am Teich, wovon wir sprechen? Die Natur hat für den Menschen mehrere Bedeutungen und die Beschreibung des Begriffs unterscheidet sich je nach Disziplin (wie Philosophie oder Biologie), daher gibt es keine einheitliche Definition. Der Begriff an sich stammt aus dem lateinischen natura von nasci (geboren werden) und meint die Grundlage aller lebenden Systeme beziehungsweise die Gesamtheit von Dingen, die ohne menschlichen Zutun entstanden sind und sich durch innere Dimensionen entwickeln. Dabei unterscheidet man die unbelebte Natur, wie die Luft, das Wasser oder Steine von der belebten Natur, die die Tiere, die Pflanzen oder die Berge beinhaltet. Auch die natürlichen Begebenheiten des Planeten, wie Sonnenschein, Regenfall oder der Wind, sind Teil der Natur.

Der Mensch ist als Lebewesen ein Teil der belebten Natur, schreitet aber durch seine Handlungen bei fast allen Phänomenen der Natur, wie dem Klima, der Baumdichte oder der Größe von Grünflächen, stark verändernd ein. Daher stellt sich die Frage, ob der Naturbegriff ohne menschliche Einwirkung bestehen kann (Schiemann, 1996, Spektrum, 1999, Späker, 2017). Da der Mensch auch Teil der Natur ist und gleichzeitig die Natur als gegenüber wahrnimmt, kann die natürliche Umwelt nicht als objektiv betrachtet werden. Das Bild welches Menschen von der Natur haben, ist von vielen individuellen und kollektiven Faktoren abhängig.

Das menschliche Selbstbild ist folglich nicht von unserem Naturverständnis zu trennen und basiert auf einer wechselseitigen Beziehung (Brämer, 1997). Wird die Natur von Schulkindern dargestellt, fällt das Ergebnis vorwiegend positiv und gut aus, beinhaltet aber meist keine Menschen. Bei Erwachsenen konnten Assoziationen zu den Kategorien, Pflanzen und Tiere, Landschaft und Wetter, Körper-Geist-Psyche und Umwelt und Wirtschaft festgestellt werden. Auch diese haben die Natur spontan nicht mit dem Mensch in Verbindung gebracht, sehen sich aber meist als ein Teil der natürlichen Umwelt (Späker, 2017).

Der scheinbar leicht zu definierende Begriff Natur ist kontrovers diskutiert und daher nicht eindeutig. Oftmals wird sie als alles Lebende definiert, ohne dabei Kennzeichen festzustellen. Sie gilt häufig auch als Zeichen für paradiesische Konstitutionen und beschreibt eine Sehnsucht nach dem Vertrauten, nach Ganzheit und nach Glück (Gebhard, 2001). In der vorliegenden Arbeit wird die Natur als die natürliche und lebendige Umwelt beschrieben, welche Pflanzen, Tiere, Wälder, Berge, Gewässer, Luft und weitere Naturangebote beinhaltet.

Natur-Erfahrung

«Die Natur ist doch das einzige Buch, das auf allen Blättern großen Gehalt bietet.»
Johann Wolfgang von Goethe (Italienische Reise, 1768-88)

Eine Naturerfahrung bedeutet, sich intensiv und nah mit all den Sinnen, der Natur und der Umwelt auseinanderzusetzen. Mayer und Bayrhuber (1994, S.4) definieren die Naturerfahrung als «spezifischen Auseinandersetzungsprozess des Menschen mit seiner belebten Umwelt [...], der sich durch unmittelbare, multisensorische, affektive und vorwissenschaftliche Lernerfahrungen auszeichnet». Die Aufmerksamkeit des Menschen wird bei der Naturerfahrung auf ein Objekt der Natur gerichtet, wobei es durch eine Irritation zu einer Reflexion kommt. Das heißt, die Naturerfahrung beruht auf einer oder mehreren Handlungen, die durch eine Lernerfahrung gekennzeichnet wird. Der Mensch setzt sich mit seiner natürlichen Umwelt auseinander und sammelt aufgrund der Beschäftigung eine berührende Erfahrung (Gebhard et al., 2021).

Naturerfahrungen haben in dieser Hinsicht die Funktion, die Menschen in ihren Einstellungen gegenüber der Natur und auch zu anderen Menschen zu beeinflussen, zumal unsere Beziehung zur Natur meist eher von positiven Erlebnissen und von Intuitionen, als von rationalen Begründungen geprägt wird. Erfahrungen in der Natur können also ein Grund sein, dass wir unser Leben als sinnvoll und lebenswert erachten (Gebhard, 2015). Die Erfahrung in der Natur hilft auch dabei, sich selbst besser zu verstehen und zu den eigenen inneren Lebensquellen eine Beziehung aufzubauen. Im Kontakt mit der Natur erleben wir die Selbsterfahrung, das Naturverständnis, und können die eigene Persönlichkeit entfalten (Petzold, 2018) Ebenso können Naturerfahrungen aufgrund ihrer positiven Wirkung auf die seelische Entwicklung, Gesundheit und das Wohlbefinden als Teile eines «guten Lebens» interpretiert werden, um neue Sicht- und Handlungsweisen im Menschen zu entwickeln (Gebhard 2021).

Natürlichkeit

Die Natürlichkeit ist ein kontroverser Begriff, der meist als Gegenbegriff der Künstlichkeit fungiert. Die Natürlichkeit ist in dieser Hinsicht alles, was ohne den menschlichen Eingriff existiert und besteht, und die Künstlichkeit, alles, was von Menschenhand geschaffen wurde oder zu dem gemacht wurde, was es ist. Zum Natürlichen zählen Vorkommnisse, wie Pflanzen, Wälder oder das «natürliche» Aussehen der Menschen. Künstlichkeit verbindet man mit Technologie, medizinischen Eingriffen, Maschinen oder Material, wie Plastik.

Das Künstliche basiert jedoch immer auf natürlichem Ausgangsmaterial. Auch natürliche Elemente, wie die Natur als Ganzes, sind in ihrer ursprünglichen Form kaum mehr vorhanden, da sie seit langem menschlichen Interventionen ausgesetzt sind. Die Natürlichkeit ist für den Menschen eine Tugend und der Künstlichkeit wertmäßig überlegen. Das Natürliche gilt als Wert für ethische und ästhetische Richtigkeit (Birnbacher, 2019). Doch was ist noch natürlich?

Wir Menschen beziehen die Natürlichkeit auf die unterschiedlichsten Lebensbereiche, von Kosmetik über Medizin, Baustoffe, Persönlichkeitsbildung bis zu Landwirtschaft und Lebensmitteln. Die Natürlichkeit ist dabei ein entscheidendes Kriterium, wenn es um die Lebensmittelauswahl oder die äußere «Schönheit» von uns Menschen geht. Dabei ist die Natürlichkeit stark mit Emotionen verbunden und wird mit Authentizität, Ursprung und allem Naturgemäßen assoziiert (Kirchhoff, 2019).

Natur-Coaching

Naturcoaching ist kein geschützter Begriff und es gibt deshalb keine einheitliche Definition. Es werden auch andere Begriffe, wie Naturtherapie oder Naturtraining zur Beschreibung von beratenden Tätigkeiten in oder mit der Natur verwendet. Das Coaching an sich kann als kompetente ressourcen-, ziel- und lösungsorientierte Begleitung von Menschen, welche sich weiterentwickeln möchten, oder vor beruflichen oder persönlichen Schwierigkeiten oder Entscheidungen stehen. Dabei wird das Coaching prozessorientiert und begleitend durchgeführt, ohne dabei Diagnosen oder konkrete Lösungsvorschläge zu nennen. Das Ziel ist, die Klienten zu unterstützen eigene Lösungswege zu erkennen, Klarheit zu gewinnen und die eigenen Stärken wahrzunehmen.

Auch die Potentialentfaltung und motivationale Faktoren zur Umsetzung von Entscheidungen und Veränderungsprozessen stehen im Vordergrund. Im Kontext zum Naturcoaching bedeutet das, dass dieser prozessorientierte Vorgang in, mit oder durch die Natur umgesetzt wird. Coaching in der Natur meint, dass das Coaching in einem Naturraum, also in Wäldern, Berge, Wiesen oder Parks, im Freien vonstattengeht. Jeder Naturraum hat dabei eine individuelle Auswirkung auf die Klienten, welche gezielt eingesetzt werden kann. Das gelingt besonders in einer ungestörten Umgebung. Coaching mit der Natur besagt, dass die ausführenden Interventionen direkt und aktiv mit Natur und ihrer positiven Wirkungsweise verbunden werden. Die Coachin oder der Coach fungieren dabei als Bindeglied zwischen den Klienten und der Naturerfahrung.

Die Klienten werden während der Coachingprozesse oder angeleiteter Übungen dazu angehalten, die Umgebung zu begutachten und die Gedankengänge zu erläutern. Durch die Naturverbindung treten die Klienten leichter in Verbindung mit ihrem Unterbewusstsein und finden Lösungsansätze für ihre persönlichen Herausforderungen. Coaching durch die Natur bedeutet, dass die Natur in den alleinigen Fokus für die Klienten rutscht und diese die Begebenheiten der natürlichen Umgebung auf sich wirken lassen. Die Route und die Ausgangsbedingungen sowie die Prozessgestaltung unterliegt der Coachin oder dem Coach, während die Klienten sich intuitiv auf die Natur einlassen. Die Thematiken, sowie die Zielgruppe für das Naturcoaching sind vielfältig. Angesichts der positiven Wirkung von Naturerfahrungen und der Bewegung von Körper, Geist und Seele, bietet Naturcoaching einen Mehrwert in vielerlei Hinsicht (Dienemann, 2017, Gans et al., 2020).

Natur und Gesundheit

Die Bedeutung der Natur auf die Gesundheit und das Wohlbefinden ist mittlerweile bekannt. Haben Personen Zugang zu Grünflächen oder Wäldern, sind sie im Allgemeinen gesünder, haben ein geringeres Sterberisiko und erkranken sogar seltener an Krebs (De Vries et al., 2003, Takano et al., 2003, Li et al., 2008). Verbringt man etwas mehr als zwei Stunden in der Woche in der Natur hat dies einen nachweislich positiven Effekt auf die Gesundheit (Bratman et al., 2019). Außerordentlich interessant in Bezug auf die Hochsensibilität ist, dass das Erleben der Natur Stress reduzieren kann (Kondo et al, 2018, Sohr & Abbattista 2020) und die kognitiven Fähigkeiten schult (Berto, 2005). Hinzu kommt, dass die Interaktion mit der Natur vorteilhaft für Personen ist, die mit Angstzuständen und Depressionen zu kämpfen haben (Berman et al., 2012). Vor allem in der Prävention von psychischen Schwierigkeiten erweisen sich Naturerfahrungen als essenzielle Ressource. «Negative» Gefühle, wie Wut oder Angst, nehmen in der Natur ab und werden durch Gefühle der Entspannung, Achtsamkeit und Konzentration abgelöst. Entspannung und Erholung sind in natürlichen Umwelten groß und ermöglichen positive Verhaltensmuster und kreative Problemlösungsstrategien. Der Aufenthalt in natürlicher Umgebung steigert die emotionale Stabilität und senkt aggressives Verhalten. Nicht nur der reine Aufenthalt in der Natur, sondern auch aktive Therapieformen sind hilfreich in der Behandlung von Depressionen (Bröderbauer, 2015).

Natur und Hochsensibilität

Die Natur wirkt sich positiv auf die Gesundheit und das Wohlbefinden aus. Kann sie jedoch auch hochsensiblen Personen von Nutzen sein und sie beim Umgang mit den Auswirkungen der Hochsensibilität unterstützen? Forschung gibt es noch kaum in diesem Zusammenhang. Und das, obwohl laut Setti et al. (2022) hochsensible Menschen stärker mit der Natur und Tieren verbunden sind und daher einen vorstellbar großen Nutzen in Bezug auf ihre physische und psychische Gesundheit vom Kontakt mit der Natur ziehen können.

Die Forschungsgruppe rund um Annalisa Setti testete die Verbundenheit von hochsensiblen Personen mit der Natur und mit Tieren und sammelte dafür Daten von 241 erwachsenen Personen, davon 201 Frauen, die Skalen zur Hochsensibilität, Naturverbundenheit und Bindung zu Haustieren oder tierischer Affinität beantworteten. Nach Analyse der Daten fanden sie heraus, dass Hochsensibilität mit einer höheren Naturverbundenheit einhergeht. Da es sich dabei um eine korrelative Studie handelt, ist jedoch nicht klar, ob die hohe Sensibilität die Naturverbundenheit beeinflusst oder umgekehrt. Trotzdem zeigt die Studie zum ersten Mal, dass naturbasierte Lösungen ein neuer Weg zur Verbesserung der Lebensqualität bei hochsensiblen Personen und deren psychischen Gesundheit, sowie deren Wohlbefinden sind (Setti et al., 2022). Auch Black & Kern (2022) berichteten in ihrer Studie über den positiven Effekt von Natur auf das Wohlbefinden hochsensibler Personen (Black & Kern, 2022).

Achtsamkeit, Hochsensibilität und Natur

«Achtsamkeit bedeutet im Grunde, der Gegenwart volle Aufmerksamkeit zu schenken. Achtsamkeit hat nichts mit Mystik zu tun. Wir sind uns des einzigen Augenblicks gewahr, den es gibt: das Jetzt.» (Dewulf, 2010, S. 17)

Achtsam sein bedeutet im Moment zu leben, den gegenwärtigen Augenblick voll wahrzunehmen und präsent zu sein. Achtsamkeit basiert dabei auf einem absichtsvollen, wertungsfreien Bewusstseinszustand, der sich durch das Erleben von Moment zu Moment und der offenen und akzeptierenden Wahrnehmung von eigenen Gefühlen, Gedanken und äußeren Reizen charakterisiert. Die Entwicklung einer achtsamkeitsbasierten Praxis trägt laut aktuellem Forschungsstand zu einer Verbesserung der Emotionsregulation bei. Durch Achtsamkeit wird gelernt, wie herausfordernde Emotionen wahrgenommen werden, ohne dabei sofort Handlungsimpulsen nachzugeben oder die gedankliche Bewertung der Gefühlslage zu stärken. Die reduzierte Intensität der Emotion ist die Folge der achtsamen Selbstregulation. Die Veränderung der Beziehung zum Erleben und nicht die Veränderung des Erlebten selbst ist dabei der Schlüssel der Achtsamkeitspraxis (Ströhle et al., 2010). Die Ursprünge der Achtsamkeit sind im Buddhismus zu finden und beruhen auf der buddhistischen Lehre «Satipatthana Sutta». Das Dogma beinhaltet vier Grundlagen, welche sich jeweils auf die Emotionen, den Körper, den Geist und die Geistesobjekte (mentale Inhalte, die im Moment wahrgenommen werden) beziehen. In der westlichen Kultur erlebte die Achtsamkeitsbewegung einen ersten Aufschwung durch den Mediziner und Molekularbiologen Jon Kabat-Zinn, der Ende der 1970er Jahre das wirkungsvolle Programm zur Stressreduktion «Mindful Based Stress Reduction» (MBSR) entwickelte. Seither wurden zahlreiche andere Therapieansätze entwickelt, die auf Achtsamkeit basieren, wie die Akzeptanz- und Commitmenttherapie (ACT) oder die Achtsamkeitsbasierte Kognitive Therapie (MBCT). Das Prinzip der Achtsamkeit verbindet heute oftmals Meditation mit Yoga und psychotherapeutischen Methoden und wird inzwischen als Therapie oder Prävention zahlreicher psychischer und physischer Schwierigkeiten eingesetzt (Gans et al., 2020).

Zu Achtsamkeit und Hochsensibilität gibt es jedoch nur wenige bekannte Studien. Bakker und Moulding forschten im Zusammenhang mit Angst, Stress und Depressionen und konnten feststellen, dass Hochsensibilität und Angst nur dann zusammenhängen, wenn die Achtsamkeit gering ausfällt (Bakker & Moulding, 2012). Forscher aus Polen untersuchten Zusammenhänge zwischen Achtsamkeit, Resilienz und Hochsensibilität. Sie befragten 273 Erwachsene, u.a. 239 Frauen.

Die Analysen zeigten, dass sich die Achtsamkeit als bedeutender Faktor für eine positive Beziehung zwischen dem subtilen Empfinden und der Toleranz negativer Emotionen erweist. Die Forscher kamen zu dem Ergebnis, dass Stärkungen der Achtsamkeit und bewusste Präsenz wichtige Methoden sein können, um hochsensible Personen vor verschiedenen Stressfaktoren zu schützen und deren Wohlbefinden zu verbessern (Gulla & Golonka, 2021).

Die Natur erweist sich als idealer Ort, um die Achtsamkeitspraxis auszuüben. Die Menschen, die noch keine bis kaum Erfahrung mit achtsamkeitsbasierten Methoden haben, profitieren von der ruhigen und fokussierten Umwelt der Natur. Es ist leichter, sich in dieser Umgebung fallen zu lassen und die eigene Wahrnehmung zu beobachten (Huppertz & Schatanek, 2021).

Im asiatischen Raum existiert bereits die Tradition von Interventionen durch die Achtsamkeitspraxis in der Natur. In den 1980er Jahren prägte das japanische Land-, Forst- und Fischerei-Ministerium den Begriff «shinrin-yoku», welches als Waldbaden übersetzt werden kann. Dieses Konzept zielte darauf ab, Menschen zum Waldbesuch zu motivieren, um Stressabbau zu betreiben und einen gesunden Lebensstil zu ermöglichen. Diese Achtsamkeitspraxis basiert meist auf dem achtsamen Gehen, dem Einatmen der Waldluft und der Wahrnehmung der Natur (Miyazaki & Motohashi, 1995).

Huppertz & Schatanek unterscheiden in der Achtsamkeitspraxis zwischen drei Dimensionen. Ist die Wahrnehmung hauptsächlich auf Erfahrungen innerhalb einer Person, wie Gedanken oder Körperempfindungen, fokussiert, versteht man darunter die innere Aufmerksamkeit. Die Verbindung zum inneren Erleben in der Gegenwart hilft dabei, mentale, emotionale oder physische Prozesse bewusst wahrzunehmen und dadurch den Kontakt zu diesen Abläufen und zu sich selbst herzustellen.

Bezieht man sich auf die Interaktion zwischen dem Selbst und der Um- oder Mitwelt spricht man von relationaler Achtsamkeit, welche Personen dabei unterstützt Reaktionsmuster aufzudecken. Diese Arbeitsweise erweitert die Selbstwahrnehmung und verhilft zu Selbsterkenntnis. Ebenso kann diese Form der Achtsamkeit das breite Spektrum an Reizen und Erfahrungen in der Natur einordnen und diese impulsive Beurteilung bewusst wahrnehmen. Die äußere Achtsamkeit meint den Bezug auf die Natur als Um- und Mitwelt. Einzelheiten in der Natur rücken dabei in den Fokus und festigen die Verbundenheit zur Natur sowie die Sinnhaftigkeit des Lebens (Huppertz & Schatanek, 2021).

Die nachdrücklich intensiven Sinneseindrücke in der Natur dienen als optimale Begleiter in der Achtsamkeitspraxis. Im gegenwärtigen Moment anzukommen und die Aufmerksamkeit auf natürliche Prozesse zu richten, fällt in der natürlichen Umgebung besonders leicht. Dabei können sowohl die weite Achtsamkeit, bei der die Situation als Ganzes registriert wird, oder die fokussierte Achtsamkeit, die sich auf konkrete Details im inneren Erleben oder der Natur konzentriert, praktiziert werden. Durch eine regelmäßige Achtsamkeitspraxis können Praktizierende einfacher mit Herausforderungen und unvorhersehbaren Situationen umgehen (Gans et al., 2020).

Fazit

Durch die Analyse des aktuellen Forschungsstands konnte gezeigt werden, dass hochsensible Menschen erheblich von der Wirkung der Natur profitieren können. Wie Dr. Elaine N. Aron bereits in den 1990er Jahren feststellte, beschreibt die Hochsensibilität eine hohe sensorische Reizaufnahme mit einem intensiven und breiten Wahrnehmungsvermögen (Aron, 1996/2005). Durch die ständige Reizüberflutung haben hochsensible Personen ein erhöhtes Risiko an stressbasierten Erkrankungen, wie Burn-out oder Depressionen zu erkranken (Meißner, 2015). In der Prävention dieser Herausforderungen sind vor allem Naturerfahrungen eine essenzielle Ressource. Durch die Erholung, die in der Natur auftritt, können Personen leichter mit Stressoren umgehen und positive Verhaltensmuster etablieren. Des Weiteren fördert der Aufenthalt in der Natur die emotionale Stabilität (Bröderbauer, 2015). Insbesondere für hochsensible Personen ist der Kontakt zur Natur so wertvoll, da sie eine erhöhte Naturverbundenheit aufweisen und somit einen großen Nutzen in Bezug auf ihre Gesundheit und ihr Wohlbefinden von Erfahrungen in der Natur erzielen (Black & Kern, 2022, Setti et al., 2022). Denn «wer den Weg zur Natur findet, findet auch den Weg zu sich selbst» (Klaus Ender).

3.2 HS und Spiritualität (Chiara Grothendieck)

Die folgenden Erkenntnisse sind das Ergebnis einer Bachelorarbeit zur Frage: «Sensibilität und Sensitivität als Weg zum Erleben spiritueller Heimat?» Nach einer Einleitung geht es zunächst darum, einige Begriffe zu klären, um dann empirisch und konzeptionell zu schauen, inwiefern eine hochsensible Haltung das Erleben von Spiritualität befördern kann.

Einleitung
Die Ausdrücke «in der eigenen Mitte sein» oder «bei einem selbst sein» beschreiben einen Zustand der inneren Zentriertheit in Momenten, in denen sich Menschen als friedvoll, erfüllt, ausgeglichen oder eventuell freudig-erregt fühlen, während ihr Geist im gegenwärtigen Augenblick ruht. Häufig wird das Erreichen eines solchen Zustands mit dem Konzept der ‚Selbsttranszendenz' in Verbindung gebracht, welches beinhaltet, über die eigenen ego-basierten Wünsche hinauszugehen und eine tiefere Verbindung zu etwas Größerem herzustellen (Koltko-Rivera, 2006). Auch das sogenannte Flow-Erlebnis, bei dem Personen in einer Tätigkeit aufgehen, Zeit und Raum in ihrer Wahrnehmung aufhören zu existieren und sie sich als Einheit mit allem erfahren, kann eine solche Erfahrung sein (Csikszentmihalyi, 1988). Die Moderne in der westlichen Welt kann durch vielfältige Weise eine Belastung für Menschen darstellen und dazu beitragen, dass solche Zustände seltener erfahren werden (Mark & Gudith, 2018), während sich gleichzeitig ein Wunsch nach einer solchen Erfahrung in einem selbst bemerkbar machen kann (Heidegger, 1997).

Der Philosoph Martin Heidegger (2006) beschrieb empfundene Heimatlosigkeit bereits 1927 als Kennzeichen der Folge der sich schon damals stark anbahnenden, technischen Dimension der Gesellschaft. Er verwies auf ewige, innere Heimat, die jenseits der Oberflächlichkeit und Vergänglichkeit des modernen Lebens liegt – eine, die nicht genommen werden kann – als die Not und Sehnsucht des modernen Menschen. Diese Sehnsucht beschreibt er als «Ausdruck des Verlangens nach dauerhaft empfundener Verbundenheit» (Heidegger, 1997, S.78), die den Menschen dazu antreibt, diese Verankerung zu finden und sich in ihr zu verwurzeln (Heidegger, 2012).

Die heutige Schnelllebigkeit, fortschreitende Digitalisierung, omnipräsenten Medien, ständige Erreichbarkeit und der damit häufig einhergehende, wachsende Verlust von der eigenen Beziehung zur Natur können bei vielen Menschen zu einem Zustand der Überstimulation und inneren Unruhe führen (Mark & Gudith, 2018). Außerdem können Kriege aller Art zu einem Entzug an empfundener Sicherheit und Wohlbefinden sorgen (Kruk et al., 2018). Zudem können durch Bedrohungen für unseren Planeten wie dem Klimawandel Ängste sowie Gefühle der Machtlosigkeit entstehen (Veenhoven, 2012).

Darüber hinaus haben auch materielle Werte einen hohen Stellenwert in unserer Gesellschaft erreicht. Studien belegen, dass eine verstärkte Ausrichtung auf diese in Verbindung stehen kann mit negativen Auswirkungen auf das Wohlbefinden und auf die Lebenszufriedenheit (Kasser, 2017). Innerhalb unserer schnelllebigen, technologisierten Gesellschaft scheint der von Natur aus sensible, sensitive Mensch kaum Raum zu haben, um zur Besinnung zu finden. Mit der bedeutsamen Fähigkeit zur Empfindsamkeit ist man häufig dazu angehalten, die eigenen Gefühle zu unterdrücken oder zu verbergen, um den Erwartungen des Außen gerecht zu werden. Dies kann zu erhöhtem emotionalem und körperlichen Stress führen. Dabei ist die Empfindsamkeit bedeutsam für das Wohlbefinden und kann sich darüber hinaus positiv auf zwischenmenschliche Beziehungen auswirken (Hochschild, 1983; Acevedo et al. 2014).

Wissenschaftliche Studien deuten darauf hin, dass ein dauerhaft erregtes Nervensystem, empfundene Belastung, Sinnverlust und persönliche Krisen wie Depression und Burnout insbesondere im heutigen, digitalen Zeitalter auftreten und dessen Folge sein können (Twenge & Campbell, 2019). All diese Umstände können bei vielen Menschen dazu beitragen, dass sie ihre Aufmerksamkeit vermehrt auf das Außen gerichtet halten, beziehungsweise weniger in Kontakt mit dem jetzigen Augenblick sowie ihren Gefühlen und Bedürfnissen stehen, was erwiesenermaßen zu Unwohlsein führen und die eigene Emotionsregulation erschweren kann (Kross & Ayduk, 2017).

So lässt sich darauf schließen, dass das Erleben von Zuständen der Zentriertheit, Verbundenheit und inneren Ruhe förderlich für die eigene innere Zuwendung sein kann und dabei helfen kann, zur Besinnung zu finden. Durch den bewussten Kontakt zu sich selbst kann ein Zustand des inneren Friedens erreicht werden und somit ein Heimatsgefühl in einem kultivieren, welches unabhängig von äußeren Einflüssen erlebt werden kann. Diese verbundenere Weise des Seins ermöglicht, der Welt im Außen friedvoller und gelassener begegnen zu können (Kross & Ayduk 2017). Es stellt sich die Frage, inwiefern der Mensch als feinsinniges Wesen eine solche beschriebene Daseinsweise in der heutigen Zeit kultivieren kann.

Auf meinem eigenen Lebensweg begleitet mich seit ich Kind bin eine Sehnsucht und Suche nach einer Tiefe, in der ich als Mensch ankommen kann und ganz und gar fühle: Ich bin daheim. Als sensible und sensitive Person weiß ich, das ‚Außen' hat sogar manchmal zu viel zu bieten, allerdings nicht das, wonach ich mich in der Tiefe sehne. Ehrfürchtig habe ich erkennen dürfen, dass das im Innersten meiner selbst zu finden ist. In Anbetracht der Herausforderungen, mit welchen der empfindsame Mensch in der heutigen Welt konfrontiert ist, stellt sich die Frage, welche Komponenten für ihn dazu beitragen können, um mit seinem Innersten in Kontakt zu kommen. Ich persönlich träume von einer Welt, in der jeder ganz er selbst ist – eingeschlossen seiner bedeutsamen Fähigkeiten der Sensibilität und Sensitivität. Besteht vielleicht sogar die Möglichkeit, dass jene uns die Tür zu der Verbindung mit dem ersehnten Inneren öffnen können?

Heimat

Im gewöhnlichen Sprachgebrauch bezieht sich Heimat auf den Ort, «in den der Mensch hineingeboren wird, wo frühe Sozialisationserfahrungen stattfinden, die Identität, Charakter, Mentalität, Einstellungen und auch Weltauffassungen prägen» (Brockhaus-Enzyklopädie, 1989, S. 617). Allerdings ist «Heimat nicht notwendig an den Geburtsort gebunden» (Bollnow, 1984, S. 31). Diese Ansicht wird auch von Buchwald (1984) vertreten, der die Auffassung vertritt, dass Heimat durch Umgebungen gewonnen werden kann, in denen sich Individuen sicher und verbunden fühlen. Außerdem bringt Huber (1999) das Konzept von Heimat mit einer «Sehnsucht nach Geborgenheit, Aufgehobensein und Einssein-mit-sich-selbst» in Verbindung (S. 24). Heimat scheint also weit mehr zu sein als ein Ort. Häufig werden mit ihr bestimmte Empfindungen assoziiert, oder ausgedrückt in den gesungenen Worten von Grönemeyer (1999): «Heimat ist kein Ort, Heimat ist ein Gefühl.»

Auch im metaphorischen Sinne kann der Heimatbegriff, wie in der Bedeutung einer geistigen Heimat, Gebrauch finden. Dieses Konzept deutet auf einen glücklichen Seinszustand hin und dient meist in Form einer Metapher der Verbildlichung des menschlichen Strebens nach vollkommener Erfüllung. Der Philosoph Heidegger, der die spirituelle Dimension des Heimatbegriffs stark geprägt hat, spricht in diesem Zusammenhang von «ewiger Heimat» und der Sehnsucht nach dauerhaft empfundener Verbundenheit.

Spiritualität

Seit einigen Jahren rückt der Spiritualitätsbegriff zunehmend in den Fokus der Wissenschaft und Gesellschaft. Weltweit häufen sich Publikationen rund um spirituelle Themen. Grund für seine wachsende Popularität sind unter anderem die zahlreichen positiven Effekte, welche eine Offenheit gegenüber einer transzendenten Wirklichkeit auf die Gesundheit und das Wohlbefinden des Menschen haben können (Bucher, 2007). So ist Spiritualität seit Ende des letzten Jahrhunderts stark in den Vordergrund der Psychologie und ihrer Forschung gerückt (Utsch, 2016). Innerhalb empirischer Ermittlungen wird sie sogar mittlerweile als mögliche Persönlichkeitsdimension des Menschen in Betracht gezogen. So wird zurzeit untersucht, ob das Fünf-Faktoren-Modell der Persönlichkeit durch sie mit einer sechsten Dimension komplementiert werden soll. Die sechste Dimension bezieht sich auf die Fähigkeit, eine tiefe Verbindung mit etwas Größerem herzustellen, welche auch als «spirituelle Transzendenz» bezeichnet werden kann (Meindl & Bucher, 2015; Piedmont, 1999). Manche Forscher betrachten spirituelle Gesundheit sogar als einen zentralen Bereich der Person, der neben der psychischen, sozialen und biologischen Dimension als vierter Faktor für umfassendes Wohlbefinden zu berücksichtigen und zu fördern sei. So inkludiert die Weltgesundheitsorganisation (WHO) seit 1995 «Spirituality/Religion/Personal Beliefs» als eigene Kategorie in ihrer Statistik zur Erfassung gesundheitsbezogener Lebensqualität (Utsch, 2016, S. 1155).

Der Aspekt der Verbundenheit hat sich durch eine Vielzahl von qualitativen Studien als Essenz der Spiritualität herauskristallisiert (Bucher, 2014). Die vom amerikanischen Psychologen Piedmont entwickelte Spiritualitätsskala mit dem Kernelement Verbundenheit reicht auf der vertikalen Achse von unten (Selbst) nach oben (Gott) und auf der horizontalen Achse von links (Natur) nach rechts (soziale Mitwelt). Verbundenheit kann sich in alle vier Richtungen offenbaren.

Spirituelle Heimat

Wie Anfangs erwähnt, kann Heimat auch im Metaphorischen, etwa im Sinne einer geistigen Heimat Gebrauch finden. Das Konzept der spirituellen Heimat ähnelt dieser Idee. Es vereint den Spiritualitäts- und Heimatbegriff und beschreibt daher eine Art von Heimat, welche geistiger Natur ist. Das Geistige, Spirituelle weist auf das wahre Selbst des Menschen hin.

Eine eigene Projektstudie aus dem Jahre 2022, welche sich mit Innerer Heimat auseinandersetzte, zeigt, wie wenig das Konzept einer geistigen Heimat bislang erforscht worden ist. Gleichzeitig verweist die Autorin auf die psychologische Notwendigkeit des Erfahrens von Zuständen sowie Gefühlen, welche mit jener Heimat verknüpft werden (Grothendieck, 2022).

Es liegen diverse Untersuchungen vor, welche die Potenziale und Ressourcen einer spirituellen Lebensweise bestätigen (Utsch, 2016). Das Erleben von Verbundenheit durch spirituelle Praxen wie Achtsamkeitsmeditation kann einen hohen Einfluss auf das Wohlbefinden von Körper und Seele (Psyche) darstellen und korreliert außerdem positiv mit Glück (Piron, 2003). Die Berücksichtigung spiritueller Bedürfnisse erweisen sich für die Steigerung der Gesundheit von Individuen als essenziell.

Der Autor Christoph Kreitmeir (2019) schreibt in seinem Werk Der Seele eine Heimat geben darüber, dass Heimat nicht wortwörtlich zu finden sei, die Suche und Sehnsucht nach ihr jedoch als eine Art Treibstoff fungieren, die zum Eigentlichen in einem selbst führen. In diesem Zusammenhang verweist er auf den Rückzug nach innen und das Verweilen in Stille, was die Tür hin zur Essenz aufschließen könne. Zur Selbstwerdung gehört es außerdem anzuerkennen, dass die Verhaltensweisen anderer Individuen, an denen man sich stört, auf eigene innere Anteile hindeuten, die noch im Verborgenen liegen und jene zu integrieren (Au, 2016).

C.G. Jung (1984) beschreibt eine Person, die diesen heilsamen Vorgang erlebt, als «im Haus der Selbstbesinnung, der inneren Sammlung» lebend. «Solch ein Mensch weiß, dass, was auch immer in der Welt verkehrt ist, auch in ihm selbst ist und wenn er nur lernt, mit seinem eigenen Schatten fertig zu werden, dann hat er etwas Wirkliches für die Welt getan» (S. 86). Somit erweist sich die Integration der eigenen, inneren Schattenaspekte nicht nur für das Individuum selbst, sondern auch für das Kollektiv als förderlich und heilsam (Au 2016).

Nach dem Psychoanalytiker Roger Kennedy sehnen sich alle Menschen nach dem Gefühl des Ganz-seins. Mit diesem friedvollen Gefühl würde der Mensch im Zuge einer Integration der abgespaltenen Aspekte seiner selbst beschenkt werden (Gross 2019).

Eine ähnliche Theorie verfolgt der Psychotherapeut Viktor E. Frankl (2005) in seinem Werk Der Seele Heimat ist der Sinn, in welchem er sich den Chancen und Möglichkeiten von Heilung im Sinne der Ganz-Werdung als Mensch widmet. In diesem Zusammenhang erwähnt er das Konzept einer Seelischen Heimat, die jedes Individuum bestrebt sei zu erfahren, da diese ihm Geborgenheit und Schutz vermögen. Auch Dankbarkeit als Grundhaltung für das geschenkte Leben und bestimmte Handlungsweisen, wie das Praktizieren von Vergebung und Selbstreflexion, welche durch Spiritualität begünstigt werden können, erweisen sich als heilsam (Bucher, 2014).

Eine spirituelle Lebensweise geht mit menschlichem Wohlbefinden einher. Sprituelle Heimat ist erfahrbar durch ein In-Kontakt-sein-mit-sich-selbst. Dazu bedarf es ein gewisses Maß an Bewusstheit. Außerdem können sich spirituelle Praxen, wie eine achtsame Wahrnehmung der Sinne als förderlich erweisen. So stellt sich die Frage nach unserer Sensibilität.

Hochsensibilität

Aufbauend auf den umfangreichen Ausführungen zum Thema Hochsensibilität in diesem Buch ist an dieser Stelle nochmal darauf hinzuweisen, dass immer wieder Zusammenhänge zwischen Hochsensibilität und Spiritualität aufgezeigt werden konnten. So fühlen sich Menschen, die über eine feinere Wahrnehmung verfügen, häufig sehr verbunden mit spirituellen Aspekten. Das Bezugssystem hochsensibler Menschen ist daher oft überwiegend auf einen transzendenten Bereich ausgerichtet (Böttcher, 2018). Ähnliche Entdeckungen machte auch die Expertin Heintze (2013). Sie stellte fest, dass viele ihrer feinsinnigen Klienten über eine besondere Gabe für Ahnungen bzw. intuitives Wissen, ein erhöhtes Empathievermögen sowie die Fähigkeit zur Registrierung feiner Energien und Stimmungen im Raum verfügt. Heintze bestätigt, dass insbesondere diese Personen der Spiritualität gegenüber sehr offen gestimmt sind. Jene Menschen werden von ihr als hochsensitiv bezeichnet.

Heintze nimmt dabei eine Unterscheidung zur Bezeichnung hochsensibel vor. Sie beschreibt den Begriff Hochsensibilität als «feinere Wahrnehmung über die fünf körperlichen Sinne», die sich auf das Sehen, Hören, Riechen, Schmecken und Tasten beziehen (Heintze, 2013, S. 69). Unter Hochsensitivität hingegen versteht Heintze (2013) «eine stark ausgeprägt Wahrnehmungsebene über die körperlichen Reizwahrnehmungen mit den fünf Sinnen hinaus» (S 73). Hochsensibilität und Hochsensitivität werden von ihr als zwei unterschiedliche Phänomene angesehen, die beim Menschen häufig, jedoch nicht immer gleichzeitig auftreten (Heintze, 2013).

Zwischenfazit

Der Heimatbegriff weist zahlreiche Dimensionen auf. Wenn auch Heimat als geografischer Ort gemeint sein kann, verweist der Begriff häufig auf ein bestimmtes Erleben, das mit Gefühlen sowie Zuständen von Sicherheit, Einklang, Einssein, Geborgenheit, Gehalten-Sein, Verbundenheit, Ganz-Sein, Stabilität, Sinnhaftigkeit, jedoch auch einer Suche bzw. Sehnsucht nach diesem bestimmten Erleben einhergeht. Die empfundene Sehnsucht kann dabei als Motor fungieren, der Suchende dabei unterstützen kann, Heimat zu erleben. Die zahlreichen als zutiefst angenehm empfundenen ‚Heimatsgefühle' gehen unter anderem aus der Erfahrung positiv erlebter Beziehungen hervor. Heimat kann auch im metaphorischen Sinne, wie in einer ‚geistigen Heimat', Gebrauch finden. Das Konzept eines geistigen Zuhauses deutet auf eine glückselige Seinsweise bzw. die Natur des Menschen hin. Diese kann durch zahlreiche Wege, wie in Form von Praktiken, Lebenseinstellungen sowie Grundhaltungen und Verhaltensweisen, welche mit Spiritualität in

Zusammenhang gebracht werden können, gelebt und erfahren werden. Zu diesen zählen unter anderem Dankbarkeit als Grundhaltung dem Leben gegenüber, das Praktizieren von Achtsamkeit bzw. Meditation sowie die Hingabe an das große Ganze und außerdem Selbstakzeptanz bzw. die Fähigkeit zur Annahme gegenüber dem, ‚was ist'.

Als Kern der Spiritualität hat sich Verbundenheit durch eine Vielzahl von Studien herauskristallisiert. Diese bezieht sich einerseits auf die soziale Mitwelt, die Natur sowie den Kosmos und andererseits auf eine transzendente Wirklichkeit. Unter anderem kann das Erleben tiefer Verbundenheit mit der Erkenntnis des eigenen, wahren Selbst einhergehen, was als Prozess der Selbsttranszendenz beschrieben wird. Das wahre Selbst, das verstanden wird als ‚in allem wohnend' und dessen Grundnatur die Liebe sei, ist das, worauf spirituelle Heimat als Konzept hindeutet. Das Erleben ihrer wird von PsychologInnen als zentrales menschliches Bedürfnis angesehen, das für Individuen in seiner Bedeutsamkeit gleichwertig einer physischen Heimat sei.

Die Literatur zeigt neben den genannten Wegen ebenfalls Zusammenhänge zwischen einer sensiblen bzw. sensitiven Wahrnehmung und dem Erleben, was mit spiritueller Heimat in Verbindung gebracht werden kann. Experten bringen die sensitive Form der Wahrnehmung mit dem Zugang zum Wissen um die dem Menschen innenwohnende, spirituelle Instanz in Verbindung. Außerdem sei die Wahrnehmung über die fünf Sinne hinaus auch mit der Fähigkeit zum Empfinden tiefster Verbundenheit sowie Sinn und Stimmigkeit verbunden. Es konnten Zusammenhänge von Sensibilität und Sensitivität und dem Erleben spiritueller Heimat hergestellt werden.

Gleichzeitig hat sich gezeigt, dass das Konzept der spirituellen Heimat bisher kaum untersucht worden ist, das Bedürfnis des Menschen nach einem Erleben von Ankommen und innerem Frieden jedoch groß und aktuell ist. Im Folgenden soll daher noch weiter geforscht werden.

Methodik

Um den theoretischen Konstrukten auch empirisch auf den Grund zu gehen, wurden sechs Experten-Interviews im Umfang von 20-30 Minuten geführt. Bei der Auswahl der Experen kamen jene in Frage, die eine grundsätzliche Offenheit oder Affinität gegenüber der Spiritualität empfinden. Des Weiteren sollten sowohl normalsensible, als auch hochsensible Personen in die Studie einbezogen werden. Dadurch soll eine Informationsgewinnung gewährleistet sein, die schließlich für alle Personen gleichermaßen verwendbar gemacht werden kann. Schließlich sind drei ExpertInnen auserwählt worden, die nach dem Test von Aron (1996) diagnostisch als «wahrscheinlich hochsensibel» gelten, und weitere drei, welche «wahrscheinlich normalsensibel» sind.

Empirie

Nach Auswertung der Ergebnisse im Sinne einer qualitativen Inhaltsanalyse ergaben sich 16 Cluster, die das Erleben einer spirituellen Heimat bezeichnen. Nachfolgend wird exemplarisch lediglich die Zielvariable «spirituelle Heimat» beschrieben (Vorstellung aller Cluster siehe Modell im nächsten Abschnitt).

Spirituelle Heimat wird von mehreren ExpertInnen sowohl als «Gefühl, Zustand und Erfahrung», als auch als das beschrieben, worin all jene auftreten. Unter anderem wird sie als allgegenwärtige «Präsenz», «Kernselbst», «das Wesen meines Selbst», «Zentrum», «innere Sonne», «Ursprung», «Seele», «Essenz» sowie «Gott» bezeichnet. Ein Experte berichtet in diesem Zusammenhang von einer Ebene, die außerhalb jeglichen Leidens liegt, welche auch als der «Himmel auf Erden» bezeichnet wird. Spituelle Heimat wird von vielen als eine Seinsweise beschrieben, die sowohl fernab jeglicher «Dramen», als auch «Identifikationen», «Unbewusstheit» sowie «verschlossenem Herzen» und dem Gefühl, «gefangen» zu sein erlebt wird. Unter anderem wird sie auch als eine bestimmte Art von ‚Ort' beschrieben, an dem alles miteinander verbunden sei, man ganz man selbst sein kann und an den man immer zurückkehren kann. Jede Suche münde letztlich an diesem inneren Ort.

Spirituelle Heimat wird von den ExpertInnen ausnahmslos mit einem positiven Erleben beschrieben. Einige der Personen beschreiben das Erleben mit einem Zustand «tiefen Friedens», «innerer Ruhe», «Zentriertheit», «Gedankenstille» und «Einklang» bzw. «Harmonie». Weiterhin zeigt sich der Nutzen in einem Erleben erlebter «Glückseligkeit», «Freiheit», «Leichtigkeit», «Erfülltheit», «Dankbarkeit» und «Freude». Außerdem wird spirituelle Heimat mit einem Erleben von tiefer «Verbundenheit» bzw. «Einheit» und «göttlicher Liebe» beschrieben. Dabei wird übereinstimmend festgestellt, dass Sensibilität und Sensitivität Wege zum Erleben von sprituelller Heimat sein können. Ferner werden zahlreiche Aspekte genannt, die das Erfahren noch begünstigen können.

Modell

Aufbauend auf den theoretischen und empirischen Befunden wurde ein Modell entwickelt, welches 16 Wege zum Erleben spiritueller Heimat offenbart:

Sensibilität als Weg bedeutet eine bewusste Wahrnehmung von Reizen über die fünf Körpersinne. Dies kann in Form einer Aufmerksamkeitsverlagerung auf einen bestimmten Körpersinn, wie den Seh-, Hör-, Geruchs-, Geschmacks- oder Tastsinn erfolgen. Die Wahrnehmungsfähigkeit von Sinnesreizen kann geschult werden. Dafür eignet sich zum Beispiel Pratyahara als Übung, welche aus dem Yoga stammt.

Beim Yoga handelt es sich um eine Praxis, die ‚in den Körper holen'– und somit eine Beruhigung der Gedanken erfolgen kann.

Sensitivität als Weg steht in Zusammenhang mit dem Zugang zur Intuition und dem damit einhergehenden wissenden Gefühl um die Verbundenheit mit einer sich selbst innewohnenden spirituellen Instanz. Das Gefühl führt den Menschen meist auf eine Suche nach vollkommener Verschmelzung mit dem eigenen Wesenskern. Diese Suche kann zur Realisierung dessen führen.

Ein Erleben von spiritueller Heimat geht mit einer Daseinsweise einher, welche auf Präsenz beruht. Um sich in dieser zu verankern, ist eine Schulung des eigenen Gewahrseins förderlich.

Für die Kultivierung des Gewahrseins, bieten sich Meditationspraxen, wie zum Beispiel die Achtsamkeit als Form des urteilsfreien, willentlichen Präsentseins an. Die Vielfältigkeit von Meditationspraxen ist groß. So kann Meditation im Grunde überall und in jedem Moment praktiziert werden. Unter anderem kann sich die Natur für eine Praxis eignen, in der die Meditation beispielsweise in Form des Waldbadens, Eisbadens oder Wellenreitens praktiziert wird.

Die Natur kann als «Quelle zur Verbindung mit diesem schönen Heimatsgefühl» dienen. Sie erweist sich als Ort, an dem es Menschen leichter fällt, sich mit ihrem Selbst verbunden zu fühlen. Eine Haltung der Offenheit und Empfänglichkeit kann dabei unterstützend sein, um den «puren Ausdruck der Göttlichkeit» in ihr wahrzunehmen und ein «intensives Erleben der Schönheit bzw. Heiligkeit der Natur» zu erfahren.

Beim Weg der Hingabe & Selbsttranszendenz geht es um die Fähigkeit, sich statt auf das eigene Ego zu fokussieren, etwas Größerem im Leben hinzugeben, das weit über die eigene Person hinausreicht. Dieses ‚Größere' deutet auf dasselbe hin, auf das spirituelle Heimat verweist. Die Hingabe an sie erweist sich als Qualität, welche den Prozess der Selbsttranszendenz und somit das Erleben von spirituelle Heimat unterstützen kann.

Religion vermittelt in ihrer Essenz das, worauf spirituelle Heimat hindeutet. Um mit dem ‚Heiligen' in Verbindung zu treten, eignet sich zum Beispiel das Beten, das Sprechen bestimmter Mantren, wie «Ich bin», sowie das Singen heiliger Lieder in Gemeinschaft, das Pilgern und das Führen von Gesprächen «über das Göttliche».

Der Weg der Freude & Liebe zeichnet sich weitgehend darin aus, das eigene individuelle Leben der Freude und Liebe nach auszurichten. Das bedeutet, dem nachzugehen, was sich im jeweiligen Moment stimmig anfühlt sowie authentisch und im Einklang mit sich selbst zu leben. Außerdem beinhaltet dieser Weg einen liebevollen Umgang mit sich selbst und anderen, was die Fähigkeit zu Verständnis, Sanftheit sowie Akzeptanz und Mitgefühl einschließt.

Als besonders hilfreich zeigt sich der Weg der Heilung & Entwicklung, z.B. durch die Integration von abgespaltenen Schattenaspekten der Persönlichkeit. Es geht darum, innere Dynamiken, welche das Erleben von spiritueller Heimat unterbinden, zu erkennen und aufzulösen. Dabei kann die Inanspruchnahme eines Coachings oder einer Psychotherapie hilfreich sein.

Annahme & Akzeptanz als Weg beschreibt eine bejahende Grundhaltung dem Leben gegenüber. Bei dieser geht es nicht darum, alle Gegebenheiten für Gut zu heißen oder grundsätzlich von jeglicher aktiver Veränderung abzusehen, sondern lediglich darum, anzuerkennen, was ist. Die Anerkennung ‚der Dinge' kann der erste Schritt zu einer positiven Veränderung sein.

Eine Veränderung im eigenen Leben vorzunehmen kann hilfreich sein, um wieder zu sich selbst ‚zurückzukehren'. Veränderungen einzuleiten erfordert manchmal Mut. Die Art der jeweiligen Veränderungen, die es im Leben bedarf, um wieder mehr bei sich selbst anzukommen, kann individuell verschieden sein. Beispielsweise kann das Verreisen an einen anderen Ort hilfreich sein.

Der Weg des zwischenmenschlichen Kontakts beinhält den Austausch zu anderen Menschen, «gute Gespräche» und das «Umgeben-sein von Freunden». Der zwischenmenschliche Kontakt wird dann als erfüllend und heilsam erlebt, wenn dieser auf einer ehrlichen, authentischen Begegnung beruht.

Der Weg des Dienens beinhaltet, anderen zu helfen und sich unterstützend mit den eigenen Gaben einzubringen. Es bedeutet, sich für etwas Positives in der Welt einzusetzen und einen Beitrag für das Wohl des großen Ganzen zu leisten.

Dankbarkeit stellt sowohl eine «Grundhaltung für das geschenkte Leben» als auch eine Praxis dar. Eine solche Praxis kann z.B. durch das Aufschreiben verschiedener Aspekte erfolgen, für die eine Person Dankbarkeit empfindet.

Journaling & Selbstreflexion als Weg bedeuten, die Aufmerksamkeit nach innen zu verlagern, mentale sowie emotionale Prozesse und Verhaltensweisen wahrzunehmen sowie diese gegebenenfalls schriftlich in einem Journal zu hinterfragen und zu analysieren.

Diskussion

Zuerst ging es darum, die drei wesentlichen Konzepte der spirituellen Heimat, der Sensibilität und Sensitivität zu verstehen. Dabei stellte sich heraus, dass das Konstrukt der spirituellen Heimat bislang wenig untersucht worden ist, sodass diesen Fragen im zweiten Teil empirisch nachgegangen wurde, um schließlich ein Modell zu entwickeln, das in der Coaching-Praxis angewendet werden kann.

Theorie und Empirie ergaben, dass die spirituelle Heimat auf etwas Geistiges hindeutet, das auch das «wahre Selbst», «Essenz» oder das «Göttliche» bezeichnet wird und dessen Natur die Liebe sei. Viele Individuen sehnen sich nach einem Kontakt und Verbundensein mit ihrer wahren Natur. Die Sehnsucht übersetzen Psychologen als ein wesentliches, menschliches Bedürfnis. Das Erleben eines solchen Verbundenseins kann als eine glückselige Seinsweise beschrieben werden, welche den Menschen tiefes Wohlbefinden erfahren lässt. Sich seiner Selbst bewusst zu werden und wahrhaft in sich zu leben, kristallisierte sich vor allem als ein Entwicklungsweg und Prozess heraus.

Sowohl Sensibilität als Fähigkeit zur Wahrnehmung über die fünf Körpersinne als auch Sensitivität als Gabe zur Wahrnehmung der Sinne über die fünf Körpersinne hinaus sollen die Tür nach Innen aufschließen und den Zugang zu sich selbst ermöglichen. Sinneswahrnehmungen stehen in Verbindung mit den Emotionen des Menschen. Eine bewusste Wahrnehmung der fünf Körpersinne wird in Zusammenhang mit einem erhöhten Glücksempfinden gebracht, wie unter anderem einem Erleben von intensivem Genuss, Erfüllung, Lebendigkeit, Freude und Zufriedenheit, aber auch Gelassenheit. Entscheidend sei hierbei eine bewusste Form der Aufmerksamkeit, mit der sich der Mensch seinem sinnlichen Erleben hingibt.

Darüber hinaus stellte sich das Erfahren von tiefem Sinn im Leben als ein an die Offenheit der eigenen Sinne geknüpftes Erleben dar. Mit Sensitivität wird die Wahrnehmungsfähigkeit zu der dem Menschen innewohnenden, spirituellen Instanz in Verbindung gebracht. Auch ginge die Fähigkeit mit einer Gabe zu dem Gefühl tiefster Verbundenheit einher. Personen, die besonders sensitiv sind, haben häufig eine Affinität zur Spiritualität sowie transzendenten Erfahrungen. Zudem wird die Fähigkeit zum Mitgefühl sowie zur Empathie in Zusammenhang mit dem Erleben von seelischer Heimat gebracht, welche sich beide aus Sensitivität speisen.

Eine starke Ausprägung von Sensibilität und Sensitivität kann neben all jenen fördernden Aspekten auch eine Reizüberflutung auslösen, was zu Stress führen kann. Nichtsdestotrotz ist eine ausgeprägte Feinsinnigkeit nicht als Hindernis anzusehen, um in eine innere Ruhe zu gelangen. Denn entscheidend darüber, ob die eigenen Fähigkeiten als bereichernd oder herausfordernd empfunden werden, sei der jeweilige Umgang mit jenen Fähigkeiten bzw. mit sich selbst. Dieser Umgang sollte vor allem ein achtsamer und wertschätzender sein sowie das Schulen der eigenen Sinne berücksichtigen.

Darüber hinaus haben sich zahlreiche weitere Aspekte als hilfreich gezeigt, um in den Kontakt mit der eigenen Essenz zu kommen. Zu ihnen zählen: Präsenz; Meditationspraxis; Annahme & Akzeptanz; Veränderung; Heilung & Entwicklung; Natur; Dienen; Hingabe & Selbsttranszendenz; Zwischenmenschlicher Kontakt; Freude & Liebe; Dankbarkeit; Religion; Journaling & Selbstreflexion; Yoga. Überwiegend stehen jene in direktem Zusammenhang miteinander. So stellte sich heraus, dass Sensitivität und Sensibilität als Weg zum Erleben von spiritueller Heimat unter anderem mit dem Aspekt des Dienens verbunden ist. Es wird auf die Bedeutsamkeit verwiesen die persönlichen, feinsinnigen Fähigkeiten positiv zu nutzen, indem man sich mit ihnen in den Dienst von etwas Größerem stellt.

Wenn auch das Dienen großes Glück verspricht, zeigte sich, dass der Mensch es teilweise schwer hat, seine eigene Feinsinnigkeit willkommen zu heißen, geschweige denn, ihr Ausdruck in der Welt zu verleihen. Diese Tendenz lässt sich auf die heutige technologisierte, schnelllebige Gesellschaft zurückführen, in welcher dem empfindsamen Aspekt des Menschen eher wenig Raum gewährt wird. Dies führt dazu, dass die Fähigkeiten der Sensibilität und Sensitivität teilweise unterdrückt werden (Hochschild, 1983). Dadurch bliebe die Tür in das Reich des Selbst verschlossen. Gleichzeitig zeigte die Forschung, wie wichtig es für das eigene sowie das Wohl der anderen ist, ganz man selbst zu sein, «zu sich selbst zu stehen und so in die Welt hinaus zu gehen, wie man ist.». Auch würden Menschen, denen man mit jenen sensiblen Gaben begegnet, auf heilsame Weise von ihnen profitieren.

Der authentische Selbstausdruck scheint in der heutigen Zeit ein Akt der Revolution zu sein, der jedoch eine positive Wirkung erzeugt und womöglich das Potenzial hat, eine fruchtbare Veränderung in der Welt zu bewirken. Durch gelebte Sensibilität und Sensitivität könne sich Heilung im großen Stil vollziehen. Ebenso würde die Wesentlichkeit wieder in das Zentrum gerückt und der Mensch somit von mehr Sinn erfüllt sein.

Diese Bewegung scheint in der Welt angestoßen zu sein. Denn einhergehend mit der rasanten technischen Entwicklung, Kriegen, Naturentfremdung und Unterdrückung jeglicher Art drängt die Sehnsucht nach empfundener Heimat des suchenden, modernen Menschen in den Vordergrund. Dadurch wird die Forschung nach Möglichkeiten, um sich in der eigenen Natur zu verankern, zunehmend essenziell.

Eine Anwendung unseres Modells soll dazu dienen, die eigene Ausrichtung nach innen zu verlagern und in den Kontakt mit sich selbst zu kommen. Individuen können auf ihrem Weg der Selbstwerdung eine Unterstützung erfahren, die ihnen im Hier und Jetzt und in Zukunft ein glückseligeres Erleben ermöglicht. Dieses Erleben ist unabhängig von jeglichen äußeren Umständen erfahrbar. So kann das Bei-sich-sein dazu verhelfen, auch in der heutigen Zeit Geborgenheit und Halt zu finden und der Welt im Außen eine Erinnerung an den Frieden zu sein.

3.3 HS & präsenzbasiertes Coaching (Christoph Körber)

Wie Du Deine Gabe wertschätzen kannst

Einklang

Ich muss mich nicht mehr anstrengen,
jemand zu sein, der ich gerade nicht bin.
Muss nicht mehr außerhalb von mir suchen,
nach Heilung und Erleuchtung,
nach Erlaubnis oder Anerkennung.
Ich finde sie in mir selbst.

Meine Gefühle fassen Vertrauen zu mir.
Damit lerne ich, mir selbst zu vertrauen.
So bin ich wirklich verbunden mit mir.
So fühle ich mich wirklich verstanden.
Dann ruhe ich in mir selbst
und bin offen für echte Verbindungen.

Das sind persönliche Antworten auf die Frage, wofür Präsenzbasiertes Coaching (PBC) steht. Ich selbst, der ich mich auch als hochsensibler Mensch (HSM) verstehe, habe darin einen Weg zu mir selbst gefunden – und damit auch zu Frieden und Gelassenheit, Liebe und Verbundenheit. Das war und ist mein persönlicher, individueller Weg und mit PBC habe ich angestrebt, diesen wissenschaftlich wie auch praktisch greifbar und mitteilbar zu machen.

Konfrontiert mit der Aussicht, erwachsen zu werden, selbst verantwortlich zu sein und in die Welt zu treten, bin ich als 16 Jähriger wie aus dem Nichts in eine Sinnkrise gestürzt. Überall hineinpassend und doch nie zuhause fühlend, begab ich mich auf eine fünfjährige philosophische, psychologische und spirituelle Reise zu mir selbst.

Als HSM habe ich schon immer mehr wahrgenommen als andere, brauchte viel Regeneration mit mir allein, und war generell mehr mit Beobachten und Nachdenken beschäftigt, als in die Tat zu springen. Auch wenn mein damaliges Umfeld sicherlich das beste versuchte, konnte ich den Reichtum meiner Innenwelt erst mit den Jahren kennen und schätzen lernen. Vor allem meine emotionale Lebendigkeit und Selbstakzeptanz tauten nur mit vielen heilsamen Erfahrungen aus ihrer schambedingten Erstarrung auf.

Für das Wohlbefinden von HSM ist es äußerst wichtig, einen Lebensstil zu pflegen, der ihnen erlaubt, eingestimmt auf ihren eigenen inneren Zustand zu leben. Um diesen entwickeln zu können, brauchte ich nicht nur rein gedankliche Selbstreflexion, sondern bin über Achtsamkeit mit körperorientierten Selbstregulationsprozessen in Berührung gekommen. Zusammen mit der liebevollen Präsenz einiger Menschen, die mich begleitet haben, habe ich zum ersten Mal wirklich zu mir selbst gefunden. Auf den nächsten Seiten zeige ich anhand von Forschungsergebnissen, Metaphern und Praxisbeispielen, wie Präsenzbasiertes Coaching gerade für hochsensible Menschen eine Versöhnung mit sich selbst sein kann.

Von der Hochsensibilität

Wir Menschen sind evolutionär bedingt sensibel für unsere Umwelt. Wir nehmen sie wahr, verarbeiten Informationen, reagieren auf sie und passen uns an den Bedingungen mehr oder weniger an. Mit Umwelt ist dabei nicht nur die äußere (sensorische & soziale), sondern auch ihr Zusammenspiel mit den inneren Ereignissen unserer Wahrnehmung (bspw. Erinnerungen, Emotionen, Ahnungen, Körperempfindungen) gemeint (vgl. Greven et al., 2019). Es gibt erhebliche Unterschiede in der Sensibilität gegenüber dieser Umwelt; einige Menschen sind viel sensibler und reaktiver als andere (Ellis et al., 2011). Diese Beobachtung wird im Deutschen umgangssprachlich vom Begriff der Hochsensibilität beschrieben.[35]

Ungefähr 20-35% der Bevölkerung scheinen mit diesem Wesenszug einer erhöhten Sensitivität zu leben (Greven et al., 2019). Genetisch veranlagt, durch günstige wie ungünstige Entwicklungsbedingungen beeinflusst und neurologisch nachweisbar, reagiert das Gehirn und Nervensystem dieser Menschen stärker auf die Reize ihrer Umwelt (vgl. Acevedo, 2020). Kennzeichnend dafür sind eine umfangreichere und nuancenreichere Wahrnehmung äußerer und innerer Reize sowie eine komplexere und differenziertere Verarbeitung erlebter Situationen. Neben einer schnelleren Überreizbarkeit bringt das auch intensivere und vielschichtigere emotionale wie kognitive Reaktionen mit sich. Das alles führt zu einer tendenziell kleineren Komfortzone sowie einem längeren Nachhallen von Eindrücken (Schorr, 2018).

Gerade ein städtisches, digitalisiertes Alltagsleben mit oftmals lauten und abstumpfenden Umgebungssituationen kann herausfordernd für einen hochsensiblen Menschen (HSM) sein. Wenn dieser mit seiner Hochsensibilität umzugehen weiß, nimmt er zwar sehr viel und komplex wahr, anders allerdings als in pathologischen Zuständen kann er sich aber selbst regulieren und das Erlebte integrieren (Acevedo et al., 2018). Insbesondere jedoch fehlende Strategien zur Selbstregulation[36] sowie fehlende Selbstakzeptanz können sie, vor allem bei Gefühlen

---

[35] In der Forschung wird vor allem von Sensory Processing Sensitivity (SPS; deutsch: sensorische Verarbeitungssensitivität) gesprochen. Für einen Überblick empfehle ich Greven et al. (2019).

[36] Mit Selbstregulation meine ich innere wie äußere Verhaltensweisen, mit denen wir unser Verhalten und unsere emotionalen Reaktionen auf positive wie negative Reize steuern.

der Scham und des Andersseins, mit Symptomen von Stress, Panik und geringem Selbstwertgefühl konfrontieren (Acevedo, 2020, S. 136; Brindle et al., 2015). Daraus ergibt sich für HSM ein erhöhter Bedarf nach individuellen Wegen und Werkzeugen, sich in Stresssituationen zu unterstützen und ihren Alltag eingestimmt auf ihren inneren Zustand zu gestalten (Gulla & Golonka, 2021; Schorr, 2018, S. 60).

Über die Achtsamkeit

Ein effektiver Weg zur positiven Einflussnahme auf die Selbstregulationsfähigkeit und Selbstakzeptanz ist das Praktizieren von Achtsamkeit (Acevedo et al., 2016; Ostafin et al., 2015). Neben dessen Wirksamkeit zur Stressbewältigung belegen zahlreiche Forschungsergebnisse auch dessen allgemeine positive Auswirkungen auf die psychische wie physische Gesundheit (Dobos et al., 2019, S. 42; Lyddy et al., 2015; Grossman et al., 2004). Auch für hochsensible Menschen wurde wiederholt gezeigt, dass sie deutlich mehr Stress, soziale Ängste sowie psychosomatische Symptome aufweisen, wenn ihre Achtsamkeit und Selbstakzeptanz gering sind und eine deutliche Verringerung nach Teilnahme in einem Achtsamkeitstraining (Takahashi et al., 2020; Bakker & Moulding, 2012; Soons et al., 2010).[37]

Häufig definiert als »eine bestimmte Art und Weise aufmerksam zu sein: willentlich, im gegenwärtigen Moment und nicht-urteilend» (Kabat-Zinn, 1994, S. 4, Übs. d. A.), ist Achtsamkeit eine Fähigkeit, die durch Übung entwickelt werden kann (ebd.). Geübte Menschen verlieren sich weniger in Gedanken an vergangene oder künftige Ereignisse oder deren Bedeutung für sie selbst, sondern finden sich bewusst im Erleben des gegenwärtigen Momentes wieder. Nach Auswertung neurowissenschaftlicher Studien achtsamkeitsbasierter Methoden lässt sich ihre selbstregulierende Wirkungsweise durch folgende drei Komponenten erklären (Tang et al., 2015; Hölzel & Brähler, 2015, S. 43-78): (1) gestärkte Aufmerksamkeitskontrolle, (2) verbesserte Emotionsregulation und (3) eine veränderte Selbstwahrnehmung (vgl. Abb. 1).

Abb. 1: Wirkungsweisen von Achtsamkeit

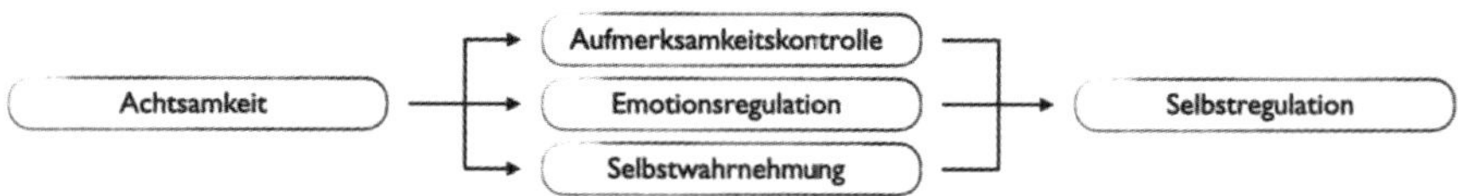

Quelle: Adaption von Tang et al., 2015, S. 2

[37] Training in achtsamkeitsbasierter Selbstregulation ist mit einer geringeren emotionalen Beeinflussung durch unangenehme Reize, einer verringerten physiologischen Reaktivität und einer erleichterten Rückkehr zur emotionalen Grundlinie assoziiert (Tang et al., 2015, S. 218).

Die (1) Stärkung der eigenen Aufmerksamkeitskontrolle durch Achtsamkeitstraining beinhaltet neben der stabileren Daueraufmerksamkeit (notwendig bei z.B. langen Autofahrten) die bessere bewusste Lenkung und Ausrichtung ihrer (Neu- oder Umorientierung) wie auch die Fähigkeit, sich einer bestimmten Sache zuzuwenden und dabei andere Reize nach Bedarf auszublenden (um z. B. Eine Aufgabe konzentriert zu bearbeiten). All das ist für HSM gerade bei ihrer Veranlagung zur Reizüberflutung und stärkerer Berührbarkeit von großer Bedeutung (Gulla & Golonka, 2021).

Die (2) Verbesserung der eigenen Emotionsregulation durch Achtsamkeitstraining bezieht sich auf zweierlei Prozesse: Bei den vor allem kognitiven (gedankenorientierten) sogenannten Top-down-Prozessen wird durch absichtliche Benennung, Neubewertung und Selbstreflexion emotionaler Inhalte eine Veränderung im eigenen Zustand erreicht. Besonders bei fortgeschrittener Übungserfahrung werden jene durch primär somatische (körperorientierte) Bottom-up-Prozesse abgelöst. Im Gegensatz zur rein gedanklichen Analyse und Verarbeitung wird hier die Aufmerksamkeit auf die emotional körperliche Erfahrung gelegt. Durch das bewusst beabsichtige Erforschen des felt sense[38] einer Situation, können die eigenen Gefühle klarer erkannt, verstanden und ihnen angemessener begegnet werden (Guendelman et al., 2017; Hölzel & Brähler, 2015).[39] Da HSM zur Rumination, empathischer Unterdrückung[40] und zu generell vielschichtigen Resonanzen neigen, erscheint für sie eine bessere Achtsamkeit mit ihrem körperlichen Erleben (Körpergewahrsein) besonders relevant (Leopoldsberger, 2017 zit. in Lakatos-Troll, 2022, S. 31; Guendelmann et al., 2017, S. 16).

Die (3) Veränderung der eigenen Selbstwahrnehmung macht sich durch die Verringerung einer selbstbezogenen, bewertenden Kommentierung des eigenen Erlebens und durch die Entwicklung eines erweiterten Gewahrseins[41] des gegen-

---

[38] Der von Eugene Gendlin geprägte Begriff felt sense meint, wenn jemand mit seinem inneren Erleben unmittelbar, also ohne Konzepte und Interpretation, in Kontakt ist. Jenes liegt allen Formen von Emotionen und Gedanken zugrunde und wird meist als ein vages, körperliches Gesamtgefühl einer Situation wahrgenommen (Hölzel & Brähler, 2015; Hicks, 2007; Gendlin, 1996). Dazu später mehr.

[39] Vor allem im Vergleich zu den überwiegend kognitiven, verhaltens- und zielorientierten Verfahren des Coachings und der Psychotherapie ein großer Gewinn für HSM (vgl. Ryba, 2019) .

[40] z. B. Unterdrückung von Emotionen um auf andere Rücksicht zu nehmen

[41] Ich wähle hier das Wort Gewahrsein in Abgrenzung zum Wort Bewusstsein. Da letzteres seinem altfranzösischen Ursprung nach nahe dem Gewissen ist, d. h. etwas wie den »moralischen Sinn» oder ein «Bewusstsein von Fehlverhalten" meint. Wohingegen Gewahrsein zurückgeführt zu seiner 4000 Jahren alten indogermanischen Wurzel *wer- »wahrnehmen" oder »Acht geben" meint, was wiederum eher dem Bedeutungsgehalt entspricht, auf den die nondualen buddhistischen und hinduistischen Traditionen deuten, die diese veränderte Selbstwahrnehmung als Erste erforscht und beschrieben haben (vgl. Wallis, 2017, S. 407).

wärtigen Moments bemerkbar. Während das Gewahren selbst zum Objekt des Gewahrseins wird, nimmt der Mensch bewusst, ähnlich wie aus einer Beobachterperspektive, Körperempfindungen, Emotionen und Gedanken wahr und ist dennoch intim und unmittelbar mit ihnen verbunden. Er fühlt sich losgelöster von starren Identifizierungen wie z. B. dem eigenen Selbstbild, Gewohnheiten, oder versteiften Meinungen (Koerber, 2022, S. 38f; Hölzel & Brähler, 2015, S. 60; Tang et al., 2015, S. 219). Ein besserer Zugang zu solchen Perspektiven können besonders HSM helfen, mit mehr Gelassenheit den emotionalen und körperlichen Auswirkungen ihrer höheren Wahrnehmungsfähigkeit und geringem Selbstwertgefühl zu begegnen (Bakker & Moulding, 2012).

Achtsamkeit (in Gruppen trainiert und für sich allein geübt) kann einen großen Beitrag zur besseren Selbstregulation für HSM leisten. Doch für einige entspringen ihre Probleme aus einer früh beginnenden Vergangenheit von zwischenmenschlich entwertenden Erfahrungen: «Sie wurden […] unterschätzt, nicht gesehen, missverstanden, abgewertet und abgelehnt. Ihnen wurde vermittelt, dass […] sie 'komisch', 'kompliziert', 'anstrengend' oder 'zu empfindlich' seien" (Braun, 2022). Ein anhaltendes Gefühl von Makel und Scham, von Stigma und Anderssein kann den Alltag begleiten (vgl. Acevedo, 2020). Gleichzeitig muss aber auch ihre erhöhte Bereitschaft zu, Offenheit für und Entwicklungsfähigkeit bei psychosozialen Interventionen betont werden (Lionetti et al., 2018; Pluess & Boniwell, 2015; Pluess & Belsky, 2013). HSM profitieren nämlich mehr von Hilfsangeboten, unterstützenden Beziehungen und günstigen Bedingungen als normal sensible. Hierbei werden vor allem achtsamkeitsbasierte Interventionen (Lakatos-Troll, 2022; Greven et al., 2019) oder eine Begleitung empfohlen, die auf einer bestimmten Haltung und Beziehungsgestaltung gründet (Braun, 2022; Harke, 2018; Hensel, 2015, S. 111ff).

Zum Präsenzbasierten Coaching

Als Basis von dem hier vorgestellten Coaching-Ansatz erweitert das Konzept von Präsenz die Wirkweise von verkörperter Achtsamkeit um die der heilsamen zwischenmenschlichen Beziehung (Koerber, 2022; Geller & Greenberg, 2022; Siegel, 2018). Tief verwurzelt in der humanistischen Psychologie und den meditativen Traditionen der Welt, gehen auch mehr und mehr forschende und praktizierende Coaches von der zentralen Stellung der Präsenz in erfolgreichen Entwicklungsprozessen aus (Koerber, 2022).

Wie eingangs erwähnt, soll die Idee der Präsenz nicht auf eine Form des professionellen Coachings[42] beschränkt sein. Dort kann sie als eine Kompetenz des Coaches gesehen werden. Doch ist sie, wie wir im Verlauf der nächsten Seiten sehen werden, viel mehr als das. Sie ist eine Art und Weise als Mensch den eigenen Themen oder einem Gegenüber zu begegnen. Sie ist eine Daseinsweise, deren Förderung in jeglichen sozialen oder beraterischen, oder einfach menschlichen Herausforderungen eine ganzheitliche Entwicklung begünstigt.

Wenn in Präsenz, bist du (1) ohne Erwartungen und Bewertungen wie auch (2) einfühlsam und annehmend mit und für deinen Gegenüber da. Begleitet von einem Gefühl der Weite und Ausdehnung tauchst du (3) im gegenwärtigen Moment ein, wobei dein Erleben sehr in dir geerdet und zentriert ist. Du bist (4) intim auf deine eigene Intuition und körperliche Resonanz eingestimmt wie auch auf den verbalen und körperlichen Ausdruck deines Gegenübers. Bewusst begegnest du diesem auf eine echte und stimmige Weise. Es fühlt sich gesehen, verstanden und angenommen. Zu den vier Qualitäten der Präsenz später mehr.

Technisch gesprochen bedeutet Präsenz, dass du mit deinem ganzen Wesen in einer gegenwärtigen Begegnung (mit einem Thema, Gegenüber oder mit mir selbst) da bist – gedanklich, emotional, körperlich wie auch spirituell und im Beziehungsraum. Oder wie ich sagen würde: Dein Gewahrsein[43] – also du – (b)ist eingestimmt auf Kopf, Herz und Bauch von dir UND deinem Gegenüber. Dann ist das Innere von dir und von deinem Gegenüber wegweisend für dessen Entwicklungsprozess. Bevor wir die Bedeutung der Präsenz für den vorgestellten präsenzbasierten Ansatz näher betrachten, möchte ich in aller Kürze die Forschung zur Präsenz im Coaching wie psychotherapeutischen Settings zusammenfassen.[44]

---

[42] Mit Coaching ist hier eine strukturierende und orientierende Begegnung zur Förderung wünschenswerter und nachhaltiger Entwicklungsprozesse des Klienten, bei Einsatz passender Strategien, Instrumente und Techniken innerhalb einer professionellen Beziehung gemeint (vgl. Koerber, 2020).

[43] Achtsamkeit, Gewahrsein und Präsenz können beim ersten Kennenlernen leicht verwechselt werden. Mit Achtsamkeit meine ich eine bewusste Lenkung der dualistischen Aufmerksamkeit; also getrennt, wie ein Beobachter, werden Inhalte der Wahrnehmung urteilsfrei bemerkt. Gewahrsein dagegen ist ein müheloses Wahrnehmen, unverschmolzen und dennoch ungeteilt von den Wahrnehmungsinhalten; du bist einfach mit deinem ganzen Wesen präsent im Fluss des Erlebens. Von Präsenz spreche ich, wenn dieses Gewahrsein nun in die Begegnung mit einem Gegenüber strahlt. Von Präsenz des Coaches, wenn sie in den Dienst der inhärenten Wachstumstendenz des Gegenübers gestellt wird – wenn ein Mensch absichtlich für und mit dem anderen präsent ist. Allerdings möchte ich anmerken, dass der Unterschied zwischen den Begriffen nur konzeptuell besteht, in der Praxis alles fließend ineinander übergeht. Zum Beispiel muss die menschliche Präsenz nicht die eines vollständig realisierten Gewahrseins sein; kann sie aber (vgl. Schillings, 2007).

[44] Bitte finde in Koerber (2022) eine ausführliche und differenzierte Darstellung und Analyse.

Forschung zur Präsenz

Vor allem in den Ansätzen der humanistischen Psychologie (Coaching wie Therapie) wird Präsenz als zentraler Faktor identifiziert, der einer gelingenden professionellen Beziehung wie einem erfolgreichen Entwicklungsprozess zugrunde liegt (Geller & Greenberg, 2022). In den humanistischen Ansätzen gilt an erster Stelle »nicht intellektuelle Einsicht, Interpretation, oder Abreagieren" als »verändernde Kraft", sondern die »authentische Begegnung" zweier Menschen (Yalom, 2017, S. 247, Übs. d. A.). Was durch zahlreiche Studien schulenübergreifend für die Psychotherapie bestätigt wird (Norcross & Lambert 2019; Elliott et al., 2013), tut dies auch vermehrt die Coaching-Forschung: Statt Techniken, sei insbesondere die Beziehungsqualität von ausschlaggebender Bedeutung (Molyn 2021; Kunze, 2016; De Haan, 2014).

Carl Rogers, »Vater" der humanistischen Psychologie (Sohr, 2008), setzte sich sein Leben lang für die Wichtigkeit der von ihm postulierten entwicklungsförderlichen Haltung des Therapeuten ein. Als die drei Grundhaltungen »bedingungsfreie positive Beachtung, Empathie und Kongruenz" haben sie Einzug gehalten in allen beraterischen und sozialen Berufen. Erst zum Ende seines Lebens hin beschrieb er eine «weitere Eigenschaft" (Rogers, 1980, S. 129), die das entscheidendste Element sei: «wenn mein Selbst ganz klar und natürlich präsent ist» (Rogers in Baldwin, 1987, S. 48, Übs. d. A.). Neuere Forschungen sehen diese »Präsenz» als »Dreh- und Angelpunkt" (hub) wirksamer Psychotherapie (Schneider, 2015; Wampold, 2015). Verstanden wird sie als Voraussetzung und Begünstigung für die drei Grundhaltungen und ist damit essenziell für eine gesunde und gelingende professionelle Beziehung (Geller, 2022; 2013).

Für mich als ehemaliger Einzelgänger und Autodidakt war es faszinierend und augenöffnend, was auch neurowissenschaftlich gezeigt wurde: Während der Begegnung zweier Menschen gibt es eine Verbindung zwischen beiden – eine sogenannte »bidirektionale Kommunikation" zwischen ihren Nervensystemen. Also der innere Zustand des einen Menschen wirkt sich auf den des anderen aus, und umgekehrt (Siegel, 2020). So kann die gelebte Präsenz des Coaches im Klienten ein Gefühl von zwischenmenschlicher Sicherheit und physiologischer Entspannung fördern (Geller, 2022; Geller & Porges, 2014). Wenn dafür nun der Coach (a) mit sich selbst präsent ist, (b) mit dem Klienten und sich dieser dann (c) sicher und geborgen fühlt, geschehen vier Prozesse gleichzeitig (s. Abb. 2):

Abb. 2: Wie fördert Präsenz die Wirksamkeit von Coaching?

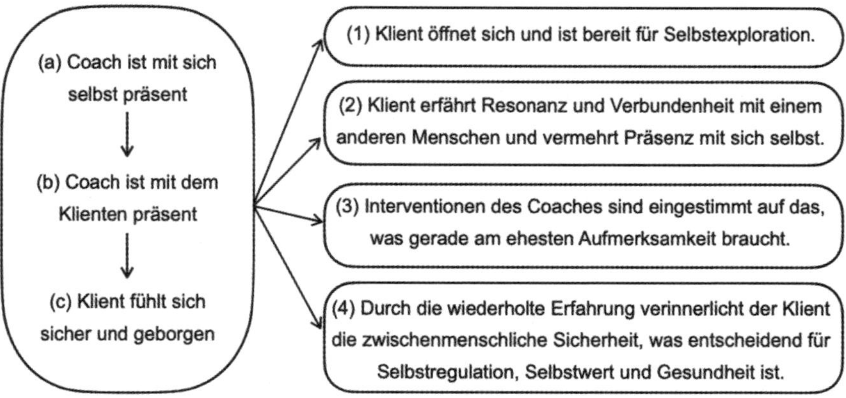

Quelle: Eigene Abbildung in Anlehnung an Geller & Porges (2014, S. 186).

Es entspannen sich (1) die Schutzmechanismen des Klienten, was den Raum für tiefgreifende und effektive Selbsterforschung öffnet. Durch (2) die beruhigende, empathische und annehmende Verbindung mit einem anderen Menschen erwacht und wächst die Präsenz des Klienten mit sich selbst. Mithilfe der achtsamen Einstimmung auf die Körper beider ist es dem Coach möglich, (3) dem Klienten wirksamere Interventionen anzubieten. Auch langfristig gesehen, kann der Klient durch die als sicher und echt erfahrende Beziehung (4) eine wichtige Ressource verinnerlichen, was für seinen Selbstwert und seine Gesundheit sowie für seine Fähigkeit zur Selbstregulation entscheidend sein kann.

Präsenz als Basis, Ziel und Weg

Präsenz erweitert die Wirkung verkörperter Achtsamkeit um die der zwischenmenschlich sicheren Begegnung zweier Menschen (siehe Abb. 3). Zum einen trainiert eine präsenzbasierte Begegnung die Aufmerksamkeit für eine längere Zeit auf ein Thema zu richten, auch wenn es unangenehm ist oder ablenkende Reize auftauchen. Als nächstes verbessert sie die Stimmigkeit von Top-Down-Prozessen

Abb. 3: Wirkungsweise von Präsenz auf die Fähigkeit der Selbstregulation

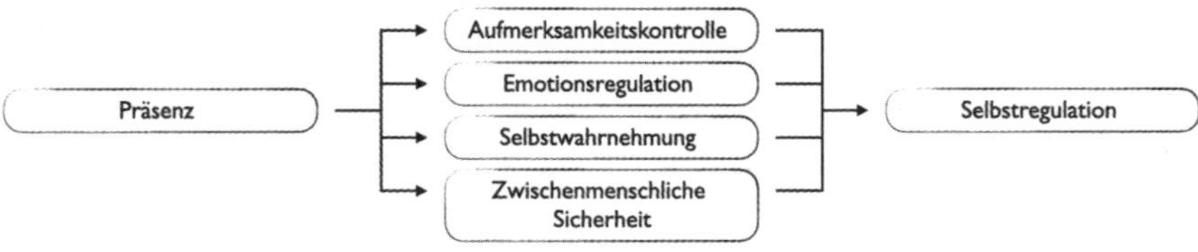

Quelle: Eigene Abbildung in Anlehnung an Tang et al., 2015, S. 2

der Selbsterkenntnis, darunter Reflexion von Verhalten, Perspektiven und Werten oder die achtsame Benennung und Differenzierung der emotionalen Inhalte einer Situation. Vor allem jedoch stärkt Präsenz das Körpergewahrsein und damit die Effektivität von Bottom-Up-Prozessen der Selbstregulation, was wiederum einen positiven Einfluss auf allgemeine Problemlösungsstrategien hat. Im Rahmen der vertrauensvollen Begegnung übt der Klient einen »wohlwollenden Abstand" zur eigenen Erfahrung einzunehmen (Mikisch, 2020). Er ist weder versunken in seinem Leiden noch abgestumpft; er entdeckt einen Weg, jenem gewahr zu sein UND es kennenzulernen, OHNE sich selbst darin zu verlieren. Diese Veränderung im Selbsterleben kann langfristig zu einer wichtigen Ressource werden.

Wie Präsenz im Coaching diese Wirkung erzielt, möchte ich dir nun anhand von vier miteinander verwobenen und sich begünstigenden Qualitäten erklären (vgl. Koerber, 2022): (1) Nichtwissen, (2) Offenheit, (3) Unmittelbarkeit und (4) Einstimmung (s. Abb. 4).

- Nichtwissen bedeutet, dass der Coach zwar Prozesswissen haben und Hypothesen bilden kann, aber nicht vom Kopf her wissen muss oder kann, was das Beste für den Klienten ist. Deshalb ist er in der Lage, Erwartungen, Erklärungen und konzeptuelles Vorwissen beiseitezulegen und mit Forschergeist den gemeinsamen Beziehungsraum jenseits von Urteilen und gewohnten Denkmustern zu öffnen. Losgelöst von seiner eigenen Perspektive kann der Coach die Welt seines Klienten aus dessen Sicht erfahren und auf dessen Prozess vertrauen (vgl. auch Rogers, 1961).

- Offenheit heißt, dass der Coach einfach mit offenem und annehmendem Herzen für den anderen da sein kann. Im Kontrast zur emotionalen Enge vieler alltäglicher Situationen und Interaktionen kann ich nicht genug betonen, wie entscheidend dieser bedingungsfrei erlaubende Raum ist (vgl. Abravanel 2018). In ihm muss der Klient keine Erklärung für seine Gefühle haben. Er kann seine dunklen Impulse anerkennen und muss da gar nicht anders sein. Er muss nicht stark und fähig sein. Er darf überfordert oder empfindlich sein. Alles ist willkommen; nicht jedes Verhalten gebilligt, aber jeder innerlich erfahrbare Teil davon würdig, angeschaut zu werden.

- Unmittelbarkeit meint das vorbegriffliche, körperliche und frische Gewahren von dem, was im Coach und in Verbindung mit dem Klienten auftaucht – ähnlich einem »Bauchgefühl" (Geller, 2020, S. 5). Ob die Distanz von einem Monat oder einem Meter zwischen dem Wahrnehmenden und dem Wahrgenommenen liegt, ist gleich. Es kann immer nur im gegenwärtigen Moment wahrgenommen (oder z. B. erinnert) werden. Die Präsenz des Coaches führt das Gespräch stets zu dem, was gerade tatsächlich und wirklich im Raum geschieht. Von Interesse ist weniger ein rekapituliertes oder projiziertes Erzählen, vielmehr ein verkörpertes und verbalisiertes Erleben (vgl. Schneider 2015). Gemeinsam lassen sie sich darauf ein, überrascht zu werden.

Die stetige Bezugnahme auf die unmittelbare körperliche Erfahrung des Klienten gepaart mit Nichtwissen und Offenheit des Coaches wirkt hinderlichen Top-Down-Prozessen entgegen. Statt Vermeiden, Grübeln, Kleinreden oder Verdrängen entsteht ein Raum, in dem weniger eine vergangenheits- oder zukunftsbezogene Selbsterzählung Nährboden hat, sondern eher ein präsenzbezogenes Selbsterleben der Gefühlsinhalte, frei von negativer Kommentierung (Guendelman et al., 2017). Es geht also nicht darum, auf die Inhalte der Gefühlszustände (»Ich bin schlimm. Ich kann nichts. Das passiert mir immer. Ich bin traurig.") einzuwirken und sie zu ändern. Vielmehr geht es darum, wie jemand mit ihnen in Beziehung tritt. Im präsenzbasierten Coaching setzt sich der Klient schwierigen Situationen

Abb. 4: Die vier Qualitäten von Präsenz im Coaching

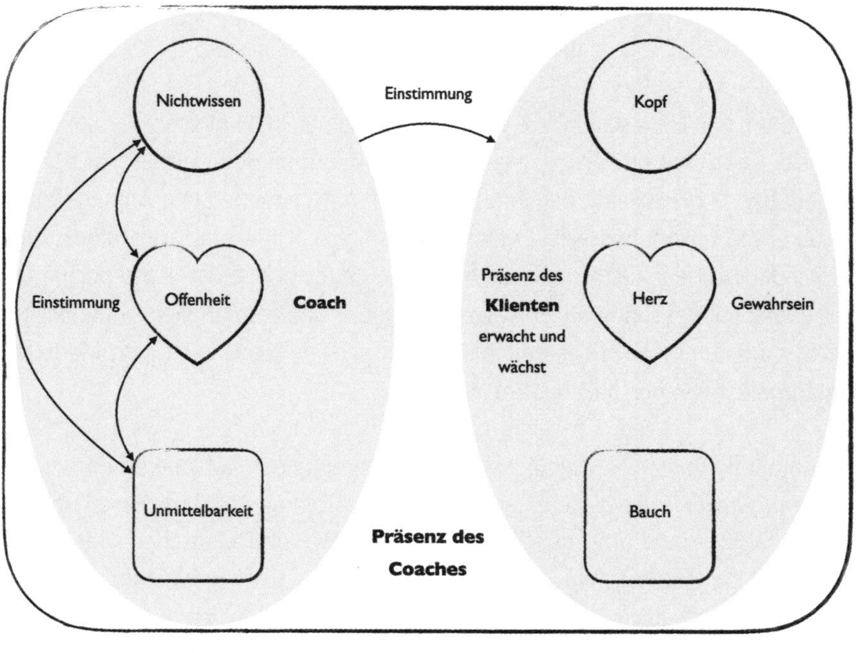

Quelle: Eigene Abbildung

und den damit einhergehenden Gefühlen in einem sicheren und dosierten Rahmen aus, kann hinderliche Reaktionen zunehmend loslassen und zeigt so seinem Nervensystem einen neuen Umgang mit ihnen (Guendelman et al., 2017; Hölzel et al., 2011). Aus der gewonnenen Präsenz findet der Prozess des Klienten unerwartete und immer kreative Möglichkeiten, um sich weiterzuentwickeln.

- Das dafür notwendige minutiöse Gewahren aller Ebenen menschlicher Existenz wird nur durch die zwischenmenschliche Einstimmung möglich. Sie verbindet die ersten drei Qualitäten in dem Prozess des Präsentseins (s. Pfeile in Abb. 4). Fließend-abwechselnd ist der Coach empfänglich für den Klienten, spürt seiner eigenen Resonanz nach und bietet diese transparent und stimmig an. Mithilfe seines geschulten (Körper-) Gewahrseins und seinen Prozesseinladungen kann der Körper beider zum Rezeptor und Wegweiser für den Prozess werden (Geller, 2017). Dabei lernt sich der Klient selbst kennen, verstehen und annehmen. Dazu braucht es nicht nur das vorbegriffliche Erspüren (Bauch), sondern auch das emotionale Anerkennen (Herz) und das konzeptuelle Repräsentieren (Kopf). Das Pendeln zwischen den Ebenen des Menschseins fördert die Integration und Ganzheit des Klienten (vgl. Siegel 2018). Dabei ist es entscheidend, dass eine stimmige Distanz gehalten wird. Der Coach ist weder unberührbar noch mit im Leiden des Klienten verloren. Genauso ist der Coach von seiner eigenen persönlichen Reaktion nicht unbeeinflusst, und doch in der Lage, sie je nach Bedarf zur Seite zu stellen oder in die Begegnung einfließen zu lassen.

Es fällt auf, wie viele scheinbare Widersprüche die Präsenz gleichzeitig umarmen will. Der Coach hat professionelles Wissen und kennt mitunter die Geschichte des Gegenübers – gleichzeitig begegnet er diesem mit Erstaunen und Anfängergeist, als ob er nichts von ihm weiß. Er nimmt ihn an, wie er ist – und stellt gleichzeitig die Möglichkeit dar, anders zu sein. Er ist geerdet in sich selbst – und doch intim verbunden mit dem anderen. Er ist flexibel folgend und empfänglich – dennoch fokussiert auf den (noch unbekannten) Kern der ganzen Sache. Er ist ganz Mensch – und losgelöst von persönlichen Themen.

Wie so häufig deuten solche begrifflichen Beschreibungen auf eine Erfahrung, die nicht mit Worten fassbar ist. Es wäre nicht realistisch und auch nicht notwendig, ständig vollkommen präsent mit allem zu sein. Wir sind Menschen. Uns macht zu Menschen, dass wir fehlbar sind. Eine Klientin begann zu weinen, als ich ihr mitteilte, dass ich auch nicht weiß, was wir nun tun können, ich auch Angst habe, was da in ihr ist. In diesem Moment hat sie sich verstanden gefühlt, und realisiert, dass ich wirklich echt mit ihr in ihrer Gefühlswelt bin. Danach konnte der Prozess gelöster weiter fließen. Präsenz entspricht eher einer dimmbaren Lampe als einer, die du nur an oder ausschalten kannst. Schon bei geringer Leuchtkraft, stößt du in einem dunklen Kellerraum seltener gegen unbekannte Objekte. Um zu finden, was du suchst, brauchst du mehr Licht. Richtig wohl fühlst du dich, wenn dich die Frühlingssonne zum ersten Mal wärmend und nährend nach einem kühlen Winter anlacht. Aber auch zu viel Licht kann hinderlich sein und uns blenden, falls wir nicht daran gewöhnt sind.

Für die Praxis ist es nützlich, einschätzen zu können, wie präsent jemand mit sich selbst ist. Als Mitarbeiter von Rogers untersuchte Philosoph und Therapeut Eugene Gendlin das, was nicht nur zwischen, sondern auch innerhalb von Menschen während einer Sitzung stattfand (vgl. Gendlin, 1981). Maßgeblich für den Erfolg einer Therapie sei, inwieweit sich der Klient auf seinen felt sense als Hauptinformationsquelle beziehe. Aus dieser Forschung zu den humanistischen Therapien gibt es eine Skala, die unterscheidet, wie der Klient mit seinem Erleben in Beziehung geht (vgl. Abb. 5).

Abb. 5: Wie präsent ist jemand?

unpersönliche, objektive, abstrakte Inhalte
persönliche, subjektive, emotionale Inhalte
Bezug auf felt sensing
felt sensing wird Hauptbezugspunkt
Direktes inneres Erleben

Kein Bewusstsein für den gegenwärtigen Moment
Im Kontakt mit dem gegenwärtigen Moment
Vollständig eingetaucht im gegenwärtigen Moment

Überwiegend Top-down-Prozesse — Überwiegend Bottom-up-Prozesse

Quelle: Adaption der Experiencing Scale von Klein et al., 1970.

Bei niedrigen Werten sprechen Menschen eher abstrakt und unpersönlich von Ideen, Problemen oder Situationen – wie in wissenschaftlichen Arbeiten. Mit zunehmendem Bezug auf ihre subjektive Realität, reflektieren sie sich selbst und bemerken ihre eigenen persönlichen Reaktionen. Vielleicht sprechen sie über Gefühle oder analysieren mögliche Bedeutungen eines Ereignisses. Sobald sie ihre emotionale Resonanz auch im gegenwärtigen Moment wahrnehmen, können sie beginnen, den felt sense zu erforschen, also das, was körperlich spürbar, implizit vielschichtig in ihnen geschieht. Wenn Menschen mit dem felt sense präsent bleiben, entwickeln sich an dieser Kreuzung von unmittelbarer (vorbegrifflicher) Wahrnehmung und intuitiver Symbolisierung neue Bedeutungen, die zuvor verborgene Informationen und Lösungen offenbaren (vgl. Gendlin, 1981). Vollkommen präsent ist jemand mit sich selbst, wenn er, eingetaucht im gegenwärtigen Moment, sein direktes inneres Erleben frisch, als ob er es zum ersten Mal so sieht, mit

Worten, Bildern und / oder Gesten ausdrückt (vgl. Gendlin, 1996; Gendlin et al., 1968). Dieser neue Bezugspunkt in der Gegenwart stellt bei den höchsten Werten auch ein verändertes Selbsterleben dar, wie ich es im Abschnitt zur Achtsamkeit beschrieben habe.[45]

Um dies zu erlernen, dienen die Beziehung des Coaches zu sich selbst (Coach-Coach) sowie die Beziehung des Klienten zum Coach (Coach-Klient) der Beziehung des Klienten zu sich selbst (Klient-Klient) als Vorbild und Ressource (Gendlin 1984). Das heißt, wie ein Coach seine Präsenz lebt, kann im Klienten neue Möglichkeiten wecken; wie ein Coach den Problemen, Gewohnheiten und Gefühlszuständen des Klienten begegnet, kann eine neue förderlichere Umgangsform konkret machen. Dabei ist entscheidend, wie eingestimmt der Coach seine Interventionen wählt. Bei weniger Körpergewahrsein braucht ein Mensch erst einmal, dass er sich in seiner Selbsterzählung, also vom Kopf her, verstanden fühlt. Als nächstes will die emotionale Bedeutung des Ganzen verstanden werden und damit zusammen mehr und mehr die Ebene der unmittelbaren körperlichen Resonanz. Nur durch geschicktes Folgen des natürlichen Prozesses des Klienten, entspannen sich Schutzmechanismen und der Klient öffnet sich für tiefere Einsichten und nachhaltigere Lösungen. Sinn und Zweck des Präsenzbasierten Coachings ist nicht primär, dass der Klient sein Problem mit dem Coach zusammen löst, sondern, dass der Klient zusammen mit dem Coach lernt, wie er sein Problem, und auch zukünftige dieser Art, selbst lösen kann. Humanistisch gesprochen, unterstützt ein Coaching die ganzheitliche Entwicklung einer reiferen Daseinsweise, die wiederum den Klienten dazu befähigt, besser mit den Hürden und Zielen in seinem Leben umzugehen (vgl. Welwood 2014). Wie oben erwähnt, verstehe ich die Begegnung mit dem Coach als Vorbild und Ressource für die Entwicklung einer präsenzbasierten Selbstbeziehung des Klienten. Der Weg dorthin besteht aus vielen Momenten des Präsentwerdens innerhalb Sitzungen und zunehmend außerhalb. Die Basis für diesen Prozess bildet die Präsenz des Coaches.

Wenn diese Basis fehlt oder nur wackelig besteht, wird der Klient tendenziell weniger zwischenmenschliche Sicherheit erfahren. Häufig fühlt sich der Klient dann nicht völlig verstanden, erlebt die Interventionen als weniger hilfreich oder sieht in seinem Leben einfach nicht die gewünschten Änderungen. Für dich als Coach gebe ich dir in Tabelle 1 Beispiele, wie sich die Abwesenheit von Präsenz zeigen kann.

[45] Für eine ausführliche Erörterung der Zusammenhänge und Parallelen des felt sensing und der Achtsamkeit empfehle ich Axelrad (2018).

Tab. 1: Beispiele für die Abwesenheit von Präsenz

<table>
<tr>
<td>Vor der Sitzung:
• Geschäftigkeit, ohne Pause von einer Sitzung direkt in die nächste übergehen
• Nicht auf körperliche Bedürfnisse wie Hunger, Durst, Toilettengang hören
• Zwanghaftes Abrufen von E-Mails, Anrufe, ohne einen Moment innezuhalten
• Stress oder Überforderung mit eigenen ungelösten oder laufenden Problemen</td>
<td rowspan="2">Während der Sitzung:
• Kontinuierliche Überprüfung der Zeit
• Vorgefasste Vorstellung davon, was gebraucht wird oder was für den Klienten "richtig" ist
• Eine zu große objektive Distanz zum Klienten halten
• Zu starke Verstrickung mit dem Klienten und Verlust des Gefühls für sich selbst
• Selbstverurteilung der eigenen Reaktionen oder Missverständnisse
• Langeweile, Dumpfheit oder Schläfrigkeit
• Nachdenken über Ereignisse oder Bedürfnisse vor oder nach der Sitzung
• Nicht hören, was der Klient mitteilt (z. B. Fehlen von Wörtern oder ganzen Sätzen sowie Nichtbeachtung nonverbaler Äußerungen)</td>
</tr>
<tr>
<td>Nach der Sitzung:
• Mangel an Vitalität
• Müdigkeit
• Selbstkritik
• Erleichterung, dass die Sitzung vorbei ist
• Unruhe und innere Anspannung
• Mangel an Klarheit oder Konzentration</td>
</tr>
</table>

Quelle: Eigene Abbildung in Anlehnung an Geller, 2013, S. 4.

Um während der Sitzung auf Präsenz als Basis vertrauen zu können, braucht es die Vor- und Nachbereitung, sowie Präsenzübungen im Alltag. Forschungen zeigen, dass schon fünf Minuten einer Achtsamkeitsübung vor der Sitzung verbessern, wie präsent und effektiv der Klient seinen Therapeuten während der Sitzung wahrnimmt (Dunn et al., 2013 zitiert in Geller, 2017, S. 18). Ich bin mir sicher, dass Du, absichtlich oder unabsichtlich, bereits viele Möglichkeiten hast, Präsenz in Deinem Leben zu erfahren und einzuladen. Ob es Zeit mit deinen Lieben ist, oder in deiner Theatergruppe, ob es der Spaziergang mit deinem Hund, die Bank am Bach, oder deine Zeitbegrenzung für bestimmte Apps ist – was immer dem dient, dass du mit dir tief verbunden bist und bereit für menschlichen Kontakt, dient auch deiner Präsenz.

Mit meinem Hintergrund in der Achtsamkeit und in Anbetracht der Forschung empfehle ich, regelmäßig bewusst Zeit und Raum für eine formale Praxis zu nehmen. Wichtig ist die Ganzheitlichkeit und dass diese Praxis ausgleicht, was du sonst in deinem Leben weniger hast. Fällt es dir nicht leicht, die Erklärungen und Vermutungen über deinen Klienten beiseitezulegen, brauchst du vielleicht mehr Übung in achtsamer Aufmerksamkeitskontrolle. Kannst du kein echtes Mitgefühl und Verständnis deinem Gegenüber anbieten, brauchen vielleicht erstmal eigene Gefühle dein Verstanden-werden. Liegt deine eigene innere und unmittelbare Resonanz eher im Unbewussten, so könnte die Schulung deines Körpergewahrseins dem Prozess der Präsenz dienlich sein. Oder geschehen kleine Kontaktabbrüche mit deinem Gegenüber (wenn er innerlich zumacht), weil dir dessen physiologischen Reaktionen entgehen, so könntest du deine Fähigkeit der Einstimmung üben. Konkrete Trainingsvorschläge kannst du in Koerber (2022), Geller (2017) oder Siegel (2018) finden. Neben deiner Präsenzpraxis außerhalb von Begegnungen, ist natürlich entscheidend, wie du sie innerhalb von Begegnungen verkörperst und dein Gegenüber darin integrierst.

Präsenz-Pause

Halte inne und spüre Deine Füße auf dem Boden.

Bemerke, was Du in diesem Moment fühlst.

Benenne Deine Erfahrung mit ein paar Worten (z.B. angespannt, müde, ruhig).

Schenke Dir einen tiefen Atemzug.

Wenn Du bereit bist, wende Dich wieder dem Lesen oder dem nächsten Moment Deines Tages zu.

Praxis-Fallbeispiele

In der Praxis geht es weniger darum, was wir als Coaches machen können, als wie wir in der Begegnung sind. Deine Präsenz als Coach ist eine Daseinsweise, die den Raum öffnet für wirksame und kreative Coaching Interventionen. Das heißt, Methoden, die du gelernt hast, wirken tiefer in deinem Klienten und eingestimmter auf ihn.

Zum Beispiel lud ich meinen Klienten Michael ein, wahrzunehmen, was eine schmerzhafte Erinnerung in ihm auslöste, die ihn die Tage zuvor und auch in der letzten Sitzung beschäftigte. Ich merkte dann aber nach kurzer Zeit, wie sich sein Gesicht leicht verhärtete, der Atem angestrengter floss und er zurückgezogener schien. Dann ging ich mit dieser Beobachtung in den Kontakt zu ihm, woraufhin er erwiderte, dass, er es leid sei, immer dort festzustecken und er es nicht mehr fühlen wolle. An dieser Stelle benötigte ein unterschwellig aufgebauter Frust Raum.

Sobald dieser (und eine Traurigkeit) anerkannt war, fühlte er sich verstanden und sichtlich erleichtert. Danach war sein Inneres bereit, die Erinnerung anzusehen, die auf einmal nicht mehr so geladen war.

Intraventionen

So erzählt, war ich präsent mit Michael. Allerdings habe ich verschwiegen, dass ich erst einmal selbst bewusste Atemzüge genommen habe, meine Füße auf dem Boden gespürt und nicht nur die Spannung in meiner eigenen Stirn, sondern auch den Schmerz in meiner Magengrube wahrnahm. Die Spannung war mein Gefühl von Frust und der Bauchschmerz meine Hilflosigkeit und Selbstzweifel. Erst als ich diese anerkennen konnte, war ich wieder offen für die Begegnung mit ihm.

Neben einer ausgeprägten Selbstfürsorge außerhalb der Coaching-Sitzungen sind wie gesagt während der Begegnung weniger entscheidend für die Wirkkraft des Präsenzbasierten Coachings, welche Interventionen du deinem Klienten anbietest, als viel mehr, inwieweit du mit ihm und dir selbst präsent bist. Anstatt nur auf das Erleben des Gegenübers einzuwirken, nimmst du mit Intraventionen Einfluss auf deine eigenen inneren Vorgänge. Das kann zum Beispiel die vorstehende Präsenz-Pause sein, wie ich sie ganz automatisch während der Begegnung mit Michael angewendet habe. Das können bestimmte präsenzfördernde Rituale vor der Sitzung sein oder auch das erneute Ausrichten deiner Aufmerksamkeit auf die nonverbale Kommunikation deines Gegenübers während des Prozesses.

Die wichtigste Intravention ist deine verkörperte Achtsamkeit. Ihre Schulung erlaubt dir auch während Begegnungen deiner körperlichen Resonanz, deinem emotionalen Mitfühlen, sowie deinen Bildern und Worten gewahr zu sein. In dem Beispiel oben konnte ich noch rechtzeitig meinen eigenen persönlichen Prozess anerkennen und auf nach der Sitzung verschieben. Es kann auch schon mal vorkommen, dass sonst die gesamte Begegnung an Präsenz verliert, bis wir den Gefühlen bewusstwerden, die sich im Dunkeln versteckt halten, Indem wir sie immer wieder mit dem Präsenzometer (siehe unten) überprüfen, inwieweit wir mit uns und dem Prozess unseres Gegenübers präsent sind, halten wir den Beziehungsraum. Zuvor richten wir als Coaches diesen auf eine präsenzbasierte Begegnung ausgerichtet. Neben den üblichen Formalitäten eines professionellen Coachings, laden wir bewusst sowohl die Ziele und Menschlichkeit unseres Gegenübers als auch die Qualitäten der Präsenz in unsere Wahrnehmung ein. In bestimmten Momenten der Coaching-Begegnung könnten wir auch absichtlich eine Qualität ausweiten und mit ihr unseren Gegenüber innerlich unterstützen (mehr zu Intraventionen siehe Körber 2022).

Interventionen

Im Folgenden möchte ich nun vier Techniken vorstellen, mit denen du mehr Präsenz im Klienten und eurer Begegnung fördern kannst.

Präsenzbasiert: «Und jetzt gerade?»

Die Basis des Coachings ist Präsenz. Also geht es an erster Stelle darum, die Coaching Begegnung in das Hier-und-Jetzt und auf die drei Ebenen des Menschseins (Gedanken, Emotionen, Körperempfindungen) zu holen. Dafür gibt es viele Möglichkeiten: Fragen, wie «Was ist jetzt gerade? Was löst das jetzt in dir aus? Wie spürst du das gerade im Körper?» können in den verschiedendsten Ausführungen Verwenung finden. Als Einstieg oder mitten in der Sitzung, wenn die Begegnung etwas Erdung braucht, könntest du einen Körperscan anbieten oder Einladen, der körperlichen Resonanz des Ganzen nachzuspüren. Sehr einsichtsreich für den Klienten kann auch sein, wenn Du genau auf dessen nonverbalen Ausdruck (Sprechgeschwindigkeit, Sprachmelodie, Körperhaltung, Augen usw.) achtest und ihn darauf aufmerksam machst. Du könntest Deine Beobachtung einfühlsam mitteilen, oder sogar für ihn emotionale Inhalte verbalisieren.

Zum Beispiel hat Michael einmal so stark geweint, dass es sich für mich fast wütend angehört hat. Als ich ihm das spiegelte, wurde ihm bewusst, wie wütend er eigentlich auch in der Situation war (er fühlte seine Leistung nicht anerkannt). Oder: Nach dem Abstecken unseres Coaching-Themas merkte ich, wie das Gespräch mit der Coaching-Interessentin Lena sehr kopflastig wurde. Nach einem Körperscan war es leichter in eine echte Begegnung zu kommen.

C: Wenn du es teilen magst, was passiert jetzt gerade in dir?

L: Ich merke irgendwie, dass ganz viel emotional da ist, aber dass das so gedeckelt ist. Also da ist so ein Widerstand, mich jemanden zu öffnen, den ich gerade mal 20 Minuten online sehe. Das ist super fremd. Ich könnte eigentlich auch die ganze Zeit heulen.

C: (verständnisvolle Stimme) Danke, dass du das mit mir teilst, Lena. Das ist so wichtig. Und das ist das, was jetzt gerade in dir ist.. Es fühlt sich so fremd an, du fühlst dich nicht wohl und da ist so viel in dir.

Daraufhin kamen ihr ein paar Tränen und wir sahen den guten Grund dafür, nicht «alles rauszulassen». Auch bemerkten wir die Parallele zu ihrem Thema, häufig das Gefühl zu haben, zu viel zu sein.

Präsentsein: «Passt das Wort zu dem Gefühl?»
Wenn wir nur einen kurzen Blick auf das Gefühl werfen, sieht es vielleicht erst einmal traurig aus. Doch wenn wir unser Gegenüber einladen, länger dabei zu bleiben, kann dort eine richtige Begegnung entstehen. Die beiden können sich kennenlernen. Dabei könnte dein Gegenüber lernen, selbst sein Gefühl zu verstehen und anzuerkennen; mit sich selbst verbunden zu sein. Dafür lässt Du ihn Gefühlsworte oder Interpretationen mit dem körperlichen Bezugspunkt abgleichen. Oder du sagst nach ein paar Malen auch einfach nur die Worte zurück, die dem Ganzen von der Bedeutung her am nächsten ist. Auch dann kann der andere überprüfen, ob die Worte dazu passen.

Lena berichtet von Panikattacken in der Stadt oder zum Beispiel im Zug. Wir konnten Gedanken, Gefühle und Körperempfindungen der Situation kennenlernen und begegnen dann einer Stimme in ihr, die diese panische Reaktion entwertet.

L: (ihre Stimme klingt nicht voll, eher unverbunden) Eigentlich kann nichts wirklich Schlimmes passieren. Selbst wenn ich eine Panikattacke bekommen würde, dann würde sich bestimmt irgendjemand um mich kümmern. Klar wäre das voll unangenehm so aufzufallen. Aber eigentlich würde mir rational gedacht nichts Schlimmes passieren.
C: Wenn du diesen Satz »Es kann nichts Schlimmes passieren" einmal mit in den Körper nimmst, und spürst, wie das Gefühl sich damit fühlt?
L: (Stille) Fühlt sich wie ne Lüge an… halt so unverstanden.
C: Wenn du das Wort unverstanden so in dir nachhallen lässt, merkst du da in deinem Körper ne Resonanz?
L: Naja, es macht mich traurig.
C: Wie merkst du das?
L (schließt die Augen): Ich fühl' mich so schwer... so energielos... weil so aussichtslos. (Kurze Stille) Und auch irgendwie verzweifelt.. ah nee, das ist das falsche Wort.. halt unverstanden und irgendwie frustriert..

An dieser Stelle taucht ein Muster auf, das wir in der vorigen Sitzung bemerkt haben. Wenn ihr Inneres »zu viel" wird, wenn sie «zu viel» ist, macht sie das, was sie als Kind gelernt hat. Innerlich nimmt sie es als Drang, wegzulaufen, wahr und als ein Gefühl wie «aus der Haut fahren wollen». Sie kann nicht präsent mit sich sein, verheddert sich in ihren Gedanken und nimmt ihre eigenen Gefühle nicht ernst. Wie die meisten Menschen, braucht auch Lena viele wiederholte Bemühungen, ihre Gefühle annehmen zu können. Immer wieder gehen wir dann von ihrem direkten inneren Erleben (felt sense) einen Schritt zurück und sehen erst einmal weitere Erinnerungen und Lebenssituation, mit denen ihr Thema «Ich bin zu viel» zusammenhängt. Das «gibt [ihr] ein voll gutes Verständnis», sich Schritt für Schritt ihrer Gefühlswelt zu nähern und präsenter mit sich zu sein.

Präsenzsprache: «Du bemerkst, etwas in dir ist verzweifelt.»

Die Präsenzsprache mag vielleicht erst nur wie eine kompliziertere Formulierung wirken, doch kann diese den nötigen Raum schaffen, sich nicht in den eigenen Emotionen oder Meinungen zu verlieren. Wir üben, einen «wohlwollenden Abstand» zu halten, um mit den Wahrnehmungsinhalten in Beziehung gehen zu können. Wenn wir sagen, «Ich bin genervt», sehen wir alles durch die Brille der Emotion. Wenn wir sagen, «Ich bemerke, etwas in mir ist genervt», sind wir nicht mehr nur «genervt», sondern größer als das (vgl. Cornell & McGavin, 2008). So können wir dieser Sichtweise in uns begegnen, sie kennenlernen und gleichzeitig auch konkurrierende Gefühle und Perspektiven in uns wahrhaben. Vielleicht ist da etwas in uns, das will nicht genervt sein, weil es Angst davor hat, was andere denken könnten. Wir können lernen, beide wahr- und anzunehmen. So können wir schwierige Situationen nachhaltig lösen.[46]

Nach über einem Jahr mit mir kennt Sarah den Unterschied zwischen «in einem Gefühl verloren» oder «mit ihm präsent» sein. Zu Beginn einer Sitzung spricht sie noch ganz aufgewühlt. Sie hatte kurz zuvor ein Telefonat mit ihrer (alten) Mutter. Sie schildert mir die Situation und sagt, sie möchte das jetzt anschauen:

S: Was sie verlangt! Ich will ihr ja helfen, aber so kann ich das nicht. Es hört auch einfach nicht auf. Immer kommt NOCH was… (kurze Stille) Wenn ich sie an der Strippe habe, geht gar nix mehr. Nicht vor oder zurück.

C: Wenn du das noch einmal in dir klingen lässt: es geht gar nichts mehr, nicht vor oder zurück, was löst das in dir in diesem Moment aus?

S: (schließt die Augen, Stille) Es ist eine gefühlte Überforderung... Wie soll ich das nur schaffen? (kurze Stille, sie scheint sich für ihr Gefühl zu öffnen) Ich bin einfach wahnsinnig verzweifelt.

C: Ah, du fühlst da, wie etwas in dir wahnsinnig verzweifelt ist.

S: (aufatmend) Ja, etwas in mir. (Stille. Sie scheint dem nachzuspüren)

S: Es ist wie damals als Kind. Ich wusste meist gar nicht, warum sie so schreit.. Ich dachte dann nur so, was will sie denn jetzt schon wieder.

C: ah ja, so wie damals als Kind... es dachte, «was will sie denn jetzt schon wie-

[46] Für weiterführende Informationen empfehle ich Cornell & McGavin (2013) oder Koerber (2022).

der?» Hört sich wie hilflos an. Passt das zu dem? (Ihr Tonfall hat mich sie dort hilflos sehen lassen. Das spiegle ich ihr zurück)

S: Ja, da ist in mir was total hilflos. (sie scheint sich verstanden zu fühlen)

Nach diesem «Präsentwerden» mit dem zentralen Gefühl in ihrer Situation, kamen wir über die körperlichen Empfindungen, «Oberkörper wie elektrisiert», zu einer «ganz alten Wut». Als wir uns ihr näherten, tauchte auch eine Panik auf, abgelehnt zu werden, hätte sie jene damals geäußert.

Präsenzometer: «Es darf da so sein.»

Häufig sind wir schon in Kontakt mit einem Thema oder einem Gefühl, doch es entwickelt sich nicht, sondern produziert nur mehr Gedanken. Vor allem in solchen Momenten wollen wir im PBC dem Gefühl in uns Raum und Erlaubnis geben, wirklich ganz da zu sein. Wenn das geht, fließt es weiter, wenn nicht, dann wollen wir als Coach anerkennen, was noch im Dunkeln ist. Zum Beispiel Anteile, die Panik haben, besorgt sind, eine starre Idee von etwas haben oder nicht fühlen wollen, brauchen erst einmal unser Ansehen. Wenn wir ihre guten Gründe verstehen, die sie zum Eingreifen bewegen, beruhigen sie sich meist und geben den Weg für den weiteren Prozess frei.

Jannes ist langjähriger Meditationspraktizierender und spricht in einer unserer letzten Sitzungen von wiederkehrendem Zweifel und Unbehagen, ob er den richtigen Weg gehe und so jemals «ankommen» werde. Er beginnt, ausführlich zu erzählen, wie es verschiedene Traditionen, Techniken und Zustände der Meditation gäbe. Dann lasse ich ihn einen Moment innehalten und lade ihn ein, nachzuspüren, was er jetzt gerade in seinem Körper wahrnimmt, während er über all das spricht. Die folgenden Zeilen ereigneten sich über den Zeitraum von 10 Minuten:
J (schließt die Augen): Ich bin unruhig. (Stille) Da ist so ein Unwohlsein im oberen Bauchraum.

C: Ja, du spürst da im oberen Bauchraum etwas wie ein Unwohlsein.

J: mhm… ich hab das Gefühl, keinen Boden unter den Füßen zu haben… es ist bodenlos.

C: Du könntest nachspüren, was passiert, wenn du es wissen lässt, dass es da so sein darf wie es ist, solange wie es da so ist.

J: (Stille) Jetzt rutscht es in den unteren Bauchraum. Da ist was, das hat total Schiss.. vor dem Nichtwissen... vor der Ungewissheit.. (Stille) wie soll ich mich dann noch definieren?

C: Ohne was zu tun, sogar ohne es zu akzeptieren, ruhe in dem, was du jetzt gerade erlebst.

J: (Stille) Ich weiß nicht, was sich geändert hat, aber es ist besser.. Eigentlich hat sich nichts geändert, das Gefühl ist auch noch irgendwie da und gleichzeitig ist es okay... Da ist sogar so ne Freude.

Da er in der Vergangenheit Gefühle so akzeptiert hat, dass sie sich eher verschreckt gefühlt haben, erinnere ich ihn bewusst daran, es nicht zu akzeptieren, sondern sich einfach nur seinem frischen Erleben zu öffnen. Jannes ist eigentlich geübt darin, präsent zu sein. Doch wie jeder Mensch, vor allem bei Themen, die einen begeistern, braucht auch er manchmal eine kleine Erinnerung.

Mit dem Präsenzometer überprüfe ich immer wieder, inwieweit ich präsent bin.

Wenn ich aus offenem Herzen sagen kann, «Ja, das darf da jetzt so sein», dann bin ich präsent. Wenn ich das aber nicht ehrlich sagen kann, wenn da ein anderes Gefühl ist – eine Vorstellung, wie es weitergehen sollte, wann die Sitzung vorüber ist, Selbstzweifel – dann will ich das anerkennen, was sich gegen den gegenwärtigen Moment wehrt und zu der Begegnung mit meinem Gegenüber zurückkommen. Wie schon früher erwähnt, könnten hier auch Informationen von meiner Innenwelt symbolisiert werden, die dem Klienten-Prozess dienlich wären.

Ausklang

Vor allem für hochsensible Menschen ist die Fähigkeit, mit dem eigenen gegenwärtigen Erleben präsent zu sein, lebenswichtig. Denn wenn diese achtsame, annehmende und geerdete Haltung für einen längeren Zeitraum nicht zugänglich ist, verstärken sich in einem HSM die Gefühle von Unruhe, Stress und Überforderung. Das mag dann physisch vielleicht nicht direkt lebensgefährlich sein, jedoch hinterlässt das psychisch große Herausforderungen – die »seelischen Spuren und Narben" eines Hochsensiblen wie es ein Freund von mir ausdrückte. In der heutigen Welt allerdings wird jenes urteilsfreie Anerkennen der eigenen feinfühligen Wahrnehmungen selten ermutigt oder gar bewusst beigebracht. Stattdessen scheinen unsere gesellschaftlichen Institutionen, konkurrenzfördernden Strukturen und technologischen Fortschritte eher Abstumpfung, Lautstärke und Polarisierung zu begünstigen. In einer auf Außenschein und Verkaufserfolg optimierten Gesellschaft scheint die Verbindung zu anderen Menschen mit ähnlichem Feingespür sowie die echte Verbindung zum eigenen Inneren wichtiger denn je, wozu unser Ansatz besonders für Hochsensible in privaten und professionellen Begegnungen

beitragen kann, um echte menschliche Begegnungen zu fördern.
Mögen die Idee eines Präsenzbasierten Coachings etwas in dir anregen. Etwas, das in dir Möglichkeiten weckt, die vorher geschlummert haben; dass du wieder Hoffnung in dir schöpfst, wo sie verschüttet war; dass du dich dem in dir zuwendest, das dich am meisten braucht. Möge etwas von der Freiheit und Erfüllung, die Präsenz für mich bedeutet, in dir widerhallen.

Präsenz

- Präsenz ist der Raum, in dem auch die widersprüchlichsten Ansichten Platz finden.
- Präsenz ist die Öffnung, in der sich ein schüchternes Wesen zeigt.
- Präsenz ist das Feld, auf dem ein Konflikt wohlwollend beigelegt wird.
- Präsenz ist die Stille, bevor etwas Unaussprechliches zum ersten Mal hervor stolpert.
- Präsenz ist die Kraft, von der sich auch das Unerhörteste verstanden und beruhigt fühlt.
- Präsenz ist die Mutter, die liebend spürt, was das Kind braucht.
- Präsenz ist der Vater, der dem Kind lauscht, bis nichts mehr zu vergeben ist.
- Was ist Präsenz für dich?

3.4 HS im «Circle of Life» (Jacqueline Rossmann)

Der 102-jährigen Selene ist bewusst, dass sie im Sterben liegt. Sie weiß es intuitiv, dass das Ende ihres Lebens sehr nahe ist. Vor kurzer Zeit hatte sie wieder eine Vorsehung gehabt. «Meine organische Hülle ist verwelkt» denkt sie. Die meiste Zeit des Tages führt sie Monologe, denn das Sprechen fällt ihr schwer. So schwelgt sie in Erinnerungen an ihr Leben. Immer wieder blitzen einzelne Sequenzen vor ihrem inneren Auge auf. Ihr fällt ein Erlebnis ein, bei dem sie die Farbgebung ihrer geliebten Fotografien plötzlich anders wahrnahm. Selene hatte damals zuerst David beschuldigt, ihre heiligen Fotografien dem Sonnenlicht ausgesetzt zu haben. Wie sie heute weiß, hatte sie ihn zu Unrecht beschuldigt. Auch Davids Berührungen empfand sie mit jedem Jahrzehnt, das verging, als noch sanfter. Ihr fiel es schwer, seine Stimme so klar wie in ihren jungen Jahren zu hören, wenn er ihr sagte, dass er sie liebe. David war ein ausgezeichneter Koch und Feinschmecker und genoss genau wie sie die italienische Küche. In seinen achtziger Jahren kam es immer mal wieder vor, dass er es zu gut mit dem Einsatz seiner Gewürze aus dem heimischen Garten meinte und sie ihr Geschmacksempfinden bei ihren gemeinsamen Mahlzeiten verbergen musste, um ihn nicht zu verletzen. Die Jahre nach seinem Tod war Selene zwar allein, aber nicht einsam, denn sie hatte ihre Tochter Sol und ihren Freundeskreis. Dennoch vermisste sie besonders seine Berührungen, während sie ihm in seine tiefblauen Augen sah. Dabei verfällt sie wie so oft in den letzten Jahren in einen meditativen Zustand. Sie singt im Geiste das buddhistische Mantra des Mitgefühls «Om mani padme hum».

Für HSP ist das Sinnessystem schon in ihrer pränatalen Phase von zentraler Bedeutung. Im späten Leben werden die Veränderungen in der Funktion der Sinnesorgane bei allen Menschen besonders auffällig. Ältere Erwachsene erleben altersbedingte Veränderungen in ihren sensorischen Wahrnehmungsfähigkeiten. Das Hören nimmt häufiger ab als das Sehvermögen. Strukturelle Veränderungen im Auge können die Farbwahrnehmung beeinträchtigen, während die Durchlässigkeit der Hornhaut und Lichtstreuung zu erhöhter Lichtempfindlichkeit führen können. Ein Rückgang der Blutversorgung und natürlicher Zelltod im Innenohr sowie eine Versteifung der Membran tragen zum altersbedingten Hörverlust bei, insbesondere bei hohen Frequenzen. Die Fähigkeit, leise Geräusche wahrzunehmen nimmt im gesamten Frequenzbereich ab, ebenso die Reaktion auf plötzliche Geräusche und die Unterscheidung komplexer Tonmuster.

Im Alter von etwa siebzig Jahren beginnt die Wahrnehmung von gesprochener Sprache abzunehmen, einschließlich der Fähigkeit, den Inhalt und die emotionalen Merkmale einer Konversation zu erfassen. Ab dem sechzigsten Lebensjahr zeigt sich eine verringerte Empfindlichkeit gegenüber den vier Grundgeschmacksrichtungen, süß, salzig, sauer und bitter, aufgrund einer Abnahme der Anzahl von Geschmacksrezeptoren. Der Tastsinn in den Händen, insbesondere an den Fingerspitzen, erfährt im Alter einen starken Abbau, während die Empfindlichkeit an Armen und Lippen weniger betroffen ist und dies ab dem siebzigsten Lebensjahr. Dieser Abbau ist auf den Verlust von Berührungsrezeptoren in bestimmten Hautregionen und eine verlangsamte Blutzirkulation in den Extremitäten zurückzuführen (Berk, 2005). Mit einem stark ausgeprägten Sinnessystem wäre es vorstellbar, dass HSP mit Ausnahme der Lichtempfindlichkeit wie weniger sensible Menschen in ihren frühen Lebensphasen empfinden könnten.

Im Verlauf des Lebens wird der Mensch von einem sozialen Konvoi begleitet, bestehend aus Familienmitgliedern und Freunden, der Unterstützung und Sicherheit bietet. Im Alter entwickeln sich einige dieser Bindungen enger, andere entfernen sich, und neue Beziehungen können entstehen oder bestehende Beziehungen enden. Ältere Menschen bemühen sich, ihre sozialen Netzwerke mit Familienmitgliedern und Freunden aufrechtzuerhalten, um Kontinuität und Sicherheit trotz Lebensveränderungen zu gewährleisten. Die eheliche Zufriedenheit steigt im mittleren bis späten Erwachsenenalter an, da die Wahrnehmung von Fairness in der Beziehung wächst, Paare gemeinsame Freizeitaktivitäten unternehmen und die Kommunikation positiver wird. Die Nähe zur/m Partner*in wird wichtiger und intensiver.

Spiritualität und Religiosität können HSP helfen, die Herausforderungen und Verluste des Alterungsprozesses zu akzeptieren und sich als ganz und vollständig zu betrachten, während sie dem Tod möglicherweise ruhiger entgegenblicken. Sie suchen aktiv nach einem höheren Sinn in ihrem Leben, wissend, dass ihr Leben in naher Zukunft enden wird. Dieses transzendente Gefühl für Wahrheit und Schönheit findet sich in der Kunst, der Natur und den Beziehungen zu anderen Menschen. In der Religion dienen Überzeugungen, Symbole und Rituale als Leitfaden bei der Sinnsuche. Für HSP sind religiöse Überzeugungen und Praktiken ein Leben lang vertraut von großer Bedeutung (Berk, 2005).

Eine große Krise in ihrer Beziehung wurde wie auch schon die erste Krise von Selene ausgelöst. In ihren vierziger Jahren brach sie ihre vielversprechende berufliche Laufbahn in einer für sie kalten und machtgierigen Branche abrupt ab und orientierte sich um. Das Großraumbüro, in dem bis zu fünfzig Personen zusammenarbeiteten, machte sie krank. Sie nahm jeden Tag die Energien der Menschen in sich auf. Es war so mutig von ihr, die unsichere Variante zu wählen, sinniert sie vor sich hin. David war zu der Zeit schon sehr erfolgreich in seinem Beruf gewesen und verstand die Welt nicht mehr. Sie verarbeiteten diese Krise auf unterschiedliche Weise. Selene mit der Hilfe von Coaches und David für sich alleine. In ihrem neuen beruflichen Umfeld fand sie endlich die lang ersehnte Erfüllung und begann aufzublühen. Selene erinnert sich daran, dass sie sich zu dieser Zeit immer mit einer Rose verglich, die behutsame Fürsorge und Liebe brauchte, um aufzublühen. David wusste schon immer, dass er Selene nicht in ihrer Freiheit einschränken konnte, denn sonst wäre sie für ihn verloren gewesen.

HSP zeigen in Beziehungen eine ausgeprägte Neigung zu Wahrung ihrer Unabhängigkeit. Sie bevorzugen flexible Beziehungsmodelle, in denen Freiräume für individuelle Aktivitäten vorhanden sind, anstelle von traditionellen, stark regulierten Partnerschaften, in denen die Freizeit ausschließlich als Paar verbracht wird und die Erlaubnis des Partners für eigenständige Handlungen erforderlich ist. HSP zeigen tendenziell Interesse an Wochenendbeziehungen oder getrennten Wohnungen beziehungsweise privater Rückzugsorte. Obwohl der Wunsch nach separaten Schlafzimmern in anderen Beziehungen möglicherweise als problematisch angesehen wird, könnte er in hochsensiblen Partnerschaften eine Grundvoraussetzung für langfristige Harmonie darstellen. HSP stellen oft sehr hohe Ansprüche an sich selbst und ihre Partner, die schwer zu erfüllen sind. Diese Erwartungshaltung kann zu respektlosem Verhalten gegenüber anderen Menschen und schmerzhaften Beziehungskonflikten führen (Fenner, 2021).

Für HSP spielt die Beschaffenheit ihres räumlichen Arbeitsumfeldes aufgrund ihrer erhöhten sensorischen Empfindlichkeit eine bedeutende Rolle für ihr Wohlbefinden und ihre Leistungsfähigkeit. Sie reagieren empfindlicher auf Arbeitsbedingungen, die von weniger sensiblen Personen oft nicht als störend empfunden werden. Diese Beeinträchtigungen können verschiedene Aspekte umfassen, unter anderem Lärm, Beleuchtung, Gerüche, Zugluft, elektromagnetische Strahlung, das Fehlen eines festen Arbeitsplatzes im Büro, mangelnde Privatsphäre und unangenehme Raumgestaltung (Hensel, 2015).

Die erste große Krise erlebten Selene und David nach der Geburt ihrer einzigen Tochter Sol. Selene war bei der Geburt ihres Wunschkindes Anfang ihrer dreißiger Jahre gewesen. Selenes Augen füllen sich bei dem Gedanken daran immer noch mit Tränen der Trauer, der Schuld und der Scham. Auch David war so hilflos und verletzlich gewesen. Sie hatte Sols Geburt als eine ärztliche Gewalttat erlebt, bei der sie beschimpft, verhöhnt, physisch und psychisch gequält wurde. Eine eingeleitete, sehr schnelle Geburt ist sowohl für die Mutter als auch für das Neugeborene ein großer Stressfaktor, rechtfertigt sie sich im Geiste. Selene erinnert sich an die mächtigste ihr bekannte Kraft der Natur. «Von wegen, den Schmerz vergisst man im Laufe des Lebens. Dagegen müsste der Tod ein Klacks sein», denkt sie. Ihre Freundin Skadi hatte ein ähnliches Erlebnis, aber empfand es ganz anders als Selene. Da müsse man als Frau eben irgendwie mit umgehen können, sagte ihr ihre Freundin. Sol gab Selene von Beginn an das Gefühl, in der neuen Rolle als Mutter unfähig zu sein. Sie schrie Tag und Nacht mit ihrer hohen kräftigen Stimme, was für Selene unerträglich war. Selene wollte Sol aus ihrer Verletztheit heraus weder anschauen noch auf den Arm nehmen. Sie wollte nur eines und das war ihr altes Leben zurück. Wenn ihre Krankenhausbesucher gegangen waren, brachte sie Sol ins Kinderzimmer und redete sich ein, dass es ihr dort besser ging. In den Wochen und Monaten nach Sols Geburt ertappte sich mehrfach bei dem Gedanken, den Kinderwagen irgendwo stehenzulassen und einfach allein weiterzugehen. Lange quälten sie die dunklen Gefühle, bis sie sich selbst eingestehen musste, von einer Wochenbettdepression in eine Depression geglitten zu sein. Selene hatte sich völlig von David und der restlichen Welt der Männer distanziert. Erst in Sols viertem Lebensjahr hatte Selene gelernt, mit diesem starken Charakter ihrer Tochter umzugehen und im selben Jahr wieder einen Zugang zu David gefunden. Sie schaut vom Bett aus durch das große Fenster auf den See vor ihrem Haus. Der Gedanke der verlorenen Zeit verursacht einen stechenden Schmerz in ihrer Brust und sie überlegt, ob sie in diesem Moment wohl sterben würde.

Zu einer weiteren einschneidenden Phase im Leben einer HSP zählt das Elternwerden. Die Geburt des ersten Kindes stellt für die Mehrheit der Frauen eine erhebliche Lebensveränderung dar und weckt den Anspruch, eine kompetente Mutter zu sein. Jedoch erleben viele Frauen nach der Entbindung des ersten Kindes unerwartete und widersprüchliche emotionale Reaktionen. Die Bedürfnisse nach persönlicher Zeit und Rückzug bleiben oft unerfüllt, was zur Verwirrung und Überforderung führen kann. Diese Reaktion, darunter Wut, Verzweiflung und der Wunsch nach Flucht, können unabhängig von der Veranlagung des Neugeborenen auftreten. Probleme im familiären Umfeld, Beziehungsprobleme und Zukunftsängste werden oft besonders intensiv wahrgenommen.

In den ersten Lebensmonaten eines Kindes, insbesondere bei hochsensiblen Müttern, wird eine Hingabe an das Muttersein erwartet, die nur dann ohne Bedrohung erlebt werden kann, wenn die Mutter sich in ihrer Umwelt sicher fühlt. Hochsensible Mütter haben eine erhöhte Wahrscheinlichkeit, selbst hochsensible Kinder zu bekommen, die möglicherweise Schlafprobleme und andere Schwierigkeiten aufweisen. Dies kann Zweifel an der eigenen Liebesfähigkeit und Erziehungskompetenz auslösen. Die Überstimulation, die durch die ständige Bereitschaft, den veränderten Tagesablauf, den intensiven Kontakt zum Kind und die Erkenntnis, dass sich das Leben grundlegend verändert hat, verursacht Stress und Überforderung. Dies führt dazu, dass hochsensible Mütter sich oft von anderen Müttern unterscheiden und Schwierigkeiten haben, mit den neuen Anforderungen zurecht zu kommen (Parlow 2003).

Die Forschungsergebnisse von Dr. Elaine N. Aron legen nahe, dass HSP, die während ihrer Kindheit und Jugend mit zahlreichen Herausforderungen konfrontiert waren, ein erhöhtes Risiko für die Entwicklung von Angststörungen, Depressionen und suizidalen Tendenzen aufweisen (2005). Selbst in Abwesenheit von Herausforderungen während der Kindheit oder Jugend sind häufige Stimmungsschwankungen und Neigung zu Depressionen bei HSP feststellbar. Aufgrund der erhöhten Intensität ihrer emotionalen Erfahrungen ist es nicht überraschend, dass HSP oft zwischen Hochstimmungen und Stimmungstiefs schwanken. Psychologische Studien zeigen eine allgemeine starke Korrelation zwischen Hochsensibilität und Angststörungen, Depressionen und Stress, obwohl die genauen Ursachen und Wirkungen noch nicht vollständig geklärt sind. Viele von ihnen haben im Laufe ihres Lebens mit stressbedingten Problemen wie Erschöpfung und Burnout zu kämpfen, und neigen dazu, psychosomatische Beschwerden wie Essstörungen, Tinnitus oder Migräne schneller zu entwickeln als weniger sensible Menschen (Fenner, 2021).

Selene denkt an ihre erste große Liebe. Alex war für sie ein atemberaubend schöner Mann. Sie war 16 Jahre alt und gerade neu auf ihrer Schule und er fiel ihr sofort auf. Immer wieder warf sie ihm Blicke aus der Verborgenheit zu. Sie war viel zu schüchtern, um ihn anzusprechen und außerdem konnte er alle Mädchen der Schule für sich haben.

Auch um ihren Selbstwert war es nicht gut bestellt. Sie war so sehr in ihn verliebt, dass sie das Essen und Trinken vergaß und nur noch von Luft und Liebe lebte. Das starke Verliebtheitsgefühl verursachte Tag und Nacht große Herzschmerzen und gleichzeitig ein Gefühl von Schmetterlingen im Bauch. Selene schmunzelt, wenn sie heute daran denkt, wie schön Freud und Leid doch beieinander liegen können. Dann kam der große Tag, an dem Alex ihr sagte, dass auch er schon länger in sie verliebt war. Das Gefühl wird Selene wahrscheinlich noch über ihren Tod hinaus begleiten. Sie hatten eine wunderbare, romantische Zeit miteinander. Nach drei Jahren Beziehung erkannte sie, dass sie für ihn zwar unbeschreiblich schöne Gefühle körperlicher Natur empfand, aber mit ihm nur oberflächliche Gespräche möglich waren. Das war ihr zu wenig gewesen und ihm möglicherweise zu viel, woraufhin er sich von ihr trennte. Für sie begann ein langer, schmerzhafter Prozess des Leidens und der Trauer. Sie war fest davon überzeugt, nicht weiterleben zu können und wollte mit ihm den Tod Romeos und Julias sterben. Er verletzte sie so sehr, weil er ihr alle Liebesbriefe, die sie ihm geschrieben hatte, und die geschenkten oder getauschten Gegenstände zurückgab. Die Symbole ihrer verlorenen Liebe verstaute Selene in einem Kästchen. Nur noch einmal in ihrem Leben sah sie hinein. Sie hatte es beim Aufräumen nach Davids Tod gefunden.

Aus der Geschichte mit Alex hatte sie gelernt, nicht mehr auf optische Täuschungen hereinzufallen. Das Ja zu David begann nicht mit einer Schockverliebtheit, erinnert sich Selene. Er war ganz anders gewesen als die anderen Männer. David passte nicht ins System und wurde als Außenseiter wahrgenommen. Selene fand das schon immer gemein und unternahm viel mit ihm. Es war ihr schnell klar, dass sich David Hals über Kopf in sie verliebt hatte. Bei ihr hingegen dauerte es seine Zeit, denn ihr Herz war nach Alex immer noch verschlossen. Das hielt David jedoch nicht davon ab, ihr schon nach drei Monaten Beziehung einen Heiratsantrag zu machen. Sie war gerade 22 Jahre alt geworden und war so sehr schockiert, dass sie ablehnte und David damit sehr verletzte. Wenige Monate später fragte er sie nochmals und sie sagte Ja. Ihre Liebe wuchs mit der Zeit und wurde zu einer festen, unerschütterlichen Verbindung. Sie surften gemeinsam auf einer Welle der tiefen verbundenen Liebe und gingen durch dick und dünn.

Der Mensch ist auf zwischenmenschliche Beziehungen angewiesen, um seine sozialen Bedürfnisse zu erfüllen. Dazu gehören: die Notwendigkeit nach Anerkennung, Aufmerksamkeit, Interaktion, sozialer Kontakt, Geborgenheit, gemeinschaftlicher Zusammenhalt, Liebe, emotionale Nähe, Verbundenheit, Verständnis, Wärme, Wertschätzung und Zugehörigkeit. Diese Bedürfnisse werden in erster Linie von der Familie und dem Lebenspartner erfüllt, wobei Freundschaften oft eine beständige und wichtige Rolle für die emotionale Stabilität eines Menschen spielen und oft länger andauernd sind als romantische Beziehungen (Hensel, 2015). Arons Forschungsergebnisse haben bestätigt, dass HSP tendenziell intensivere Liebesgefühle entwickeln als Nicht-HSP. Dies kann sich positiv auf verschiedene Aspekte auswirken, da Verliebtheit das Selbstvertrauen und die Selbstwahrnehmung steigern kann. Es wurde festgestellt, dass sich Menschen in einer Verliebtheitsphase emotional besser und selbstbewusster fühlen.

In Bezug auf HSP werden Beziehungen maßgeblich von frühkindlichen Bindungserlebnissen beeinflusst. Es ist häufig zu beobachten, dass HSP, die in ihrer Kindheit unsichere Bindungserfahrungen gemacht haben, dazu neigen, Liebesbeziehungen zu meiden, um möglichen Verletzungen zu entgehen. Untersuchungen haben gezeigt, dass es für HSP wichtig ist, die Vorstellung zu akzeptieren, dass sie von ihrer/m Partner*in positiv wahrgenommen werden. Dieser Augenblick des gegenseitigen Geständnisses ist für HSP oft mit Spannung und Nervosität verbunden, sei es beim Ausdruck ihrer eigenen Zuneigung oder beim Empfang eines Liebesgeständnisses von jemand anderem. Dennoch müssen HSP, wenn sie eine enge Beziehung eingehen möchten, diese Risiken eingehen und die Herausforderung meistern, ihre Gefühle in Worte zu fassen (2005). Auch die Forschungen von Sohr (2024) haben bestätigt, dass HSP liebesfähiger sind als weniger sensible Menschen. Die Studienteilnehmer wiesen einen Liebesfähigkeitswert von 2,5 von 3

Punkten auf, während der Schnitt der Bevölkerung einen Wert von 2 erreichte.

Die Umbruchsphase der Adoleszenz kann für hochsensible Jugendliche eine physisch und emotional größere Herausforderung darstellen als für weniger sensible Jugendliche. Die Entwicklungsverzögerung hochsensibler Jugendlicher wird während dieser anspruchsvollen Lebensphase besonders deutlich. Während des Übergangs von der Kindheit zum Erwachsenwerden, regulieren Sie ihr Entwicklungstempo, um eine Überforderung zu verhindern.

Falls unzureichende Unterstützung die Verzögerung nicht ermöglicht, könnten Sie sich für vorzeitige Lebenswege entscheiden, wie frühe Heirat, Schwangerschaft, berufliche Tätigkeiten ohne Zukunftsperspektive oder den Eintritt in religiöse Gemeinschaften. Alternativ könnten sie sich unbewusst Krankheiten zuwenden, um Verantwortlichkeiten zu umgehen. Einige extrem Betroffene könnten sogar Selbstmord in Betracht ziehen. Meist zeigen hochsensible Jugendliche weniger typische Verhaltensprobleme im Vergleich zu anderen Teenagern, jedoch könnten Schwierigkeiten in subtilerer Weise auftreten. Zurückhaltung im Umgang mit dem anderen Geschlecht und intensives Nachdenken über die passende Berufs- oder Bildungswahl sind charakteristisch. Trotz einer scheinbar reifen Erscheinung könnten sie innerlich unsicher, gereizt und geistesabwesend sein (Aron, 2008)

Der Psychologe Erikson war einer der ersten, der die Entwicklung der Identität als grundlegende Errungenschaft der Persönlichkeitsentwicklung während der Adoleszenz erkannte. Dieser Prozess stellt einen bedeutenden Schritt hin zu einem produktiven und zufriedenen Erwachsenenleben dar. Die Formulierung der eigenen Identität umfasst die Definition des Selbstkonzeptes, persönlicher Werte und der angestrebten Lebensrichtung. Die Suche nach dem Wesen des eigenen Selbst und den richtigen Entscheidungen bildet den Motor für viele neue Entwicklungen während dieser Phase – seien es sexuelle Orientierungen, Berufswahl, Beziehungen, gesellschaftliche Partizipation, die Zugehörigkeit zu einer bestimmten ethnischen Gruppe oder die Auseinandersetzung mit moralischen, politischen, religiösen und kulturellen Idealen.

Erikson bezeichnete den psychologischen Konflikt der Adoleszenz als Identität versus Identitätsdiffusion. Die erfolgreiche Bewältigung vorangegangener Entwicklungsphasen legt den Grundstein für eine positive Lösung dieses Konflikts. Jugendliche, die ohne ein starkes Vertrauen in diese Phase eintreten, könnten Schwierigkeiten haben, fest verwurzelte Ideale zu finden.

Erikson argumentiert, dass Jugendliche in komplexen Gesellschaften eine Identitätskrise durchleben – eine Zeit der Verwirrung und Spannung, in der sie verschiedene Alternativen ausprobieren, bevor sie sich auf bestimmte Wertvorstellungen und Ziele festlegen. Jugendliche, die diesen Prozess der Selbstfindung erfolgreich durchlaufen, gelangen schließlich zu einer gereiften Identität (Berk, 2005). Viele hochsensible Kinder hegen grundlegende Unsicherheiten hinsichtlich ihres Selbstwertes und ihrer Wertschätzung durch andere.

Dieses Empfinden manifestiert sich nicht nur im familiären Umfeld, sondern insbesondere in Gruppen von Gleichaltrigen, wo viele hochsensible Kinder bereits in jungen Jahren den Eindruck gewinnen, dass etwas mit ihnen nicht stimmt (Parlow, 2003). Es ist nicht überraschend, dass zahlreiche sensible junge Erwachsene dieser Krise begegnen, indem sie ihre sich gerade entwickelte Identität stören, um nicht konfrontiert zu werden mit den Herausforderungen, die sich auf ihre besondere Art der Entfaltung auswirken können. Es existieren verschiedene Mechanismen der Selbstschädigung: Die frühe Heirat und Schwangerschaft, um sich in eine eingeschränkte Rolle zu fügen, der Missbrauch von Substanzen wie Alkohol und Drogen, sowohl physische als auch mentale Selbstdestruktion, das Einbinden in Sekten oder Organisationen die Sicherheit und Antworten versprechen (Aron, 2005).

Als Zehnjährige streifte Selene wie Ronja Räubertochter durch die heimischen Wälder. Sie las die Wildtierspuren, so wie es ihr Vater beigebracht hatte, und versorgte die Tiere des Waldes mit Futter in Form von Heu, Eicheln, Kastanien und Salzlecksteinen. Mit dem Wald fühlte sie ihr Leben lang eine tiefe Verbundenheit und Freiheit. Wenn sie abends nach Hause kam, zog ihr ihre Mutter die Kletten aus den Haaren, was Selene fürchterlich weh tat. Ihre Mutter sagte dann immer, dass sie nicht immer so sensibel sein solle.

Die altersschwache Selene verspürt plötzlich ein ihr seit Wochen fremdartiges Gefühl: Hunger. Wenn sie es genauer betrachtet, fühlt es sich wie ein Heißhungergefühl an. Dieser altbekannte Lebensbegleiter erinnert sie an eine Begebenheit aus ihrer Kindheit. Es muss um ihr fünftes Lebensjahr herum gewesen sein. Sie kam vom Spielen aus dem Garten in ihr Elternhaus und bekam von einer auf die andere Minute einen aus heutiger Sicht maßlos übertriebenen Hungerwutanfall. Selene brauchte unbedingt schnell etwas zu essen und griff zu dem erstbesten verfügbaren Lebensmittel, welches auf dem Küchentisch in ihrer Nähe stand. Sie verzieht heute noch ihr Gesicht, wenn sie an den Geschmack einer großen Menge Backkakao in ihrem Mund denkt.

Selenes Gedanken richten sich nun auf die Erzählungen ihrer Mutter über ihre Geburt. Bis zum Tod ihrer Mutter hörte sie sich an jedem ihrer Geburtstage die Geschichte darüber an. Ihre junge Mutter brachte Selene als Sturzgeburt im Elternhaus zur Welt. Das traumatische Geburtserlebnis verkraftete auch ihre Mutter nicht unbeschadet. Als Selene drei Monate alt war, erkrankte ihre Mutter und konnte sich das nächste halbe Jahr nicht um ihre Tochter kümmern, denn es fehlte ihr an Kraft. Ihr Vater musste für den Lebensunterhalt der vierköpfigen Familie sorgen und konnte für seine Tochter kein Muttterersatz sein. So verbrachte Selene viel Zeit bei ihrer Lieblingsoma, die sie am Tage ihrer Geburt abgenabelt hatte. Selene streichelt sich bei diesem Gedanken liebevoll über ihren schönen Bauchnabel. Noch vor ihrem ersten Geburtstag kam sie ganztags in eine Kindertagesstätte und erlebte dort physische und psychische Gewalt. All dies hinterließ ein Leben lang Spuren auf Selenes Seele. Eine feste Bindung konnte sie zu ihrer Mutter nie aufbauen, jedoch im mittleren Erwachsenenalter ein herzliches Verhältnis.

Der Hunger eignet sich als gutes Beispiel dafür, um mögliche Auswirkungen der Hochsensibilität zu demonstrieren. Das Hungergefühl manifestiert sich als eine überwältigende Erfahrung, die als vitales Bedürfnis und intrinsischer Trieb auftritt. Es dringt durch das Nervensystem wie ein starker Sturm und führt zu einer vorübergehenden Unterbrechung jeglichen vorherigen geordneten Verhaltens und Empfindens. Das Hungergefühl zeigt anfangs eine schwache Ausprägung, intensiviert sich jedoch rasch.

Zu Beginn empfinden HSP dieses Gefühl möglicherweise lediglich als allgemeine Gereiztheit, die die psychophysiologische Ausgeglichenheit beeinträchtigt. Infolgedessen sind sämtliche Aspekte des Erlebens betroffen, darunter Bewegung, Atmung, Aufmerksamkeit, Gefühle, Erregung und die Wahrnehmung. Die globale Störung, die durch den Hunger verursacht wird, erscheinen HSP wie ein plötzlicher Verlust der harmonischen Balance, als ob etwas in Disharmonie geraten wäre. Infolgedessen erfahren sie eine plötzliche Veränderung des Gefühlstonus in ihrer Umgebung (Stern, 1993).

Innerhalb des Konzepts der Bindungsentwicklung spricht man von einem starken emotionalen Band, das Menschen zueinander haben. In der zweiten Hälfte des ersten Lebensjahres etabliert sich eine Bindung zwischen dem Säugling und seinen primären Bezugspersonen, die für die Erfüllung seiner Bedürfnisse verantwortlich waren (Berk, 2005). Schon hochsensible Säuglinge sind scharfe Beobachter*innen, die mit einem jederzeit in Alarmbereitschaft stehenden Körper ausgestattet sind. Menschen, die bereits im Säuglingsalter einen sicheren Bindungsstil entwickelt haben, werden im späteren Leben mit hoher Wahrscheinlichkeit einen positiveren Umgang mit Freundschaften und Partnerbeziehungen pflegen, sich geliebt und akzeptiert fühlen und optimistischer in die Welt blicken. Dr. Elaine N. Arons Forschung hat ergeben, dass etwa vierzig Prozent aller Kinder einen unsicheren Bindungsstil haben, der mit in das Erwachsenenalter genommen wird. Die unsicheren hochsensiblen Kinder können Situationen als unsicher, beängstigend und hoffnungslos empfinden.

Ihr Leben kann emotional schwieriger verlaufen als das hochsensibler Kinder, die einen sicheren Bindungsstil erfahren haben (Aron, 2008). Dr. Elaine N. Aaron argumentiert, dass hochsensible Kinder ihre kompliziertesten Seiten tendenziell eher entfalten, wenn sie sich in einem stabilen elterlichen Umfeld befinden. Im Gegensatz dazu könnte eine weniger optimale Umgebung im Elternhaus das Potenzial dieser Kinder einschränken. Schon Säuglinge neigen dazu, Anpassungsverhalten zu zeigen, um sich ihren primären Bezugspersonen anzugleichen, wodurch ihre wahre Persönlichkeit möglicherweise für einen längeren Zeitraum verborgen bleibt. In diesem Kontext spielt die Trennung eines hochsensiblen Kindes von seinen Bezugspersonen eine wichtige Rolle. Der tägliche Trennungsprozess, wenn sie zum Beispiel Kindertagesstätten besuchen, stellt für sie eine enorme Herausforderung dar, an die sie sich erst sukzessive gewöhnen müssen. Schneller als bei anderen Kindern bleiben dahingehend traumatische Erinnerungen in ihrem Gedächtnis.

Wieder schaut Selene aus dem Fenster auf ihren geliebten See. Schon als kleines Mädchen übte die Natur im Allgemeinen und das Wasser im Besonderen eine magische Anziehungskraft auf sie aus. Ihr sensibler Vater nahm sie oft mit und zeigte ihr das Fliegenfischen. Sie sieht das Bild noch genau vor sich: Vater und Tochter stehen ganz still und barfüßig im kalten Gebirgsbach. Sie folgt dem Blick ihres Vaters und sieht die Regenbogenforellen mitten in der Strömung stehen. Selene hofft, dass die Fische nicht auf den in allen Farben schillernden Blinker samt Haken hereinfallen. Wie immer hat der ein oder andere Fisch Pech gehabt, denn ihr Vater ist der beste Fliegenfischer. Er zeigt ihr, wie jedes Mal, wie das Tier schonend getötet wird und, wie jedes Mal, kneift sie fest ihre Augen zusammen. Auch ihren Vater würde sie nun bald wieder sehen, denkt sie. Ihre Tochter Sol hält sanft ihre verwelkte Hand. Während sie zum letzten Mal in ihrem Leben einen tiefen Atemzug in ihre Lunge einströmen lässt, empfindet sie eine tiefe Erfüllung und Frieden. Selene flüstert in ihren Gedanken:

«Ich bin die Mondin,
die leuchtende, wandelbare, archetypische Weiblichkeit.
Ich verbinde die Zyklen des Mondes und der Frauen,
ich bin ewig und wandelbar, sanft und unvergänglich.
Bin Mondlicht und Wasser und erhelle die Nacht.»

Lang atmet sie mit einem sanften Lächeln aus.

Der Kreislauf des Lebens schließt sich für die hochsensible Selene.

3.5 HS und Ästhetik – das Schöne (Jasmin Wind)

«In allen Dingen liegt Schönheit, aber nicht jeder sieht sie.» (Konfuzius).

Herzlich willkommen im Ausblick zum Thema Hochsensibilität und Ästhetik – die Verbindung zum Schönen. Auf den kommenden Seiten möchte ich Dich nicht nur in die Welt der Hochsensibilität für Ästhetik einladen, sondern Dir die Bedeutung der täglichen SCHÖNHEIT näherbringen. Im Rahmen meiner Teilnahme an der Studie habe ich bemerkt, dass Schönheit uns alle betrifft. Und das jeden Tag. Und wenn Du jetzt salopp gesagt, an reine Oberflächlichkeiten wie 90-60-90, Markenuhr oder Sportwagen denkst, täuschst Du dich. Auch Perfektion ist damit nicht gemeint.

Um es in den Worten des Benediktiner-Mönches Anselm Grün zu erklären: «Schönheit. Sie ist der Ausdruck der Freude, die wir jeden Tag neu empfinden können.» Und genau die Wortwahl des Könnens ist der entscheidende Punkt. Der Blick für das Schöne steht uns jederzeit zur Verfügung. Er begegnet uns tagtäglich, in verschiedensten Arten, Formen und Erlebnissen. In Landschaften, in Kunst und Musik, in unserem Gesprächspartner, in Momenten und vor allem in uns selbst.[47] Doch nehmen wir diese großartige Chance überhaupt wahr? Laden wir die Schönheit in unser Leben ein und geben ihr Raum?

Gehst Du aufmerksam durch den Tag und lässt dich auf neue Situationen und Menschen ein, ohne gleich zu urteilen? Genießt Du bei deinem Morgenkaffee das Vogelgezwitscher und bist offen für den «Zauber» des Moments? Oder bist Du in Wut, Stress, Neid und in Gedanken gefangen? Der Schlüssel dazu liegt, für mich, in

[47] Vgl. Grün, Einband, 2015

uns selbst. Unabhängig von Hochsensibilität, Herkunft, Lebenslage, Bildung oder Alter können wir eine Verbindung für den Moment des Schönen aufbauen und lernen diesen in unser Leben zu integrieren.

Lass Dich zunächst von der tiefen Verbindung zum Schönen aus dem Augenwinkel von Hochsensiblen für Ästhetik leiten und inspirieren.

Ästhetik und Schönheit

Die Begrifflichkeiten Ästhetik und Schönheit verwenden wir im täglichen Sprachgebrauch häufig synonym. Im Allgemeinen verstehen wir unter Ästhetik die Wahrnehmung des Schönen in Natur und Kunst. Die Bereiche Philosophie, Kunst und Design beschäftigen sich ursprünglich mit diesem Begriff.[48] Inzwischen jedoch interessieren sich auch die Psychologie und Neurowissenschaften für Ästhetik. Denn ästhetische Wahrnehmung bezieht all unsere Sinne mit ein.

Um Dir zu verdeutlichen, wie weitreichend Ästhetik ist, möchte ich Dir gerne folgendes Beispiel näherbringen. Wir betreten ein uns unbekanntes Restaurant. Du betrittst den Raum und nimmst sofort die Einrichtung, den Geruch, die Sauberkeit und die Ausstrahlung des Kellners wahr. Wird das Essen serviert, so spielen die Essensanrichtung, die Farben der Speise und das Licht eine Rolle bei unserer intuitiven Beurteilung, wie einladend und ästhetisch wir die Umgebung und Essen finden. Diese Faktoren wirken auf uns, bevor wir auch nur einen Happen des Essens probiert haben und beeinflussen unseren Geschmack.

Ästhetik (aísthésis) bedeutet Wahrnehmung, Empfindung, sinnliches Anschauen. Sie steht für die Lehre von der Schönheit, von Gesetzmäßigkeiten und Harmonie in Kunst und Natur. Der Wortursprung liegt, wie es passender nicht sein könnte, in Griechenland - dem Land, das für Demokratie, prachtvolle Architektur und große Denker und Philosophen steht. Laut Wissenschaft handelt die empirische Ästhetik von objektiven Merkmalen und vom subjektiven Erleben von «Schönheit». Schönheit hingegen schreiben wir Pflanzen, Tieren, Landschaften, Menschen, Musik, Gedichten, Gemälden zu.[49]

Homer übersetzte die Schönheit mit Leuchtkraft, Aristoteles mit Symmetrie und Platon mit der Idee des Guten. Ab dem 18. Jahrhundert versteht man darunter auch die Kreativität des Menschen.[50] Schönheit ist eine menschliche Erfahrung, die

[48] Vgl. Mayer, 2023
[49] Vgl. Menninghaus, 2019
[50] Vgl. Mooslechner-Brüll, 2021

schon immer ein Teil von uns ist. So stellten beispielsweise Menschen in der Steinzeit symmetrische Werkzeuge her, bevorzugten bei der Nahrungssuche Früchte, die symmetrisch und makellos waren und suchten instinktiv einen Partner mit einem symmetrischen Gesicht aus. Doch warum ist das so? Was löst die Harmonie der Symmetrie in uns aus? Der Begriff der Schönheit wurde lange Zeit in Verbindung mit der Natur gebracht.

Auch wenn Schönheitstrends sich immer wieder verändern, so gibt es seit Anbeginn der Menschheit bis heute Muster, die sich durch alle Epochen und Kulturen ziehen und die wir als schön empfinden. Es sind Fraktale, Symmetrie und der goldene Schnitt. Diese Muster finden wir in der Natur wieder und sind uns deshalb seit Jahrtausenden vertraut. In der Steinzeit beispielweise waren Menschen sehr stark auf ihre Sinne angewiesen, um zu überleben. Gefahren mussten anhand dessen instinktiv beurteilt werden. Schönheit symbolisiert Schutz und steigert das Wohlbefinden.

Symmetrie bedeutet in der Natur, alles ist so, wie es sein soll. Ein sehr schöner Gedanke, wie ich finde. Unvollkommenheit ist Authentizität, so wie in der Natur. Perfektion ist nicht natürlich. Ein interessanter Aspekt, wenn man bedenkt, wie häufig wir in unserem Alltag Perfektion von anderen und vor allem von uns selbst erwarten.

Philosophisch stellt sich die Frage: Was will uns Schönheit, die ihren Ursprung in der Natur hat, lehren? Vielleicht Unvollkommenheit, Authentizität, Intensität, Achtsamkeit, Ruhe oder Annahme?

Dimensionen von Schönheit

Das Empfinden von Schönheit kann, wie der bekannte Spruch «Schönheit ist Ansichtssache» aussagt, sehr individuell sein. Alles, was wir über unsere Sinne wahrnehmen, können wir als ansehnlich empfinden – egal, ob Objekte, Gedanken, Menschen, Tieren, Kunst, Farben, Räume, Gerüche, Musik, Sprache. Laut einer Umfrage «Was ist Schönheit?» nennen Menschen insbesondere Persönlichkeitsmerkmale, wie Charakter, Ausstrahlung, Humor und innere Schönheit. Aber auch körperliche Eigenschaften, wie ein gepflegtes Erscheinungsbild, schöne Augen und gute Kleidung. Spannend und mit ein wenig Humor zu verfolgen ist, dass gerade junge Männer bei der Umfrage zunächst auf Äußerlichkeiten eingehen. Perfektion, ein toller Body und ein knackiger Po sind Beispiele, die als erstes genannt wurden. Ja, ja... wie sich im Laufe unserer Persönlichkeitsentwicklung auch dieser

Blickwinkel ändert. Und das ist auch gut so. Unser Schönheitsempfinden darf sich verändern. Was wir früher als schön empfunden haben, muss heute nicht mehr so sein. Wichtig ist nur, dass wir mit zunehmendem Alter nicht weniger schön finden, sondern eben nur andere Dinge.

Schönheit spielt für viele ebenfalls eine entscheidende Rolle, wenn es um die Wahl ihres Wohnortes geht. Neben einem harmonischen Familienleben und Gesundheit wünschen sich Menschen vor allem eine schöne Wohnumgebung. Erst anschließend wurden Faktoren wie Sicherheit und Sauberkeit genannt. Langweilige und graue Wohnblocks sorgen für ein Unwohlsein und lösen sogar Stress aus. Aus diesem Grund rücken Architekten und Psychologen immer mehr zusammen und ein neues Wissenschaftsfeld, die Architekturpsychologie ist entstanden. Geforscht und umgesetzt werden Konzepte, die die Genesung, das Wohlbefinden und die Gesundheit des Menschen unterstützen. Naturelement, viel Tageslicht, der Blick in die Natur, eine ausreichende Belüftung, sind nur einige Aspekte, die bei der Planung Priorität haben. «Krankenhäuser, wie wir sie heute kennen, werden aussterben.» So berichten Gemma Koppen und Tanja Vollmer von ihrer Version und brachten das Buch «Architektur als zweiter Körper» auf den Markt. Die beiden Expertinnen aus den Bereichen Architektur und Psychologie sind Pioniere im Bereich der heilenden Architektur. [51]

Gerade in der aktuellen Zeit, in der wir Menschen die meiste Zeit in Räumen und abgeschottet von der Natur sind, gewinnt die Gestaltung unserer Innenräume zunehmend an Bedeutung. In den vergangenen Jahrzehnten lag der Fokus beim Bau auf Effizienz, Rentabilität und Funktionalität. Die Schönheit wurde dabei außer Acht gelassen. Dank dieser neuen Erkenntnisse verändert sich das Bewusstsein dafür. Ich lade Dich an dieser Stelle dazu ein, gemeinsam mit mir von bunten, schönen und naturverbundenen öffentlichen Gebäuden, Krankenhäusern, Städten und Parks zu träumen. Lasst uns die Welt, unser Leben und unsere Gedanken bunter gestalten, nach dem Zitat von Pierre Dac: «Wenn die grauen Zellen rosa wären, hätten die Welt weniger schwarze Ideen».

Musik

Auch Musik ist wortwörtlich ein mächtiges Instrument, was uns intensive und schöne Momente bescheren kann. Musik fasziniert seit Jahrtausenden und bewegt uns über alle Kulturen hinweg. Sie ist ein fester Bestandteil bei Ritualen, Erlebnissen und Veranstaltungen. Denken wir einmal an einen zauberhaften Moment

[51] Vgl. Kunzmann, 2022

zurück, was wäre beispielsweise der Einzug einer Braut zum Altar ohne Musik im Hintergrund? Es wäre definitiv anders, weniger emotional und gefühlt würde einfach etwas fehlen, oder? Musik ist unglaublich mächtig. Sie berührt unsere Seele und bringt unsere tiefsten Emotionen hervor. Egal ob Freude, Liebe, Trauer, Wut oder Kummer - wenn Musik uns erreicht, intensiviert sie unsere Emotionen und hilft uns, diesen freien Lauf zu lassen. Wir geben unsere Kontrolle ab und geben uns dem Moment hin. Wir sind im Einklang mit dem Lied und seinen Schwingungen, unsere Stimmung verändert sich. Denn Musik beeinflusst unseren Herzschlag und Hormonhaushalt, verändert unseren Blutdruck und unsere Atemfrequenz und trägt zur Muskelentspannung bei. Die Klänge, die durch Musik erzeugt werden, wirken auf unser limbisches System - genau dort, wo unsere Emotionen entstehen. Musik hilft uns, Emotionen zu verarbeiten - so ist sie auch in der Therapie ein bedeutsamer Bestandteil.[52] Die Energie, die da ist, drücken wir nicht runter, sondern geben ihr Raum, fühlen und lösen sie. Musik, die mich berührt, ist für mich eine Art Meditation. Ich spüre eine tiefe Verbindung zu dem Moment, der durch die Klänge, den Text und die Emotionen des Sängers geschaffen werden. Johann Sebastian Bach beschrieb es mit den folgenden Worten: «Sie vertreibt meinen Kummer und erfüllt mich mit Freude.» [53]

Hochsensibilität als Stärke

Hochsensibilität ist eine Stärke! Sie ist in meinen Augen mit sehr vielen positiven Eigenschaften verbunden, sofern man sie beachtet, schätzt und nutzt. Ihre Vielfältigkeit, sowie das Erleben verschiedener Intensitätsstufen macht sie einzigartig. Für den Bereich der ästhetischen Hochsensibilität steht die Wahrnehmung von Ästhetik. Menschen mit ausgeprägter ästhetischster Sensibilität haben die Fähigkeit, Schönes wahrzunehmen. Sie nehmen sie dort wahr, wo andere sie nicht einmal vermuten.[54] Sie spüren instinktiv ganz genau, welche Farben zusammenpassen, sehen feinste Unterschiede von Nuancen und haben sehr gutes Gespür für Harmonie und eine gelungene Atmosphäre. Ihnen gelingt es mit Farben, Natur, Musik, Menschen, Momenten, oder Gegenständen eine tiefe Beziehung einzugehen. Sie nehmen durch die höhere Aufnahme der sensorischen Reize zahlreiche Details auf und schaffen es, Schönheit zu erkennen und sich an ihr zu erfreuen. Wenn hochsensible Menschen etwas erreichen, so sind sie voll und ganz in diesem Moment und saugen die positive Energie daraus auf. Es ist ein unbeschreibliches Gefühl, wenn wir uns diesem hingeben können. Es ist ein Gefühl von Freude, Faszination,

---

[52] Vgl. hannorersche.de, 2024
[53] Vgl. Grün, 2015, S.83
[54] Vgl. Budner, 2023

Sinnhaftigkeit und Frieden. Auch im Nachhinein wirken diese Erlebnisse häufig nach und werden als intensives Erlebnis in unserem Gedächtnis abgespeichert.

Nicht ohne Grund schreibt man der Schönheit eine heilende Kraft zu. [55] Denn «Schönheit bändigt allen Zorn» (Johann Wolfgang von Goethe). Indem wir uns auf das Schöne fokussieren, schwindet unser Zorn, und wir sind in Harmonie mit unserer Umgebung, in unserer Gemeinschaft oder in uns selbst.

Transfer

Schönheit ist nicht greifbar, nicht erzwingbar und auch nicht käuflich. Schönheit entsteht in unserem Kopf. Sie ist sehr individuell und doch beschert sie uns allen, wenn wir sie wahrnehmen, ein gutes Gefühl. Unser Alltag verlangt tagtäglich sehr viel von uns ab. Schicksalsschläge, Stress, Ängste und Sorgen sind ein Teil unseres Lebens. Genauso können wir aber auch Schönheit einladen, Teil unseres Lebens zu sein. Mir geht es nicht darum, sich alles schön zu reden, sondern mit dem was ist leichter umzugehen. Mehr Kraft zu schöpfen, mehr Energie und Freude im Alltag zu erleben.

Öffnen wir uns für den Blick der Schönheit, fokussieren wir uns somit auf Positives. Freudige Gefühle entstehen und wir nehmen eine positivere Grundhaltung ein. Unser Hormonhaushalt und unsere Energie verändern sich. Durch die Beschäftigung mit dem Schönen schulen wir uns selbst darin, das Schöne zu sehen. Unsere Blicke werden wie magisch angezogen. Um es zu verdeutlichen: Kennst Du das auch, Du hast Deinen Arm gebrochen und trägst einen Gips. Du bist in der Stadt unterwegs und siehst plötzlich überall Menschen mit einem gebrochenen Arm oder Bein. Jetzt stellt sich die spannende Frage: Gibt es aktuell wirklich mehr Menschen mit einem gebrochenen Bein oder liegt es an unserer Wahrnehmung? Ich bin der Annahme, alles ist zu jederzeit da. Wir leben in einer dualen Welt, in der Glück und Trauer, Hass und Liebe oder auch Ebbe und Flut immer zeitgleich vertreten sind. Wir nehmen allerdings vermehrt das wahr, womit wir uns gerade beschäftigen. Und wenn wir unseren Kopf doch sowieso mit etwas beschäftigen müssen, wieso dann nicht gleich mit etwas Schönem?

Schönheitsideale

Leider schwingt neben all dem Schönen, was wir mit dem Begriff Schönheit verbinden, aber auch Neid, Druck, Unzufriedenheit, Hass und vieles mehr mit. Es geht an dieser Stelle um die Kehrseite der Schönheit, wenn wir beginnen, uns mit anderen zu messen. Schon sind wir bei einem Problem der heutigen Zeit angekommen,

[55] Vgl. Budner, 2023

Social-Media. Eine Welt, in der uns permanent suggestiert wird, was Schönheit ist. Ob das der tatsächlichen Wahrheit entspricht, spielt keine Rolle. Wir sehen es Tag ein und Tag aus, manifestieren es so in unserem Unterbewusstsein und vergleichen uns ständig. Ein sehr treffendes Zitat des Philosophen Søren Kierkegaard möchte ich an dieser Stelle anbringen: «Der Vergleich ist des Glückes Tod.» Denn klar ist, wir suchen meist den Vergleich nach oben. Wir streben nach dem, was uns noch fehlt, und fokussieren damit unseren Mangel.

Geschichtlich betrachtet gilt immer das als Ideal, was nicht einfach zu erreichen ist. Damals galt ein fülliger Körper mit Rundungen als gesund und ansehnlich. Dies war ein Symbol für Wohlstand.[56] Denken wir an unsere heutige Zeit, so wird schnell klar: Ideale verändern sich immer wieder. Sie werden von der Gesellschaft vorgegeben und ordnen uns in einen Rang ein. Ist nicht alleine der Gedanke daran, dass das Ideal immer nur der schwer erreichbare Zustand ist, frustrierend? Wäre es nicht viel schöner, Anerkennung in uns selbst, anstelle im Außen zu finden? Denn immer dann, wenn wir im Außen sind, machen wir uns abhängig von anderen. Häufig sind Unsicherheit, Angst vor Ablehnung, Zugehörigkeit und fehlende Liebe zentrale Gründe, warum wir bei anderen danach suchen. Wir können uns aber auch dazu entschließen, die Liebe und Anerkennung in uns selbst zu sehen. Das schaffen wir durch Selbstliebe.

Schönheit im Inneren finden

Laut Annahme des Benediktiner-Mönches Anselm Grün gelangen wir nur zur inneren Schönheit, wenn wir die eigene Wahrheit annehmen. Dazu gehört auch dahin zu schauen, wo es unangenehm wird. Denn Annahme unserer Selbst bezieht auch das Schmerzliche mit ein – das, was wir uns manchmal nicht zugestehen und wovon wir uns ablenken wollen. [57] Wir müssen unsere Persönlichkeit, unser Aussehen, unsere Werte, unsere Schwächen und unsere Vergangenheit akzeptieren. So, wie wir sind, sind wir genau richtig. Zur Selbstannahme gehört auch unsere Wortwahl. Wie spreche ich mit mir? Wie spreche ich über andere? Wir können die Schönheit unserer Sprache für uns nutzen, indem wir unsere Worte bedacht, positiv, ehrlich, klar und emphatisch wählen. Aus unseren Worten kreieren wir Gedanken, manifestieren Denkmuster und polen unser Unterbewusstsein. Schlussendlich handeln wir nach danach, wie wir über uns und die Welt denken. Wenn wir mit uns fürsorglich umgehen und uns gut fühlen, strahlen wir das aus. Denken wir an Menschen, die uns aufgrund ihrer Persönlichkeit faszinieren und inspirieren…

[56] Vgl. spiegel.de, 2022 – Bauer, A.
[57] Vgl. Grün, 2015, S.146

Wer fällt Dir aus Deinem Umfeld ein? So sind es für meinen Fall Menschen, die sehr authentisch, herzlich, kreativ und positiv sind. Sie strahlen Selbstbewusstsein aus und verfolgen ihren eigenen Weg. Charisma, Attraktivität und Zufriedenheit können wir uns ebenfalls, wie Schönheit, nicht kaufen. Sie sind das Ergebnis unserer inneren Haltung in Bezug auf unser Selbstbild. Natürlich gehören auch äußere Faktoren wie ein gepflegtes Erscheinungsbild oder Kleidung, die unsere individuelle Persönlichkeit unterstreicht, mit dazu. Äußere und innere Schönheit sind kein Widerspruch, sondern stehen miteinander im Einklang. Jedoch bin ich davon überzeugt, dass die innere Zufriedenheit uns mehr und authentischer strahlen lässt, als ein äußerlich perfektes Erscheinungsbild.

Baue daher Dein Selbstvertrauen und Dein Selbstbewusstsein auf, um Deine innere Schönheit zu erkennen und Dich selbst wertzuschätzen. Denn so erlaubst Du dir auch Schönheit im Außen wahrzunehmen und Schönheit in unserem Leben zu integrieren. Notiere jeden Tag, was Du heute an Dir schön findest, sowie drei Erfolgserlebnisse.

Schönheit erschaffen, Schönheit erleben, Schönheit teilen

Ja, Du kannst Schönheit selbst erschaffen. Und das jeden Tag. Wir müssen lernen, der Schönheit Raum zu geben, sie zu beachten und einzuladen, Teil unseres Alltags zu werden. Dazu ist es wichtig, dass wir uns Zeit nehmen. Zeit, unser Umfeld und uns selbst zu beachten. Das gelingt uns durch Achtsamkeit. Nur wenn wir in dem Moment sind und uns gezielt auf das Schöne fokussieren, werden wir überall Schönheit entdecken können.

Mach Dir einmal bewusst, auf was achtest Du, wenn Du unterwegs bist? Wo finde ich auch in schwierigen Situationen Schönheit? Wie gestaltest Du Deinen Wohnraum? Wo und wie isst Du Dein Abendessen? Wann hast Du zuletzt Freunde zum Essen eingeladen? Auf was achtest Du, wenn Du in den Spiegel schaust?

Schönheit erschaffen wir in unseren Gedanken und durch unsere Wahrnehmung. Wir können sie aber auch aktiv gestalten, indem wir beispielsweise liebevoll ein Abendessen vorbereiten, Musik anschalten, Kerzen anzünden und den Tisch mit frischen Blumen dekorieren. Je mehr Sinne wir ansprechen, desto intensiver kann die Wahrnehmung sein. Ob Düfte, Lichter, Farben, Sauberkeit, angenehme Stoffe, … all dies wirkt auf uns und schafft eine besondere Atmosphäre.

Wichtig ist gezielt für Dich in Erfahrung zu bringen, in welchen Momenten Du Schönheit empfindest. Notiere dazu für eine gewisse Zeit, was Du als schön empfindest. Was gibt mir Energie? Natur, Musik, ein Spaziergang im Wald, ein Glas Wein mit einer Freundin oder, …? Finde es für Dich heraus.

Fazit

Meine drei finalen Botschaften für Dich:

- Schönheit bewusst machen: Mache Dir bewusst, wer Du bist, wie schön und erfolgreich Du bist und in welchen Momenten Du Schönheit empfindest. – Notiere Dir diese in einem Buch.

- Schönheit schaffen und erleben: Gehe achtsam durch den Tag und öffne Deinen Blick für das Schöne in Dir, um Dich herum und in anderen. Nehme Dir Zeit und gestalte Dir genau diese Momente in Deinem Alltag. Gestalte aktiv Schönheit, mental sowie physisch. Zelebriere und feiere sie.

- Schönheit teilen: Lade andere dazu ein, diese Momente mit Dir zu teilen. Wie schön wäre unsere Welt, wenn wir unsere individuellen Schönheiten mit anderen teilen? Wie viel mehr Schönheit könnten wir dann in der Welt sehen?

… denn wie zu Beginn erwähnt:

«In allen Dingen liegt Schönheit, aber nicht jeder sieht sie.» Konfuzius

Alles Liebe und viele schöne Momente wünsche ich Dir.

Von Herzen,
Deine Jasmin

3.6 HS in Partnerschaft und Sexualität (Katrin Böck)

Intro

Nachfolgend wird ein qualitatives Projekt zum Thema «Hochsensibilität und Partnerschaft» vorgestellt. Ausgangspunkt waren Befunde einer quantitativen Studie mit hochsensiblen Kunden einer Partnervermittlung. Hier wünschten sich nur zehn Prozent der Befragten einen ebenfalls hochsensiblen Partner. Für die anderen 90% hingegen ist Verständnis, Akzeptanz und Wertschätzung entscheidend, was sie nicht nur mit einer gleichgesinnten Person verbinden. Basierend auf diesen Erkenntnissen stellte sich die Frage, ob sich die Ergebnisse bei aktuell bestehenden Partnerschaften, in welchen mindestens eine Person hochsensibel ist, widerspiegeln.

Daraus wurde die Forschungsfrage abgeleitet, wie sich Alltagssituationen, Konflikte und Sexualität in einer Partnerschaft unterscheiden, wenn beide Personen hochsensibel sind, von denen, wenn nur die weibliche Person hochsensibel ist, in Bezug auf Kommunikation und Verständnis. Ziel war es, eine tiefgehende Einsicht und Verständnis für die einzelnen Partnerschaften zu gewinnen, weshalb ein qualitatives Vorgehen gewählt wurde.

Die Stichprobe bestand aus sieben Paaren, von denen vier Paare aus zwei hochsensiblen Personen (doppelt-hochsensibel) bestanden und drei Paare mit nur einer «highly sensitive Person» (HSP), der jeweils weiblichen Person. Anhand eines eigens entwickelten Leitfadens wurden 14 Personen getrennt voneinander befragt wurden. Als Vorbereitung haben alle einen bereits bestehen Hochsensibilitäts-Test durchgeführt, um anhand dieser Auswertung die hochsensiblen von den nicht-hochsensiblen Personen bzw. Paaren trennen und anschließend vergleichen zu können.

Die Ergebnisse zeigen, dass alle Paare angeben, in einer glücklichen Beziehung zu sein und einen individuellen Umgang mit Hochsensibilität in den genannten Alltagssituationen, bei Konflikten und mit Sexualität zu pflegen. Jedoch hat in allen Partnerschaften, Kommunikation und Verständnis eine große Bedeutung, um die Herausforderungen mit Hochsensibilität gemeinsam bestmöglich meistern zu können. Dabei konnten keine Unterschiede zwischen doppelt-hochsensiblen Paaren und Paaren mit nur der weiblichen HSP festgestellt werden, was die Schlussfolgerung zulässt, dass beide Konstellationen bei einer guten Kommunikation und einem verständnisvollen Umgang in den drei Untersuchungsfeldern der Alltagssituationen, der Konflikte und der Sexualität dazu führen können, den Herausforderungen der Hochsensibilität gewachsen zu sein und eine glückliche Beziehung führen zu können.

Theorie

Gehen wir den Befunden auf den Grund und beginnen wir mit einem Zitat von Elaine Aron, der Vorreiterin auf dem Gebiet der Hochsensibilitäts-Forschung:

«Tatsächlich ist es so, dass Hochsensible sich sogar in Ehen und Beziehungen mit Nicht-Hochsensiblen leicht langweilen. Ich habe das mal untersucht. Das interessante ist allerdings, dass die Hochsensiblen trotzdem nicht unglücklicher sind in der Beziehung. Sie sehen die Vorteile des anderen, weil der dafür nicht so leicht überreizt ist. Mein Mann ist auch nicht hochsensibel, und wenn wir zusammen reisen, erledigt er vieles, was mich überfordern würde»[58], sagte Aron in einem Interview.

Hochsensible Menschen nehmen ihre Umwelt intensiver wahr, verarbeiten Sinneseindrücke tiefgehender, tendieren zu perfektionistischen Verhalten und übernehmen oft die Gefühlswelt ihrer Mitmenschen. Sie können geruchs- oder geräuschempfindlich sein, sich in großen Menschenmengen überfordern lassen und ein beachtliches Einfühlungsvermögen aufweisen, so dass ihr Energie-«Akku» leichter aufgebraucht sein kann.

Wenn 20%[59] der Menschen hochsensibel sein sollte, ist die Wahrscheinlichkeit, mit nicht-hochsensiblen Personen im Leben zu agieren, dementsprechend sehr hoch. Doch wie lässt sich das in der Interaktion mit den Mitmenschen gestalten? Wie erklärt man einer nicht so sensiblen Person, was in einem selbst vorgeht? Wie geht man mit dem Gefühl des «Anderssein» um? Und wie arrangiert man die eigenen, sensiblen Bedürfnisse mit den Erwartungen unserer heutigen, schnelllebigen Gesellschaft?

Familie, Freundschaft und Partnerschaft sind Formen zwischenmenschlicher Beziehungen. Letztere, eine Partnerschaft, beeinflusst das Wohlbefinden, die Gefühlswelt und die Lebensqualität. Die Auswahl des Partners, sowie die Gestaltung der Beziehung hängt von vielen Faktoren, unter anderem den Persönlichkeitsmerkma-

[58] Strohmaier (2015)
[59] Aron (2015), Hochsensibilität in der Liebe, S.12

len der beteiligten Partner ab. Die oben genannten Merkmale der Hochsensibilität können sowohl Fluch als auch Segen in diesem Kontext sein. Um das komplexe Konstrukt von Hochsensibilität in Partnerschaften besser zu verstehen, bedarf es gewisser Fragestellungen, die die Perspektiven beider Partner berücksichtigt.

Das Ziel der vorliegenden Forschungsarbeit bestand darin, Partnerschaften, in welchen mindestens eine Person hochsensibel ist, genauer zu betrachten, um das soeben genannte Konstrukt besser verstehen und gegebenenfalls neue Erkenntnisse gewinnen zu können.

Die Forschungsergebnisse können auch für nicht-hochsensible Menschen und deren Partnerschaften wertvoll sein. Wird die (Hoch)Sensibilität und die damit einhergehende Empathie in Partnerschaften als Chance und Bereicherung gelebt, können diese Faktoren auch bei anderen Partnerschaften zu gesunden Beziehungen beitragen.

Es gibt inzwischen viele Forschungserkenntnisse zur Hochsensibilität im Allgemeinen, doch haben sich dadurch auch immer mehr Spezialgebiete herauskristallisiert.[60] Um dem Titel der Arbeit in diesem Kapitel gerecht zu werden, wird der Fokus nun auf den Forschungsstand in den Bereichen Hochsensibilität und Partnerschaft gelegt.

Im Jahre 2021 hat eine Forschergruppe eine qualitative Studie mittels halbstrukturierten Interviews durchgeführt. Es sollte herausgefunden werden, was der Kern sowie Strategien für ein hohes Wohlbefinden bei Hochsensibilität ist. Die Ergebnisse zeigten unter anderem Auswirkungen von Hochsensibilität auf Beziehungen zu anderen. Hochsensible Menschen haben dabei besondere Sensoren für die Stimmungen in ihrem sozialen Umfeld und erkennen, was ihre Mitmenschen brauchen. Des Weiteren möchten hochsensible Menschen zur Steigerung des Wohlbefindens beitragen. Sie können sich in die Emotionen anderer Personen ein- bzw. mitfühlen, was zu hohem Verständnis und einem Perspektivenwechsel führen kann. HSP handeln mit dem eigenen Bedürfnis, andere unterstützen zu können und für sie da zu sein. Tiefgründige zwischenmenschliche Verhältnisse mit positiven Gefühlen und Verbundenheit sind entscheidende Kriterien für die Beziehungen hochsensibler Personen.[61]

[60] Böttcher (2018)
[61] Bas, Kaandorf, de Kleijn, Braaksma, Bakx, Greven (2021)

Die jüngste Studie zum vorliegenden Thema stammt aus dem Jahr 2023. Sie wurde von «gleichklang.de», einer psychologischen Partnervermittlung initiiert und von dem Psychologen Guide Gebauer durchgeführt, welcher bereits einen Hochsensibilitäts-Test «Bin ich hochsensibel?» entwickelt hat, durchgeführt. Ziel der Studie war es, dass HSP bei der Partnervermittlung wählen können, ob sie nur HSP oder auch nicht-HSP angezeigt bekommen möchten. Die Resultate haben ergeben, dass 90% der hochsensiblen Mitglieder nicht zwingend einen hochsensiblen Partner wollen bzw. brauchen, sondern dass Verständnis, Akzeptanz und Wertschätzung als Kriterium ausreichen. Zehn Prozent der HSP hingegen möchten auch einen hochsensiblen Partner oder Freunde.

Zusätzlich wurde anhand eines modifizierten Hochsensibilitäts-Tests nach Gebauer untersucht, was HSP in einer Beziehung glücklich macht. Die Stichprobe bestand aus 5935 Personen. Die Ergebnisse zeigen auch hier, dass eine doppelte Hochsensibilität für die Beziehungszufriedenheit nicht so entscheidend ist wie Verständnis, Akzeptanz und Wertschätzung.[62]

Hypothese

Für die hier vorgestellte qualitative Forschung lässt sich deshalb folgende Hypothese bilden: Es wird davon ausgegangen, dass es Unterschiede in Alltagssituationen, Konflikten und der Sexualität gibt - in Partnerschaften bei welchen beiden Personen hochsensibel sind, im Vergleich zu Partnerschaften, in denen nur die weibliche Person hochsensibel ist.

Angenommen wird, dass eine doppelte Hochsensibilität in einer Partnerschaft zu einer besseren Kommunikation und einem höheren Verständnis für den Partner führt, was sich in Alltagssituationen, bei Konflikten und auch auf die Sexualität auswirkt.

Aus dieser Hypothese lässt sich für die vorliegende qualitative Forschung folgende Forschungsfrage ableiten: Wie unterscheiden sich Alltagssituationen, Konflikte und Sexualität in einer Partnerschaft, wenn beide Personen hochsensibel sind, von denen, wenn nur die weibliche Person hochsensibel ist?

Methodik

Methodisch wurden größtenteils Studierende des Studiengangs «Life Coaching» an der Deutschen Hochschule für Gesundheit und Sport eingeladen, an der Studie

[62] Gebauer (2023)

teilzunehmen, wenn sie in einer Partnerschaft leben und testdiagnostisch das Kriterium der Hochsensibilität erfüllen.

Es wurden zwei Interview-Leitfäden für zwei Zielgruppen, die hochsensiblen Frauen und deren Partner, erstellt. Die Paare wurden getrennt voneinander befragt, um eine Beeinflussung durch den Partner auszuschließen. Zusätzlich wurde der Online-Test von «zartbesaitet» einbezogen. Die Autoren weisen explizit darauf-hin, dass die Beantwortung der 29 Fragen auf der Selbstwahrnehmung basieren, daher nicht objektiv sind und das Ergebnis nach Tagesverfassung etwas variieren kann. An dieser Stelle geht es jedoch nicht darum, eine objektive Auswertung zu erhalten, sondern das subjektive Innenleben zu erforschen.

Ergebnisse

Nachfolgend werden einige Befunde der einzelnen Paare präsentiert, zuerst die beidseitig hochsensiblen Partnerschaften (Paare 1, 2, 4, 6) und dann die Paare, bei welchen nur die Frau hochsensibel ist (Paare 3, 5, 7).

Paar 1

Beide Partner von Paar eins werden auf Basis des Tests als hochsensibel eingestuft. Die weibliche Person hat einen Wert von 256 und ihr Partner 163. Auf einer Skala von eins (gar nicht) bis zehn (sehr) zur Frage «Wie glücklich bist du in der aktuellen Partnerschaft» gibt die HSP neun und ihr Partner neuneinhalb an.

Insgesamt tritt die Hochsensibilität der Frau beim Spaziergehen und bei der Kommunikation in Erscheinung. In der Natur nimmt sie die Temperatur, Geräusche und das Gefühl von innerem Frieden intensiv wahr. In diesen Situationen haben beide das Bedürfnis nach einem Gespräch, wodurch sich die HSP Verständnis von ihrem Partner wünscht.

Im Bereich der Kommunikation wird die HSP als empfindlich und emotional beschrieben. Hier wünscht sich der Partner weniger Interpretation ihrerseits, indem er versucht, verständnisvoll, rücksichtsvoll und erklärend zu handeln. Die HSP versucht bereits nicht zu emotional, nicht zu empfindlich und mehr kompromissbereit zu sein. Das Verhalten ihres Partners, Lösungen zu finden und Verständnis zu zeigen, helfen ihr, um in Balance zu bleiben und erfüllt ihren Wunsch nach Verständnis, Nähe und Unterstützung seinerseits.

Der Partner gibt an, sich manchmal beim Filmeschauen nicht gut zu fühlen, da die HSP durch ihre starke Detailwahrnehmung ein hohes Verständnis für komplexe Inhalte aufbringt. Er hingegen benötigt etwas mehr Zeit zur Verarbeitung, weshalb er sich hierbei mehr Verständnis von ihre wünscht.

Die Sexualität erleben beide durch ihre Hochsensibilität als intensiv, positiv, mit einem starken Nähegefühl und Berührungsempfinden. Die Kommunikation über Sexualität ist ehrlich, offen, vertraut und verständnisvoll.

Paar 2

Die weibliche Person ist mit einem Test-Wert von 263 hochsensibel. So auch ihr Partner mit 197 Punkten. Beide sind auf der oben angegeben Skala «sehr glücklich» (Wert zehn) in der aktuellen Partnerschaft.

Durch das starke Mitempfinden von Emotionen und Verhaltensänderungen ihres Partners, fällt es ihr schwer diese von den eigenen zu trennen. Dies führt unter anderem bei Diskussionen zu Konflikten, da sie sich überwältigt und hilflos fühlt. Sie strebt nach innerer Abgrenzung, Verständnis und Kommunikation, letzteres auch von ihrem Partner, um gemeinsame Lösungswege zu gehen. Befindet sich das Paar in einer Menschenmenge, fühlt sie sich angestrengt und überfordert. Ihr hilft es, wenn er die Navigation übernimmt, sodass sie die Verantwortung abgeben kann. Um dies erfüllen zu können, ist eine rechtzeitige Kommunikation für ihn Voraussetzung.

Ein Hungergefühl löst schlechte Laune bei ihr aus, da sie durch die Hochsensibilität einen starken negativen emotionalen Zustand, sowie ein negatives mentales Wohlbefinden verspürt. Ihr Partner agiert in diesen Situation rücksichtsvoll und bekümmert, wodurch ihr Wunsch nach Priorisierung der Bedürfnisse erfüllt wird.

Die Auswirkungen der Hochsensibilität auf die Sexualität nimmt sie in einem intensiven Erleben, einem starken Lustempfinden und Verbundenheit wahr. Sie ordnet die Kommunikation als verhalten, aber ausreichend ein.

Paar 4

Die weibliche Person hat einen Test-Wert von 232, der Mann 213, so sind auch hier beide Personen hochsensibel. Auf der Skala zur Bewertung «Glücklich in der Beziehung» gibt sie achteinhalb und er neun an.

In Stress-Situationen nimmt der Mann seine Partnerin als überfordert wahr. Entgegen ihrer Fluchtreaktion, beruhigt er sie und kommuniziert mit ihr, damit sie besonnen und bei ihren Emotionen bleiben kann. Dadurch fühlt sie sich teilweise einem Kontrollverlust ausgeliefert, weshalb sie panisch wird.

Der stressige Alltag hat diverse Auswirkungen auf die HSP: Panikattacken, ein voller Kopf, eine geringe Libido und ein schnelles Müdigkeitsgefühlt. Das Paar spricht darüber, wodurch ihr Partner sie beruhigt, weil er für sie da ist. Auch den Wunsch, vor dem unmittelbaren Schlafengehen keine Gespräche mehr zu führen, akzeptiert er verständnisvoll.

Da der HSP der Zugang zu ihren Emotionen häufig fehlt, enttäuscht und übergeht sie ihren Partner teilweise. Dies wiederrum löst negative Emotionen bei ihr aus. Eine gemeinsame Kommunikation und Verständnis führen zu einem lösungsorientierten Umgang.

Beide bejahen Auswirkungen der Hochsensibilität auf die Sexualität. Während sie weniger Sex haben möchte / kann, erlebt sie dennoch eine sehr starke Intensität und er eine intensive Verbindung. Die Kommunikation ist sehr gut, offen, transparent und einfühlsam. Der Austausch über gegenseitige Bedürfnisse könnte für ihn häufiger sein.

Paar 6

Mit einem Wert von 280 bei der weiblichen und 208 bei der männlichen Person, werden auch hier beide als hochsensibel eingestuft. Beide sind mit zehn «sehr glücklich» in der Beziehung.

Bei Entscheidungen wird die Frau negativ von der Hochsensibilität beeinflusst. Durch ihr Streben nach Perfektionismu, braucht sie lange, um diese zu fällen, wodurch ihr Partner wiederrum ungeduldig wird. Ihr darauffolgender Rückzug führt zu Enttäuschung Verletzung und Wut beim Mann. Für ihn könnte eine solche Situation durch Kommunikation, Verständnis und Unterstützung verbessert werden.

Der weiblichen HSP ist es wichtig, dass ihr Partner sie im Haushalt unterstützt und mitdenkt, da sie die Aufgaben schnell überfordern. Aufgrund der Erschöpfung fällt es ihr jedoch schwer, darüber zu kommunizieren. Ohne Kommunikation, denkt er manchmal nicht an ihr Bedürfnis zur Sauberkeit und zum Aufräumen, was zu Konflikten führt. Für ihn wäre mehr Geduld und weniger Perfektionismus ihrerseits hilfreich.

Bei den Themen Kritik und Konkurrenzsituationen ist es häufig schwer sich auszutauschen, da die HSP emotional reagiert und gestresst ist. Dennoch wäre es für beide eine Lösungsstrategie über die Konflikte zu sprechen.

Im Gebiet der Sexualität nimmt nur sie hochsensible Auswirkungen wahr, indem sie nicht so häufig möchte/ kann aufgrund von Alltagsbelastungen. Die Kommunikation beschreibt sie als offen, vertraut und respektvoll.

Paar 3
Die weibliche Person von Paar ist mit einem Wert 305 hochsensibel. Ihrem Partner wird das Persönlichkeitsmerkmal mit einem Wert von 131 nicht zugesprochen. Beide sind in der aktuellen Beziehung sehr glücklich (zehn).

Die Gesprächslautstärke des Partners ist für die HSP oft zu laut und löst innerliches Unbehagen bei ihr aus. Bisher flüchtet sie aus diesen Situationen oder vermeidet diese. Durch seinen Wunsch nach Kommunikation, könnte auch ihr Bedürfnis nach Verständnis erfüllt werden.

Gerüche beeinflussen die HSP sehr schnell negativ – ihr wird übel, sie bekommt einen flachen Atem und ist dadurch genervt. Ihr Partner versprüht keine Düfte in ihrer Nähe, dennoch ist selbst sein Deo-Geruch eine Belastung.

In Menschenmengen stellt der Partner eine hohe Geräuschempfindlichkeit und Reizüberflutung bei seiner Partnerin fest. Um die bei der HSP entstehende leichte Aggressivität und Fluchtreaktion verringern bzw. verändern zu können, braucht er ein klares Gespräch mit ihr.

Bei gemeinsamen Autofahrten nimmt der Partner bei der HSP einen hohen Stresspegel mit Anspannung wahr. Er versucht dann mit ihr zu reden, um mit der Situation umgehen und sie unterstützen zu können. Die HSP ist teilweise jedoch so genervt und frustriert, dass sie nicht direkt kommunizieren kann.

Körperliche Berührungen sind für die HSP eine große Herausforderung, da ihr Schmerzempfinden sehr stark ist. Das wirkt sich auch auf die Sexualität aus, weshalb sie gerne Sex ohne Berührungen hätte. Die Kommunikation beschreiben sie als sehr gut und offen. Für ihn gibt es keine Auswirkungen der Hochsensibilität auf die Sexualität.

Paar 5
Die HSP hat einen Test-Wert von 232, während ihr Partner mit einem Wert von 109 nicht zu den hochsensiblen Personen gehört. Er gibt auf Skala «Glücklich in der Beziehung» einen Wert von acht, sie neun an.

In Menschenmengen nimmt der Partner die HSP als gestresst war. Sie definiert ihre Gefühlslage mit Hitzeempfinden, Herzrasen, Kopfschmerzen und Schwindelanfällen. Beide wollen die Situation/ den Ort mit vielen Menschen verlassen bzw. wechseln, was sie mit ihren Wünschen nach Kommunikation, Verständnis und Akzeptanz anstreben können.

Gemeinsam meiden sie Gewaltfilme bzw. wählen andere Genre aus, weil die HSP diese nicht erträgt. Durch sein Verlangen nach Kommunikation kann ihr Wunsch nach Verständnis erfüllt werden.

Das Thema permanente Ordnung führt häufig zum Streit, weil der Partner dadurch genervt ist. Anschließend reden sie darüber, akzeptieren sich und die gegenseitigen Bedürfnisse, um den Konflikt aufzulösen.

Im Bereich der Sexualität machte nur die HSP Angaben. Durch ihre Hochsensibilität benötigt sie mehr Zeit, wofür sie sich Verständnis und Geduld seinerseits wünscht. Die Kommunikation beschreibt sie als sehr gut.

Paar 7
Mit einem Test-Wert von 241 ist die Frau dieses Paars hochsensibel, während ihr Partner mit einem Wert von 60 als nicht hochsensibel eingestuft wird. Auf der Glücklich-sein-Skala gibt sie neun und ihr Partner zehn an.

Ihre Hochsensibilität prägt sich im Alltag durch Perfektionismus und «alles auf einmal erledigen müssen» aus. Sie zieht sich dann zurück und lenkt sich ab, indem sie schläft oder Musik hört. Gerne nimmt sie auch seine Hilfe zur Ablenkung in Anspruch, wie z.B. Kuscheln. Die Hochsensibilität im Alltag nervt ihn und er würde sich wünschen, dass sie mehr darüber kommunizieren.

Für beide hat ihre hochsensible Art Auswirkungen auf die Sexualität. Sie gibt an verkopft zu sein, kein Lustempfinden zu haben und sich nicht gehen lassen zu können. Auch er nimmt wahr, dass Sex, aufgrund von Stress und der Emotionalität seiner Partnerin, nicht so häufig stattfinden kann. Die Kommunikation empfindet sie aktuell als zu selten und zu wenig. Beide haben den Wunsch, mehr über Sexualität zu kommunizieren.

Diskussion

Die Test-Werte aller Teilnehmenden verteilen sich in einer HS-Punktespanne von 97 bis 305. Die Frage «Wie glücklich bist du in deiner Beziehung» wurde sehr positiv auf einer Skala von 0 bis 10 mit Werten von 8 bis 10 beantwortet.

Die Inhalte der Alltagssituationen und Konflikte konnten die Teilnehmenden selbst einbringen. Genannt wurden Emotionen/Empathie, Haushalt/Alltag, Stress, Kommunikation, Menschenmengen, Filme, Natur, Entscheidungen, Schlaf, Ruhe und Hunger. Bis auf die drei letztgenannten Nennungen wurde jedes Themengebiet mehrfach genannt. In den gesammelten Daten war keine Auffälligkeit im Vergleich von doppelt-hochsensiblen Partnerschaften, zu Paaren mit nur einer weiblichen HSP zu erkennen. So gab es in der Studie keinen Unterschied der beiden Partnerschaftskonstellationen, in Bezug auf Kommunikation und Verständnis in Alltagssituationen, Konflikten und Sexualität.

Schlussfolgerung

Die Ergebnisse aller Paare führen zu dem Resümee, dass Kommunikation und Verständnis in Alltagssituationen, bei Konflikten und der Sexualität wichtige Aspekte in einer Partnerschaft mit mindestens einer hochsensiblen Person sind. Bedürfnisse, Emotionen, Gedanken und Wahrnehmungen sollten offen und ehrlich mit dem Partner geteilt werden, um in Alltags- und Konfliktsituationen, Missverständnisse zu minimieren und gegenseitiges Verständnis zu erlangen. Wird dies auch im Bereich der Sexualität beherzigt, kann es zu einem intensiveren Erleben und einer tiefen Verbundenheit führen. Die soeben genannten Erkenntnisse lassen sich jedoch nicht nur von den doppelt-hochsensiblen Partnerschaften ableiten, sondern auch von den Paaren, in welchen nur die weibliche Person hochsensibel ist. Schlussfolgernd wird die Hypothese verworfen, da keine Unterschiede, in Bezug auf Kommunikation und Verständnis in Alltagssituationen, Konflikten und Sexualität erkennbar sind, von einer Partnerschaft, in der beide Personen hochsensibel sind, zu Partnerschaften, wenn nur die weibliche Person hochsensibel ist.

Während in diesem Projekt lediglich romantische Partnerschaften betrachtet wurden, wären zukünftig auch Auswirkungen, Unterschiede und Ähnlichkeiten in anderen Beziehungen interessant, z.B. unter Geschwistern, in Freundschafts- oder Berufsbeziehungen, um ein umfassenderes Verständnis zu erlangen und Handlungsempfehlungen und Unterstützungsangebote ableiten zu können. Hochsensibilität ist eines von vielen Persönlichkeitsmerkmalen, die ein Mensch haben kann. Es hat sich gezeigt, dass sie sich von Mensch zu Mensch individuell ausprägen und somit von Partnerschaft zu Partnerschaft, in den verschiedensten Charakteristika, zu den unterschiedlichsten Situationen, in Erscheinung treten kann. Eine vertraute, ehrliche und offene Kommunikation ist grundlegend für gute Partnerschaften, egal ob diese aus zwei oder einer HSP besteht, um sich mit Akzeptanz und Verständnis füreinander, begegnen zu können.

3.7 HS im Erleben von Weltschmerz (Sarah Gutmann)

Die folgenden Erkenntnisse sind das Ergebnis einer Bachelorarbeit, die sich mit der Frage beschäftigte, ob Hochsensibilität eher als Störung oder Stärke anzusehen ist und welche Herausforderungen und Chancen sich für Therepie und Coaching ergeben. Dabei zeigte sich, dass das Erleben von Weltschmerz ein Schlüssel sein kann, um Hochsensible verstehen und schätzen zu können.

«Warum strömen so viele Reize auf mich ein?», «Warum scheint mich so vieles zu überfordern?», «Warum suche ich deshalb oft Rückzug?», «Warum fühle ich so intensiv und nehme mir schnell vieles zu Herzen?», «Warum fühle ich so oft eine Art Weltschmerz?»

Eine «Minderheit» wird diese Fragen womöglich sich selbst hin und wieder gestellt haben. Was zeichnet diese «Minderheit der Gesellschaft» aus? Diese «Minderheit» ist verglichen mit der Gesamtbevölkerung durchschnittlich höher sensibel und hat eine andere Art, Reize, Empfindungen, Stimmungen und Wahrnehmungen aufzunehmen und vor allem zu verarbeiten. In diesem Zusammenhang spricht man von Hochsensibilität einer Person. Ihre Sinneskanäle sind offener, sie hören, riechen, schmecken, fühlen und sehen mehr. Ganz allgemein gesagt erleben hochsensible Menschen einen oder mehrere dieser Bereiche von Wahrnehmungen intensiver, differenzierter und nuancenreicher. Das kann in manchen Situationen eine Bereicherung sein, in anderen Situationen eine Herausforderung darstellen, vor allem im Zuge unserer schnelllebigen und reizüberfluteten Zeit. Selbst Klages, ein ehemaliger Universitätsprofessor für Psychiatrie, hat damals in seinem 1978 erschienenen Buch «Der sensible Mensch» auf die Dringlichkeit der Beschäftigung mit hochsensiblen Personen hingewiesen. So postulierte er schon damals, dass die Beschäftigung mit den Problemen des sensiblen Menschen umso dringlicher wird, je stimulationsreicher im Zuge der zeitgeschichtlichen Entwicklung die technisch geprägte Welt wird.

Hochsensibilität wird bisher vorwiegend im amerikanischen Raum erforscht, doch auch im europäischen Raum nimmt das Konstrukt der HS vermehrt an Aufmerksamkeit zu und es kommen immer mehr neue wissenschaftliche Studien dazu. Es gibt bereits eine Vielzahl an Literatur, neben Studien auch immer wieder neu erscheinende Selbsthilfebücher und Fachbücher, die HS genau unter die Lupe nehmen. Das Angebot zeigt, wie hoch die Nachfrage ist nach Hintergrundinformationen des Phänomens und wie es bei einigen Personen auf Resonanz stößt.

Die Auffassungen des Konstrukts HS der aufgeführten Autoren überschneiden sich in einigen Punkten deutlich, wodurch sich folgende Begriffsbestimmungen zusammenfassen lassen:

- Hochsensibilität ist keine psychische Störung.
- Sie ist ein teilweise angeborener, beständiger Wesenszug.
- HS wird bei ca. 15-20% der Bevölkerung vermutet und betrifft Männer sowie Frauen.
- Kennzeichnend sind eine generelle umfangreichere und intensivere Wahrnehmungsfähigkeit, die sich in einer subtilen, nuancenreicheren Wahrnehmung von Reizen zeigt, wobei hier alle möglichen Reize von außen wie von innen gemeint sind.
- Die Wahrnehmung kann sich auf verschiedene Schwerpunktbereiche beziehen, wobei manche HSP eher für den empathischen, kognitiven, sensorischen oder spirituellen Bereich sensibilisiert sind.
- Das Merkmal ist bestimmt durch eine größere Verarbeitungstiefe, wobei Reize und Informationen komplexer verarbeitet werden.
- Das Innenleben ist deutlich tiefer und facettenreicher und auch die Gefühlswelt von höherer Intensität, emotionaler Reaktivität sowie einer meist erhöhten Empathie bestimmt.
- Diese große Reizempfänglichkeit und Verarbeitung ist zurückzuführen auf neuronale Besonderheiten im Gehirn, in der Wahrnehmungsfilter weniger stark ausgeprägt sind und es bei zu viel Reizeinströmung zu einer schnellen Übererregbarkeit kommt, einem längeren Nachhallen von Eindrücken, weshalb es zu einem erhöhten Rückzugsbedarf zur Regeneration und Verarbeitung kommt.

Unter dem Aspekt des Weltschmerzes sind vor allem zwei Aspekte besonders interessant. Zum einen kann er sich in allen Dimensionen der Hochsensibilität zeigen, also empathisch, kognitiv, sensorisch und spirituell. Insbesondere die empathischen Hochsensiblen scheinen dafür prädestiniert zu sein. Sie gelten als Lastenträger und Beziehungsmenschen, sie übernehmen schnell Verantwortung für andere und sind aufgrund ihres hohen Einfühlungsvermögens vom Leid und Schmerz der Menschen in der Welt berührt.

Einen weiteren Aspekt finden wir bei der Psychoanalytikerin Alice Miller (1979), die schon früh einen anderen Blick auf das Phänomen der Hochsensibilität warf, der die vermeintlichen Schwächen und Stärken in einem anderen Licht sehen kann. Miller beschäftigte sich mit der Dynamik zwischen frühen Kindheitserlebnissen und einer tendenziell empfindsamen psychischen Konstitution. In ihren Darstellungen finden sich viele Hinweise auf hochsensible Kinder.

«Das begabte Kind», im Sinne von intelligent, wach und feinfühlig, kann die Bedürfnisse, Wünsche und Ängste seiner Eltern besonders gut wahrnehmen. «Besonders Hochempfindliche verzichten zugunsten ihrer geliebten und vielleicht auch «gefürchteten» Eltern auf ihre eigenen Wünsche und Rechte, aber auch, um die wahrgenommene Not der Eltern zu mindern und ihnen nicht zu deren Problemen die Last eines «schlimmen» Kindes zu bescheren» (Parlow, 2015, S.58).

Es leuchtet ein, dass das umso besser funktioniert, je sensibler das Kind ist. Je mehr es merkt, dass zwischen dem, was es wahrnimmt und dem, was ihm vermittelt wird, ein Unterschied besteht, desto mehr wird es sich selbst den Fehler zuschreiben und künftig der eigenen Wahrnehmung nicht mehr richtig trauen. So wird dann die Integrität des Kindes nachhaltig verletzt werden. Millers Studien belegen vor allem, dass gerade Kinder, die für all das besonders empfänglich und sensibel sind, in noch höherem Maße auf reflektierende, faire, reife und authentische Eltern und sonstigen Bezugspersonen angewiesen sind.

Miller beschreibt ebenfalls die positiven Auswirkungen bei erfolgreicher Kindheit. So sagt sie: «Menschen, deren Integrität in der Kindheit nicht verletzt wurden, die bei ihren Eltern Schutz, Respekt und Ehrlichkeit erfahren haben, werden in ihrer Jugend und auch später intelligent, sensibel, einfühlsam und hoch empfindungsfähig sein. Sie werden Freude am Leben haben und kein Bedürfnis verspüren, jemanden oder sich selber zu schädigen. Sie werden ihre Macht gebrauchen, um sich zu verteidigen, aber nicht, um andere anzugreifen. Sie werden gar nicht anders können, als Schwächere, also auch ihre Kinder, zu achten und zu beschützen, weil sie dies einst selber erfahren haben und weil dieses Wissen (und nicht die Grausamkeit) in ihnen von Anfang an gespeichert wurde» (Miller 1979, 199).

Auch Aron betont die Wichtigkeit einer glücklichen Kindheit hochsensibler Kinder. So beschreibt sie aus Untersuchungen, dass hochsensible Kinder mit einer schwierigen Kindheit anfälliger sind für Depressionen, Angst und Schüchternheit als Nichthochsensible. Diejenigen, deren Kindheit glücklich verlief, weisen diese Probleme jedoch nicht häufiger auf als nichthochsensible Menschen. Hochsensible Kinder profitieren demzufolge mehr als andere von einer glücklichen Kindheit.

Gesellschaftlich bedeutsam ist auch die Erkenntnis, dass Hochsensibilität nach Aron eine durch Evolution entstandene Strategie zu sein scheint, Informationen gründlich zu verarbeiten, ehe man handelt. (Aron, 2014, S.43). Die gewonnenen Erkenntnisse deuten darauf hin, dass die Hochsensibilität als Eigenschaft bei (fast) allen Lebewesen zu finden ist. Hätte die Hochsensibilität keine Funktion oder wäre lediglich eine Schwäche, dann hätte sich Hochsensibilität im Sinne der natürlichen Auslese längst von selbst erledigt. Diese 15-20 Prozent jeder Population sichern allem Anschein nach der ganzen Art das Überleben, weil diese Gruppe aufgrund ihrer erhöhten Vorsicht und Sensibilität rechtzeitig Gefahren oder auch unbekannte Futterquellen erspüren kann.

Möglicherweise ist diese Erkenntnis sogar übertragbar auf den Menschen, der zwar kein Futterproblem mehr hat, dafür aber ein ständig steigendes «Stress- und Überreizungsproblem». Somit reagieren Hochsensible zweifellos früher auf krankmachende, sich ändernde Umstände, was gesellschaftlich sehr wertvoll sein kann.

Im Folgenden soll genauer betrachtet werden, wie sich die umsichtige, empfänglich- responsive Art hochsensibler Personen und die Strategie, erst inne zu halten, zu beobachten und dann zu handeln auf die Gesellschaft evolutionär ausgewirkt hat und welche Auswirkungen dies in der Zukunft haben kann.

Aron plädiert dafür, dass unsere Kultur HSP mehr braucht, als ihr bewusst ist. So beschreibt sie, dass bereits vor 5000 Jahren aggressive, expandierende Kulturen, die Sensibilität nicht zu schätzen wussten, in Europa und Asien auftauchten. Dort ergriffen Nomadenstämme aus den Steppen Eurasiens die Macht, um über friedlichere Völker in Europa, dem Nahen Osten und Indien zu herrschen (Aron, 2018, S.25). Diese aggressiven Kulturen bestanden aus zwei herrschenden Klassen: die «kriegerischen Könige» und die «priesterlichen Ratgeber». Die «kriegerischen Könige» sind diejenigen, die alles erobern wollen, die bereit sind sofort in den Krieg zu ziehen. Im Bezug auf die heutige Geschäftswelt streben sie nach der Expansion der Märkte und Kostensenkung, verwenden Insektizide und fällen Bäume. Die «priesterlichen Ratgeber» hingegen ziehen die Bremse und weisen auf die Langzeiteffekte hin, die ebenso berücksichtigt werden müssen. Arons Theorie zufolge bilden die Hochsensiblen seit jeher eine «priesterliche Kaste», die den Herrschenden und der Gesellschaft als Berater dient. Hochsensible arbeiteten Aron zufolge überdurchschnittlich oft als Schreiber, Historiker, Philosophen, Richter, Künstler, Forscher oder Theologen. Ihrer Aufgabe kommen sie ebenso nach als Lehrer, Rechtsanwalt, Wissenschaftler und dem pflichtbewussten Bürger oder sie setzen ihre sozialen und persönlichen Kräfte als Heiler und religiöse Autoritäten ein. So stellen HSP mit ihrer «priesterlichen Beraterfunktion» als «reflektierende Denker», in der in allen Bereichen dominanten Kultur der Welt eine wichtige Balance wieder her (Aron, 2018, S. 27). Heute bemühen sich die «Ratgeber» darum, dass die Expansionsenergie in der Gesellschaft weniger für aggressives Machtstreben und mehr für kreative Erfindungen, Forschungsvorhaben und für den Schutz der Erde und der Schwachen eingesetzt wird (Aron, 2019, S.46).

Seit neuestem spricht man von einer weltweiten, zivilgesellschaftlichen Entwicklung, in der ein großer Teil an HSP als «Kulturkreative» bezeichnet werden kann, die ihrer individuellen Bewusstseinsentwicklung folgend, mutig die Spielregeln der gesellschaftlichen Systeme zu verändern suchen (Böttcher, 2019, S. 250). Böttcher sieht HSP mit «Kulturkreativen» als eine ähnliche Gruppe an, wie sie in der Langzeitstudie von Paul Ray und Sherry Ruth Anderson im Jahre 2000 veröffentlicht wurde. Kulturell Kreative sind Menschen, die in ihrer jeweiligen Kultur holistische, kreative Werte vertreten. Mit HSP haben sie gemeinsam, dass sie Menschen sind, die sich alle nicht dem Mainstream zugehörig fühlen und sich nie als Mitglied einer Bevölkerungsgruppe sehen würden. Es sei denn man trifft sich in Themenbereichen, die gerade für diese Menschen einen besonders hohen Wert haben. Dazu gehören an erster Stelle das ökologische Bewusstsein der Kulturkreativen und die Einordnung ihrer selbst als Teil der meist als heilig empfundenen Natur (Böttcher, 2019, S. 253). Laut Ray legt die Kerngruppe der Kulturkreativen auch besonderen «Wert auf persönliches Wachstum und Spiritualität, woraus sie eine starke Neigung zu sozialen Aktivitäten und zur Mitwirkung an der Gestaltung einer nachhaltigen Zukunft haben» (Böttcher, 2019, S. 256).

Hochsensible werden laut Böttcher als die Seismographen der Gesellschaft gesehen, weil sie über ihre vernetzte Wahrnehmungsfähigkeit und das damit verbundene, hocherregbare Nervensystem und auch ihrer Empfindsamkeit und ständigen Reaktionsbereitschaft früher als andere merken, was allen nicht gut tut. So sind sie Seismographen für Brüche, Veränderungen, gesellschaftliche Prozesse, die so nicht mehr tragbar sind. Zusammenfassend: «Es entspricht der inneren Notwendigkeit hochsensibler Menschen, Veränderungsprozesse als Impulsgeber sowohl auszulösen als auch zu begleiten. Damit sind sie gleichermaßen Seismographen wie auch Protagonisten evolutionärer Prozesse» (Böttcher, 2019, S.258).

Bilanzierend stellt sich die Frage: Ist Hochsensibilität nun eine Störung oder Stärke? Oder sind vielleicht die Normen und Werte unsere Gesellschaft gestört?

Es ist sinnvoll, wenn man HS im Kontext von Störung und Stärke betrachtet, einen Blick auf unser durch Leistung geprägtes Gesellschaftssystem zu werfen. Alleine durch die enorme Reizüberflutung (TV, alle Arten von Medien, immer schneller werdende Autos, verlangte Multitaskingfähigkeit etc.) sind HSM einer herausfordernden Umwelt ausgesetzt. Die Schnelligkeit der Technik und der Hang zum Materialismus spiegelt, was die Gesellschaft auch vom Menschen erwartet. Sie begünstigt «Machertum», Schnelligkeit, Schnelllebigkeit, ständige Erreichbarkeit, Konkurrenzdenken, fortwährenden Berufsaufstieg, Arbeiten mit System etc. Der weitaus größere Teil der Menschheit wird begünstigt und präferiert. Viele der hochsensiblen Eigenschaften stehen jedoch für gegenteilige Verhaltensweisen und Werte. So neigen sie eher zu Zurückhaltung und Introversion, zu Überstimulation, neigen wenig zu Wettbewerb und Konkurrenzdenken und sind eher auf nachhaltiges Denken ausgerichtet. Diese sanftere Gegenart, ein feines, verletzliches, sensibles Wesen, wird schnell mit Schwäche gleichgesetzt. Ebenso wird Gefühle zu zeigen oder zuzugeben, dass Hektik und Lärm stressen, schnell als Schwäche gedeutet. Hochsensibilität könnte man daher als einen Wesenszug auffassen, der von den Normen und Werten der Gesellschaft mehr oder weniger abweicht, weil nicht angepasst an die Mehrheit der gesellschaftlichen Werte und Normen, und somit als «gestört» ansehen.

Man könnte umgekehrt die Fragen stellen: Was braucht unsere Gesellschaft, damit Hochsensible ihre Wertschätzung und ihren Platz bekommen? Wird in unserer Gesellschaft hochsensiblen Menschen Raum zur Entfaltung gegeben? Was würde der Gesellschaft abhanden kommen, wenn man Hochsensibilität nicht fördern würde? Mit diesen Fragen richtet sich der Fokus auf die positiven Seiten der Hochsensibilität. In vorherrschenden Zeiten des Zusammenbruchs, der wirtschaftlichen und persönlichen Krisen werden hochsensible Fähigkeiten sehr gefragt sein. Dazu gehören eine reflektiertere, nachdenklichere Sichtweise, einen nachhaltigeren Umgang mit Ressourcen, kreative und innovative Fertigkeiten, wie das Entwickeln neuartiger Strategien und Problemlösungen, empathisches Einfühlungsvermögen und Mitgefühl, das für Zusammenhalt und Frieden sorgt.

All das stellt einen großen und stark unterschätzten Wert in unserer schnelllebigen Zeit dar. Und es sind Eigenschaften, die die Welt in der wir leben, nötig hat. Gerade wenn es sich um gesellschaftliche Prozesse oder Veränderungsprozesse handelt, aufgrund von nicht mehr zeitgemäßigten Werten und Handlungen, die so nicht mehr wirklich tragbar sind. Es ist an der Zeit, bestimmte überkommene Vorstellungen von Schwächen und Stärken in unserer Gesellschaft zu überdenken.

Hochsensibilität birgt im Kontext von Therapie und Coaching Herausforderungen und Chancen zugleich für Klienten und Therapeuten. Interessant dabei ist, dass einige Fähigkeiten sich auch als Herausforderungen darstellen können. Herausforderungen, wie für alle Hochsensiblen zum Beispiel die starke Neigung zur «Überstimulation», können durch geeignete Strategien für hochsensible Klienten und Therapeuten aber abgemildert werden. So müssten speziell Strategiemöglichkeiten, Methoden und Interventionen entwickelt werden, die den Umgang mit «Überstimulation» und anderen herausfordernden Eigenschaften der Hochsensiblen erleichtern. Dann ist womöglich mehr Platz sich der Sonnenseite von HS, den vielen gewinnbringenden Eigenschaften, zu widmen und HSP können gestärkt und gefördert werden, damit sie in ihren Potentialen glänzen können.

Auch wenn bereits empirische Erkenntnisse zum Konstrukt der Hochsensibilität existieren, lässt sich noch kein genaues Gesamtbild erkennen, da es an einigen Stellen noch lückenhaft erscheint. So existiert noch keine anerkannte neurophysiologische Theorie, die vor allem die Ursache von Hochsensibilität beschreibt. Auch fehlen empirische Untersuchungen und der Fokus auf die positiven Eigenschaften, die das Phänomen mit sich bringt. Es gibt noch kaum Studien, die sich mit der Verarbeitung von positiven, anstatt von negativen Reizen beschäftigt und Hochsensibilität als eine Fähigkeit betrachtet, die mit anderen positiven Eigenschaften einhergeht und im Zusammenhang steht. Ebenso mangelt es an Diagnoseverfahren, die bislang nicht viele Merkmale abdecken und erfassen. Damit Hochsensibilität in der Wissenschaft weiter etabliert werden kann, bedarf es weiterer Erkenntnisse. Forschung ist wichtig, damit sich ein ausdifferenzierteres Bild der Hochsensibilität zusammensetzen lässt.

Fakt ist: Hochsensibilität ist keine Störung. Sie kann zur «Störung» gemacht werden, wenn sie nicht gelebt wird und ein falscher Umgang mit ihr praktiziert wird, im Sinne von Unterdrückung und Anpassung an Erlebens- und Verhaltensweisen, die gegen die eigene Natur gehen. Dabei kann auch das Gesellschaftssystem in Frage gestellt werden mit seinen eingeprägten Werten und Normen, ob all diese überhaupt noch tragbar und zeitgemäß sind und ob an manchen Stellen ein Umdenken angestoßen werden sollte. Vielleicht ist Hochsensibilität eine Zeiterscheinung, in der sich die Menschen im Zuge des zunehmenden Tempos, der Hektik und Informationsflut ihrer Sensibilität bewusster werden?

Hochsensibilität ist eine Gabe, die viele Fähigkeiten und Talente mit sich bringt. Wenn wir sie wie einen Muskel trainieren, kann sie zu einem großen Geschenk für uns selbst, unsere Umwelt und die ganze Gesellschaft werden.

3.8 HS im Dialog mit «ChatGPT» (Sascha Struckmann)

Was weiß die KI «ChatGPT» von Hochsensibilität? Acht Fragen – 50 Antworten:
(1) Meine Eingangsfrage ist: In wie weit gibt es Anzeichen oder Hinweise in der Psychologie und der Kunstgeschichte, dass es einen Zusammenhang zwischen künstlerischem Schaffen und psychischer Auffälligkeit gibt?

Die Beziehung zwischen künstlerischem Schaffen und psychischer Auffälligkeit oder Erkrankung ist ein Thema, das sowohl in der Psychologie als auch in der Kunstgeschichte viel Beachtung gefunden hat. Es ist ein komplexes und vielschichtiges Thema, das von mehreren Perspektiven aus betrachtet werden kann:

- Historische Perspektive: In der Kunstgeschichte gibt es viele Beispiele von Künstlern, die mit psychischen Erkrankungen kämpften, wie Vincent van Gogh, der unter Depressionen und möglicherweise einer bipolaren Störung litt, oder Edvard Munch, dessen Werk stark von seiner Angst und seinen psychischen Leiden beeinflusst wurde. Diese Künstler nutzten ihre Kunst oft, um ihre inneren Kämpfe und ihre Wahrnehmung der Welt auszudrücken.
- Kreativität und psychische Gesundheit: Es gibt Theorien, die nahelegen, dass kreative Menschen eine größere Anfälligkeit für bestimmte Arten von psychischen Erkrankungen haben könnten. Dies könnte teilweise an der Art und Weise liegen, wie kreative Menschen denken und die Welt wahrnehmen – oft tiefgründig, introspektiv und empfindsam.

- Stress und Unsicherheit im künstlerischen Beruf: Der Beruf des Künstlers kann von Natur aus unsicher sein, sowohl finanziell als auch in Bezug auf die öffentliche Wahrnehmung. Diese Unsicherheit kann zu Stress und Angst führen, was wiederum das Risiko für psychische Probleme erhöhen kann.
- Selbstausdruck und Therapie: Viele Künstler nutzen ihre Kunst als eine Form des Selbstausdrucks und als therapeutisches Mittel. Die Kunst kann ein Weg sein, Emotionen und Gedanken zu verarbeiten, die sonst schwer zu artikulieren sind.
- Romantisierung von Leiden: In einigen Teilen der Kunstwelt gibt es eine Tendenz, das Leiden und die psychischen Probleme von Künstlern zu romantisieren, was zu einem verzerrten Bild des «leidenden Künstlers» führen kann.
- Differenzierte Betrachtung: Es ist wichtig, nicht zu verallgemeinern oder zu romantizieren. Viele Künstler sind psychisch gesund und nicht alle Menschen mit psychischen Erkrankungen sind notwendigerweise kreativ.

Die Verbindung zwischen Kunst und psychischer Gesundheit ist also komplex und kann nicht auf einfache Ursache-Wirkungs-Beziehungen reduziert werden. Es ist ein Feld, das weiterhin Gegenstand wissenschaftlicher Forschung und kunsthistorischer Untersuchungen ist.

(2) Könnte zu Punkt 2 nicht auch das psychische Konstrukt der Hochsensibilität passen?

Ja, das Konzept der Hochsensibilität passt durchaus in den Kontext des zweiten Punktes, der die Beziehung zwischen Kreativität und psychischer Gesundheit betrachtet. Hochsensibilität, auch als hohe sensorische Verarbeitungssensitivität bekannt, bezeichnet eine erhöhte Empfindlichkeit gegenüber äußeren Reizen und intensiveren inneren Erlebnissen. Dieses Konstrukt wird oft in folgenden Aspekten betrachtet:

- Tiefe Verarbeitung: Hochsensible Personen neigen dazu, Informationen tiefgründig zu verarbeiten. Dies könnte in kreativen Prozessen von Vorteil sein, da es zu einer reichhaltigeren, nuancierteren und oft originellen Sicht auf die Welt führen kann.
- Starke emotionale Reaktionen und Empathie: Hochsensible Menschen erleben Emotionen intensiver und haben häufig ein hohes Maß an Empathie. Diese tiefen emotionalen Erfahrungen können eine wichtige Quelle der Inspiration und kreativen Energie sein.
- Sensitivität für subtile Stimuli: Hochsensible Personen bemerken oft feine Nuancen in ihrer Umgebung oder in Kunstwerken, die anderen vielleicht entgehen.

Diese Fähigkeit kann zu einer detaillierteren und nuancierten künstlerischen Ausdrucksweise führen.

- Überwältigung und Bedürfnis nach Rückzug: Die gleiche Sensibilität, die kreative Vorteile bringen kann, kann auch zu Überwältigung und Erschöpfung führen, insbesondere in überstimulierenden Umgebungen. Künstler, die hochsensibel sind, könnten daher Perioden des Rückzugs oder der Isolation benötigen, um sich zu regenerieren und ihre Kreativität zu pflegen.
- Kunst als Ausdrucksmittel: Für hochsensible Menschen kann Kunst ein wichtiges Mittel sein, um ihre tiefen und oft komplexen inneren Erlebnisse auszudrücken und zu verarbeiten.

Es ist wichtig zu beachten, dass Hochsensibilität an sich keine psychische Erkrankung ist, sondern vielmehr eine Persönlichkeitseigenschaft, die sowohl Herausforderungen als auch Vorteile mit sich bringen kann. In kreativen Berufen kann Hochsensibilität eine besondere Rolle spielen, indem sie die Art und Weise beeinflusst, wie Künstler die Welt wahrnehmen und ausdrücken.

(3) Ist es dann nicht naheliegend, dass hochsensible Menschen es schwer haben, aufgrund deiner eben genannten Punkte in einer modernen, digitalisierten, beschleunigten und auf Leistung und Sichtbarkeit geprägten Gesellschaft, ein für sie passenden Lebensstil zu leben, ohne für die Mehrheit der Gesellschaft als Außenseiter wahrgenommen zu werden?

Deine Überlegung ist sehr treffend. Hochsensible Menschen können in der Tat Herausforderungen in einer modernen, schnelllebigen und stark auf Leistung und Sichtbarkeit ausgerichteten Gesellschaft erleben. Hier sind einige Gründe, warum dies der Fall sein kann:

- Überstimulation: Unsere digitale, ständig vernetzte Welt kann für hochsensible Personen überwältigend sein, da sie oft sensibler auf sensorische Reize reagieren. Die ständige Informationsflut und der Lärm des modernen Lebens können leicht zu einer Überstimulation führen.
- Leistungsdruck: In einer Gesellschaft, die Leistung und ständige Verfügbarkeit betont, können sich hochsensible Personen oft unter Druck gesetzt fühlen, mit einem Tempo Schritt zu halten, das für sie nicht nachhaltig ist. Sie benötigen möglicherweise mehr Ruhezeiten und Pausen, was im Widerspruch zu einem «immer aktiv, immer verbunden»-Lebensstil stehen kann.

- Wertschätzung von Tiefe versus Schnelligkeit: Hochsensible Menschen neigen dazu, Informationen tief zu verarbeiten und reflektieren oft gründlich über Dinge. In einer Welt, die Schnelligkeit und sofortige Ergebnisse schätzt, kann diese Neigung zu gründlicher Überlegung und Reflexion als Zögern oder Unentschlossenheit missverstanden werden.
- Soziale Dynamiken: Soziale Interaktionen und Networking, die in unserer Gesellschaft oft wichtig sind, können für hochsensible Personen anstrengend sein, insbesondere wenn sie in lauten oder überfüllten Umgebungen stattfinden.
- Wahrnehmung als Außenseiter: Aufgrund ihrer Sensibilität und möglicherweise anderen Herangehensweisen an das Leben können sich hochsensible Menschen als Außenseiter fühlen oder von anderen so wahrgenommen werden, besonders wenn ihre Bedürfnisse und Reaktionen von der Norm abweichen.

Es ist jedoch wichtig zu erkennen, dass Hochsensibilität auch viele Stärken mit sich bringt, wie Einfühlungsvermögen, Kreativität, Intuition und eine tiefe Wertschätzung für subtile Nuancen in Kunst, Natur und menschlichen Beziehungen. Das Bewusstsein für und die Wertschätzung dieser Eigenschaften kann dazu beitragen, hochsensible Personen zu unterstützen und ein Umfeld zu schaffen, in dem sie gedeihen können. Ein Schlüssel ist die Förderung eines breiteren Verständnisses und einer größeren Akzeptanz unterschiedlicher Persönlichkeitstypen in der Gesellschaft.

(4) Welchen hilfreichen Beitrag können dann hochsensible Menschen für unsere aktuellen Herausforderungen als Menschheit im Allgemeinen beitragen? Welche Rolle haben hochsensible Menschen in früheren Kulturen und Gesellschaftsformen gespielt?

Hochsensible Menschen können in verschiedenen Bereichen wichtige Beiträge zu den aktuellen Herausforderungen der Menschheit leisten. Ihre einzigartigen Eigenschaften und Perspektiven sind besonders wertvoll in einer Welt, die immer komplexer und vernetzter wird. Hier sind einige Bereiche, in denen hochsensible Menschen einen bedeutenden Beitrag leisten können:

- Empathie und Mitgefühl: Hochsensible Menschen haben oft ein tiefes Empfinden für Empathie und Mitgefühl. Diese Fähigkeit kann in sozialen, pädagogischen und therapeutischen Berufen, in der Friedensarbeit und in der Konfliktlösung von großem Wert sein.

- Kreativität und Innovation: Ihre tiefe Verarbeitung von Informationen und ihre Fähigkeit, die Welt aus verschiedenen Perspektiven zu betrachten, kann zu kreativen und innovativen Lösungen in Kunst, Wissenschaft, Technologie und anderen Bereichen führen.
- Umweltbewusstsein: Hochsensible Personen sind oft stark mit der Natur verbunden und können sich intensiv für Umweltfragen und Nachhaltigkeit einsetzen. Sie können wichtige Stimmen in Diskussionen über Umweltschutz und nachhaltige Entwicklung sein.
- Förderung eines tieferen Bewusstseins und Verständnisses: Ihre Neigung zu Tiefe und Reflexion kann helfen, ein tieferes Bewusstsein und Verständnis für die komplexen Probleme der Welt zu fördern, was für die Bildung und das öffentliche Engagement von Bedeutung ist.

- Berater und Heiler: In vielen traditionellen Gesellschaften könnten hochsensible Personen als Heiler, Schamanen oder spirituelle Berater gedient haben, da ihre Sensibilität es ihnen ermöglichte, subtile Zeichen und Symptome zu erkennen und tiefe Einsichten in die menschliche Erfahrung zu gewinnen.
- Künstler und Geschichtenerzähler: Ihre tiefen emotionalen Erfahrungen und ihre Fähigkeit, subtile Details wahrzunehmen, könnten sie zu natürlichen Künstlern, Dichtern und Geschichtenerzählern gemacht haben, die dazu beitrugen, das kulturelle und spirituelle Leben ihrer Gemeinschaften zu bereichern.
- Bewahrer des Wissens: Ihre Neigung zur Reflexion und zum tiefen Nachdenken könnte sie zu Bewahrern von Wissen und Traditionen gemacht haben, da sie oft diejenigen waren, die sich um die Überlieferung von Geschichten, Weisheiten und Wissen kümmerten.

In jeder Epoche und Kultur haben hochsensible Menschen wahrscheinlich wichtige, wenn auch oft unauffällige Rollen gespielt, indem sie durch ihre Einzigartigkeit zur Vielfalt des menschlichen Erlebens und zur Bewältigung von Herausforderungen beitrugen. Es ist wichtig, diese Beiträge zu erkennen und hochsensible Personen in ihrer Fähigkeit zu unterstützen, ihre Stärken in der heutigen Welt einzusetzen.

(5) Wie würdest du meine Fragen in Bezug auf Religion, Schamanismus, Heiler, Medizinmänner, Spiritualität, Hochsensibilität und Hochsensitivität erläutern?

Der Zusammenhang zwischen Hochsensibilität und spirituellen Rollen wie Religion, Schamanismus, Heilern, Druiden, Medizinmännern und allgemeiner Spiritualität kann aus mehreren Perspektiven betrachtet werden:

- Wahrnehmung und Intuition: Hochsensible Menschen sind oft sehr intuitiv und sensibel für Nuancen ihrer Umgebung. In traditionellen spirituellen Rollen könnte diese erhöhte Wahrnehmung als besondere Gabe oder Verbindung zur geistigen Welt interpretiert worden sein. Schamanen, Heiler oder Medizinmänner könnten sich auf diese Fähigkeiten verlassen haben, um subtile Zeichen in der Natur zu lesen oder die emotionale und geistige Verfassung anderer zu verstehen.
- Tiefe Verarbeitung und Empathie: Hochsensible Personen verarbeiten Informationen auf tieferen Ebenen und haben oft ein starkes Empathie-Gefühl. In spirituellen Kontexten könnten sie als empathische Vermittler zwischen Menschen oder zwischen Menschen und der spirituellen Welt fungiert haben. Ihre Fähigkeit, sich in andere einzufühlen, könnte sie zu effektiven Beratern und Tröstern in ihren Gemeinschaften gemacht haben.
- Verbindung zur Natur und zum Transzendenten: Hochsensible fühlen oft eine tiefe Verbindung zur Natur und zum Transzendenten. In der Rolle von Druiden oder anderen naturverbundenen spirituellen Führern könnten sie diese Verbundenheit genutzt haben, um Wissen über die Natur und ihre Zyklen zu vermitteln oder um spirituelle Praktiken zu leiten, die mit der natürlichen Welt verbunden sind.
- Rolle als Bewahrer von Wissen und Traditionen: Aufgrund ihrer tiefen Reflexion und ihres Sinns für das Detail könnten hochsensible Menschen in religiösen und spirituellen Kontexten als Bewahrer von Wissen und Traditionen gedient haben. Ihre Neigung zum Nachdenken und zur Bewahrung von Details könnte sie dazu prädestiniert haben, komplexe spirituelle Lehren, Rituale und Geschichten zu bewahren und weiterzugeben.
- Heilende Fähigkeiten: In vielen Kulturen wurden Personen mit besonderen empathischen und intuitiven Fähigkeiten als natürliche Heiler angesehen. Hochsensible könnten aufgrund ihrer Fähigkeit, sich in die emotionale und physische Verfassung anderer zuversetzen, in heilenden Berufen eine zentrale Rolle gespielt haben.

Insgesamt passt der Begriff der Hochsensibilität gut in den Kontext traditioneller spiritueller und heilender Rollen. Hochsensible Menschen könnten aufgrund ihrer besonderen Eigenschaften in diesen Rollen besondere Anerkennung und Wertschätzung gefunden haben. In modernen Gesellschaften, in denen der wissenschaftliche Rationalismus im Vordergrund steht, wird die Rolle der Hochsensibilität in der Spiritualität möglicherweise weniger betont, bleibt aber ein wichtiges Feld für das Verständnis der menschlichen Erfahrung in all ihren Facetten.

(6) Wie passt der Begriff Hochsensitivität und Hellsichtig- bzw. Hellfühligkeit in den Kontext? Gibt es Menschen mit «hellen» Wahrnehmungsfähigkeiten?

Der Begriff der Hochsensitivität in Verbindung mit Hellsichtigkeit (Clairvoyance) und Hellfühligkeit (Clairsentience) berührt den Bereich der außersinnlichen Wahrnehmung, der in vielen Kulturen und spirituellen Traditionen anerkannt wird. Diese Themen liegen allerdings im Bereich des Metaphysischen und Übersinnlichen, was bedeutet, dass sie wissenschaftlich umstritten sind und sich der empirischen Überprüfbarkeit oft entziehen. Dennoch können wir die Konzepte aus einer kulturellen und psychologischen Perspektive betrachten:

- Hochsensitivität: Wie bereits erörtert, bezieht sich Hochsensitivität auf eine erhöhte Sensibilität für Umweltreize, tiefe emotionale Reaktionen und intensive innere Erfahrungen. Das wissenschaftlich anerkannte Konzept bezieht sich auf messbare Eigenschaften der Sinneswahrnehmung und Informationsverarbeitung.
- Hellsichtigkeit und Hellfühligkeit: Diese Begriffe beziehen sich auf die vermeintliche Fähigkeit, Informationen oder Wahrnehmungen zu erlangen, die über die normalen Sinneswahrnehmungen hinausgehen. Hellsichtigkeit bezieht sich oft auf die Fähigkeit, visuelle Eindrücke oder «Visionen» zu empfangen, die nicht durch das physische Auge wahrgenommen werden, während Hellfühligkeit sich auf ein intuitives «Fühlen» oder emotionales Empfinden bezieht, das über die normale Empathie hinausgeht.
- Menschliche Erfahrung und Glaubenssysteme: Obwohl die Wissenschaft solche Phänomene nicht bestätigen kann, sind sie Teil vieler Glaubenssysteme und spiritueller Traditionen. Menschen in verschiedenen Kulturen und zu verschiedenen Zeiten haben behauptet, solche Fähigkeiten zu besitzen.
- Psychologische Interpretation: Aus psychologischer Sicht könnten die Phänomene als Teil menschlicher Neigung zur Mustererkennung, zur tiefen Intuition oder als Ausdruck des Unterbewusstseins interpretiert werden. In manchen Fällen könnten sie auch als psychologische Projektionen oder als Ergebnis einer sehr feinen Sensibilität für Umweltreize und zwischenmenschliche Signale verstanden werden.
- Bedeutung und Validierung: Für viele Menschen haben solche Erfahrungen eine tiefe persönliche Bedeutung, unabhängig davon, ob sie wissenschaftlich validiert werden können oder nicht. In vielen spirituellen und therapeutischen Kontexten wird der Wert solcher Erfahrungen anerkannt, solange sie das Wohlbefinden fördern.

Zusammenfassend lässt sich sagen, dass Hochsensitivität als wissenschaftlich anerkanntes Konzept im Bereich der normalen menschlichen Erfahrung liegt, während Hellsichtigkeit und Hellfühligkeit eher im Bereich des Übersinnlichen und Spirituellen angesiedelt sind. Der Glaube an oder die Erfahrung von solchen Phänomenen ist tief in die menschliche Kultur und Geschichte eingebettet, auch wenn sie sich der empirischen Überprüfung entziehen.

(7) Wie würde sich unsere moderne digitalisierte und globalisierte, beschleunigte Gesellschaft verändern bzw. weiterentwickeln, wenn die Mehrheit der Menschen hochsensibel veranlagt wären?

Eine moderne Gesellschaft, in der die Mehrheit der Menschen hochsensibel wäre, würde sich wahrscheinlich in mehreren Schlüsselaspekten unterscheiden und weiterentwickeln - mögliche Veränderungen und Entwicklungen:

- Erhöhte Empathie und zwischenmenschliche Verbindung: Eine Gesellschaft mit mehr hochsensiblen Menschen könnte durch ein höheres Maß an Empathie und Verständnis für andere gekennzeichnet sein. Dies könnte zu stärkeren zwischenmenschlichen Beziehungen und einer größeren Betonung von Fürsorge und Unterstützung im sozialen Gefüge führen.
- Veränderungen in der Arbeitswelt: Der Arbeitsplatz würde sich wahrscheinlich anpassen, um Überstimulation und Stress zu reduzieren. Dies könnte kürzere Arbeitszeiten, flexible Arbeitsmodelle, ruhigere Arbeitsumgebungen und eine größere Betonung von Work-Life-Balance beinhalten.
- Nachhaltigkeit und Umweltbewusstsein: Hochsensible Menschen sind oft tief mit der Natur verbunden und umweltbewusst. In einer von Hochsensibilität geprägten Gesellschaft könnte der Umweltschutz verstärkt in den Fokus rücken, mit nachhaltigeren Lebensweisen und einer größeren Wertschätzung für die natürliche Welt.
- Veränderungen im Bildungssystem: Bildungseinrichtungen könnten einen stärker individualisierten Ansatz verfolgen, um verschiedene Lernstile zu berücksichtigen und eine übermäßige sensorische Überlastung zu vermeiden. Kreativität, Kunst und emotionale Bildung könnten einen höheren Stellenwert erhalten.
- Weniger Konsum und Materialismus: In einer von Hochsensibilität dominierten Gesellschaft könnte der Fokus weg von materiellem Konsum und zu immateriellen Werten wie persönlichen Beziehungen, Selbstentfaltung und innerem Wachstum verschoben werden.

- Kulturelle und künstlerische Blüte: Aufgrund ihrer Neigung zur Kreativität und Tiefe könnten hochsensible Menschen zu einer Blüte in Kunst und Kultur beitragen, wobei der Schwerpunkt auf Tiefe, Bedeutung und emotionaler Resonanz liegt.
- Langsameres Tempo und bewussteres Leben: Die Gesellschaft könnte sich insgesamt verlangsamen, mit einem bewussteren und bedächtigeren Ansatz für Leben und Arbeit, der den Bedürfnissen hochsensibler Menschen entgegenkommt.
- Stärkere Gemeinschaftsorientierung: Hochsensible Menschen schätzen oft tiefe, bedeutungsvolle Beziehungen. Dies könnte zu einer stärkeren Gemeinschaftsorientierung und zu mehr lokalem Engagement führen.

Insgesamt wäre eine solche Gesellschaft wahrscheinlich empathischer, nachhaltiger, kreativer und gemeinschaftsorientierter, mit einem geringeren Schwerpunkt auf Geschwindigkeit, Konsum und Wettbewerb.

(8) Wie könnte man eine solche Entwicklung fördern und unterstützen?

Um eine Entwicklung hin zu einer Gesellschaft, die die Eigenschaften und Bedürfnisse hochsensibler Menschen besser berücksichtigt und fördert, zu unterstützen, können verschiedene Strategien und Maßnahmen ergriffen werden:

- Erhöhung des Bewusstseins und der Bildung: Eine Schlüsselkomponente ist die Sensibilisierung und Aufklärung über Hochsensibilität. Informationskampagnen, Bildungsprogramme und Workshops können dazu beitragen, das Bewusstsein zu schärfen und Missverständnisse abzubauen. Dies gilt sowohl für Schulen als auch für Arbeitsplätze und die breitere Öffentlichkeit.
- Anpassung von Arbeitsumgebungen: Unternehmen und Organisationen können Arbeitsumgebungen schaffen, die hochsensiblen Mitarbeitern entgegenkommen. Dazu gehören flexible Arbeitszeiten, Möglichkeiten für Homeoffice, ruhige Arbeitsbereiche und eine allgemeine Kultur der Rücksichtnahme und des Respekts.
- Förderung von Work-Life-Balance: Die Förderung eines ausgewogenen Verhältnisses zwischen Arbeit und Privatleben ist wesentlich. Dazu können Maßnahmen wie ausreichende Pausen, Urlaub und die Möglichkeit, sich von der Arbeit zu erholen, beitragen.
- Anpassung des Bildungssystems: Schulen und Bildungseinrichtungen können Ansätze entwickeln, die verschiedene Lernstile und -bedürfnisse berücksichti-

gen. Dazu gehören kleinere Klassen, eine ruhige Lernumgebung, individualisierte Lernpläne und eine stärkere Betonung von Kreativität und emotionaler Intelligenz.
- Stärkung des Gemeinschaftssinns: Die Förderung von Gemeinschaftsprojekten und lokalem Engagement kann dazu beitragen, ein unterstützendes soziales Umfeld zu schaffen, in dem hochsensible Menschen gedeihen können.
- Nachhaltigkeit und Umweltbewusstsein: Programme und Initiativen, die auf Nachhaltigkeit und Umweltbewusstsein abzielen, können hochsensible Menschen in ihrer tiefen Verbindung zur Natur unterstützen und fördern.
- Förderung von Kunst und Kultur: Die Unterstützung von Kunst und Kultur, insbesondere von Projekten, die Tiefe und Emotionalität betonen, kann eine kreative Ausdrucksform für hochsensible Menschen bieten.
- Unterstützungsnetzwerke und Ressourcen: Die Schaffung von Unterstützungsnetzwerken, Beratungsangeboten und anderen Ressourcen kann hochsensiblen Personen helfen, sich mit anderen zu vernetzen, Informationen auszutauschen und Unterstützung zu finden.
- Politische Maßnahmen und Gesetzgebung: Politische Maßnahmen, die flexible Arbeitsregelungen, Umweltschutz, psychische Gesundheit und Inklusion fördern, können ebenfalls zur Unterstützung einer hochsensiblen Gesellschaft beitragen.

Durch diese vielfältigen Ansätze kann eine Kultur gefördert werden, die Hochsensibilität nicht nur akzeptiert, sondern auch wertschätzt und als Stärke ansieht. Es würde nicht nur hochsensiblen Menschen zugutekommen, sondern auch zu einer insgesamt empathischeren, kreativeren und nachhaltigeren Gesellschaft beitragen.

PS. Zugabe – nach einer kleinen Pause: Hallo lieber Assistant!
- Hallo! Wie kann ich Ihnen heute helfen?
- Danke. Ich bin Sascha-Marco Struckmann. Ich würde mich freuen, wenn du mich in Zukunft mit Sascha ansprichst.
- Natürlich, Sascha! Wie kann ich dir weiterhelfen?
- Was möchtest du über mich wissen?
- Danke für das Angebot, Sascha! Als KI bin ich darauf programmiert, Fragen zu beantworten und Informationen bereitzustellen, statt selbst Fragen zu stellen. Mein Ziel ist es, dir bei deinen Anfragen zu helfen. Wenn du bestimmte Informationen oder Unterstützung in einem speziellen Bereich benötigst, dann lass es mich einfach wissen!

3.9 HS im Sport: Scheitern oder Chance? (Sven Sohr)

Hochsensibilität und Sport – sind das nicht Antipoden? Auffällig ist, dass es zu dem Thema im Internet kaum Beiträge zu finden gibt. Möglicherweise geht man von dem Schluss aus, dass sich Hochsensibilität mit Sport nicht so gut verträgt, insbesondere mit Leistungssport. Die Wahrscheinlichkeit, dass man zu der Annahme kommt, steigert sich sicher noch, wenn man der Auffassung «Sport ist Mord» zustimmt - eine Tätigkeit, die Härte voraussetzt, sie fördert und kontraproduktiv ist. Dagegen ließe sich einwenden, dass Hochsensible oft über eine gute Gesundheit verfügen, zumindest ein Gespür davon entwickeln können, was ihnen eher gut tut. Wissenschaftlich gesehen gehört Sport zu den besten Gesundheitsmassnahmen, die es gibt – physisch wie psychisch.

Doch weil es bekanntlich für fast alle Fragen und Positionen die eine oder andere Erfahrung geben kann, wollen wir uns in diesem kleinen Beitrag drei Aspekten widmen: Schattenseiten der Hochsensiblität im (Spitzen-) Sport, Sonnenseiten der Hochsensiblität im (Spitzen-) Sport sowie Hochsensibilität im Freizeitsport. Wann ist Hochsensibilität im Leistungssport eher hinderlich und wann förderlich, und welche Möglichkeiten offeriert Sport für hochsensible Menschen, die nicht Olympiasieger oder Weltmeister werden wollen?

Schatten-Seiten der Hochsensiblität im (Spitzen-) Sport

Wimbledon 1993: Jana Novotna, hochsensible Tennisspielerin aus Tschechien, spielte im Finale die damals das Frauentennis dominierende Steffi Graf fast an die Wand. Nach im Tie-Break verlorenem ersten Satz gewann sie den zweiten Satz mit 6:1 und führte im dritten Satz mit 4:1 bei eigenem Aufschlag. Doch dann begann ihr Handgelenk zu zittern, sie machte Doppelfehler und traf kaum noch kontrollierte Bälle. Jana Novotna verlor mit 4:6. Bei der Siegerehrung brach sie in Tränen aus. Später starb sie im Alter von nur 39 Jahren an Krebs.

Sportler, die in der Welt des Leistungssports menschliche Züge zeigen oder auch sonst aus dem Rahmen fallen, werden oft belächelt oder gar verspottet. Im Fußball wird z.B. Joshua Kimmich bei Bayern München oder in der Nationalelf zum Buhmann ausgerufen, wenn es nicht läuft. Kimmich, der das beste Abitur seiner Teams hat, leistet sich öfters eine eigene Meinung. Er war z.B. einer der wenigen Bundesligaspieler, der sich zur Corona-Pandemie nicht impfen lassen wollte. Paradoxerweise wurde ihm dafür mangelnde Sensibilität vorgeworfen. Wenn er überragend spielt, was oft vorkommt, gilt er als «Mentalitätsmonster», der ein Spiel «lesen und lenken» kann. Ähnliche Ambivalenzen bekommt mit Michell Weiser ein Spieler zu spüren, der ebenfalls durch eine hochsensible Verhaltensweise auffällt. Er ernährt sich vegan. Wenn er ausnahmsweise nicht so gut spielt, liegt das nach Ansicht vieler Fans daran, dass er kein Fleisch isst. Manche Trainer raten ihm, «wieder was Vernünftiges» zu essen. Doch seit er einen Film über Massentierhaltung sah, kann er kein Fleisch mehr essen.

Kimmich und Weiser sind sensible Sportler, die es mehr oder weniger geschafft haben, dem Druck standzuhalten. Doch es gibt auch prominente Fussballer, die daran zerbrochen sind. Ein besonders trauriges Beispiel ist Robert Enke, einst Torwart der deutschen Nationalmannschaft, der unter Depressionen litt und sich 2009 suizidierte. Ein anderer Spieler, der wegen eines Burnouts seine Karriere beenden musste, ist Sebastian Deisler. Als «Jahrhundert-Talent» und «Hoffnung des deutschen Fußballs» erklärte er am Ende, dass er «nicht mehr könne» und mit seinen Kräften am Ende sei. Der bayrische Ministerpräsident Edmund Stoiber nannte Deisler «eines der größten Verlustgeschäfte, das der FC Bayern je gemacht hat». In dieser Denke des Reräsentanten vom sog. «Freistaat Bayern» zeigt sich die große Kluft zwischen dem gesellschaftlichen Mainstream und Menschen, die etwas sensibler als der Mainstream sind und deren Wert sich nicht materiell messen lässt.

Sensible Menschen haben es im «Big Business» nicht leicht - weder in der Welt des Sport noch in Führungsetagen der Wirtschaft. Das Zeigen von «Schwäche» gilt als größtes Tabu. Leider fängt das häufig schon im Jugendbereich an, wo besonders talentierte Spieler meist wenig Chancen haben, wenn sie durch ihre Sensibilität auffallen. Gerade in Deutschland kommt es wieder darauf an, sich der Mehrheit unterzuordnen. Individualisten stören hier. Vielleicht ist das einer der Gründe, warum es hierzulande immer weniger Ausnahmesportler gibt.

Sonnen-Seiten der Hochsensiblität im (Spitzen-) Sport

Sind sensible Sportler im Spitzensport grundsätzlich zum Scheitern verurteilt? Tatsächlich gibt es auch viele andere Beispiele, die ermutigen, dass hier kein Determinismus vorliegt, sondern die im Gegenteil beeindruckende empirische Belege liefern, dass Hochsensibilität bei Spitzensportlern auch ein Mehrwert sein kann, der den Unterschied macht.

Beginnen wir also mit Beispielen, die zeigen, dass auch vegane Sportler zu den Besten der Welt gehören können, vielleicht sogar wegen der Ernährung. Vegan leben z.B. Formel-1-Weltmeister Lewis Hamilton, Tennis-Weltranglistenerster Novak

Djokovic oder auch Bodybuilder wie Arnold Schwarzenegger und Patrik Baboumian. Sie alle gehören zu Protagonisten des Films «The Game Changers», einem Film (2018) über Spitzensportler, die ihre Ernährung umstellten und es zu absoluten Höchstleistungen brachten.

Außergewöhnliche Sensibilitäten können wir auch häufig im Schach antreffen. Magnus Carlsen aus Norwegen, seit über einer Dekade der mit Abstand beste Spieler der Welt, fiel schon in seiner Kindheit durch besonders empfindsame Begabungen auf. Da er Reize viel intensiver als andere wahrnahm, galt er als ein Spätentwickler. Dank einer behutsamen Förderung vor allem durch seinen Vater konnte sich Carlsen in Ruhe entwickeln, so dass er heute in (s)einer eigenen Liga spielt. Ein potenzielles Erfolgsgeheimnis für die Tatsache, dass Carlsen seinen Konkurrenten signifikant überlegen ist, spiegelt sich vielleicht auch darin wieder, dass er sensibel gut auf sich achtet und z.B. viel mehr Sport betreibt als andere Schachspieler, die fast nur in ihrer geistigen Welt leben.

Im Team ist es für sensible Sportler oft noch schwerer, sich zu behaupten. Im Mannschaftssport Fußball zählen kreative Künstler oft zu den Außenseitern, obwohl sie Spiele entscheiden können. Leonie Messi, bester Fußballer der Welt, der sich übrigens auch vegan ernährt, konnte seine Genialität vor allem unter Trainern ausspielen, die ihm Vertrauen und Freiheiten schenkten. So wurde Argentinien 2022 Weltmeister, weil Messi nicht dafür gerügt wurde, dass er so wenige Kilometer wie kein anderer Spieler auf dem Platz lief, sondern weil ihn die Mitspieler für seine Einzigartigkeit respektierten, denn sie wussten, dass seine Sensibilität für besondere Momente seine Mitspieler zu Toren führen.

An der Stelle lohnt es sich, noch einmal zu Sebastian Deisler zurückzukommen, um ihn auch als Beispiel für die Sonnenseiten der Sensibilität zu würdigen. Deisler hatte nicht nur die Gabe, auf dem Fußballplatz seine Mitspieler in Szene zu setzen («mir ging es darum, andere neben mir gut aussehen zu lassen»), sondern auch rechtzeitig aufzuhören, als es nicht mehr ging. In einem ZEIT-Interview nach seiner Karriere gab er bemerkenswerte Einblicke in sein Innenleben, nachfolgend einige Ausschnitte: «Ich bin vielleicht empfindsam, aber nicht empfindlich, schon gar nicht schwach, wie viele denken». Seine Andersartigkeit wurde ihm schon früh bewusst, z.B. auf einer Reise der Jugend-Nationalmannschaft nach Griechenland, als alle im Bus Karten spielten, er aber viel lieber aus dem Fenster schaute, um sich an Zitronenbäumen zu erfreuen. Hinter vorgehaltener Hand wurde er «die Deislerin» genannt. Auf dem Platz habe er zu lange geglaubt, «ich könnte die fehlende Härte durch besseren Fußball wettmachen», denn «Fußball ist für mich kein Krieg, sondern etwas, das Freude bringen soll». Besonders befremdet war er über die Medien und Journalisten: «Das ist ein Wahnsinn, dass die alles über mich schreiben dürfen! Einige von denen haben keine Ahnung, kein Gewissen, aber die Macht, für Millionen von Menschen ein Bild über mich zu zeichnen. Und wenn man dieses Spiel nicht mitspielt, wenn man ihren Ansprüchen nicht folgt, ist man derjenige, der als nicht normal gilt. Heute frage ich mich, ob das System, das ich verlassen habe, vielleicht kranker ist, als ich es war».

Loslassenkönnen ist vielleicht der überzeugendste Ausdruck von Weisheit, die gerade im Sport eher selten anzutreffen ist. Vielmehr gibt es traurige Beispiele in jeder Dekade von weltbesten Sportlern, die unsensibel nicht loslassen und aufhören konnten, weil sie nicht genug bekamen:

- In den 70er-Jahren stieg der bis dato schier unbezwingbare Boxer Muhammed Ali nochmal in den Ring und verlor seinen Mythos.
- In den 80er-Jahren fing der vielfache Tennis-Wimbledon-Champion Björn Borg nochmal an und scheiterte kläglich.
- In den 90er-Jahren versuchte Eiskunstlauf-Königin Katharina Witt ihr Comeback, um auf den hinteren Plätzen zu landen.
- In den 00er-Jahren stieg Formel-1-Weltmeister Michael Schumacher nochmal in den Ferrari und fuhr hinterher (später stürzte er beim Ski).
- In den 10er-Jahren stieg der Schwimmer und beste Olympia-Champion Michael Phelps wieder ins Wasser und schwamm hinterher.

Positive Beispiele, wo Sportler so sensibel sind, dass sie trotz sehr großen Erfolges freiwillig aufhören, gibt es eher weniger. In den 20er-Jahren gibt es in jüngerer Zeit zwei Fußball-Trainer, die nach innen hören: So beenden sowohl Jürgen Klopp vom FC Liverpool als auch Christian Streich vom SC Freiburg, beide in einem Alter von unter 60 Jahren, ihren Job als Coach nach zusammen fast 30 Jahren im Bewusstsein, dass sie ihr Energielevel aufgebraucht haben.

Dank ihrer Sensibilität fanden sie offenbar den «Kairos», um zu erkennen, wann es genug ist. Klopp wurde mehrfach als «bester Coach der Welt» ausgezeichnet und gewann mit Liverpool alles, was es zu gewinnen gibt. Er widerstand der Verführung, mit seinem Verein noch viele weitere Titel erreichen zu können und dort jährlich über 20 Millionen Euro zu verdienen. So werden auch andere als die in unseren Gesellschaften vorherrschenden Werte vorgelebt.

Sport für Hochsensible jenseits des Leistungsprinzips

Kommen wir abschließend noch zur Frage der Bedeutung von Sport für die große Mehrheit hochsensibler Menschen, die nicht Leistungssportler werden wollen, was möglicherweise an sich schon eine weise Entscheidung sein kann, auch weil nur wenige Talente dazu berufen sind.

Erinnern wir uns, was Sport eigentlich heißt: Sucht man nach der Herkunft des Wortes, so gibt es zwei lateinische Ableitungen – zum einen «disportare» (sich vergnügen, zerstreuen, Spaß haben), zum anderen «deportare» (wegbewegen). Mit anderen Worten: Auch ohne Pokale kann Sport sehr befriedigend sein, was Hochsensible mit ausgeprägter intrinsischer Motivation sicher unterschreiben.

Wer sich die wenigen Seiten zu unserer Ausgangsfrage im Internet anschaut, könnte zu dem Fazit kommen, die Welt des Sports sei für Hochsensible eher befremdend - insbesondere für sensible Kinder, wo manche Mütter dazu raten, ihre Sprösslinge lieber vom Sport fernzuhalten. Das mag zwar gut gemeint sein, doch tun sie den Kindern damit einen Gefallen?

Vielmehr haben gerade hochsensible Kinder durch ständige Reizüberflutungen so viel Energie in sich aufgestaut, dass insbesondere Bewegung in der Natur ideal dem Stressabbau dient. Sicher gilt das auch für Erwachsene. Individuelle Unterschiede gibt es bei der Wahl des Sports. So bevorzugen Hochsensible eher ruhige «Sportarten» mit weniger Gruppendynamik, wie z.B. Yoga, Golf oder rhythmische Sportgymnastik. Statt auf Sehen und Gesehen-Werden in Fitness-Studios stehen sie lieber auf ein Training zuhause. Oft nehmen Leistungs- und Wettkampf-Ambitionen des Gewinnenwollens vor allem mit zunehmendem Alter ab und geben Raum für mehr Freude an der Bewegung – frei nach dem tiefenentspannenden Motto von Marlon Brando: «Wer seinen eigenen Weg geht, kann von niemand überholt werden».

3.10 HS und Zukunft – ein Herz für Kinder (Sven Sohr)

«Lasst die Kinder zu mir kommen, denn solchen gehört das Himmelreich.» (Jesus)

Bücher zum Thema «Hochsensibilität & Kinder» gibt es gefühlt inzwischen wie Sand am Meer. Den Startschuss gab auch hier Aron mit ihrem Standardwerk «Das hochsensible Kind» (2002) im Umfang von 486 Seiten. Neben folgenden Monographien (z.B. Lüling & Lüling 2014, Vita 2017, Sommer 2020) haben fast alle hochsensible Autoren auch ein Kapitel zum Thema Kinder in ihren Werken.

Besonders empfohlen sei der Beitrag von Marletta-Hart, die bereits vor über 20 Jahren in ihrem Buch «Leben mit Hochsensibilität (2003) die beeindruckenden Eigenschaften von hochsensiblen Kindern würdigte, u.a. ihre geistige Reife, ihre Empathie, ihre Kreativität und ihre Achtsamkeit (vgl. 1.5).

Die Bedeutung der Lebensbedingungen in den ersten Lebensjahren wurde in der Entwicklungspsychologie bisher vor allem aus pathologischer Perspektive beleuchtet. Eine Meta-Analyse von 84 Studien (Slagt 2016) konnte aber zeigen, dass die hochsensiblen Kinder, die in den ersten Lebensjahren eine förderliche Elternschaft im Sinne von Wärme und konstrutiver Kontrolle erlebten, später von Lehrern bessere Schulnoten und Sozialkompetenzen attestiert bekamen.

Dieser Beitrag baut darauf auf, jedoch nicht um stehenzubleiben, sondern das Thema weiterzuentwickeln. Daher geht es im Abschnitt «Herausforderungen» zunächst um eine kurze Zusammenfassung bisheriger Erkenntnisse. In der anschließenden «Selbstreflexion» erinnert sich der Autor an eigene einschlägige Erfahrungen und nachhaltige Folgen. Abschließend laden zehn «Glücksgebote» ein, das «Herz für Kinder» zu öffnen, um sie hilfreich zu begleiten.

Herausforderungen

Wer die zahlreichen Ratgeber studiert, die darüber Auskunft geben, wie wir mit hochsensiblen Kindern umgehen sollten, kann irgendwann den folgenden Eindruck bekommen: Bei dieser Zielgruppe scheint es sich um tendenziell behinderte, gestörte oder kranke, zumindest jedoch um problematische und schwierige Menschen zu handeln. Wahrscheinlich ist vielen Autoren nicht bewusst, dass sie entsprechende Assoziationen auslösen könnten, wenn sie z.B. fragen: «Was brauchen hochsensible Kinder?», «Mein Kind ist hochsensibel – was tun?» oder «Wo finde ich Hilfe?».

Wenn Mediziner hochsensible Lebewesen beschreiben, klingt das oft wie in einem klinischen Lehrbuch (Pfeifer 2009, 8). Es wimmelt nur so von negativen Stigmatisierungen. Zehn Beispiele: Überempfindlich, verletzlich, denken zu viel, ängstlich, nicht belastbar, keine Reserven, rasch blockiert, rasch erschöpft, rasch gereizt, neigen häufig zu Überreaktion.

Tatsächlich stehen hochsensible Kinder in ihrer Entwicklung vor einigen Herausforderungen, die sich noch stärker als bei weniger sensiblen Kindern zeigen – zehn Beispiele:

- (1) Die Geburt ist gemäß des Psychoanalytikers Rank (1924) zwar universell für alle Kinder ein «Trauma», es ist jedoch anzunehmen, dass es für hochsensible Kinder ein ganz besonderer «Schock» ist, aus der sicheren Geborgenheit des Mutterleibs ins Freie zu treten.

- (2) Gewalt ist auch heute noch weltweit der «Normalfall», etwa drei Viertel aller Kinder werden von ihren Eltern geschlagen. Auch diese Erfahrung dürfte für hochsensible Kinder besonders schmerzhaft sein. Harke weist auf die besondere Sozialisation von hochsensiblen Jungen hin (2016, 222): «Die Ablehnung von körperlicher Gewalt kann sich bereits früh zeigen und spricht für eine hohe emotionale Intelligenz».

- (3) Das Geschlecht ist ein weiterer Faktor, der bei Hochsensiblen unterschiedlich wirkt. So weist Aron (2005, 119, vgl. Kap. 1.5) darauf hin, dass Sensibilität in unserer Kultur eher von Mädchen als von Jungen toleriert wird. Verhalten sich die Jungen anders, müssen sie laut Aron mit «negativen Rückmeldungen» rechnen.

- (4) Generell gilt eine schwierige Kindheit nach Aron als eines der Hauptmerkmale von hochsensiblen Personen. Tatsächlich ist sie bei Hochsensiblen häufig anzutreffen, z.B. wenn Eltern sich trennen.

- (5) Die Relevanz von friedlichem Schlaf kann für hochsensible Kinder, die besonders empfänglich für Sinneswahrnehmungen aller Art sind, kaum überschätzt werden. Umso brutaler dürften hochsensible Kinder beliebte moderne Erziehungspraktiken erleben, die Eltern empfehlen, Kinder einfach schreien zu lassen, um schlafen zu «lernen», anstatt sich die Zeit zu nehmen, um sie sanft in den Schlaf zu begleiten.

- (6) Auch beim Thema Lob verhalten sich manche Erziehungsratgeber geradezu kontraintuitiv und kontraproduktiv. So warnen Ideologien (z.B. Montessouri-Pädagogik) oder Autorinnen (Hensel 2013) davor, Kinder zu loben – für Hochsensible eine fatale Fehleinschätzung!

- (7) Eine besonders kritische Herausforderung hochsensibler Kinder ist das jahrelange Erleben im Kindergarten, angefangen vom elterlichen Zurücklassen in fremder Umgebung bis zum immensen Geräuschpegel und den intensiven Gruppendynamiken in diesen Einrichtungen, wo es oft keinerlei Möglichkeiten zum individuellen Rückzug gibt. Eine noch gewaltigere Herausforderung für hochsensible Kinder ist zweifelos die Abschiebung in eine Krippe in einem frühstkindlichen Alter, wo sie vor allem die Nähe ihrer Eltern brauchen.

- (8) Ähnlich wie in einer Kita kann auch die Schule für hochsenisible Kinder zu einer Herausforderung werden, bedenkt man, dass sich diese Institution vor allem an der Mehrheit der nicht hochsensiblen Kinder orientiert. Zu den bereits im Kindergarten anzutreffenden Faktoren kommt hier der Leistungsgedanke hinzu. So ist mündliche Mitarbeit bei Klassengrößen von 30 Schülern für hochsensible Kinder kaum möglich, wenn sich dominante Kinder mutiger und auffälliger in Szene setzen.

- (9) In der Jugend warten insbesondere in der Pubertät sehr große Herausforderungen gerade für sensible Kinder, welche Veränderungen stärker tangieren, sondern auch Themen wie Lüling & Lüling (2014, 92) am Beispiel des Weltschmerzes nennen: «Zusätzlich zum Schmerz ihrer Liebesgeschichten wird ihnen nun sehr bewusst, dass die ganze große Welt voller Nöte und Ungerechtigkeit ist».

- (10) Schließlich erschweren manche (Fehl-) Diagnosen hochsensiblen Kindern ihre natürliche Entwicklung, wofür z.B. Harke (2016, 226) am Beispiel von ADHS sensibilisiert, das zwar teilweise Gemeinsamkeiten aufweisen kann, oft aber auch das genaue Gegenteil.

Selbstreflexion

«Erkenne Dich selbst» stand auf dem Orakel von Delphi als wichtigste Quelle der Erkenntnis. Um wissenschaftliche Wahrheiten zu begreifen, müssen wir uns erst einmal selbst verstehen. Für folgendes Fall-Beispiel bin ich weltweit der größte Experte - schließlich handelt es sich um mich. In allen Phasen der Kindheit konnte ich positive wie negative Erfahrungen sammeln, die sich in ihrer Ambivalenz auch auf die weiteren Dekaden meines Erwachsenenlebens auswirken.

Die pränatale Phase war einerseits paradiesisch im Mutterleib, insbesondere als Wunschkind, anderseits gestaltete sich die Geburt dramatisch, weil mein Kopf zu groß und die Öffnung ins Freie zu eng war, was große Ängste (lat. angustus=eng) ausgelöst haben mag.

Die ersten gut zehn Jahre meiner Kindheit waren einerseits positiv in den ersten Jahren durch das Erleben von Urvertrauen und Präsenz meiner Eltern. «Mit diesem Jungen stimmt etwas nicht», hieß es aber, als ich während eines stundenlangen Tennisspiels meines Vaters am Seitenrand seelenruhig friedlich versunken mit einer Eisenbahn spielte, ohne Langeweile zu signalisieren, ähnlich im Urlaub als Nackedei am Strand. Andererseits wurde die Kindheit traumatisch durch die Trennung meiner Eltern kurz vor meiner Einschulung mit nachhaltigen Folgen.

Es folgten ein Umzug und der faktische Verlust meines Vaters, den ich nur noch in den Ferien sah. Ich wurde ein «Angsthase» und motorisch ein Spätentwickler, lernte z.B. Fahrradfahren und Schwimmen viele Jahre später als Gleichaltrige. Nachdem mir ein Kindergarten erspart blieb, war die Schule sozial ein sehr stressiger Ort, obwohl ich geistig eher unterfordert war und z.B. schneller Kopfrechnen konnte als meine Lehrer. Ich spürte Verantwortung für meinen kleinen Bruder und meine einsame Mutter. Bei den wenigen Besuchen meines Vaters kam es am letzten Abend immer zu dramatischen Familientreffen, die in der vergeblichen Hoffnung einer Wiedervereinigung und in Tränen endeten. Im Gegensatz zu anderen Kindern waren für mich laute Kindergeburtstage oder Kirmes-Volksfeste ein Albtraum. Auch führten unfreiwillige Kaufhausbesuche oder Fahrten mit dem Auto regelmäßig zu einer Reizüberflutung, einhergehend mit sehr starken Kopfschmerzen. Auf meinen Zeugnissen in unterschiedlichen Schulen standen stets dieselben Sätze: «Die Beteiligung am Unterricht darf noch lebhafter werden. Seine große Zurückhaltung macht es schwer, seine wahren Fähigkeiten zu erkennen. Er sollte viel mehr aus sich herausgehen.»

Die Teenager-Zeit meiner Jugend war einerseits positiv durch eine tiefe Beziehung zu meinem besten Freund und seinem Vater, den ich als Vorbild erlebte. Sein Vater war es auch, der uns auf einem evangelischen Gymnasium anmeldete, als meine Mutter im Krankenhaus und mein Vater weit weg war. Die neue Schule öffnete meine geistigen und spirituellen Horizonte und gab mir Halt, vor allem durch den

Glauben an Gott. Körperlich blieb ich ein ängstlicher Junge, der jeglicher Rauferei aus dem Wege ging, beim Tennis keinen Ball «töten» konnte, wie von meinem Trainer gefordert, und der Tore beim Handball nicht durch Gewaltwürfe, sondern durch eine «Bogenlampe» über den Keeper erzielte, was nicht mehr funktionierte, als die Torhüter größer und die Spiele härter wurden. Die Pubertät war eine besonders schwierige Zeit. Eines Tages missbrauchte mich meine Mutter, indem sie mir unvermittelt meine Hosen vor ihrer Freundin hinunterzog, um meine Mannwerdung zu zeigen. Ich hatte keine Verabredungen mit Mädchen, da mir der Mut fehlte. Autofahren wollte ich aus ökologischen Gründen nicht. Leider konnte ich dem Druck meiner Mutter nicht standhalten, die mich quasi zum Führerschein zwang. Vielleicht war es kein Zufall, dass ich mehrmals durch die Fahrprüfung flog. Später warf ich den Führerschein weg, weil ich die Umwelt nicht verschmutzen wollte. Obwohl ich auch auf dem Gymnasium ein guter Schüler war, blieb ich bei sämtlichen Klausuren im Abitur weit unter meinem Niveau. Wenige Tage zuvor hatte mich mein Vater übel beschimpft, was mich danach wochenlang blockierte.

Die 20er-Jahre meines Lebens begannen mit einer kaufmännischen Lehre, gefolgt von einem Diplom in Psychologie sowie einem Magister in Philosophie, und mündeten in der Promotion, die ich im Alter von 30 Jahren mit Bestnote und einer Arbeit über «Ökologisches Gewissen von Kindern und Jugendlichen» vollendete. Parallel zu meiner Doktorarbeit engagierte ich mich ehrenamtlich bei Greenpeace und als Sterbebegleitung in einem Hospiz. In dieser Zeit gelang es mir, mich von meiner Familie zu emanzipieren, um meinen eigenen Weg zu gehen.

Obwohl ich während der Studienjahre viele Offerten von Frauen hatte, blieb ich lieber allein. So erlebte ich zwar viele Freundschaften, aber keine Partnerschaft. Zugleich entwickelte ich einen hohen ethischen Anspruch bereits zu Beginn des Berufslebens in der Ausbildung, wo ich mich gegenüber Ungerechtigkeiten artikulierte, was mich zu einem einsamen Außerseiter machte. An einem Tag wurde ich zum Personalchef gebeten, der mich darüber aufklärte, keine Chance für eine Stelle zu haben, wenn ich Defizite im Unternehmen kritisiere. An einem anderen Tag sagte ein Wirtschaftskunde-Lehrer in unserer Berufsschule: «Alle Menschen sind bestechlich». Ein Mitschüler widersprach: «Nur Sven nicht!»

Die 30er-Jahre meines Lebens waren ziemlich turbulent. Beruflich hatte ich als Akademiker in wenigen Jahren mehrere lukrative Jobs, die dreimal mit einer Kündigung meinerseits endeten, weil ich im Gegensatz zu meinen Kollegen das Mobbing seitens der Führung weder ethisch noch gesundheitlich ertragen konnte.

Mein Vater sah in mir einen Versager. Persönlich hatte ich meine ersten partnerschaftlichen und sexuellen Fernbeziehungen, die schließlich in einer Ehe und Familiengründung mündete. Am Ende dieser Dekade machte ich mich selbständig. Zugleich wurde ich glücklicher Vater von einem Sohn und einer Tochter.

Die 40er-Jahre meines Lebens begannen damit, dass meine Frau die Scheidung einreichte, weil sie ohne Rücksicht auf Verluste ihren eigenen Weg gehen wollte - für mich die größte Krise und Enttäuschung, zugleich die schwerste Zeit meines Lebens, insbesondere in den ersten Jahren nach der Trennung, wo ich um mein Sorgerecht stark kämpfen musste. Gerichtlich konnte ich ein Wechselmodell durchsetzen, was dazu führte, dass ich zwei traumatisierte Kleinstkinder zur Hälfte allein erzog und in der anderen Wochenhälfte nur halbtags arbeiten konnte, was immer wieder mit finanziellen Engpässen einherging. An eine neue Partnerschaft war wegen meiner Prioritätensetzung für meine Kinder auch nicht zu denken. Psychisch zusätzlich herausfordernd war nicht nur das anhaltende Mobbing der Mutter meiner Kinder, sondern auch das komplette Abwenden meiner Nature-Family von mir samt ihrem Überlaufen zur Schwiegereltern-Familie. Als sensibler Mann überlebte ich diese Zeit vor allem durch die erlebte Geborgenheit Gottes und durch das Schreiben von 50 Büchern als Weg seelischer «Katharsis».

Die 50er-Jahre meines Lebens begannen mit dem Übergang der beruflichen Selbständigkeit in die Berufung einer Professur als Angestellter von einer Hochschule – einerseits herausfordernd durch einen anspruchsvollen Job auch mit vielen Reisen, andererseits erfüllend durch die Chance, meine Erfahrungen lehrend und forschend an jüngere Generationen weiterzugeben. Gesundheitlich überlebte ich eine Krebserkrankung, die nach Expertise des Chirurgen über viele Jahre gewachsen sein musste. Positiv konnte ich meine Sensibilität bei der Erziehung meiner inzwischen fast volljährigen Kinder einbringen. Sie haben sich zu Menschen entwickelt, die sich geliebt fühlen und erfolgreich ihren Weg gehen. Unsere gute Beziehung macht mich sehr dankbar. Wahrscheinlich ist es kein Zufall, dass auch meine sensible Tochter eine ähnliche Berufung spürt.

Glücks-Gebote

Die Selbstreflexion spiegelt Licht- und Schatten-Seiten eines hochsensiblen Erlebens wider. Nebenbei ist sie ein hoffnungsvolles Beispiel dafür, dass trotz einer «schwierigen Kindheit» auch große Herausforderungen des Lebens mit aller Fragilität gemeistert werden können.

Ebenso interessiert sich Sommer (2020, 55) für die «Gamechanger» nach der Bewusstwerdung vieler Herausforderungen: «Nachdem Sie sich nun durch Kapitel mit etlichen Schwierigkeiten, Problemen und Sorgen kämpfen mussten, folgt nun endlich die gute Nachricht. Hochsensible Kinder können sich zu starken, glücklichen, individuellen Persönlichkeiten entwickeln, wenn wir sie entsprechend unterstützen».

Was brauchen sensible Orchideenkinder zum Blühen? Zehn Gebote des Glücks:

- (1) Bei unserer Geburt sind wir als Baby immer - mehr oder weniger - hochsensibel, speziell im Übergang von der prä- in die postnatale Phase. Besonders glücklich können wir uns schätzen, wenn wir ein «Wunschkind» sind und als solches behandelt werden.

- (2) Körperkontakt im Sinne von Berührung ist für Kinder absolut überlebensnotwendig, um Bindungen und Urvertrauen aufzubauen. Diese Erkenntnis können wir auch von Ureinwohnern am Amazonas lernen (Liedloff 1977). Botschaft: «Das Kind braucht Ihre intensive Nähe – am Tag und in der Nacht!» (Lüling & Lüling 2014, 33).

- (3) Bei allem, was wir tun und erleben, ist die Liebe entscheidend – dies gilt auch und besonders für hochsensible Kinder. Bedingungslose Liebe ist nach dem Psychotherapeuten Rogers (1969) die wichtigste Erziehungsbotschaft beim Aufbau eines positiven Selbstkonzepts.

- (4) Das Erleben der Natur kann sehr heilsam sein, wie auch Lüling & Lüling bestätigen (2014, 11): «Viele hochsensible Kinder haben eine besondere Liebe zur Natur. Da fühlen sie sich ihrem Schöpfer nahe und kommen innerlich zur Ruhe». Im Gegensatz dazu löst die moderne extensive Beschäftigung mit technischen Geräten eher Unruhe aus.

- (5) Kinder brauchen Schutz - manchmal auch vor Erwachsenen, die über sie entscheiden, wie die Tabu-Themen Abtreibung, Scheidung und Adoption erahnen lassen.

- (6) Kinder brauchen auch Ruhe - und keine Reizüberflutung. Dies gilt nicht nur für die Babyzeit, in der es besonders bedeutsam ist, «dies so weit wie möglich zu beachten, denn hochsensive Babys verkraften weniger äußere Anregungen als andere Kinder» (Lüling 2014, 34).

- (7) Kinder im Allgemeinen und Hochsensible im besonderen benötigen ein gutes Team an Begleitern als Eltern, Lehrer und Coaches – gemäß des afrikanischen Credos: «Um ein Kind aufzuziehen, braucht es ein ganzes Dorf». Ihre Aufgabe ist es nach Vita (2017, 69) manchmal auch, Kinder aus ihrer Komfortzone zu bewegen, um Neues zu wagen und Risiken einzugehen – «Herausforderungen, die sich ein hochsensibles Kind unter Umständen nicht von alleine sucht».

- (8) In dem Sinne brauchen wir wertvolle Vorbilder als Leitbilder, die uns Orientierung und Inspiration schenken. Diesen Gedanken spiegelt auch Miller (1979) im Buch «Das Drama des begabten Kindes» wider, bei dem alle Antennen auf Empfang stehen.

- (9) Ein Schlüsselgebot für sensible Kinder ist Zeit - Präsenz, speziell im digitalen Zeitalter, wo Eltern oft mehr ihr Handy als ihre Kinder sehen. Schließlich ist es das «größte Geschenk, das Eltern ihrem Kind machen können, sich Zeit für das Kind zu nehmen» (Hensel 2013, 88).

- (10) Für ihre Zukunft brauchen Kinder auch eine verantwortungsvolle und sensible Politik, die ihnen ein nachhaltiges Überleben auf einer bewohnbaren Erde ermöglicht.

Essenz

Wir alle wurden als hochsensible Wesen geboren. Doch die meisten Menschen verlieren diese Fähigkeit im Laufe ihres Lebens. Unsere Aufgabe ist es, die uns geschenkte Sensibilität zu bewahren oder, im Verlustfalle, wieder zu gewinnen.

Leben heißt Wiedererinnerung, dass wir nicht nur bereits auf irdischem Wege bei unserer Geburt berührt wurden (wahrscheinlich erst durch eine Hebamme und dann hoffentlich mit Glücksgefühlen durch unsere Eltern), sondern auch auf spirituellem Weg durch eine geheimnisvolle göttliche Kraft, die uns mit dem Atem des Lebens beseelte.

So gilt noch immer das Credo des Philosophen Hans Jonas[63]: «Mit jedem Kinde, das geboren wird, fängt die Menschheit im Angesicht der Sterblichkeit neu an.» Jonas sieht im Kind die Basis aller Verantwortung. «Das Neugeborene, dessen blo-

[63] Jonas 1979, 241.

ßes Atmen unwidersprechlich ein Soll an die Umwelt richtet, nämlich: sich seiner anzunehmen. Sieh hin und du weißt».[64] Also sieh und fühle.

Von unserem Schöpfer
und seiner Schöpfung:
Bleiben wir berührt!

Nachwort: «Der Baum des Lebens» (Sven Sohr)

«An ihren Früchten werdet ihr sie erkennen.» Jesus (Matthäus 7.20)

Was tun? Mit der ethischen Schlüssel-Frage «Wie sollen wir leben?» ist auch die Frage nach dem Sinn des Lebens verbunden, die uns im Laufe unseres Lebens immer wieder einholt. Basierend auf dem Credo «Es gibt nichts Praktischeres als eine gute Theorie» (das sowohl Immanuel Kant als dem Philosophen der Aufklärung als auch dem Sozial-Psychologen Kurt Lewin als dem Vater der Aktionsforschung zugeschrieben wird) möchte ich versuchen, eine Theorie des Lebensbaumes zu skizzieren, um nachhaltige Antworten zur Orientierung als tragfähigen Kompass für eine (hoch-) sensible Lebenspraxis zu entdecken. Was braucht unser Lebensbaum zum Aufblühen?

In die Antwort fließen Erfahrungen von fast sechs Jahrzehnten hochsensiblen Lebens, davon etwa die Hälfte als Psychologe, Philosoph und Coach sowie auch 20 Jahre als Vater ein. Es sind Erfahrungen, die ich als Lernender auf dem Weg meiner Entwicklung machen durfte. Theoretisch werde ich einige Gedanken von Forschern zusammenbringen, die ich als hilfreich und wertvoll erleben konnte, um sie nicht nur in einem eigenen Modell aufgehen zu lassen, sondern in der konkreten Lebenspraxis unserer existentiellen Herausforderungen zu überprüfen, vor denen wir im 21. Jahrhundert stehen.

So gliedert sich der Beitrag in die drei Teile «past, present & future»: Im ersten Drittel suche ich nach inspirierenden Modellen, die ich im Laufe meines Lebens zum Verstehen des Baumes kennenlernen konnte. Im zweiten Drittel versuche ich den Baum mit meinen eigenen Worten zu malen. Und im finalen Drittel geht es um praktische Antworten auf die Fragen der Zukunft. Alle drei Schritte erfolgen aus einer sensiblen Perspektive, wobei sie stets persönlicher werden und zum Selbst-

[64] Jonas 1979, 235

denken einladen – spätestens dann, wenn die Erkenntniswege und Früchte des Autors als zu radikal erscheinen.

Vorliegende Modelle des Lebens

Aller guten Dinge sind drei - wer sich mit verschiedenen Entwicklungsmodellen des Lebens beschäftigt, kann überraschend feststellen, dass viele Theorien mit einem Dreiklang arbeiten, die an die ebenfalls dreidimensionale «Dialektik der Aufklärung» (These, Anti-These und Synthese) erinnern, zumindest hinsichtlich ihres prozessuralen Charakters. Nachfolgend möchte ich neun (3x3) Modelle kurz vorstellen, bevor ich mein eigenes als zehntes hinzufüge.

Die ersten drei Modelle sind Klassiker der Philosophie und Psychologie, die nachfolgenden drei Modelle beschreiben individuelle Entwicklungschancen im Erwachsenenalter, während die letzten drei Modelle auch den Sprung über die Ego-Perspektive hinaus wagen.

(1) Zuerst fällt das Höhlengleichnis ein, das Platon bereits 380 vor Christus im siebenten Buch seiner «Politeia» präsentierte. Im Gegensatz zu psychologischen Modellen geht es dabei bereits um die Frage der Emanziption des Menschen über sich selbst hinaus – ein Erkenntnisweg, der sich in drei Schritten vollzieht (und im postmodernen Zeitalter der Digitalisierung zeitlos aktuell erscheint):

- Gefesselt und gefangen halten die Höhlenbewohner irrtümlich die Schatten an der Höhlenwand für die Wirklichkeit (so wie der moderne Mensch die virtuellen Welten seiner Geräte mit der Realität verwechselt).
- Befreit sind die Höhlenbewohner, wenn sie fähig sind, ihre Fesseln zu lösen (falls sie heute in der Lage wären, Handy und Smartphone einmal abzulegen).
- Erleuchtet sind die ehemaligen Höhlenbewohner, wenn ihre Seele den sensiblen Weg ins wahre Licht der Sonne findet (wo sie keinerlei technische Geräte brauchen).

(2) Das erste psychische Modell zur Persönlichkeitsentwicklung stammt von Freud (1923) – er ging dabei von drei Instanzen aus, deren Zusammenwirken wir für ein balanciertes Leben vereinen müssen:

- Das Es, das dem Lust-Prinzip folgt, respräsentiert den tierischen Anteil unserer Triebe.

- Das Ich, das dem Realitäts-Prinzip folgt, trifft unsere bewussten Entscheidungen.
- Das Über-Ich, das dem Moralitäts-Prinzip folgt, ist letztlich die Stimme des Gewissens.

(3) Ein weiteres psychoanalytisches Modell entwickelte Berne mit seiner Transaktionsanalyse (1957), wobei der Ansatz auch auf Freud aufbaut und drei vergleichbare Ich-Zustände postuliert:

- Das Kind-Ich respräsentiert die Reaktionen auf unsere Eltern aus der Kindheit.
- Das Erwachsenen-Ich ist darum bemüht, auf «Erwachsenen-Ebene» zu kommunizieren.
- Das Eltern-Ich beinhaltet die Verhaltensweisen unserer Eltern im Erwachsenen-Alter.

Während die psychoanalytischen Modelle Struktur und Dynamiken unserer Persönlichkeit erklären wollen, interessieren sich humanistische Modelle vor allem für die Weiterentwicklung des Individuums.

(4) In seinem Buch «Entwicklung der Persönlichkeit» stellt Rogers (1961) seine drei Variablen vor, die nach seiner jahrzehntelangen Forschung entscheidend für gelingende Kommunikationen und Beziehungen sind:

- Authentizität – als offene und ehrliche Haltung des Ich.
- Wertschätzung – als Grundhaltung gegenüber dem Du.
- Empathie – als Kunst sensibler Einfühlung (Wir-Prinzip).

(5) Im Gegensatz zu Modellen, die auf Kindheit, Jugend und Erwachsenenalter fokussiert sind, entwickelte Baltes (1990) auch ein Entwicklungsmodell für das Alter. Im Sinne lebenslanger Entwicklungschancen ging er davon aus, dass es möglich ist, Defizite auszugleichen. Hierfür sind drei Schritte erforderlich:

- Selektion zur bewussten Auswahl von Fähigkeiten.
- Optimierung zur Stärkung vorhandener Fähigkeiten.
- Kompensation zum Ausgleich verlorener Fähigkeiten.

(6) Aus Sicht der Positiven Psychologie stellt Mangelsdorf (2020) ein Berliner Entwicklungsmodell vor, bei dem es um die Ausbildung von positiver Identität geht. Entscheidend sind drei Dinge, die metaphorisch interpretiert werden:

- Werte wie Wurzeln eines Baumes.
- Stärken wie Stämme eines Baumes.
- Sinn - symbolisiert durch die Sonne.

Wie bereits angedeutet, konzentrieren sich psychologische Modelle traditionell auf das Individuum. Die drei nachfolgenden Modelle zeichnen sich durch eine erweiterte systemische Perspektive aus, quasi als Steilvorlage zur Entwicklung eines eigenen Modells.

(7) Ein ökosystemisches Modell zum Verständnis menschlicher Entwicklung legte Bronfenbrenner (1981) vor, indem er drei grundlegende Dimensionen intergrierte:

- Die Mikro-Ebene unserer persönlichen Beziehungen.
- Die Meso-Ebene unserer beruflichen Lebenswelten.
- Die Makro-Ebene unserer globalen Gesellschaften.

(8) Mit dem «Kugelmodell der Persönlichkeitsentwicklung» hat Schmuck (2005) die Möglichkeiten unseres inneren Wachstums mit drei Orientierungen beleuchtet.

- In der Ego-Orientierung sind wir in erster Linie auf unser eigenes Leben fokussiert.
- In der Sozial-Orientierung treten wir stärker in Beziehung zu unseren Mitmenschen.
- In der Bio-Orientierung können wir auch Beiträge zur Erhaltung der Biosphäre leisten.

(9) Als progressivstes Modell der individuellen Entwicklung gilt die «Theorie U» des Öko-Systemikers Scharmer (2019) vom Massachussetts Institute of Technology (MIT) in Boston. Als Grundlage von Transformationsprozessen gilt die Fähigkeit, alte Denkmuster zu hinterfragen, um alternative Entwicklungen zu fördern. Erinnern wir uns nochmal (vgl. Kap. 2.7):

Das «U» symbolisiert den Weg von einem alten Berg zu einem höheren Gipfel. Schlüssel ist eine sensible Haltung, die aus einem Bewusstsein für das «große Ganze» agiert. So steht die Menschheit heute vor der großen Herausforderung, vom Ego-System-Bewusstsein ins Öko-System-Bewusstsein zu kommen, um vom Ich zu einem globalen Wir zu finden - und drei zentrale «Abgründe» zu überwinden:

- Der ökologische Abgrund offenbart sich durch die Zerstörung von Umwelt und Klima.
- Der soziale Abgrund zeigt sich durch wachsendes Auseinanderfallen in arm und reich.
- Der spirituelle Abgrund zeigt sich durch den Verlust von Sinn (Burnout-Probleme etc.).

Als Weg der Überbrückung aller drei Abgründe sieht Scharmer den Prozess des «Prescending», der Synthese von Sensibilität und Präsenz. Sie führt zum Innehalten, Umlenken und Loslassen. Den «größten Feind» dabei haben wir nach Scharmer selbst in der Hand: Das Smartphone. Lassen wir es hinter uns, winke die entscheidene Erkenntnis: «Du musst Dein Leben ändern!»

Das «www»-Lebensbaum-Modell
Unser eigenes Modell verbindet einige der bereits erwähnten Modelle der Persönlichkeitsentwicklung zu einem blühenden Lebensbaum – der Schlüssel dabei ist die Entfaltung unserer Sensibilität. Die Präsentation des Modells nimmt die Idee des Dreiklangs. Kennzeichen unseres Lebensbaum-Modells ist der dreimalige Buchstabe «W».

Der Lebensbaum ist die Antwort auf die Frage nach dem Warum unseres Seins. Er blüht von innen nach außen auf drei Wegen:

- Werte sind die Wurzeln unseres Seins.
- Worte spiegeln unsere Werte wider.
- Werke sind das Wirksamwerden unserer Werte, wenn Worte in Taten münden.

Wenn wir unsere Werte in diesem Sinne leben, entsteht Würde, Weisheit und Wohlbefinden. Denn wenn Worte und Taten im Einklang sind, kann unsere Seele ein reines Gewissen erleben. Als Nebenprodukt in dem sinnlichen Prozess fühlen wir auch, dass unser Leben einen Sinn hat.

Unsere Werte sind Ausdruck unseres Ursprungs, unserer Religion (lat. religio = Ursprung). Hier gibt es einige universelle Werte, die uns leiten können, allen voran die Liebe, davon ausgehend z.B. auch Dankbarkeit, Demut, Ehrfurcht, Integrität, Mitgefühl, Respekt oder Verantwortung.

Die Praxis im Prozess der Entfaltung unseres Lebensbaumes zeigt sich in einem dreifachen «E»:

- Das Denken führt zu einer Erkenntnis - die auch Erwachen und Erleuchtung sein kann.
- Das Fühlen führt zu einer Erfahrung - die mit all unseren Sinnen erlebt werden kann.
- Das Handeln führt zu einem Erleben - das in nachhaltigen Lebensstilen münden kann.

Exemplarisch kann der Prozess der Entfaltung unseres Lebensbaumes durch drei Dimensionen illustriert werden, mit denen sich (hoch-) sensible Menschen oft beschäftigen:

- Beispiel Digitalisierung.
- Beispiel Weltschmerz.
- Beispiel Spiritualität.

Wie kann der Entwicklungsprozess beim Thema Digitalisierung verlaufen?

- Die Erkenntnis der Denaturalisierung kann zu Ernüchterung führen.
- Die Erfahrung der Natur kann zu einem Aufblühen führen.
- Das Erleben kann in einen neuen Lebenstil münden.

Wie kann der Entwicklungsprozess beim Thema Weltschmerz verlaufen?

- Die Erkenntnis der Zustände dieser Welt kann Schmerz auslösen.
- Die Erfahrung von Weltschmerz kann Widerstände befruchten.
- Das Erleben von Weltschmerz kann in Empowerment münden.

Wie kann der Entwicklungsprozess beim Thema Spiritualität verlaufen?

- Die Gottes-Erkenntnis, z.B. durch «Gottesbeweise», kann erhellend sein.
- Die Gottes-Erfahrung, z.B. durch «magic moments», kann sinnlich sein.
- Das Gottes-Erleben, z.B. durch Gebet, kann täglich kultiviert werden.

Sicher lassen sich die drei genannten Dimensionen noch vertiefend ausführen – exemplarisch an dieser Stelle zum Thema Spiritualität mit der Frage nach den Weltreligionen. Hier unterscheiden sich die fünf großen Weltreligionen durch drei unterschiedliche Gottesmodelle:

- Glauben an keinen Gott, wie im Buddhismus (atheistische Religion).
- Glauben an viele Götter, wie im Hinduismus (oder bei den Griechen).
- Glauben an einen Gott, wie im Judentum, Christentum und Islam (als monotheistische Transzendenz-Religionen, wobei nur das Christentum von einem liebevollen Gottesverständnis ausgeht).

Das Beispiel lässt erahnen, dass wir prinzipiell die Wahl haben, verschiedene Entwicklungsstufen zu gehen, wobei Entwicklungsprozesse stets Zeit brauchen.

Schlüssel zum Erleben der dritten Stufe ist jeweils, dass wir den denkenden Teil unserer Seele (das, was Descartes einst als «res cogitans» bezeichnete) in einen fühlenden Teil unserer Seele (das, was Descartes einst als «res extensa» bezeichnete) überführen - mit dem Unterschied, dass Descartes Erstgenanntes über Letztgenanntes stellte und somit nicht zum Erleben kam. Wer als sensibler Mensch seine Seele aber nicht emotional verkümmern lässt, wird die Früchte seines blühenden Baumes ernten können.

(3) Der Baum im «Sturm des Lebens»
Je älter wir werden, desto wahrscheinlicher wird die oft schmerzhafte Einsicht, dass das Leben kein Wunschkonzert ist. Stattdessen werden wir mit den Stürmen des Lebens konfrontiert, die uns vor Herausforderungen stellen, die uns fordern und manchmal auch überfordern können. Fußballer wissen: «Die Wahrheit ist auf dem Platz».

Daher setzen wir den Lebensbaum abschließend nochmal drei Konflktfeldern aus, um herauszufinden, wie er darauf reagieren könnte. Wie schon eingangs angedeutet, kann es hier unterschiedliche Antworten geben, die sich von denen des Autors stark unterscheiden. Schauen wir uns drei «Konfliktfelder» an:

- Das Konfliktfeld «Klima».
- Das Konfliktfeld «Krieg».
- Das Konfliktfeld «Kinder».

Beginnen wir mit dem Konfliktfeld Klima am Beispiel der sog. «Klimakleber», die sich aus Ohnmacht über mangelndes gesellschaftliches Handeln gegen die Klimakatastrophe auf die Straße kleben. Hier reagiert die große Mehrheit der Bevölkerung mit Ärger und Aggressionen. Für sensible und empathiefähige Menschen gibt es jedoch auch Alternativen:

- Im Denken die Erkenntnis, dass die Klimakleber nicht das eigentliche Problem sind.
- Im Fühlen die Erfahrung, dass die Klimakleber sich stellvertretend für uns engagieren.
- Im Handeln das Erleben, dass wir selbst auch etwas tun können, z.B. bei Greenpeace.

Kommen wir zum Konfliktfeld Krieg und drei ebenfalls aktuellen Beispielen, bei denen die Kunst der Klarheit darin bestehen könnte, die Unterschiede zwischen Tätern (als Auslöser) und Opfern nicht aus dem Auge zu verlieren:

- Zum Beispiel das Erkennen der eigentlichen Opfer in Israel angesichts der Gräuel-Taten der Hamas.
- Zum Beispiel das Mitfühlen mit den unschuldigen Opfern der Ukraine durch den Massenmörder Putin.
- Jenseits von Opfer- und Täter-Interpretationen sowie Kriegen sind auch alle Beispiele eines tätigen Mitgefühls zu nennen, z.B. Spenden für Bedürftige oder Hospiz-Dienste.

Schließen wir mit dem Konfliktfeld Kinder und drei Beispielen aus dem Leben:

- Beim Beispiel «Abtreibung» könnte die Erkenntnis, dass es sich um Auslöschung von Leben handelt, zu einem Erschrecken führen. Das Hineinfühlen in die Annahme, dass es uns auch hätte passieren können und wir dann nicht auf der Welt wären, könnte als eine tiefgreifende Erfahrung wirken. Das Handeln könnte individuelles Unterlassen sein, vielleicht sogar gesellschaftliches Engagement für das Über-Leben.
- Beim Beispiel «Scheidung» könnte die Erkenntnis, dass die Folgen für die Kinder stets traumatisch für den Rest ihres Lebens sind, zu einem Innehalten der Eltern führen. Das Mitgefühl mit den geliebten Kindern könnte zu einer nachhaltigen Erfahrung führen, die in die Handlung der Konfliktlösung des Unterlassens zugunsten der Kinder mündet.

- Beim dritten Beispiel geht es um «Tier-Kinder» - um die Frage unserer Ernährung: Dürfen wir Tiere als unsere Mitgeschöpfe und Freunde essen? Die Erkenntnis, dass es sich um leidensfähiges Lebens handelt, das wir verspeisen, kann zu einem «Klos im Hals» führen. Das Mitgefühl mit dem Leid der Tiere und das Hineinfühlen, wie es wäre, wenn uns «Außerirdische» vertilgen würden, könnte auch zu einer nachhaltigen Erfahrung führen. Das Erleben könnte in vegetarischen oder veganen Lebensstilen münden.

Hilfreich ist sowohl der kognitive Weg des Perspektivwechsels als auch der emotionale Weg der Empathie. So kann z.B. die Identifikation mit Kindern oder dem eigenen Kind in uns die Augen dafür öffnen, dass kein Kind der Welt sich Eltern aussuchen würde, die sie umbringen, oder die sich trennen, wenn sie auf der Welt sind. Auch würde kein Kind der Welt auf seine Mutter oder auf seinen Vater als die beiden irdischen Wurzeln seines Lebens jemals verzichten wollen, sofern die Eltern keine Gefahr für sie sind. Ob Eltern fähig sind, die natürlichen Bedürfnisse ihrer Kinder zu respektieren, ist letztlich eine Frage ihrer Liebe.

Gemeinsam ist der Reflexion aller Konflikt-Beispiele, dass sie mit Ethik zu tun haben (also der Frage, wie wir leben sollen) und daher (hoch-) moralisch sind. Hilfreich zum Verständnis sind Theorien und Modelle der Moralentwicklung und deren Nachhaltigkeit – drei klasssische Beispiele:

- Der Philosoph Meyer-Abich (1990) hat ein Modell von Verantwortungskreisen kreiert, das drei zentrale Entwicklungsschritte umfasst, von der egozentrischen Verantwortung nur für uns selbst über eine anthropozentrische bis zur biozentrischen Verantwortung.
- Der Psychologe Kohlberg (1984) hat ein Modell der Moral-Entwicklung mit drei Stadien kreiert - ein präkonventionelles Niveau (Orientierung an Gehorsam), ein konventionelles Niveau (soziale Orientierung) und ein postkonventionelles Niveau (Orientierung an ethischen Prinzipien des Gewissens, siehe Gandhi oder Luther-King).
- Der Psychologe Lewin (1947) hat ein Modell zum Verständnis sozialer Veränderungen («model of change») entwickelt, das sich in drei Stufen vollzieht – vom Auflockern alter Muster («unfreezing») über das Hinüberleiten («moving») zum Verfestigen («Freezing»). Voraussetzung für den letzten Schritt ist die Kongruenz mit unserer Persönlichkeit.

Alle Analysen münden in einige Fragen, wie unser Lebensbaum in einer Welt blühen kann, wenn wir unbeirrt und unberührt so weiterleben, wie wir es tun:

- Wie können wir angesichts der fortschreitenden Klimakatastrophe und der tödlichen Folgen für künftige Generationen weiter in unsere Autos steigen oder fröhlich mit dem Flieger um die Welt jetten?
- Wie können wir das soziale Leid unserer Mitmenschen an vielen Orten der Welt ignorieren?
- Und wie können wir das tierische Leid ignorieren, das uns täglich an den Fleischtheken unserer Supermärkte still entgegenschreit?

Abschließend will ich nochmal für die Ausbildung unserer Werte als Wurzeln sensibilisieren. Werte werden normalerweise als wertvoll angesehen, wie z.B. die Liebe. Es lassen sich allerdings auch theoretisch wie praktisch Anti-Werte ausbilden, wie z.B. Hass. Dies führt dann nicht zu einem guten aufblühenden Lebensbaum, sondern zu einem bösen Baum mit faulen Früchten, mit einem hasserfüllten Denken, Shitstorm-Worten und gewaltvollen Werken bzw. Taten.

Wie wichtig die Ausbildung positiver Werte bereits in der Kindheit ist, zeigt eine Studie von Fogelman (1993). Sie suchte die Gründe der Zivilcourage, die Menschen einst an den Tag legten, welche unter Einsatz ihres Lebens in der NS-Zeit jüdische Bürger aufnahmen und versteckten. Es waren unterschiedliche Menschen, deren Gemeinsamkeiten sowohl im Erleben von positiven Werten schon in der Kindheit bestand, als auch im Wohlbefinden bei der Erinnerung an die Heldenzeit ihres Lebens, als der Samen ihrer Werte aufblühte.

Werte, deren Ursprung («Religion») und Kraft aus der Spiritualität göttlicher Geborgenheit der Liebe stammen, haben das Potenzial, die menschliche Hybris des «Gottspielens» in aller Form («mein Bauch gehört mir» etc.) zu überwinden, um Mitgeschöpfe wieder zu fühlen und berührbar zu bleiben.

In der Welt, in der wir heute leben, ist es nicht gerade einfach, Orientierung mit einem tragfähigen Kompass für eine sensible Lebenspraxis zu finden. Moderne Ersatzreligionen vernebeln unsere Sinne und sind alles andere als zielführend, weder die Religion des Egos oder die Religion des Geldes, noch die Religion der Gesundheit oder die Religion der Technik. Letztlich hilft uns nur eine Religion, die uns spirituell wieder mit unserem Schöpfer verbindet.

Paradoxerweise gelingt das auch der heutigen Wissenschaft der Psychologie nicht, nachdem sie sich der Seele in ihrem Namen schämte. Stattdessen vergisst sie in ihren modernen Modellen wie «Big-5» oder «Perma» mit der Spiritualität ausgerechnet diejenige Dimension, die unser Leben mehr als alles andere zum Aufblühen bringen kann. Doch wenn sich Selbstmitgefühl oder Achtsamkeit nur auf das eigene Ego beschränken, bleibt das Leben einsam. Sensibilität im Sinne von Mitgefühl hat im Vergleich zu einem bloßen Selbstmitgefühl dagegen eine vielfach höhere Wahrscheinlichkeit für prosoziale Erlebniswelten und Taten.[65]

Die Antwort auf die Frage, wie wir unsere Sensibilität wiederfinden können, liegt auf der Hand. Sofern wir kein Handy in der Hand halten, ist sie erstaunlich leicht: Mit offenen Augen durch die Welt gehen, um zu fühlen, z.B. ein Lächeln oder feuchte Augen zu spüren und dankbar gesegnet zu sein. Denn Sensibilität ist nicht das Problem einer Minderheit, sondern eine Chance für alle Menschen.

In Vollendung aller Dreiklänge lautet die Take-Home-Message:

1. (Hoch-) Sensibilität ist der wichtigste Schlüssel für eine lebenlange Entwicklungsfähigkeit.

2. Unser Lebensbaum wächst von innen nach außen - von Werten zu Worten in Werke.

3. Die volle Blüte wird unser Baum erst in den «Stürmen des Lebens» offenbaren. Denn an seinen Früchten werden wir ihn erkennen.

[65] Vgl. Volkenand, L. (2024) zur Frage «Fördert Selbstmitgefühl prosoziales Verhalten?»

Literatur

Hinweis: Herzlichen Dank für die 222 Quellen umfassende Literaturliste zum Thema Hochsensibilität an Jacqueline Rossmann – falls uns Quellen entgangen sind, bitten wir um Verzeihung!

- Acevedo, B., P. Aron, E. N., & Aron, A. (2014): The highly sensitive brain: an fMRI study of sensory processing sensitivity and response to other's emotions. Brain and Behavior.
- Anders, G. (1972): Endzeit und Zeitenende. München.
- Aron, E. (2007): Sind Sie hochsensibel? Wie Sie Ihre Empfindsamkeit erkennen, verstehen und nutzen. Heidelberg.
- Aron, E. (2015): Hochsensibilität in der Liebe. München.
- Aron, E. (2008): Das hochsensible Kind. München.
- Aron, E. (2014): Hochsensible Menschen in der Psychotherapie. Paderborn.
- Aron, E. (2015): Hochsensibilität in der Liebe. München.
- Au, C. (2016): Wirksame und nachhaltige Führungsansätze: System, Beziehung, Haltung und Individualität. Heidelberg.
- Bakker & Moulding (2012): Sensory-Processing Sensitivity, Dispositional Mindfulness and Negative Psychological Symptoms. Personality and Individual differences.
- Baldwin, M. (1987): Interview with Carl Rogers on the use of the self in therapy. Journal of Psychotherapy & The Family.
- Banek, N. (2022): Die Selbsterkenntnis der Hochsensibilität, eine qualitative Studie am Beispiel hochsensibler Menschen im Übergang Schule-Beruf. Berlin.
- Bauer, A. (2022): Schönheitsideale: Was ist eigentlich schön? Zugriff unter www.spiegel.de/deinspiegel/schoenheitsideale-was-ist-eigentlich-schoen?
- Bakx, Bas, Braaksma, de Kleijn, Greven, Kaandorp (2021): Experiences of Adults High in the Personality Trait Sensory Processing Sensitivity: A qualitative Study.
- Belsky, J., Bakermans-Kranenburg, M.J., van lizendoorn, M.H. (2007): For Better and For Worse: Differential Susceptibility to Environmental Influences. Current Directions in Psychological Science.
- Berk, L.E. (2005): Entwicklungspsychologie. London.
- Berman, M. G., et al. (2012): Interacting with nature improves cognition and affect for individuals with depression. Journal of Affective Disorders. Volume 140.
- Berto, R. (2005): Exposure to restorative environments helps restore attentional capacity. Journal of Environmental Psychology. Volume 25.

- BIBEL (2009): Gott begegnen (nach Übersetzung von Martin Luther). Friedrichshafen.
- Blach, C. (2016): Ein empirischer Zugang zum komplexen Phänomen der Hochsensibilität. Graz.
- Black, B. A., Kern, M. L. (2020): A qualitative exploration of individual differences in wellbeing for highly sensitive individuals. Palgrave Communications, Australia.
- Böttcher, J. (2018): Fachbuch Hochsensibilität. Worauf es in der Begleitung Hochsensibler ankommt. Munderfing.
- Bollnow, O. (1984): Der Mensch braucht heimatliche Geborgenheit. Philosophische Betrachtung. Landeszentrale für politische Bildung Baden-Württemberg (Hrsg.): Heimat heute. Stuttgart.
- Bratman, G. N., Daily, G. C., Levy, B. J., Gross. J. J. (2015): The benefits of nature experience: Improved affect and cognition. Landscape and Urban Planning. Volume 138.
- Braun, S. (2022): Was hochsensible Menschen in der Psychotherapiepraxis brauchen. https://psylife.de/magazin/was-hochsensible-menschen-in-der- psychotherapiepraxis-brauchen.
- Brämer, R. (1997): Varianten des Naturbegriffs. Versuch einer Orientierung. Natur subjektiv, Studien zur Natur-Beziehung in der Hightech-Welt. München.
- Brielmann, A. (2023): Das Geheimnis der Schönheit, www.mpg.de/das-geheimnis-der-schoenheit.
- Brindle, K., Moulding, R., Bakker, K. & Nedeljkovic, M. (2015): Is the relationship between sensory-processing sensitivity and negative affect mediated by emotional regulation? Australian Journal of Psychology, 67(4), 214-221.
- Bröderbauer, D. (2015): Naturerleben und Gesundheit. Eine Studie zur Auswirkung von Natur auf das menschliche Wohlbefinden unter besonderer Berücksichtigung von Waldlebensräumen. Naturfreunde International. Wien.
- Bucher, A. (2007): Psychologie der Spiritualität. Handbuch. Weinheim.
- Buchwald, K (1984): Heimat heute: Wege aus der Entfremdung. Überlegungen zu einer zeitgemäßen Theorie von Heimat. In: Landeszentrale für politische Bildung Baden-Württemberg. Stuttgart
- Budner, S. (2023): Ästhetische Intelligenz: die Fähigkeit, das Schöne wahrzunehmen. Gedankenwelt.
- Carson, R. (2021): Der stumme Frühling. München (Original 1963).
- Cornell, A.W. & McGavin, B. (2013): Die Kunst des Annehmens: Leben und Arbeiten mit Focusing. Norderstedt.
- Csikszentmihalyi, M. (1988): The flow experience. Cambridge.

- De Haan, E. & Mannhardt, S. (2014): Wirkungsvolles Executive-Coaching. Coaching-Magazin 4/2014.
- De Vries, S. Verheij, R. A. Groenewegen, P. P. Spreeuwenberg, P (2003): Natural environments -healthy environments? An exploratory analysis of the relationship between green space and health. Environment and Planning.
- Dewulf, D. (2010): Das Arbeitsbuch der Achtsamkeit. Freiburg.
- Dienemann, K. (2017): Natur als Medium im Coaching. Mehr als «nur» gesund? In: Coaching-Magazin, Ausgabe 4.
- Dobos, G., Paul, A., Altner, N., Anheyer, D., Benedetti, F., Bernus, L. von, Bosmann, S. & Brähler, C. (Hrsg.). (2019): Mind-Body-Medizin: Integrative Konzepte zur Ressourcenstärkung und Lebensstilveränderung. Amsterdam.
- Dunn, R., Callahan, J. L., Swift, J. K., & Ivanovic, M. (2013): Effects of pre- session centering for therapists on session presence and effectiveness. Psychotherapy Research, 23(1), 78–85.
- Egert, B. (2012): Hochsensibilität im Horoskop. Wie wir sie erkennen und verstehen. Tübingen.
- Elliott, R., Watson, J., Greenberg, L.S., Timulak, L., & Freire, E. (2013): Research on humanistic-experiential psychotherapies. In: Lambert, M.J. (Ed.), Bergin & Garfield's Handbook of psychotherapy and behavior change (6th ed.) (pp. 495-538). New York.
- Ellis, B.J., Boyce, W.T., Belsky, J., Bakermans-Kranenburg, M.J., van IJzendoorn, M.H., (2011): Differential susceptibility to the environment: an evolutionary-neurodevelopmental theory. Dev. Psychopathol. 23 (1), 7-28.
- Falkenstein, T. (2017): Hochsensible Männer – mit Feingefühl zur eigenen Stärke. Paderborn.
- Fenner, D. (2021): Hochsensibilität. Phänomenologische und ethische Überlegungen. Basel.
- Flaßpöhler, S. (2021): Sensibel. Über moderne Empfindlichkeit und die Grenzen des Zumutbaren. Stuttgart.
- Fogelman, E. (1993): Conscience and Courage. New York.
- Frankl, V. E. (2005): Der Seele Heimat ist der Sinn: Logotherapie in Gleichnissen. Zusammengestellt u. bearbeitet v. E. Lukas. München.
- Freud, S. (1923): Das Ich und das Es. Wien.
- Gans, C., Dienemann, K., Hume, A., Lorino A. (2020): Arbeitsraum Natur. Handbuch für Coaches.
- Gebauer, Guido F. (2023): Hochsensible brauchen wertschätzende Partnerinnen, unter www.hochsensible.eu/hochsensible-brauchen-wertschaetzende-partnerinnen.

- Gebhard, U. (2001): Kind und Natur: die Bedeutung der Natur für die psychische Entwicklung. Berlin.
- Gebhard, U., Lude, A., Möller, A., Moormann, A. (2021): Naturerfahrung und Bildung. Wiesbaden.
- Geller, S.M. (2017): A Practical Guide to Cultivating Therapeutic Presence. American Psychological Association.
- Geller, S. M. (2020). Cultivating Therapeutic Presence. Strengthening Your Clinical Heart, Mind, and Practice. Transformance: The AEDP Journal, 10(1).
- Geller, S.M. & Greenberg, L.S. (2022): Therapeutic Presence: A Mindful Approach to Effective Therapeutic Relationships, 2nd Edition, American Psychological Association.
- Geller, S. M. & Porges, S.W. (2014): Therapeutic Presence- Neurophysiological Mechanisms Mediating Feeling Safe in Therapeutic Relationships. Journal of Psychotherapy Integration, 24, 3, 178-192.
- Gendlin, E. T. (1981): Focusing (2nd ed.). (Original: 1976), New York.
- Gendlin, E. T. (1984): The client's client: The edge of awareness. In R.L. Levant & J.M. Shlien (Eds.), Client-centered therapy and the person- centered approach. New directions in theory, research and practice, pp. 76- 107. New York.
- Gendlin, E. T. (1996): Focusing-oriented psychotherapy. A Manual of the Experiential Method. New York, NY: The Guilford press.
- Gendlin, E. T., Beebe, J., Cassens, J., Klein, M., & Oberlander, M. (1968): Focusing ability in psychotherapy, personality, and creativity. In J.M. Shlien (Ed.), 1968. Research in psychotherapy. Vol. III, pp. 217-241. Washington, DC.
- Greven, C. U., Lionetti, F., Booth, C., Aron, E. N., Fox, E., Schendan, H. E., Pluess, M., Bruining, H., Acevedo, B. P., Bijttebier, P. & Homberg, J. R. (2019): Sensory Processing Sensitivity in the context of Environmental Sensitivity: A critical review and development of research agenda. Neuroscience and Biobehavioral Reviews, 98, 287-305.
- Grönemeyer, H. (1999): Heimat. Single-B-Seite von: Ich dreh mich um Dich. Grönland.
- Gross (2019): Heimat. Gemischte Gefühle: Zur Dynamik innerer Bilder. Göttingen
- Grossman, P., Niemann, L., Schmidt, S., & Walach, H. (2004): Mindfulness- based Stress Reduction and Health Benefits: A meta-analysis. Journal of psychosomatic research, 57(1), 35- 43.
- Grothendieck, C. (2022): Innere Heimat. Projektarbeit. DHGS Berlin.
- Grün, A. (2015): Schönheit. Münsterschwarzach.
- Guendelman S, Medeiros S and Rampes H (2017): Mindfulness and Emotion

Regulation: Insights from Neurobiological, Psychological, and Clinical Studies. Front. Psychol. 8:220.

- Gulla, B., Golonka, K. (2021): Exploring protective factors in wellbeing: How sensory processing sensitivity and attention awareness interact with resilience. Frontiers in Psychology.
- Gutland, S. (2020): Hochsensibilität – Störung oder Stärke? Herausforderungen und Chancen für Therapie und Coaching. Berlin.
- Haarer, J. (1934): Die deutsche Mutter und ihr erstes Kind. München.
- Harke, S. (2014): Hochsensibel ist mehr als zart besaitet – die 100 häufigsten Fragen und Antworten. Petersberg.
- Harke, S. (2017): Wenn Frauen zu viel spüren – Schutz und Stärkung für Hochsensible. München.
- Harke, S. (2019): Gelassen leben mit Hochsensibilität – das Tagebuch für Hochsensible. Petersberg.
- Harke, S. (2023): Hochsensibel – was tun? Set mit 52 Mandala-Karten. Petersberg.
- Heintze, A. (2013): Außergewöhnlich normal – hochbegabt, hochsensitiv, hochsensibel. München.
- Heintze, A. (2015): Ich spüre was, was du nicht spürst: Wie Hochsensible ihre Kraftquellen entdecken. München.
- Heintze, A. (2017): Erotische Intelligenz -hochsensibel lieben und sinnlich leben. München.
- Heintze, A. (2019): Hochsensibel im Beruf -wie du dank deiner Empfindlichkeit erfolgreich wirst. München.
- Hensellek, C. (2023): Metamorphose – hochsensibel gesund leben.
- Hensel, U. (2013): Mit viel Feingefühl – Hochsensibilität verstehen und wertschätzen. Paderborn.
- Hensel, U. (2015): Hochsensible Menschen im Coaching. Paderborn.
- Hensel, U. (2023): Hochsensibel sein – 22 Impulse für einen guten Umgang mit der eigenen Hochsensibilität. Paderborn.
- Hochschild, A. R. (1983): The Managed Heart: Commercialization of Human Feeling. London: University of California.
- Hölzel, B. & Brähler, C. (Hrsg.). (2015). Achtsamkeit mitten im Leben: Anwendungsgebiete und wissenschaftliche Perspektiven.
- Hölzel, B., Lazar, S. W., Gard, T., Schuman-Olivier, Z., Vago, D. R. & Ott, U. (2011). How Does Mindfulness Meditation Work? Proposing Mechanisms of Action From a Conceptual and Neural Perspective. Perspectives on Psychological Science, 6(6), 537-559.

- Huber, A. (1999): Heimat in der Postmoderne. Zürich & Genf.
- Huppertz, M., Schatanek, V. (2021): Achtsamkeit in der Natur. Paderborn.
- Jonas, H. (1979): Das Prinzip Verantwortung. Versuch einer Ethik für die technologische Zivilisation. Frankfurt/Main.
- Jung, C.-G. (1921): Psychologische Typen. Zürich.
- Kabat-Zinn, J. (1994): Wherever You Go, There You Are: Mindfulness Meditation in Everyday Life.
- Kasser, T. (2017): Materialistic values and goals. Annual Review of Psychology. 68, 377-402.
- Kast-Zahn, A. (1995): Jedes Kind kann schlafen lernen. Oberstebrink.
- Kern, A.-B. (2020): Gesunde Ernährung für hochsensible Menschen. Oakland Park.
- Kern, A.-B. (2023): Nahrungsergänzung für hochsensible Menschen. Oakland Park.
- Kirchhoff, T. (2019): «Natürlichkeit» - Bedeutungen und Bewertungen. In: Neue Gentechniken und Naturschutz - eine Verhältnisbestimmung
Bonn - Bad Godesberg.
- Klages, W. (1987): Der sensible Mensch. Stuttgart.
- Klostermann, V. (1997): Heidegger. Frankfurt/Main.
- Kohlberg, L. (1984): Die Psychologie der Moralentwicklung. Frankfurt/Main.
- Koltko-Rivera, M. E. (2006): Rediscovering the later version of Maslow's hierarchy of needs:Self-transcendence and opportunities for theory, research, and unification. Review of General Psychology, 10(4), 302-317
- Kondo, M. C., Jacoby, S. F., South, E. C. (2018): Does spending time outdoors reduce stress? A review of real-time stress response to outdoor environments. Health Place.
- Koerber, C. J. (2022): Präsenzbasiertes Coaching. Eine analytische und konzeptionelle Arbeit inspiriert von der Praxis des Focusings und der Perspektive der Nondualität. Norderstedt.
- Kreitmeir, C. (2019): Gütersloher Verlagshaus (Hrsg.) Der Seele eine Heimat geben. Spirituelle Impulse für ein gutes Leben. Gütersloh.
- Kross, E., & Ayduk, O. (2017): Self-distancing: Theory, research, and current directions. Advances in Experimental Social Psychology, 55, 81-136.
- Kruk, M. E., Chukwuma, A. & Mbaruku, G. (2018): Reducing maternal mortality in Nigeria: The need for urgent action. The Lancet. 391(10117), 1309-1311.
- Küster, B. (2022): Hochsensibilität. Den eigenen Weg finden. Holzgerlingen.
- Kuhn, T.-S. (1962): Struktur wissenschaftlicher Revolutionen. Berlin.
- Kunkat, S. (2015): Mein HSP-Coach. Herstedt.

- Kunze, D. (2016): Personenzentriertes Coaching. Veränderung durch Beziehung. In: Coaching Magazin, 1/2016, S. 20-25.
- Lakatos-Troll, V. (2022). Selbstmitgefühl im Coaching von hochsensitiven Erwachsenen. Selbstmitgefühl – Schlüsselkomponente zur Entwicklung und Stabilisierung einer «Vantage-Sensitivität» von hochsensitiven Erwachsenen? Wien.
- Leopoldsberger, N. (2017): Emotionsregulation bei hochsensiblen Menschen. Eine Online-Studie. Wien.
- Li, Q., Kobayashi, M., Kawada, T. (2008): Relationships between percentage of forest coverage and standardized mortality ratios (SMR) of cancers in all prefectures in Japan. The Open Public Health Journal ,1, 1-7.
- Liedloff, J. (1977): Auf der Suche nach dem verlorenen Glück. Gegen die Zerstörung unserer Glücksfähigkeit in der frühen Kindheit. München.
- Lionetti, F., Aron, A., Aron, E. N., Burns, G. L., Jagiellowicz, J. & Pluess, M. (2018): Dandelions, tulips and orchids: evidence for the existence of low- sensitive, medium-sensitive and high-sensitive individuals. Translational psychiatry, 8(1), 24.
- Lülling, D.u.C. (2014): Mit feinen Sensoren – Hochsensitive Kinder verstehen und ins Leben begleiten. Lüdenscheid.
- Lyddy, C.; Good, D.J.; Glomb, T.M.; Bono, J.E.; Brown, K.W.; Duffy, M.K.; Baer, R.A.; Brewer, J. A.; & Lazar, S.W. (2015): Contemplating Mindfulness at Work. An Integrative Review. School of Business Faculty Publications, 6.
- Mangelsdorf, J. (2020): Positive Psychologie im Coaching. Berlin.
- Mark, G., & Gudith, D. (2018): The relationship between digital media use and psycholocial well-being: A meta-analysis. Journal of Computer-Mediated Communication, 23(6), 319-348.
- Marletta-Hart, S. (2003): Leben mit Hochsensibilität. Herausforderung und Gabe. Bielefeld.
- Marletta-Hart, S. (2011): Achtsam leben mit Hochsensibilität. Bielefeld.
- Marletta-Hart, S. (2013): Leben mit hochsensiblen Kindern. Bielefeld.
- Marletta-Hart, S. (2018): Hochsensibilität und Stress. Bielefeld.
- Mayer, J., Bayrhuber, H. (1994): Einfluß von Naturerfahrungen auf Umweltwissen und Umwelthandeln mi Kindes- und Jugendalter. Kiel.
- Mayer, V. (2023): Warum sich die Psychologie für die Ästhetik interessiert. www.veronikamayer.de
- Meindl, J. & Bucher, A. (2015): Gibt es eine spirituelle Persönlichkeit? Eine differentialpsychologische Studie. Weg Mensch, 69:228-238.
- Meißner, A. (2015): Hochsensible Persönlichkeiten - ein wohl überflüssiges Stö-

rungskonzept. NeuroTransmitter. Heidelberg.

- Menninghaus, W. (2019): Forschungsbericht 2019 – Max-Planck-Institut für empirische Ästhetik. Schönheit, Eleganz, Anmut und Sexiness im Vergleich.
- Meyer-Abich, K.M. (1990): Aufstand für die Natur. Von der Umwelt zur Mitwelt. München.
- Mikisch, T. (2020): Körperwahrnehmung im Coaching. Selbstregulation durch körperorientierte Verfahren. Coaching-Magazin, 3/20.
- Miller, A. (1979): Das Drama des begabten Kindes. Frankfurt am Main.
- Miyazaki, Y. & Motohashi, Y. (1995): Forest environment and physical response. Recent progress ni medical balneology and climatology. Sapporo.
- Molyn, J., de Haan, E., van der Veen, R. & Gray, D. E. (2021): The impact of common factors on coaching outcomes, Coaching: An InternationalJournal of Theory, Research and Practice.
- Nevoigt, M. (2021): hochsensibel & selbstbestimmt – in einem Meer von Gefühlen. Berlin.
- Molyn, J., de Haan, E., van der Veen, R. & Gray, D. E. (2021): The impact of common factors on coaching outcomes, Coaching: An International Journal of Theory, Research and Practice.
- Norcross, J. C., & Lambert, M. J. (2019). Evidence-based psychotherapy relationships: The third task force. In: Norcross, J. C., & Lambert, M. J. (Hrsg.) Psychotherapy relationships that work. Evidence-based therapist contributions (3rd ed., pp. 1–23). Oxford University Press.
- Ostafin, B.D., Robinson, M.D., & Meier, B.P. (2015). Handbook of Mindfulness and Self-Regulation. Heidelberg.
- Panetta, D. (2017): Hochsensibilität und Leadership -Subjektive Führungstheorien hochsensibler Führungskräfte. Berlin.
- Parlow, G. (2003): Zart besaitet. Wien.
- Petzold, H. G. (2018): Naturerfahrung ist immer auch Selbsterfahrung. In: Grüne Texte. Die neuen Naturtherapien. Ausgabe 06/2021. Hückeswagen.
- Pfeifer, S. (2002): Sensibilität - wenn sie zur Krankheit wird. Thun.
- Piedmont, RL. (1999): Does spirituality represent the sixth factor of health? J Pers 67:985-1014.
- Piron, H. (2003): Meditation und ihre Bedeutung für die seelische Gesundheit. Transpersonale Studien 7.
- Pirringer, A. (2015): Spirituelle Hochsensibilität. Rosenheim.
- Pluess, M. & Belsky, J. (2013): Vantage sensitivity: individual differences in response to positive experiences. Psychological bulletin, 139(4), 901916.
- Pluess, M. & Boniwell, I. (2015). Sensory-Processing Sensitivity predicts treat-

ment response to a school-based depression prevention program: Evidence of Vantage Sensitivity. Personality and Individual Differences, 82, 40-45.

- Popper, K.-R. (1957): Die offene Gesellschaft und ihre Feinde. Bern.
- Raif, J. (2019): Ich bin sensibel, du Arsch! Ein sarkastischer Ratgeber für alle, die ihre Hochsensibilität mal nicht so ernst nehmen wollen. Gründau.
- Rank, O. (1924): Das Trauma der Geburt. Leipzig.
- Reinhardt, E. (2016): Hochsensibel – wie sie Stärken erkennen und Ihr wirkliches Potential entfalten. München.
- Richter, H.-E. (1992): Umgang mit Angst. Hamburg.
- Rilke, R.-M. (1908): Du mußt dein Leben ändern. Berlin.
- Roemer, C. (2017): Hurra, ich bin hochsensibel! Und nun? Berlin.
- Roemer, C. (2018): Perlen im Getriebe -hochsensibel im Beruf: Stärken gezielt einsetzen. Berlin.
- Roemer, C. (2021): Wie Sie als extravertierter Hochsensibler gut leben können. Berlin.
- Roemer, C. (2021): Bin ich wirklich hochsensibel? 20 Unterschiede zwischen Trauma und Hochsensibilität. Berlin.
- Rogers, C. R. (1961). On Becoming a Person. A distinguished psychologist's guide to personals growth and creativity. Houghton Mifflin.
- Rogers, C.R. (1980). A Way of Being. Boston: Houghton Mifflin.
- Rohleder, L. (2015): Die Berufung für Hochsensible. Leipzig.
- Rohleder, L. (2023): Netzwerk Hochsensibilität. Band 1-4. Leipzig.
- Rudolph, M. (2022): Schicksal hochsensibel? Eine Betroffene erzählt, wie sie ihre Depressionen überwunden und Mobbing erfolgreich bewältigt hat und diese besondere Empfindsamkeit heute ihr Leben bereichert. Schöneck.
- Ruthe, R. (2015): Hochsensibel und trotzdem stark – Hilfen für Feinfühlige. Moers.
- Ruthe, R. (2016): Hochsensibilität und Depression. Moers.
- Sand, I. (2016): Die Kraft des Fühlens – Hochsensibilität erkennen und positiv gestalten. München.
- Scharmer, O. (2019): Essentials der Theorie U. Heidelberg.
- Scheydt, S. (2017): Reizüberflutung im psychiatrischen Kontext: Konzeptuelle Analyse des Phänomens und Beschreibung des pflegerischen Umgangs mit Reizüberflutung in der stationären Psychiatrie. Halle-Wittenberg.
- Schiemann, G. (1996): Was ist Natur? Klassische Texte zur Naturphilosophie. München.
- Schindler, J. (2017): Gestatten Hochsensibel – wie hochsensible Menschen ihren Alltag meistern.

- Schmidt-Stermole, C. (2018): Hochsensibilität mit Astrologie erkennen. Tübingen.
- Schmuck, P. (2005): Psychologische Perspektiven nachhaltiger Entwicklung – Implikationen für die menschliche Gesundheit. In S. Sohr & M. Bonse-Rohmann, Schlüsselkompetenzen für Gesundheitsberufe, Gesundheits- und sozialwissenschaftliche Beiträge für eine moderne berufliche Bildung, 109-114, Gamburg.
- Schneider, K. (2015): Presence. The Core Contextual Factor of Effective Psychotherapy. Existential Analysis, 26(2), 304-312.
- Schorr, B. (2011): Hochsensibilität. Empfindsamkeit leben und verstehen. Holzgerlingen.
- Schorr, B. (2015): Hochsensible Mütter. Holzgerlingen.
- Schorr, B. (2018): Hochsensible im Beruf. Holzgerlingen.
- Schorr, B. (2021): Hochsensible in der Partnerschaft. Holzgerlingen.
- Schwarzberg, A. (2019): Proud to be Sensibelchen – wie ich lernte, meine Hochsensibilität zu lieben. Hamburg.
- Schwarz-Schilling, A. , Müller, C. (2006): Zu zweit. Beziehungscoaching für Singles und Paare. Berlin.
- Schweingruber, E. (1935): Der sensible Mensch. Zürich.
- Sellin, R. (2011): Wenn die Haut zu dünn ist. Hochsensibilität vom Manko zum Plus. München.
- Sellin, R. (2015): Mein Kind ist hochsensibel. Was tun? München.
- Setti, A., Lionetti, F., Kagari, R., Motherway, L. Pluess, M. (2022): The Temperament Trait of Environmental Sensitivity is Associated with Connectedness to Nature and Affinity to Animals.
- Siegel, D. J. (2018): Aware: The Science and Practice of Presence. The groundbreaking meditation practice. Tarcher Perigree.
- Skarics, M. (2010): Sensibilität und Partnerschaft. Wien.
- Skarics, M. (2015): Sensibel kompetent: Zart besaitet und erfolgreich im Beruf. Wien.
- Skarics, M. (2019): Enneagramm und Hochsensibilität: Die neun Persönlichkeitstypen und ihr Entwicklungspotenzial. Wien.
- Slagt, M.; Dubas, J.S.; Dekovic & van Aken, M.A. (2016): Differences in sensitivity to parenting depending on child temperament: A meta-analysis. Psycholocigal Bulletin 142 (10), 1068-1084.
- Sloterdijk, P. (2009): Du mußt dein Leben ändern. Über Anthropotechnik. Frankfurt/Main.
- Sohr, S. (2000): Ökologisches Gewissen. Die Zukunft der Erde aus der Perspektive von Kindern, Jugendlichen und anderen Experten. Baden-Baden.

- Sohr, S. (2008): Alles Rogers? Hommage für den Vater der Humanistischen Psychologie. Berlin.
- Sohr, S. (2015): Mit Vollgas in die Klimakatastrophe. Chronologie unserer Zeit. Berlin.
- Sohr, S. & Wilms, A. (2023): Lebe anders! Life Coaching mit Achtsamkeit und Positiver Psychologie. Paderborn.
- Sohr, S. (2023): Gott als Coach. 100 christliche Botschaften mit Positiver Psychologie. Thun.
- Sohst, K. (2020): Wer stärker fühlt, hat mehr vom Leben. Warum Sensibilität eine verborgene Kraft ist und wie sie uns die Welt öffnet. München.
- Sommer, D. (2023): Mit allen Sinnen auf Empfang – Hochsensibilität als Gottesgeschenk und Auftrag. Verlagsort
- Sommer, M. (2020): Hochsensible Kinder, Erziehungsratgeber für gefühlsstarke Kinder. Verlagsort
- Späker, T. (2017): Natur - Entwicklung und Gesundheit: Handbuch für Naturerfahrungen in pädagogischen und therapeutischen Handlungsfeldern. Hohengehren, Baltmannsweiler
- Spezzano, C. (2021): Die spirituelle Dimension der Hochsensibilität. Petersberg.
- Spitzer, M. (2012): Digitale Demenz. Stuttgart.
- Spitzer, M. (2018): Die Smartphone-Epidemie. Stuttgart.
- Springwasser, M. (2020): Resilenz stärken. Überwinden Sie Hochsensibilität, Depressionen und Stress.
- Stern, D.N. (1993): Tagebuch eines Babys, Was ein Kind sieht, spürt, fühlt und denkt. München.
- Strauch, S. (2016): Meine Hochsensibilität positiv gelebt -persönliche Einsichten aus einem langen, bewegten Leben. Leipzig.
- Ströhle, G., Nachtigall, C., Michalak J., Heidenreich, T. (2010): Die Erfassung von Achtsamkeit als mehrdimensionales Konstrukt. Die deutsche Version des Kentucky Inventory of Mindfulness Skills (KIMS-D). Zeitschrift für Klinische Psychologie und Psychotherapie. Göttingen.
- Strohmaier, Brenda (2015): Hochsensibilität ist keine Krankheit, unter:https://www.welt.de/iconist/partnerschaft.
- Takahashi, T., Kawashima, I., Nitta, Y. & Kumano, H. (2020): Dispositional Mindfulness Mediates the Relationship Between Sensory-Processing Sensitivity and Trait Anxiety, Well-Being, and Psychosomatic Symptoms. Psychological reports.
- Takano, T., Nakamura, K., Watanabe, M. (2003): Urban residential environments and senio citizens' longevity in megacity areas. The importance of walkable green spaces. Journal of Epidemiological Community Health.

- Tang, Yi-Yuan & Hölzel, Britta & Posner, Michael. (2015): The neuroscience of mindfulness meditation. Nature Reviews Neuroscience. 16, 213-225.
- Tissot, S. (2023): Hochsensibilität und die berufliche Selbständigkeit. Leipzig.
- Tomschi, P. (2019): Vielfühler-Buch Hochsensibilität. Würzburg.
- Twenge, J.M. & Campbell, W. K. (2019): Associations between screen time and lower psychological well-being among children and adolescents: Evidence from a population-based study. PreventiveMedicine Reports, 15, 100976.
- Utsch, M.; Bonelli, R. & Pfeifer, S. (2018): Psychotherapie und Spiritualität. Mit existenziellen Konflikten und Transzendenzfragen professionell umgehen. Berlin.
- Veenhoven, R. (2012): Cross-national differences in happiness: Cultural measurement bias or effect of culture? International Journal of Wellbeing. 2(4).
- Vita, M. (2017): Hochsensibilität bei Kindern. Verstehen, begleiten und stärken. Moers.
- Volkenand, L. (2024): Von innen nach außen. Fördert Selbstmitgefühl prosoziales Verhalten? Eine quantitative Studie. DHGS-Berlin.
- Von Eichendorff, J. (2020): Mondnacht – die schönsten Gedichte. Göttingen (Original: 1837)
- Weinbach, P. (2021): Hochsensible Kindererziehung. KR Publishing.
- Weinbach, P. (2021): Bin ich hochsensibel? Hochsensibilität bei Frauen. KR Publishing.
- Wesa, M. (2009): Sie nannten mich Sensibelchen. Warum hohe Sensibilität eigentlich genial ist. Erfahrungen einer Hochsensiblen. Norderstedt.
- Wiese, M. (2014): Schon immer anders – hochsensible Leben. Henstedt.
- Wyrsch, P. (2020): Neurosensitivität – die Kraft der Hochsensitiven. Zweisimmen.
- Wyrsch, P. (2022): Neurosensitiv – Das Magazin für Vielwahrnehmende. Zweisimmen.
- Yalom, I.D. (2017): Becoming Myself: A Psychiatrist's Memoir. New York.
- Zeff, T. (2015): Glücklich leben in einer reizüberfluteten Welt. München.

‚HS‘ - Forschungsteam

ANNA
aus Kitzbühel
Life Coachin (Bachelor of Science)
Autorin zum Thema «HS & Natur»
Kontakt: www.annalenaehn.com

CHIARA
aus Bad Honnef
Life Coachin (Bachelor of Science)
Autorin über «HS & Spiritualität»
Kontakt: www.chiaragrothendieck.de

CHRISTOPH
aus Hildesheim
Life Coach (Bachelor of Science)
Autor zum Thema «HS & Coaching»
Kontakt: www.christophjkoerber.de

COLIN
aus Berlin
Life Coach (Bachelor of Science)
Sportpsychologie-Student (Master)
Kontakt: www.colin-zajic.com

JACQUELINE
aus Niedersachsen
Life Coaching-Studentin (Bachelor)
Autorin über «HS & Entwicklung»
Kontakt: holistic-sense@gmx.de

JASMIN
aus Hessen
Bank-Kauffrau, Selbstliebe-Trainerin
Autorin zum Thema «HS & Ästhetik»
Kontakt: jasmin.wind@web.de

KATRIN
aus München
Life Coaching-Studentin (Bachelor)
Autorin zum Thema «HS & Partner»

LAURA
aus Berlin
Life Coaching-Studentin (Bachelor)

NAJA
aus Berlin
Life Coaching-Studentin (Bachelor)
Kontakt: coaching@flowjoy.com

SARAH
aus München
Psychologin (Bachelor of Science)
Autorin über «HS & Weltschmerz»

SASCHA
aus Hannover
Psychologe (Bachelor of Science)
Autor im Dialog «HS & ChatGPT»
www.werde-zum-leuchtturm.de

SVEN
aus Berlin
Dr. Diplom-Psychologe & Philosoph
Herausgeber und Autor der Beiträge über «HS & Sport» und «HS & Zukunft»
Kontakt: www.professor-sensor.de
(mail@sensor-zukunftscoaching.de)

Einladung zur Lesung

Liebe Leserin & lieber Leser,

wenn Du Lust hast, über Hochsensibilität noch weiter nachzusinnen, so laden wir Dich herzlich ein, uns auf unserer «stay touched»-Lese-Tour im Herbst 2024 in den «DACH»-Staaten persönlich zu treffen.

Geplant sind sieben Lesungen mit Prof. Dr. Sven Sohr und mindestens jeweils einer Autorin oder einem Autor pro Ort, um die Schwerpunkte mit individuellen Expertisen zu bereichern. Hier unser vorläufiger Plan:

Wann?	**Wo?**	**Was?**	
26.10.2024	Berlin	HS &	Gesellschaft
28.10.2024	Hannover	HS &	Beziehungen
29.10.2024	NRW	HS &	Spiritualität
30.10.2024	Hessen	HS &	Ästhetik
31.10.2024	München	HS &	Weltschmerz
01.11.2024	Österreich	HS &	Naturerleben
02.11.2024	Schweiz	HS &	Zukunft

Die genauen Orte und Zeiten werden rechtzeitig unter www.professor-sensor.de bekanntgegeben.

In Vorfreude auf schöne, spannende & sensible Abende - herzliche Grüße sendet Dir unser HS-Forschungs-Team!

Weitere Bücher vom Verlag MOSAICSTONES

Phil Wasem

Wachgeküsst

Wie Gottes Geist dich und deine Community erweckt

Softcover, 155 Seiten
ISBN 978-3-906959-66-5

E-Book
ISBN 978-3-906959-77-1

Erweckung ist in aller Munde. Für einige Christen liegt Erweckung immer in der Vergangenheit, für andere wird Erweckung erst bald kommen, nach «Corona» … Dieses Buch beschriebt den gang- und erlebbaren Mittelweg des Aufbruchs im Jetzt, in der Gegenwart.

Dieses Buch will darstellen, wie ein erweckliches Kirchenverständnis aussieht und wie es im Umfeld der Leserinnen und Leser aussehen könnte. Wie kann ich mich verhalten, um meine Kirche oder meine Gruppe geistlich zu vitalisieren?

Melanie & Markus Giger

Mitten im Sturm

LEBEN, GLAUBEN, LIEBEN
In guten und in anderen Zeiten

Softcover, 132 Seiten
ISBN 978-3-906959-47-4

E-Book
ISBN 978-3-906959-74-0

Schonungslos ehrlich nehmen uns die Autoren mit auf ihren Weg nach dem überraschenden Tod ihres Sohnes Micha und die damit verbundene Trauer. Verletzlich und offen lassen sie die Lesenden teilhaben an ihrer Zeit durch einen Schmerz hindurch, der eigentlich nicht auszuhalten ist. Sie beantworten auf diesem Weg Fragen, die man als Mittrauernder hat, aber nicht zu stellen wagt:

Wie haben sie es geschafft zu überleben? Was hat ihnen geholfen als Ehepaar zusammenzubleiben? Können sie noch an einen gütigen Gott glauben? Überwindet man je diesen Verlustschmerz?

Hanna Ahrens

Das Leben leise wieder lernen

... nach Krisen, Trennung und Verlust

Softcover, 120 Seiten
ISBN 978-3-906959-83-2

E-Book
ISBN 978-3-906959-90-0

Schicksalsschläge treffen uns meist unvermutet:
Die Partnerschaft zerbricht, der Tod nimmt uns einen geliebten Menschen, Beziehungen scheitern. Krankheit verändert unser Leben. Nichts ist mehr wie früher. Das Leben scheint plötzlich wie erstarrt. Was tröstet? Was hilft in der ersten schweren Zeit? Gibt es so etwas wie «kleine Überllebensrationen» für den Tag? Und was hilft – später dann –, das Leben leise wieder zu lernen?

Frauen berichten in diesem Buch über ihre Erfahrungen und sagen sehr offen, was ihnen geholfen hat, wieder Fuß zu fassen – und was nicht. Sie tun es in der Hoffnung, anderen damit Mut zu machen, und weil sie erlebt haben: Wer sich aufmacht, hat Gott an seiner Seite.

Ernst Stöckli

Ich bin immer Bauer geblieben

Vom Getreidebauer zum Gemeindebauer

Softcover, 148 Seiten
ISBN 978-3-906959-46-7

E-Book
ISBN 978-3-906959-72-6

Was bringt einen Menschen dazu, seinen Traumberuf aufzugeben und sich stattdessen einer anderen Aufgabe zu widmen? Ernst Stöckli erzählt, wie es dazu kam, dass er all seine Zeit dem Aufbau einer Kirchgemeinde widmete. Er erlebte das Entstehen der Gemeinde Thalgut von Beginn weg mit und kennt all die Zwischenstationen der kirchlichen Aktivitäten bis heute. Aus den kleinen Haustreffen ist eine grosse Freikirche mit vier Generationen geworden. Sie strahlt nicht nur in ihre Region aus, sondern sendet Missionare in verschiedenste Länder.

Luca Hersberger

Heilsame Beziehungen

Wenn christlicher Glaube und Schematherapie sich ergänzen.

Hardcover, gebunden, 184 Seiten
ISBN 978-3-906959-68-9

E-Book
ISBN 978-3-906959-70-2

Ein Schema ist ein unbewusster Filter, durch den wir unsere Erlebnisse wahrnehmen. Unsere Sicht auf uns selbst, auf unsere Umwelt und auf Gott wird gefärbt durch unsere Prägung, die meist noch aus der Kindheit stammt. Dieses Buch zeigt, wie eine heilsame Verbindung von Schematherapie und christlichem Glauben aussehen kann. Die bedingungslose göttliche Vaterliebe heilt – und die schematherapeutischen Ansätze helfen, diese Liebe zu verstehen und zu erleben.

Homepage zum Buch:
www.heilsamebeziehungen.com

Samuel Pfeifer

Die zerrissene Seele

Borderline und Seelsorge

Hardcover, gebunden, 165 Seiten
ISBN 978-3-906959-52-8

E-Book
ISBN 978-3-906959-76-4

Rosen und Dornen, Liebe und Hass, Verletzlichkeit und Selbstverletzung. Borderline-Persönlichkeiten befinden sich auf einer Achterbahn der Gefühle. Sie kommen nicht nur selbst an ihre Grenzen, sondern auch ihre Therapeuten und Angehörigen. Der Psychiater Dr. Samuel Pfeifer beschreibt mit Einfühlung und Fachwissen – in einer auch für Laien gut verständlichen Sprache, die Entstehung und Entwicklung dieser tiefen seelischen Erkrankung der Gefühle und des Verhaltens.

Simea Schwab

Fussnotizen

begrenzt – grenzenlos

Hardcover mit Schutzhülle, 224 Seiten
ISBN 978-3-906959-71-9

E-Book
ISBN 978-3-906959-75-7

Simea Schwab sieht die Welt aus einer ungewohnten Perspektive. An diesem Blickwinkel lässt sie uns mit Wort und Bild teilhaben. Denn die Fussnotizen sind von der ohne Arme geborenen Autorin wortwörtlich mit den Füssen geschrieben und ebenso bebildert. Ihr täglicher Umgang mit Grenzen und Schranken ist eng verbunden mit hoffnungsvoller Freude.

So berühren die poesievollen Texte zahlreiche Facetten des menschlichen Daseins – die Spannung wird nicht einfach aufgelöst. Momente der Lebensfreude, harte Fragen, feinfühlige, frohe Schilderungen, kritische Töne über den Umgang mit Aussergewöhnlichem in unserer Gesellschaft, ansteckendes Gottvertrauen, schwere Zeiten – dies alles findet statt, untermauert von tiefer Zuversicht und dem Gefühl des Angenommenseins.

Mirjam Wäfler

Remi's Raritäten-Reich

Hardcover, gebunden, 28 Seiten
978-3-906959-65-8

Remi sammelt für sein Leben gern. Alles, was er schön, spannend oder speziell findet, nimmt er mit in seine Höhle. Doch dort stapeln sich seine Schätze und das hat seine Tücken: Remi steckt fest.

Eine Geschichte über unerwartete Hilfe, ein besonderes Geschenk und die Kraft der Veränderung. Aus Remis chaotischer Höhle entsteht ein Reich voller Licht und Schönheit.

Weitere Bücher des Autors (Ebenfalls bei MOSAICSTONES erhältlich)

Sven Sohr

Gott als Coach

100 christliche Botschaften mit Positiver Psychologie

Hardcover, 197 Seiten
ISBN 978-3-03965-002-6

Coaching boomt und wirkt – speziell mit Positiver Psychologie. Der beste Coach aller Zeiten ist Gott. Herzstück des Buches sind 100 biblische Coaching-Botschaften auf Basis von Befunden der Positiven Psychologie. Darüber hinaus gibt es Antworten auf praktische Fragen: Wie coacht Christ Jürgen Klopp als bester Fußball-Trainer der Welt? Wie coacht Jesus seine Jünger? Wie coacht Gott Jeremia und den Autor? Das Buch lädt dazu ein, uns von Gott coachen zu lassen.

Maike Schwier, Sven Sohr

Mit einem Lächeln

100 Übungen zur Positiven Psychologie

Hardcover, 256 Seiten, inkl. E-Book
ISBN 978-3-7495-0189-2

Das Übungsbuch zur Positiven Psychologie
Seit Beginn des 21. Jahrhunderts gibt es mit der Positiven Psychologie eine wachsende Bewegung. Sie interessiert sich weniger für unsere Defizite, sondern vor allem für die menschlichen «Sonnenseiten» und hat viele Erkenntnisse befördert.

Doch der Weg vom Wissen zum Handeln ist nicht einfach. Das Buch trägt mit attraktiven Übungen zu 100 Schlüsselbegriffen aus der Positiven Psychologie dazu bei, grundlegende Phänomene unserer Existenz zu reflektieren und sie in der Praxis zu leben.

Sven Sohr, Indrani Alina Wilms

Lebe anders!

Life Coaching mit Achtsamkeit und Positiver Psychologie

Hardcover, 224 Seiten, inkl. E-Book
ISBN 978-3-7495-0453-4

Ansätze für ein erfülltes, achtsames und positives Leben

Angesichts größer werdender Belastungen und von immer mehr Stress fragen sich viele Menschen, ob es Alternativen gibt.
Wie könnte man anders leben?
Wie könnte ein erfülltes, achtsames und positives Leben aussehen?

Faszinierend einfache und reichhaltige Antworten geben die Achtsamkeitslehre und die jungen Disziplinen des Life Coachings und der Positiven Psychologie.
Diese Ansätze werden in diesem Buch mit ihren aktuellen Ergebnissen kompakt vorgestellt und miteinander vernetzt.